MINERVA
福祉ライブラリー
93

生活経済からみる福祉

格差社会の実態に迫る

馬場康彦 著

ミネルヴァ書房

はじめに

　戦後，総務省が家計調査の統計を取り始めてから，2人以上の勤労者世帯の実収入の平均値は，1992年までは一貫して上昇し続けてきた。しかし，1993年で戦後初めて低下し1995年からまた上昇に転じたが，1997年を最後にそれ以降は実収入の平均値は低下し続けており，2002年で1989年の水準を下回った。当然2002年以降も引き続き低下し続けている。

　しかし，そうした生活者の所得水準の低下という事実とは正反対の現象が起きている。それは，企業の収益である。財務省の報告では，2005年度の法人企業統計調査によると，全産業の売上高は前年度比6.2％増の1508兆1207億円，経常利益は同15.6％増の51兆6926億円であった。売上高は3年連続，経常利益は4年連続の増加で，いずれもバブル期を上回って過去最高となっている。一方，パート，アルバイトを含む従業員給与は同0.5％減の351万円で，3年連続のマイナスでピーク時の97年より10％下がっている。この戦後60年の経済的総括的現象が示すものは，いったい何なのか？　それを生活経済の視点から明らかにすることが本書の第一の目的である。

　確かに，1974年までは，ジニ係数で計測される実収入における収入階級間格差も縮小し，所得水準は順調に上昇してきたが，74年以降は事態が一変し，所得水準の上昇は続くのだが，その中身としての階級間格差は拡大傾向にあったといえる。そのことは『現代生活経済論』（ミネルヴァ書房，1997年）で示した。すなわち格差は拡大傾向にあったといえる。とりわけ平成に入って，バブル崩壊以降その傾向は強まっている。そのことはすでに多くの論者によって証明されている事柄なのであえて詳細に触れることはしない。

　戦後誰も体験したことのない未曾有の長さの金融主導型構造不況を，われわれは平成に入って体験してきた。この過程でこれまで抱いてきたさまざまな企業や政府に対する幻想は，霧のなかに消え去ったような気がする。資本＝企業は，弱者＝労働者を切り捨てることで自らの復活を遂げたのである。その過程で貯蓄なし世帯は22％に達し，2005年度に初めて生活保護世帯が100万世帯を超え104万世帯になった。生活保護を拒否されて餓死した人間の数は増え，ま

た生活保護を申請すらできないホームレスの数も増え続け，平成に入って自己破産者は90年の4万人から2006年度は25万人に達する勢いである。また経済的な理由で自殺する者が後を絶たず毎年3万5000人が自殺し，家族は離散に追い込まれている。これも平成不況のなかで，資本＝企業がなりふり構わぬ血も涙もない方法でリストラの名の下に推し進めてきた，弱者＝労働者切捨てによって大量の失業者を生み出したことによってもたらされていることは明白である。資本＝企業の本質はますます明らかになってきている。このようななかで，生活者の最後の砦となるべく福祉の役割はその重要性を高めてきている。

　生活経済学が生活者の現状を科学的に明らかにし，とりわけ資本主義経済の諸矛盾を集中的に受けている貧困層をはじめとした福祉の対象世帯における生活問題を取り上げ，今後の課題を明確にする必要性に迫られていると考える。

　そのことを明確にしていくための学問的方法論として，現代の消費過程それ自体を，大河内理論の基軸となっていた「労働力再生産論」と「階層的分析方法」の呪縛から解放して，消費過程を総体的・全局的・統一的に把握してきた。そして，その結果として「社会的必要生活標準化の法則」を前著『現代生活経済論』において検出してきた。本書ではそれをさらに一歩推し進めて，いったん消費過程を総体的・全局的・統一的見地から捉えて「社会的必要生活標準」の地平に到達して全体を斬る武器を手に入れることができた。今度は，その武器を手にして階層別の分析，とりわけ貧困層の分析をおこなっていくことを考えている。ここでいう貧困層とは，生活保護の対象世帯を含む低所得階層はもちろんのこと，母子世帯，障害者世帯，高齢者世帯，要介護世帯といった底辺に沈殿化しつつある福祉の対象世帯等を含む階層のことを意味している。また，福祉の対象から排除されがちなマイナス所得の世帯＝多重債務世帯のマネープロブレムも現代の大きな生活問題といえる。

　すべての人間は「労働力商品」を保有している存在として可能的に定立している。しかし，資本にとって，「規格」「標準」にあてはまらない「労働力」は「排除」されることになる。

　すなわち資本＝企業によって強制される「規範」「規格」「標準」に当てはまらない労働力商品は，脱落を余儀なくされることになる。そして，その脱落した「労働力商品」が福祉の対象となるのである。

　さらに，資本間＝企業間の競争が労働力の「排除」をより一層加速させ，福

祉の対象者を拡大再生産していく。その拡大再生産の過程は同時に対象者が「差別」「選別」「排除」されていく過程でもある。

本来，自然や人間は多様であり，それぞれが多様であるから豊かになりうるわけで，その多様性のなかから相互にいろいろと学びあいながら生きているのである。その多様性の必要を認めていく作業が近代市民社会に課せられた課題なのであるのだが。

「競争」の過程で排除されたグループ・階層・世帯・個人は，「競争」から脱落し貧困層として沈殿化していく。ここに「合理性」「効率性」を絶対的価値とする資本主義的競争が貫徹するのである。

こうした生活経済学の視点から福祉の対象世帯を捉え，その家計の現状と問題点及び今後の課題を提示することが本書の第二の目的である。

最後に，本書全体を通しての問題意識は，1974年以降の階層間格差の拡大と，それによる貧困の世代間再生産・拡大再生産と階層の固定化・沈殿化の問題である。以上の問題意識に沿って本書は以下のように構成されている。

第Ⅰ部「生活経済の視点」では，生活経済の理論的問題を取り扱い，家計構造の捉え方や家計の金融化の問題を取り扱う。第1章では「生活経済の理論」を展開し，そのなかで第一に「貧困」の概念を定義づけして，第二に生活経済の基礎理論としての生活の社会化の理論を整理し，第三に生活経済論の中核をなす生活の標準化（「社会的必要生活標準化」）の理論と，「全国消費実態調査」のデータを用いた実証をおこなうことにする。第2章では「家計構造の分析視角」として，第一に家計構造の基本的枠組みを示し，第二に家計の金融的，契約的な追加的費用と生活標準化によってもたらされる費用を示し，第三に家計構造の「収入優先型家計」段階から「支出優先型家計」段階への移行とそれに伴う質量的変動を明らかにする。第3章「家計の金融化と消費者信用」では，第一に家計のなかに流れ込んでくる貨幣の性格変化を捉え，それが生じた原因の追究と，生じる問題の開示を行う。第二に消費者信用の家計への浸透の現状と，多重債務問題，格差拡大の梃子としての消費者金融の問題点を指摘している。

第Ⅱ部「生活経済からみる福祉」では，福祉の対象世帯について，家計のデータを用いて世帯類型別に固有の生活問題を明らかにしていく。第4章の「勤労者世帯の家計構造の変化」では，勤労者世帯家計の現状と生活問題を

「格差」拡大の視点から明らかにする。第5章「低所得世帯と生活保護世帯の家計」では，生活保護世帯の家計構造の特質の分析を中心におこなう。第6章「母子世帯の家計と福祉」では，第一に母子世帯の消費構造の水準と問題点を示し，第二に，調査にもとづいた母子世帯の類型別問題点と貧困と「生活形成力能」との関係を事例を通して明らかにする。第7章「障害者世帯の家計と福祉」では，障害者世帯の収入の大きな柱である障害者年金の仕組みとその問題点を明示する。第8章「高齢者世帯の家計と福祉」では，第一に高齢夫婦世帯の家計と生活問題，第二に高齢単身世帯の家計の現状と特有の生活問題，第三に介護費用に関して，過去実施された大規模調査のデータを比較しながら，その実態と問題点を探る。

終章では，これまでの第Ⅰ部，第Ⅱ部のまとめとして「格差社会における生活問題と今後の課題」について若干の提起を試みることとする。

前著『現代生活経済論』を出版して以降，多くの人から批判や助言をいただいた。そして多くの人から学ぶ機会を得てきた。岩田正美先生からはいうまでもなくじつに多くのご指導をいただいた。またそれ以上に，ゼミの学生から多くのことを学ぶことができたのは私にとって大きな幸せであった。とりわけ福祉分野に関しては無知な私に対して，学生の研究テーマの9割以上が福祉に関するものであったことは幸いであった。そのことによって半ば強制的に福祉のことについて学ばなければならない状況に追い込まれたからである。それが私の研究に，とりわけ本書を書き上げるのにとても役立っている。

また別の意味で，本書を書き上げることができたのは，ミネルヴァ書房の堂本氏のおかげであると思っている。7年も前から『現代生活経済論』の改訂版を出すことを粘り強く説得し続けてくれ，新たに出版するならば改訂版ではなく何か新しい枠組みで構成することを助言してくれた。そのおかげで7年間ずっと彼の顔が私の眼前に現れては，本を出版するように催促している幻を見続けてきた。そのたびに，書かなければ書かなければと思いつつ，いつのまにか7年もの月日が過ぎていた。オーストラリア生活が9年間続いたことも出版を引き伸ばしてきたことの自分自身への言い訳に用いていた。前著の出版から10年たってやっと本書を書き上げることができた。心から堂本氏には感謝申し上げたい。さらに堂本氏から編集を受けついだ北坂氏の厳密かつ緻密な作業

にはたいへん感謝している。

　資本主義的な競争は，他人を蹴落とし打ち負かし排除する，そしてその結果として勝者は敗者を蔑み，見下し，そこに格差が生み出される。同じ人間同士がなぜこのような争い，競争をしなければならないのか？　資本主義的競争の呪縛からすべてを解放して，皆が共に助け合い相互に高めあっていく次元の高い「共同的競争」を提案していきたい。本能的な欲望に近い低いレベルの競争から，理性的な高次元のレベルでの競い合い，すなわち「共同的競争」に移行していくことを。理性的な人間には実現可能だと思われる。本書がそのための一助になれば幸いである。

2007年8月

　　　　　　　　　　　　　　　　　　　　　　　猛暑の世田谷の自宅にて
　　　　　　　　　　　　　　　　　　　　　　　　　　　　馬場　康彦

目　次

はじめに

第Ⅰ部　生活経済の視点

第1章　生活経済の理論 …… 3

　第1節　生活経済学とはなにか …… 3
　第2節　生活経済と貧困と格差 …… 4
　　　　貧困化論と貧困概念——「生活形成力能」…4　貧困概念…5　生活形成力能…6　日本型貧困の現代的特質…7　競争と排除…8　お金がかかる「標準的生活」…9　「貧困」と「格差」…11
　第3節　生活の社会化 …… 11
　　　　生活の社会化とは…11　生活の社会化論…13　社会化における諸関係…14
　第4節　生活の標準化の理論 …… 16
　　　　社会的必要生活標準の概念と視点…16　標準の形成Ⅰ——商品…17　標準の形成Ⅱ——社会的共同消費手段…20　「標準」の高さとその作用…22
　第5節　主要耐久消費財の標準化 …… 24
　　　　研究方法…25　普及率——収入五分位階級ジニ係数時系列比較…26　普及率——年齢階級別比較…33　保有数量…34　「標準化」の強化と「標準達成度」＝保有数量の格差の拡大…39

第2章　家計構造の分析視角 …… 45

　第1節　家計構造の基本的枠組み …… 45
　　　　自由裁量部分と社会的固定費…45　準固定費…47　社会的必要生活標準化の費用…48

第2節　家計構造の構造的転換 …………………………………………… 49
　　　　　　「収入優先型家計段階」から「支出優先型家計段階」へ…49
　　　　　　家計管理の社会化…53

第3章　家計の金融化と消費者信用 …………………………… 55

　　　第1節　家計の金融化——現代家計における貨幣の役割変化 ………… 55
　　　　　　貨幣の役割変化とその要因…55　貨幣の役割変化の背景…56
　　　　　　消費者信用の登場…57　「消費」と「貨幣」の分離の進展…57
　　　　　　「家計の金融化」と家計構造の変化…59　「自由裁量支出」と
　　　　　　「社会的固定費」との対抗関係…60　「貨幣」と「消費」の分
　　　　　　離…61　「貨幣」から「貨幣」への流れの増加…61　消費者信
　　　　　　用の家計への浸透…62　負債の増大…64　家計のゆとりと貯
　　　　　　蓄行動…66　家計ストックの構成内容…68　福利厚生におけ
　　　　　　る格差…70　「家計の金融化」と家計管理の変化…72　家計の
　　　　　　金融化の問題点…73

　　　第2節　消費者信用の現状と家計への影響 ……………………………… 76
　　　　　　消費者信用とは…77　消費者信用（消費者金融と販売信用）
　　　　　　の市場規模…78　消費者信用の市場規模の時系列変化…80
　　　　　　消費者信用の成長の背景——供給側の変化…84　消費者信用
　　　　　　の成長の背景——需要側の変化…87　消費者信用と生活問題
　　　　　　…93　消費者信用の課題…97

第Ⅱ部　生活経済からみる福祉

第4章　勤労者世帯の家計構造の変化 ………………………… 103

　　　第1節　実収入の変化 …………………………………………………… 103
　　　第2節　支出構造の変化 ………………………………………………… 105
　　　　　　消費支出が右肩下がりのA型…106　消費支出が右肩上がりの
　　　　　　B型…106　消費支出が実収入に連動するC型…108
　　　第3節　収入階級間の「格差」の拡大 ………………………………… 109
　　　　　　低所得階層の家計構造の変化…110　高所得階層の家計構造の
　　　　　　変化…112　低所得階層と高所得階層の家計構造の変化に関す
　　　　　　る共通性と相違性…115
　　　第4節　貯蓄と負債の変動 ……………………………………………… 116

勤労者世帯の平均的動向（貯蓄金額）…117　分布…118　ストックにおける収入階級間格差…118

第5節　家計の経済的変動への対応の分析結果……………………………120

第5章　低所得世帯と生活保護世帯の家計……………123

第1節　現代的貧困（相対的過剰人口）………………………………125
相対的過剰人口の必然性…125　相対的過剰人口の3つの存在形態…126　資本主義的蓄積の絶対的な一般的な法則…127

第2節　低所得階層の家計と赤字世帯の家計……………………………128
低所得階層＝第Ⅰ十分位階級と一般世帯平均との比較…129　失業者がいる世帯…132　完全失業者世帯…134　一般勤労者世帯と失業者世帯との年齢階級別比較…139　失業者世帯の時系列比較…143　教育費の日米比較…146　私立大学生のいる世帯の家計と「平均世帯」との比較…148　私立大学生のいる世帯の家計の1999年と2004年の比較…152　国公立大学生のいる世帯の家計…153　要介護世帯…153　単身世帯と単身赤字世帯…160

第3節　生活保護世帯の家計………………………………………………161
生活保護世帯の世帯類型と世帯規模…161　世帯類型別生活保護世帯の家計（2人以上世帯）…163　世帯人員別生活保護世帯の家計（単身世帯を含む）…165

第6章　母子世帯の家計と福祉……………………………169

第1節　母子世帯の消費構造の特質
——「全国消費実態調査」「全国母子世帯等調査」から………170
母子世帯の現状…170　母子世帯と一般世帯の消費構造の比較…173　母子世帯と低所得階層の消費構造の比較…175　母子世帯内の子どもの就学状況別消費構造の比較…177　母子世帯の母親の就労形態別比較…185　母子世帯の消費生活構造上の問題点と課題…188

第2節　ワンペアレント・ファミリーの経済生活の水準と構造………190
「ワンペアレント調査」の調査対象…191　「全国消費実態調査」と「ワンペアレント調査」の所得分布比較…192　「家計調査」と「ワンペアレント調査」の家計収支比較…193　「ワンペアレント調査」の対象母子世帯の類型化…196　一般母子

世帯と母子寮世帯の比較…197　単独母子世帯と同居母子世帯の比較…202　同居母子世帯の3類型…206　類型別の典型的なケース…208　親の住居が持ち家の場合の母子世帯の所得…209　母子世帯の現状の問題点と今後の課題…210

第7章　障害者世帯の家計と福祉 215

第1節　障害者世帯の現状 215

障害児の実態…215　身体障害者の実態…217　知的障害者の実態…218　精神障害者の実態…219　その他の障害者の実態…219

第2節　障害者世帯の収入・支出構造 220

障害者年金制度…220　手当支給制度…223　生活保護, 他…223　障害者年金制度の問題点…225　障害者世帯の家計構造を知る…225　東京都調査（平成10年, 15年）…226　厚生労働省調査（2003年）…228　成年後見制度と家計・財産管理問題…231　ドイツの場合…232　障害者自立支援法の問題点…234

第8章　高齢者世帯の家計と福祉 237

第1節　高齢夫婦世帯の家計 238

所得水準と分布…238　消費構造の比較…241　時系列比較…245　年齢階級別比較表…247　貯蓄現在高階級別比較…249

第2節　高齢単身世帯の家計 252

高齢者世帯の構成と基本的な特徴…253　高齢者夫婦世帯と高齢単身世帯の比較…255　一般単身と高齢単身との比較…257　高齢単身家計の男女比較…259　60歳以上の単身無職世帯の時系列比較…262　年齢階級別高齢単身世帯の家計…264　女性単身世帯の年齢階級別家計…266　高齢単身世帯の貯蓄構造における格差…274　高齢単身世帯の問題点…276

第3節　高齢者在宅介護費用——介護保険導入前と導入後 277

介護保険導入前とほぼ同じ水準の介護費用…278　当該支出のある世帯の平均値——介護費用の構成の変化…281　介護費用の大きさによる内容の違い…284　障害（要介護）の程度と介護費用…285　介護期間と介護費用…287　世帯収入と介護費用…290　サービス支出の有無別…293　サービス利用形態別介護費用…295　介護・福祉機器（耐久消費財）の保有率と購

入金額…297　住宅改造率と費用…303　障害の程度別住宅改造率…304　介護保険の導入効果…306

終　章　格差社会における生活問題と今後の課題……309

現代生活の特徴──「格差」「乖離」「排除」…309　福祉の民営化による問題点…310　「生活形成力能」と「貧困」…312　格差拡大と社会的排除…313

索　引　317

第Ⅰ部

生活経済の視点

第1章
生活経済の理論

第1節　生活経済学とはなにか

　生活経済学の対象は，消費過程である。この消費過程で生じるヒトとヒト，ヒトとモノ，モノとモノ，モノとヒトの関係を明らかにすることが生活経済学の課題である。その関係の仕方それ自体は，他の過程すなわち生産過程や分配過程からの影響を受けるであろうし，また，消費過程それ自体の内在的な要因によって影響を受ける場合もある。いずれにせよ，消費過程内の諸関係のあり方を明らかにすることが生活経済学の第一義的課題となる。

　生活＝消費過程は，社会的共同消費手段と自然的環境を基礎として営まれている。その基礎のうえに住居と耐久消費財が編成・配備され，そこで展開される消耗的生活財の購入・消費，生活時間配分，貨幣循環＝家計管理といった生活行為の総行程を意味している。さらに，それらの総行程は，ライフステージに対応した主要な社会システム（保育システム・教育システム・雇用システム・年金システム・介護システム等）に大きく影響されて存在している。

　生活経済学が，消費過程におけるヒトとヒト，ヒトとモノとの関係を解き明かす科学である以上，これらの諸関係が複雑に絡み合う背後にあって，われわれを導いている「見えざる手」の正体を，すなわち過程を背後から規制している法則それ自体と，それの作用の仕方，様式とを明らかにしなければならない。

　消費生活を営む世帯における消費財の消費を中心に進められる日々の生活，それを通して世帯構成員全員の人間としての生活の再生産が遂行される世帯内の人間関係と，それを支配する秩序と，この秩序を維持する組織，そしてそれと結びついた組織運営技術ともいうべきもの，さらにこうしたものすべてに影響を及ぼしている社会との関係，それらを世帯の消費生活の問題として研究の

対象にするものが，いわゆる生活経済学である。

第2節　生活経済と貧困と格差

貧困化論と貧困概念——「生活形成力能」

　資本蓄積の歴史的傾向は，一方の極に富を，他方の極に貧困を蓄積するというものであった。資本の生産力が上昇し，拡大再生産が進行してゆけば，資本の技術的構成・資本の有機的構成が高度化し，労働力商品の購入に費やされる価値部分＝可変資本部分の割合は減少し，生産設備や原材料に費やされる不変資本部分の割合が拡大し，結果として産業予備軍＝相対的過剰人口，いわゆる失業者が増加することになる。

　この相対的過剰人口には三つの種類がある。第一に景気局面によって，好景気のときは吸収され，不景気のときは排出＝リストラされる過剰人口である流動的過剰人口である。これは不景気になった場合，賃金が高く柔軟性に乏しい中高年がその対象となることが多い。今回の平成不況はまさにこれである。第二に，本来は農業の機械化企業化により過剰になった農業労働者が都市に排出され，流出し，都市の工場労働者に移行することを意味する。農村にプールされて，都市への進出を狙っているが，それを成し得ない農村過剰人口群は，表面的には農村で何とか生活を成し得ているかのような外観をとるので，潜在的過剰人口と呼ばれる。東北地方の出稼ぎ労働者などは典型的な潜在的過剰人口であろう。

　第三に，不安定就業層すなわち，正規社員以外のアルバイトやパート，派遣社員，日雇い労働者，臨時工，家内労働従事者などから構成される過剰人口を停滞的過剰人口という。低賃金長時間労働をその特徴とし，生活状態は労働者の平均的水準以下である。資本＝企業にとって「自由に利用できる労働力の尽きることのない貯水池」なのである。

　日本においてパート，アルバイト，契約社員，派遣社員，製造業の請負社員など，不安定な条件の下で働く非正規社員＝相対的過剰人口が急増している。その人口が2006年には1663万人になり雇用労働者の3人に1人を非正規社員が占めるまでになった。若年齢層（15～24歳）では50％，じつに2人に1人が非正規社員＝相対的過剰人口となっている。このままでは将来的に正規社員と非

正規社員の割合が逆転することも十分考えられる。資本＝企業は，従業員の非正社員化を推し進めることで事実上，フリーハンドの解雇権を握ったようなものである。ますます失業者（相対的過剰人口）が増加することは火を見るよりも明らかである。

「社会的な富，現に機能している資本，その増大の規模とエネルギー，したがってまたプロレタリアートの絶対的な大きさとその労働の生産力，これらのものが大きくなればなるほど，産業予備軍も大きくなる。自由に利用されうる労働力は，資本の膨張力を発展させるのと同じ原因によって，発展させられる。つまり，産業予備軍の相対的な大きさは富の諸力と一緒に増大する。しかしまた，この予備軍が現役労働者軍に比べて大きくなればなるほど，固定した過剰人口はますます大量になり，その貧困はその労働苦に比例する。最後に，労働者階級の極貧層と産業予備軍が大きくなればなるほど，公認の受救貧民層もますます大きくなる。これが資本主義的蓄積の絶対的な一般的な法則である。」と K. マルクスは語っている。

貧困概念

① 「貧困」というのは価値と関係し得るか否かを主要な問題にしているのであって，かならずしも「貧乏」になることを意味しているわけではないのではないだろうか。その意味では労働者＝生活者は，どうやっても価値には関係し得ない，すなわち価値と関係し得るのは生産手段を所有している資本＝企業であり，その資本が労働者を支配搾取しているという生産関係はなんら変化していないのである。労働者＝生活者はどこまでいっても価値とは関係し得ないのであり，関係し得るのは使用価値のみである。偶然的に，ギャンブルや株や宝くじなどで価値と関係できるかのような幻想が与えられるのだが，それもいつかは使用価値と交換される価値であり，価値を生み出す価値ではないのである。また労働者＝生活者の賃金が多少高くなろうが，着るものが良くなろうが，車が持てるようになろうが，決して価値とは関係し得ないという意味で労働者＝生活者は「貧困」なのであり，資本＝企業に支配され搾取されているということに変わりはないのである。資本・賃労働関係という階級関係＝生産関係にまったく変化はないのである。

② 「貧困」とは，A. センによれば生物学的アプローチを内に含んだ「絶対

的剥奪」と P. タウンゼントの主張する「相対的剥奪」との統一的概念であるとしている。両者の関係は，誰の目にも明白な餓死や栄養不良，これ以上減らすことのできない「絶対的剥奪」が主概念で，ある特定時点での一定の社会における一般的・慣習的な水準からすると，そのレベルに達していない剥奪された状態を「相対的剥奪」とし，それは，主概念を補完する概念に過ぎないと述べている。[3]

③　「貧困」とは「生活する力能」を形成する「権利」「機会」を剥奪され，「競争」から「排除」された状態を指す。

以上の3つを統合したものが私のなかでの「貧困概念」であり，これが本書の起点をなす。

生活形成力能

貧困に陥る主体的な要因の一つとして「生活形成力能」の欠如があげられる。生活するということは，当たり前で簡単なようだがじつはかなり難しいことなのである。まず第一に，家庭の外で労働をして稼ぐ能力が必要とされる。いわゆる経済力といわれているものである。第二に，稼いできた収入の範囲内で家計を管理する能力がいる。それには予算を計画し，かつ予算執行に当たって管理統制能力が問われる。第三に，予算計画の範囲内で家事を遂行しなければならない。家事の内容としては，炊事・洗濯・掃除が主要なものとしてあげられる。第四に，子どもができた場合，子どもの育児能力が問われる。第五に，家族の誰かが要介護状態に陥ったら介護能力が必要となる。第六に，住んでいる地域や親戚また家族とのコミュニケーション能力すなわち関係形成能力が必要となる。第七に，家族内における文化の形成能力，第八として，社会的なシステム受容能力（情報収集能力・福祉制度の利用能力等）などが考えられる。

これらの「生活形成力能」は，普遍的，一般的，歴史貫通的な基礎的な部分と時代適応的，限定的，特殊的，文化的な応用部分とに分けられる。歴史貫通的な基礎の部分は，世代間の継承性が高いものである。すなわち階層性が継承される部分であるといえる。すなわち貧困層に生まれてその階層のなかで育った場合，これらの「生活形成力能」のいずれかが欠如している可能性が高い。もちろん貧困階層にあっても，これらの「生活形成力能」をすべて有しているケースもある。しかし，他の階層と比較すると欠如している割合が高いという

ことである。

また生活標準化の過程で「生活形成力能」の剥奪が生じ，「生活標準」競争から脱落し貧困に陥るケースが多くなっていることも重要である。

A. センは，生活とは「相互に関連した『機能』の集合とみなすことができる」とし，それらが福祉における「その人の生活の質」「生活の良さ」の構成要素であるとする。

「機能」には，基礎的なもの（適切な栄養を得ている，健康状態にあるなど）と複雑なもの（自尊心を持っている，社会生活に参加しているなど）が考えられるとしている。

またセンは，人が選択可能な「機能」のすべての組み合わせを「潜在能力」(capability) と呼んでいる。「潜在能力集合」によりどのような生活を選択できるかという個人の「自由」が表されている。例えば，適切な栄養を得るためには，十分な栄養素を含む食品が存在しているだけでは不十分で，人にそれを購入するに十分な貨幣所得がなければならない。さらにその人が体内にその栄養素を取り込む能力が必要となる。この能力は，当人の健康状態，さらにそれに影響を及ぼす医療サービス，保健サービスの状況に依存することを指摘している。センは，潜在能力が生かされる社会システムや環境の必要性と重要性を訴えているのである。

現存する「生活能力」と隠れている「潜在的な生活能力」とがある。自己の能力と環境要因の相互連関性によって，その能力が開花するか死滅するかが決定されるのではないだろうか。

日本型貧困の現代的特質

日本的な貧困は，われわれの眼前にあまり姿を現さず，表面化せず隠されて存在してきた。戦後の一億総貧民時代を除いてそれ以降の景気循環の過程で，好景気には農村から都市に労働力が流出し，不況期には逆に都市から農村に労働力が流入し村落共同体内部の相互扶助によってその潜在的失業者を一時的に引き受けており，貧困が隠蔽されていた。

また母子世帯の貧困は，離婚後の親との同居によってそれが隠蔽され，若年単身世帯の貧困は，親とのパラサイト同居によりこれまた隠蔽されている。欧米では成人した子どもとの同居の習慣がないため，貧困はストレートに表出す

ることになるが，日本の場合，同居の慣習が残っているため貧困が隠され薄められる傾向にある。しかし近年，三世代同居世帯の割合が減少し単身世帯が増加する傾向にある。とりわけ高齢者の単身世帯の貧困は大きな問題となりつつある。

生活者に対して，財，サービス，あるいは金銭の貸付を，信用を担保にして行う消費者信用によって一時的に貧困が回避され，隠蔽されるという問題もある。このように日本においては，貧困の問題はみえにくくなっている。隠蔽された貧困は，矛盾がストレートに表出することなく内部に潜んで，やがて底辺に沈殿し固定化していくことになる。今後，世帯規模が縮小し，少子化が進行し，単独世帯が増加すれば，貧困の問題は隠れ蓑を失い直接的に表出してくる可能性がある。

競争と排除

人間は「労働力商品」を保有しているわけだが，資本にとって，生産過程で効率性を高め合理性を高めることのできる「規格」「標準」の範囲に当てはまる「労働力商品」だけが「正」としての「労働力商品」なのであり，それ以外の「労働力商品」は「規格外」「標準外」として「排除」されるのである。企業によって強制される「規範」「規格」「標準」に当てはまらない「労働力商品」は脱落させられ，この脱落した「労働力商品」が福祉の対象となる。

さらに，企業間の競争が「労働力商品」の「排除」をより一層加速させ，福祉の対象者を拡大再生産していくのである。企業間の競争は企業の集中・集積を推し進め，独占化を成し遂げ，さらに国際間競争によってグローバル化を促進させる。また企業による労働力獲得競争によって，教育の現場で受験競争が引き起こされ，おちこぼれを生産している。他方で生活者が生活標準を目指す生活競争では，人は「人並み志向」＝「標準的生活」を実現させ，生活競争から脱落することを恐れている。あらゆる「競争」の過程で競争に打ち勝ったものがモデル・規範として合理的に形成され，その「型」にはまった企業・人間・労働力・ライフスタイル等のみが「正」とされ，それに当てはまらないいわゆる「規格外」の存在＝福祉の対象者等々が「差別」「選別」「排除」されていくのである。

本来，自然や人間は多様であり，それぞれが多様な関係のなかで成長し進化

してきたのである。その多様性を認めていく作業がノーマライゼーションでありバリアフリーなのである。

「競争」はこうした「規格外」の存在を差別・選別・排除していく過程でもある。このなかで排除されたグループ・階層・世帯・個人は，「競争」から脱落し貧困層として沈殿していく。ここに「合理性」「効率性」を絶対的価値とする資本主義的競争が貫徹するのである。

お金がかかる「標準的生活」

以前は，低所得階層には低所得階層の，高所得階層には高所得階層のライフスタイルが存在していた。それは，職業や所得や住んでいる地域に規定されて存在していた。しかし現代では，それが許されないのである。所得や住んでいる地域や職業に関係なく「標準的な生活」＝「人並みの生活」を送ることを社会が強制しているのである。そしてそれは低所得階層の生活者に高くつく生活を強要することになる。

低所得階層が「生活の標準化」の影響を受けてお金のかかるライフスタイルを選択せざるを得なくなっている。例えば，公共施設，駅，図書館，レストラン，学校，劇場，映画館，遊技場等……あらゆるところでエアコンが設置されている。われわれの体が生理的にエアコンの空調に慣らされてしまっており，エアコンがない場合は，以前世のなかにあまり普及していなかったときと比べ，苦痛の度合いは高くなる（耐久消費財の普及率と苦痛度・貧困感の相対的関係の立証をすれば，その関係は明確になると思われる）。

人間は社会的存在であると同時に，物理的自然的環境的存在でもある。一定の気温と湿度の高さを超えると生理的に我慢ができなくなってしまう。一度快適性，利便性を体験してしまうとその呪縛から逃れられなくなる，一種の麻薬と同じようなものだといえる。車の利用もエアコンの利用の場合とほぼ同じことがいえる。人間は不便な生活には戻れないのである。

最低限度の生活水準，すなわちナショナルミニマムが上昇し続けているのである。お金をかけなければ生活が遂行できないようなシステムができあがっている。別の見方をすれば，企業や政府による低所得階層包囲網なるものが構築されているとみなしてもよいかもしれない。

基本的な住宅，住宅設備，耐久消費財が整備・配備されていない生活環境の

下では，そろっている場合に比べてかなり多くの費用がかかる。これはすなわち低所得階層に不利なシステムといえる。低所得階層ほど「人並みの生活」＝「標準的生活」をしようとすれば，中間所得階層や高所得階層よりもお金のかかる生活を強いられることになる。それを証明するいくつかの例をあげてみる。

① 固定電話を持っておらず携帯電話だけの場合，通話に要する電話料金が高くかかる。

② 住宅を所有しておらず，賃貸のアパートに居住している場合，居住スペースのわりに高い賃貸料を払わなくてはならない。しかも，いくら賃料を払い続けても自分の財産とはならない。

③ 自宅に風呂がなく銭湯に通う場合，銭湯利用料金が発生する。

④ 居住している地域が駅からかなりはなれたところでは，通勤や買い物に時間と交通費が駅に近いところより余計にかかる。

⑤ テレビ，冷蔵庫，洗濯機やエアコンが古い形であればあるほど，電気代，水道代やメンテナンス費用が余分にかかる。2倍や3倍，大きいもので5倍以上違う場合もある。例えばエアコンの場合，インバーターつきのものは一定の温度に達したら一旦停止して，またその温度になったときに作動し始めるシステムである。この機能がついていない場合は，電気代がかなり高くなる。

⑥ 消費者信用を利用する場合，最初にお金を持っていない状態で独立して生活を始めるとき，持ち金ゼロの場合はすべて借金になるわけで，生活関連用品をすべて消費者信用を利用して購入した場合と自己資金を持っていて生活を始める場合とでは，例えば100万円の借り入れをした場合，前者と後者の差は100万円ではなく200万円以上となる。マイナスからの出発……。生活保護申請が認められず，やむなく消費者金融で借金をして金利が発生し……それから1年後に生活保護が下りたとしても，彼は借金，すなわちマイナスから出発せざるを得ない。消費者金融は，そのような弱者を狙っているわけで，2006年アイフルに強制捜査が入ったように，障害者や認知症高齢者などを狙って貸付をしている現状が明らかとなっている。生活保護行政と消費者金融との共同作業で二重に低所得階層＝生活保護対象者を追い込んでいる実態が明らかとなっている。

⑦ 国公立の大学に入学できる確率は低いので，結果的に私立の大学へ行くことになると，低所得層の子どもはそれだけ余計に学費がかかることになる。

⑧　車を保有しておらず、いつもタクシーで病院に通院している場合、交通費が余計にかかる。
⑨　家が狭すぎて、大学生や高校生の個室がなく、家族関係が悪化し部屋を借りることになる場合、アパート代が追加的に発生する。
⑩　住宅や住宅設備が古すぎて、修繕・維持管理費が余計にかかる。
⑪　環境が悪く不衛生で病気にかかりやすくなると、その分、保険医療費が多くかかることになる。

「貧困」と「格差」

生活経済と社会福祉を結ぶキーワードは、「貧困」と「格差」にあると考えている。貧困の定義については先ほど述べたように、絶対的剥奪と相対的剥奪の統一概念であり、労働者＝生活者は「価値」とは関係し得ないという意味で「貧困」であるといえるし、また「貧困」とは、「生活形成力能」を形成する「権利」「機会」を剥奪され「競争」から「排除」された状態を指す。すなわち生活を形成・生産・再生産をすることが困難な状態を指すのである。

また「格差」とは、「資本主義的競争」関係が生産する「差別」「選別」「排除」関係の総括的現象であるといえる。本章では「貧困」「格差」をキイ概念とし、論を展開していくことにする。

第3節　生活の社会化

生活の社会化とは

農業が中心であったころの家父長制を基礎とする大家族のもとでの生活は、およそ人間が生活するうえで必要とされる生活手段や生活機能の大部分は、村落共同体内あるいは大家族の世帯内部でまかなうことができていた。例えば米や野菜を中心とした食料は自己調達できたし、水は井戸から供給でき、明かりは油を燃やしたランプがあり、料理はカマドで薪を燃やしておこなっており、風呂も同じように薪で沸かしていた。住宅も共同体内部で山から木材を調達し村民が協力して建てていた。さらに子どもが生まれれば、誰か家族のなかで手の空いているものが面倒を見て、兄弟のなかで勉強がわからないものに対しては年上のものが勉強を教え、病気で家のものが倒れれば、やはり手の空いてい

る誰かが看病していた。高齢者の介護についても同じである。要するに食料，水やエネルギー，住宅，育児，保育，補習教育，介護，看護などすべての機能を世帯あるいは共同体内部でまかなうことができたのである。

　しかし，やがて農業が衰退し，都市に企業や工場が進出し労働力が必要とされるようになると，農家の次男三男は次々と都市に働きに出かけるようになっていった。農村から都市に流出した労働者は都市に定住するようになり，そこで結婚し世帯を構えるようになる。その家族は，両親と子どもだけから成る「核家族」を形成することになる。この核家族は，大家族の場合と比較するとあらゆる点で不足しているものがあり，核家族単体だけでは生活を遂行するのは不可能であった。都会でのアパート暮らしは，まず水は蛇口をひねると出てくる水道を利用し，明かりはスイッチを押すとつく電気を用い，料理はつまみをひねるとつくガスを使うという具合で，それらはすべて公共的に供給される「社会的共同消費手段」といわれるものであり，彼らはそれに依存しなければ生活が成り立たないのである。すなわち大家族時代には，ほぼ自給自足的な生活が可能であったのだが，都市での核家族という単位での生活になると，社会が提供するサービスや施設などを利用しなければ生活が成り立たないということである。

　この過程で，農山漁村の家父長制を基礎とする大家族と，そこで営まれていた旧い生活様式は破棄され，都市型の小家族＝核家族とそこで営まれる新しい生活様式の採用と形成が始まったのである。都市に流入した雇用労働者世帯は，核家族化し，世帯規模が縮小し，生活における自己処理能力が弱められているため，社会的共同消費手段に依存する部分が必然的に大きくならざるを得ない。

　そのうえ彼らは，生産手段も生活手段もその手の内になく，生活していくためには，生活に必要な生活財・サービスを商品として購入しなければならない。また生産における技術革新の進展に伴い，これらの生活はより加工度の高い，より完成品化したものになり，人間の再生産に直結するような形で提供されるようになる。そして，いままであった家事労働は縮小・退化し，商品やサービスによって取って代わられることになる。こうして社会的結合は，生活財・サービスが個人的なものから共同のものになっていくことを中心に進む。

　一方では，家事労働の商品化等のように人々に意識されない共同化として，他方では，住宅，学校，病院，上下水道等のように誰の目にもわかる「社会的

図1-1 生活の社会化

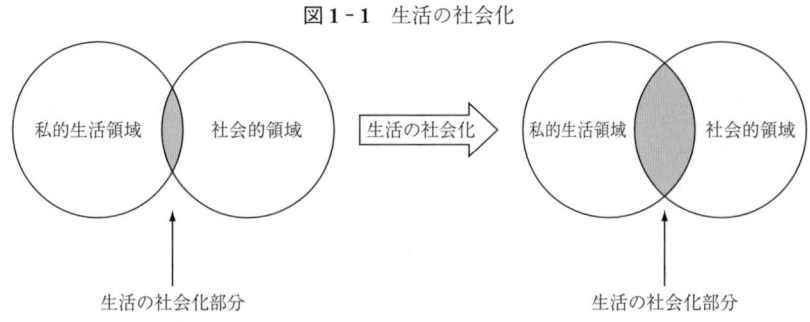

共同消費手段」化として進む。この両者の関係は，後者の基礎のうえに前者が展開すると考えられる。また，財やサービスだけでなく商品の購買＝支払い過程，使用過程，管理過程そのものも共同化していく傾向にある。このように共同化＝社会的結合を深めながら，また生活行為の外部依存度を高めていくことを「生活の社会化」という（図1-1）。

生活の社会化論

「社会化」という言葉自体は，家庭経済の分野では比較的早くから籠山京らによって用いられていた。しかし本格的には1960年代後半に著された宮本憲一の『社会資本論』(5)の社会的共同消費（消費の社会化）＝社会資本をめぐる議論や，70年代に展開された資本の集中に照応する「労働の社会化」(6)論の活発な議論のなかで主に取り上げられてきたものである。

これらに刺激されて，70年代中ごろから生活研究・貧困研究の分野で「生活の社会化」が取り上げられてきた。

私的＝個別的な生活領域が社会的方向に向けてその領域を拡大させていくという「社会化」への傾向が強まるなかで，江口英一，相沢与一，岩田正美らは，個別世帯内部の家計構造の変化に着目し，家計構造を私的性格の強い部分と社会的性格の強い部分に分け，その両者の対抗関係を軸に家計が構造化されているという分析枠組みを提出した。この分析枠組みにもとづき家計調査等を用い(7)て実証的研究を積み重ね，そのなかの社会的性格の強い費目を「社会的固定費目」とし，「社会化」の進展によってその「社会的固定費目」のウエイトが高くなり，私的費目としての「自由裁量部分」を圧迫し「家計の硬直化」を招く

とした。そして，これを現代的貧困の主要指標としたのである。

　岩田は，この江口の現代的貧困の実体＝「家計の硬直化」をさらに発展させて，現代の貧困を測定する道具として「生活標準」を打ち出したのである。この岩田の考えは，イギリスにおけるB. S. ラウントリーの絶対的貧困線に代わる相対的貧困線を主張したP. タウンゼントの相対的剥奪（relative deprivation）概念に影響を受けていると思われる。すなわちタウンゼントは，ある時点での一定の社会における一般的，慣習的な生活のレベルを問題とし，そのレベルに達していない剥奪されている状態から貧困を規定したのである。その際の「一般的，慣習的な生活水準」，これがいわゆる「生活標準」なのではないだろうか。

　岩田の場合は，貧困論のなかでの生活標準の設定であるが，これを現代の生活経済の分析枠組みとして利用していこうというのが筆者の考えである。

社会化における諸関係
　「社会化」とは，個別的にかつ無関係に存在している「ヒト」「モノ」が，人々の間の経済活動を中心とした全生活過程における活動において，それぞれが有機的関連性を持つようになり，ある種の「社会」＝関係を形成しつつある状態のことを指す。

　資本の蓄積過程で資本の集中が進めば，必然的に生産手段は社会化し，それに照応して労働力も社会化していく。この両者の社会化との関係において，人々の私的生活は相対的独自性を有した個別領域を残しながらも，社会的領域としての部分を拡大させていく，すなわち社会化していくのである。

　この生活の「社会化」のなかで，第一に，ヒトとモノの関係は，生活手段＝商品を通しての「社会化」に現れる。資本の集中に伴って生じる生活手段生産の規格化・画一化による生活手段＝商品の規格化・画一化という側面と，社会的共同消費手段の質量的範囲の拡大によって生じる規格化・画一化という側面が考えられる。すなわち社会的共同消費手段や商品やサービスの供給者による供給の仕方によって，需要側の消費の仕方が規定される。

　生活者＝消費者は自ら意識はしていないのだが，朝起きて歯を磨く歯ブラシも，口をすすぐコップも，顔を拭くタオルも，誰もが皆同じようなモノを使って（消費して）生活しているのである。このことは，商品＝モノを通してヒト

とヒトが間接的に結びついて社会的関係を形成していることを示している。

この社会的関係は資本の集中が進めば進むほどより広範囲なものとなっていく。この消費に関する社会化は，直接的に家族の消費生活の内容＝質に影響を及ぼすことになる。

第二に，ヒトとヒトとの関係については，世帯構成員が雇用を媒介にして「社会化」する場合に生じるものである。ここでは世帯の個々の構成員が労働することによって直接的に職場＝社会との関係を持つ側面と，構成員が労働する労働過程そのものが「社会化」することによって，他のまったく別の企業に勤める労働者との社会的関係を間接的に持つようになる側面とが考えられる。例えば，夫婦と子ども1人という核家族で，夫婦がともに働いており子どももコンビニでアルバイトをしているような場合，世帯構成員全員が職場＝社会の構成員となっており，直接的かつ意識的に社会的関係に入っている。

このことは，職場＝労働を通してヒトとヒトが直接的に社会的関係を形成していることを示している。この社会的関係は，やはり資本の集中が進むことによって拡大していく。この就労に関する社会化は，直接的には家計収入と生活時間に，間接的には消費生活に影響を与えることになるが，それ以上に世帯内のヒトとヒトとの関係に重大な変化をもたらす。すなわち，世帯構成員が生活全体における関係に対する価値観のウエイトを世帯内関係から社会的関係に移行させ，かつ家族構成員が個々バラバラに社会と関係しあうことになるのである。これはいわば構成員各個人の社会化の進行であると同時に，生活の個別化＝個人別化の主要な契機をなすと考えられる。

第三に，情報・通信を媒介とするヒトとヒトとの関係に関しては，テレビ・ラジオ・新聞・雑誌等を通しての情報の共有化という「社会化」として現れる。近年，この分野の技術革新がめざましく，情報伝達の速度と範囲において，地球的規模での同時通信が実現し，これによって，地球規模での情報の共有化＝「社会化」が進んでいる。

この情報の社会化が，ある意味ではわれわれの消費生活に最も大きな影響を与えているといえる。それは，欲望の創出，消費財の選択＝購入からライフスタイルの選択に至るまで，生活の全局面にわたっている。

第四に，居住地域でのヒトとヒトとの関係に関しては，自治会，町内会，老人会，子ども会，PTA，生協の共同購入，地域ボランティア等の地域組織の

活動を通した「共同化」として現れる。これは，従来からある自治会，町内会等の相互扶助的な関係と，現代的な生協の共同購入や地域ボランティアなどの自律的・主体的な共同関係とに区別される。

一方で前者の関係が弱まりつつあるなかで，他方では，それとは対照的に後者の関係は強まりつつある。とりわけ生協の活動は，消費生活過程を生活者の側から自律的に再編成していく一つの鍵を握っているといえる。

第五に，私的・個別的な趣味・娯楽を媒介としたヒトとヒトとの関係では，労働過程での疎外が進めば進むほど，余暇時間が増加すればするほど「共同化」が広まると考えられる。この「共同化」は，人間生活の再生産という視点から消費過程を捉えるとき重要な意味を持つ。

世帯内の共同的関係が希薄化・縮小化するなかで，世帯構成員は個々に個人の資格で社会的諸関係を個別に深めていく。すなわち関係のウエイトが世帯内から世帯外部＝社会に移行しているのである。

ここで注意を要するのは，このような社会化が進むと世帯＝家族が崩壊していくという議論が一部にあるが，崩壊するのではなくて世帯内の関係のあり方が変化するのである。すなわち，経済的自立性を高めた諸個人が対等の立場で関係を取り結んでいくという関係に変わっていくのである。この関係は，より純化された「愛情」に媒介される高次元な関係に止揚（アウフヘーベン）することになる。

しかし現実的には，このような高次元な関係に移行する過程で，現在の欧米でみられるような片親世帯（母子世帯）（one-parent family）の増加のような現象を経過しなければならないであろう。

この節でみてきた「社会化」という概念自体は関係の広がりを示すものであって，それ以上でも以下でもない。問題は，その関係の広がりによって次に何がもたらされるかということである。

第4節　生活の標準化の理論

社会的必要生活標準の概念と視点

生活の社会化によって生活の質の均一化・画一化・標準化がもたらされるが，この現象は，さしあたりは，職業＝所得階層の違いには関係ないものとして，

その時々の生活様式・生活構造を基本的に規定する「社会的必要生活標準」として貫徹する。

社会的必要生活標準とは，社会的に必要な生活手段の質量的範囲を有して営まれる生活の水準のことである。もちろん現実には，一世帯の生活手段の質量的範囲は，個別的に存在しているのだが，その個別的範囲も社会的にみれば，社会の生活手段の範囲の一構成分子として，一個同一の「範囲」として意義を持っている。これは個別が一般として妥当するためには，全体の平均として個別を捉え返さなければならないことからくる，論理の必然的結果として与えられるものである。したがって，一般的・社会的性格を帯びた個別の「範囲」は，平均「範囲」として現れる。他と同じ一個同一の「範囲」は，人々が生活を営む過程において「平均的な必要」＝「社会的な必要」を有する限りにおいて，生活手段の質量的範囲の社会的総和の平均が一つの標準として作用し，貫徹するのである。その平均的「範囲」で営まれる生活水準を「社会的必要生活標準」と呼ぶのである。

生活における「標準」あるいは，「標準化」という用語自体は，これまで多くの研究者によって用いられてきたが，「生活の社会化」との関連で「生活の標準化」を理論的・体系的に論じているのは，岩田正美である。岩田は，「今日の我々の選択行為や支出配分は，単に消費財の供給のされ方というよりは，このような具体的な形態を含めての必要消費財の社会的標準的範囲によって規制されている」と述べている。私も，岩田と同様に，今日の消費生活を総体的・全局的に把握するうえで「必要消費財の質量的範囲の標準化という視点」に立つことが重要であると考える。

この「標準化の視点」に立つということが意味するものは，以下の点である。
① 生活の社会化を基礎におく。
② あらかじめ階層別分析を前提とせず，第一に全体的分析方法をとる。
③ 生活財・サービスの供給のされ方，言い方を変えれば「何を消費しているか」が現代の消費生活構造を規定している。

標準の形成Ⅰ——商品

標準化の視点をふまえたうえで，生活財の供給のされ方，それがどのように「標準」を形成し，また「標準」の形成に影響を与えているのかを，ここでは，

まずはじめに大企業の市場戦略＝マーケティングのなかにみていこうと思う。

企業の最終目的は，もちろん利潤の極大化にあるわけだが，そこではおのずと大量生産＝大量消費が基軸となる。この生産方式によってその目的を達成するためには，市場を拡大することが企業にとっての至上命令となる。要するにできる限り多くの商品を生産して，それをできる限り多くの生活者に販売して，その結果としてできる限り多くの利益を得ることが絶対的使命なのである。この市場の拡大の仕方によって消費財＝商品の提供のされ方が異なってくる。

そこでまず市場拡大のために，企業にとっては第一に，市場の狭隘性，すなわち地域性を打破することが必要となってくる。そのために企業が生産する商品は，ある特定のエリアでしか通用しないものではなくて，北は北海道から南は沖縄まで，全国どこでも通用する最大公約数的な規格化された商品であることが前提となる。さらに，その規格化された商品を広範囲に販売供給するための全国レベルでの広告宣伝を大量におこない，それを実現させる。その結果，例えばある特定のエリア内の市場競争において全国規模の企業が地元企業を凌いだ場合，従来そのエリア内の地元企業生産者によって供給されていた多種多様な商品が，その全国規模の企業の規格化された商品に取って代わられることになる。そうなるとその地元企業は経営に行き詰まり倒産していくことになる。そうすることによって職業＝所得階層の異なる消費者の多種多様なニーズに合った商品は市場から消え去り，生活者は，日本全国，世界中誰もが使用している規格化された商品を買わざるを得なくなる。ここに供給される消費財の規格化という形での標準が形成されることになる。

第二に，生活者の階層性の打破があげられる。これは，供給される商品が所得が上位の階層だけでなく，下位の階層にも購入されなければならないことを意味している。通常，新製品の普及過程はデモンストレーション効果によって，高所得階層から徐々に中所得階層そして最後に低所得階層という経路を辿る。現代ではそれほど時間的ゆとりがなく，その全過程をのんびりと待っている時間はないのである。新製品発売と同時に同一時期にすべての階層に購入されることを狙っている。そのために企業は，市場における低価格戦略をとろうとするのである。そのためには，生産局面においては，大量生産を基礎として，生産技術の革新をも含んだ生産性の向上による効率化・合理化によりコスト低減化をはかって商品の低価格化を実現する必要がある。流通局面では，従来日本

的流通においては，生産者から生活者の手に商品が手に届くまでに中間にいくつかの問屋や代理店が介在しており，中間マージン＝販売手数料を商品の値段に上乗せしていたので，どうしても商品の価格が高くなってしまうという問題があった。しかし，流通の編成替えによって従来あったデパート・代理店・小売店ルートのほかに，スーパー・ディスカウントストア等の安売り量販売店ルートの開発をおこなうことによって，その問題はかなり解消され価格が低くなってきた。消費局面では，支払手段として従来の現金に代わり消費者信用が導入され，現金を所有していなくても，低所得階層でも商品購入がたやすく可能になってきた。この消費者信用の導入が最も大きな影響を与えたともいえる。とにかく現金ゼロでモノが購入できるわけであるから……。

　以上の3局面，生産，流通，消費局面におけるあらゆる手段を用いて，企業はマーケットにおける階層性の打破を実現させるのである。これによって階層性の区別なく商品の広範な普及がなされ，標準形成の可能性が高められ，かつその速度が一層速くなってきたといえる。

　第三に，消費単位の個人別化による市場の拡大があげられる。これは，従来市場での販売対象が世帯を単位としていたのを，個人を対象単位とすることによって，企業は従来の市場規模を2倍，3倍，4倍にも拡大できるようになる。そこでは個人を対象とした商品が提供されるわけであるが，それはあくまで大量生産を前提とした同一種類の商品の，単にデザイン・色・大きさ・機能・能力だけを変えたものが（通常これが多様化とか個性化とかいわれるものであるが），年齢，性別ごとに差別化が図られ，供給されるにすぎない。それらの商品がいかに見た目には違ったもののような外観をとろうとも，大量生産を前提としている以上，同一の生産ライン上で生産される規格化された商品の枝分かれしたものであり，その意味では個人別商品も規格化された商品であることに変わりはない。したがって，個人別商品の供給は個人別消費生活局面での標準化をもたらしているといえる。これを別の側面から，すなわち世帯単位で捉えてみると，消費財の消費量あるいは保有量の問題となって現れる。この量的問題は，世帯における「標準達成度」を意味しているといえる。この問題に関しては別の所で述べることにする。

　以上の大量生産＝大量消費方式にもとづく企業の市場拡大の結果，消費財の供給量の過剰と種類の縮小が起こる。いいかえれば生活者にとっての必要と生

産者からの供給との質量的不一致の拡大が起こることとなり，その結果，生活者にとっては消費財の選択性の低下が生じることになる。これこそが資本主義的生産様式が抱える矛盾であり，同時に標準の形成が内包する矛盾でもある。すなわち標準の形成が進めば進むほど，また生産力の上昇につれて標準が上昇すればするほど，供給される商品がその種類と量において，必要からの乖離を生じ，その乖離の幅を拡大していくということになる。

　この標準形成の基礎のうえで行われる商品のライフサイクルの短縮化（新商品開発，モデルチェンジを含む）は，新製品を競って買い求めるというある種の生活者間の消費競争状態を作り出す。それによって商品のライフサイクルの短縮化は標準形成をより一層促進させる要因となる。それと同時に，これは「必要からの乖離」をますます大きなものとしていくのである。すなわち，現実の生活にはあまり役立つことのない無意味な新製品開発やモデルチェンジも多いのである。それらの商品を買い求めるということは消費のための消費，生産のための生産を必要から遠いところでおこなっているということである。生活者は無意識にその無意味な競争にいつのまにか巻き込まれてしまっているのである。

標準の形成II──社会的共同消費手段

　次に社会的共同消費手段による生活標準形成をみていこうと思う。これに関しては，誰の目にもみえる明白な財・サービスの共同化として現れるので，直接的に標準化に連なっているといえる。したがってここでは，2つの問題に限定して言及するにとどめる。一つは，社会的共同消費手段の質量的範囲の拡大・縮小の問題であり，もう一つは，世帯内に配備されている住宅設備や家電製品を中心とする耐久消費財の質量的範囲と，社会的共同消費手段の質量的範囲との関係の問題である。

　社会的共同消費手段は生活者の必要にもとづいて生産・供給されるのであるが，その必要の範囲は，社会内部の諸集団間，諸個人間の利害調整の結果として，社会的承認を受けたいわゆる「共通の利益」の範囲内に限定される。しかもそれは傾向的に必要標準の最小限が供給されることになる。

　ここでも先に示した大企業の商品が，生活者の「必要からの乖離」と同じような乖離を生じさせている。ただし，それは生活者の必要を常に質量的に下

回っているという意味での乖離である。しかし，一層の生産力の上昇と都市化の進展により，必要標準からすれば最低限であるが，社会全体からみればその質量的範囲は拡大していく傾向にある。

　この全体的な流れのなかで，逆に過疎化の進展する地方では採算に乗らない電車やバスの路線が廃止されるといった，質量的範囲の縮小がみられる。質量的範囲が拡大する場合は，公共的財・サービスの共同利用が進むので，直接的に生活の標準化が進展するといえる。反対にそれが縮小する場合でも，例えば電車やバスが廃止された場合，その地域に住んでいる人たちは電車やバスに代わる交通手段を自分で調達しなければならない。それはすなわち，自動車かバイクか自転車といった私的な財の購入が，それらの人々に強制されるということであり，それは個別世帯の家計負担の増大をもたらすことになる。さしあたりここでは，標準化を媒介する財が公共的性格のものから私的な企業の商品に取って代わられただけで，標準化の視点から捉えれば標準化が進展するということにかわりはない。

　もう一つは，社会的共同消費手段の質量的範囲と，世帯のなかの家電製品を中心とする主要耐久消費財のそれとの関係の問題である。以前，世帯内で使用されていた水やエネルギー，すなわち井戸，ローソク，薪，炭，コークス等が，公共的に供給される水道，電気，ガスに取って代わられるようになると，当然それに関連する生活財の種類に大きな変化がもたらされることになる。以前のカマドや七厘がガスレンジに，米を炊く釜が電気炊飯器に，火鉢が電気こたつや電気ストーブに取って代わられるというように。このことは，生活者にとってエネルギー等の選択性を低下させ，世帯内に配備されるエネルギー利用型主要耐久消費財の質量的範囲を電気・ガス製品に限定させることになる。すなわち社会的共同消費手段の質的範囲＝種類が世帯内の消費財の種類を規定するという関係が成りたつ。

　また社会的共同消費手段が供給される範囲が広まれば広まるほど，この関係は強められ，一般的＝社会的となる。この規定関係をいいかえれば，エネルギー等の社会的共同消費手段の供給のされ方（種類の縮小）によって，世帯のなかの家電製品を中心とする主要耐久消費財の種類の限定という標準が形成されることになる。この関係のなかには，量的側面から捉えられる逆の規定関係が，すなわち世帯内に配備されている主要耐久消費財の種類と量の大きさが，

社会的共同消費手段の供給量の大きさを規定するという関係が含まれている。これは，世帯の耐久消費財の標準化が進めば，社会的消費手段の供給量の標準化が進むことを意味している。

　以上のように「社会的必要生活標準」は，生活の社会化によってもたらされる社会的共同消費手段の質量的範囲の拡大を基礎として，そのうえでの大量生産＝大量消費を基軸とした大企業の規格化された財・サービスの質量的範囲の拡大によって形成され，展開される。その展開過程で「必要からの乖離」という生活者にとっての矛盾が拡大していくのである。

　それとともに社会的共同消費手段における重大な問題は，利用料金の問題である。あらゆる公的な施設やサービスを利用する際の利用料負担が，受益者負担主義という考えの下に大きくなってきている。何が何でも市場原理を押し付けるという政策の下，本来最もその施設及びサービスを利用する必要性がある低所得階層の人ほどそれを受けられなくなっているという矛盾が拡大している。

「標準」の高さとその作用

　これまでみてきた「社会的必要生活標準」の高さは，基本的には，社会的生産力の高さにひきつけられて推移する社会的欲望の高さに規定されて存在している。

　この「標準」の高さは，生活者にとっては達成しなければならないある種の「目標」として存在する。生活者や世帯にとって，最初は「できれば欲しいもの」が，商品の普及過程で徐々に「是非ほしいもの」になり，そして「なくてはならないもの」に代わっていく。こうして誰もがその所得や職業に関係なく，この「なくてはならないもの」を取り揃えた標準的生活＝「人並みの生活」を志向するようになる。このことによって標準化は強められ，固定的なものになっていく。一度固定的となった標準は「絶対なくてはならないもの」として，世帯に対して外的な一つの社会的な強制力として作用するようになる。

　この生活者や世帯に対する標準の強制力が，「必要からの乖離」を伴って作用している。標準化の進展とともに「なくてはならないもの」が「必要なもの」からますます遠ざかっていくのである（図1-2）。

　すべての生活者の目が「生活標準」に向けられている。ある人は，標準からの脱落を恐れ，またある人は，標準以上の生活を，少しでも上の生活をと野心

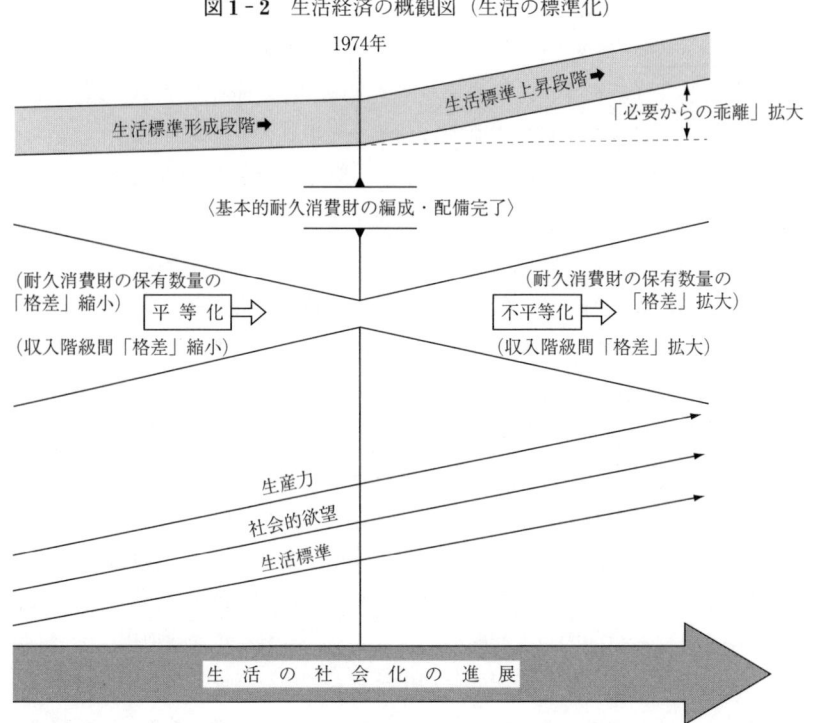

図 1-2　生活経済の概観図（生活の標準化）

1974年

生活標準形成段階→　　生活標準上昇段階→　　「必要からの乖離」拡大

〈基本的耐久消費財の編成・配備完了〉

（耐久消費財の保有数量の「格差」縮小）　　平　等　化　⇒　　不平等化　⇒　　（耐久消費財の保有数量の「格差」拡大）

（収入階級間「格差」縮小）　　　　　　　　　　　　　　　　　　　　　　　　（収入階級間「格差」拡大）

生産力
社会的欲望
生活標準

生　活　の　社　会　化　の　進　展　→

を抱いている。生活者のそのような行為は，結果として生活標準のラインを押し上げることになる。生産力の上昇ばかりでなく，生活者自身の行為が標準ラインを押し上げているという側面もある。標準の上昇は，生産過程の要請でもあり，同時に消費過程の要請でもあるということになる。

こうして生産過程は，「必要からの乖離」をした新製品の開発のための開発を，生産のための生産をするようになり，消費過程は，「必要からの乖離」をした「標準」のための消費を，消費のための消費をするようになる。

これは，人間の能力の全面発達を目的としておこなわれていたはずの「教育」が，いつのまにか受験で高い点数＝偏差値をとるという目的に変質してしまったのと似ている。親は子どもに，幸せな人生を望んで，そのためには「人並みの生活」あるいは「人並み以上の生活」を送ってほしいと考える。そのためには，学校でのテストで高い点＝高偏差値を取らなければならない，そのた

めには塾に通わねばならない。

　この幸福＝「生活標準」―所得―就職―大学―偏差値―テストの点数―幸福という関係の再生産の循環が，偏差値の基準を限りなく押し上げているのである。この循環を成立させている根本原因は企業の雇用システムにある。すなわち企業が人を採用する際に，偏差値の高い有名大学の学生を優先的に採用するというゆがんだ雇用システム（大企業では東大生は別室で試験がおこなわれ……採用はすでに決定していて形式的に試験をおこなっているだけ等々）である。しかしそれも，教育の当事者，父兄，本人が価値判断の基準を少しずらせば，この再生産の循環は崩すことが可能となる。にもかかわらず，無意識のうちにそれぞれがこの関係をより強固なものにして拡大再生産しているのである。そして，この過程が同時に「教育」の「必要からの乖離」も拡大再生産しているのである。こうして人々の意識のなかから教育の目的，すなわち人間の能力の全面発達は，忘れ去られていくのである。

　このような「社会的必要生活標準」化の作用を基軸として，現代の消費生活の構造化がなされている。その生活構造そのものは，中鉢正美がいうように，家庭を中心とする集団内の人間関係によって結合された生活諸要因，とりわけ家庭内の耐久消費財と，社会生活に利用される設備や制度の諸要因を骨組みとして構成されるものである。(11)すなわち社会的共同消費手段の基礎上に配置されている世帯内の耐久消費財の編成・配備のされ方が，生活構造を規定しているのである。

　したがって，次の節では，世帯内における主要耐久消費財の編成・配備のされ方を分析し，それによって「社会的必要生活標準」が現実にいかに形成され，存在し，作用しているのかをみていくことにする。

第5節　主要耐久消費財の標準化

　これまで，現代の生活に最も大きな影響を与えている作用の一つとして「社会的必要生活標準」化の作用を明らかにしてきた。この法則の作用を基軸として消費生活の構造化がなされていると考えられる。その生活構造そのものは，世帯内部の耐久消費財と社会的共同消費手段の編成・配備のされ方によって規定されている。

この規定要因の一つである世帯内部の耐久消費財に焦点を当てて，その編成・配備のされ方と「標準化」の法則が作用していることを検証するために実証的研究（1989年まで）をおこなってきた。しかし，それ以降の検証がおこなわれてこなかったので，その不十分性を考慮し，本節では1989（平成元）年以降のデータを用いて再度「標準化」の法則が作用しているかどうかの検証と，「標準」の形成・形成経路・達成度に関しても同じように再検討し，その継続性と相違性を明らかにしたい。

研究方法
　①　資料
　総務省統計局『全国消費実態調査』（1969，74，79，84，89，94，99，2004年度版）で，使用したのは全国の2人以上の勤労者世帯のデータである。
　②　分析対象品目
　表1-1に示してあるように前回の分析では，生活において必需性の高い普及率50％以上の耐久財と，現在は普及率が低いが今後の生活変化に伴い必需化が見込まれる耐久財の合計23品目を分析対象にしていたが，1999年度と2004年度は，1994年度及び1999年度に調査対象から除外された品目（ガス湯沸かし器，衣類乾燥機，布団乾燥機，扇風機，自転車）や，調査対象品目ではあるが食器戸棚に関しては，システムキッチンや住宅設備の一部として作り付けの物が多く存在しているため，もはや耐久消費財としての意味が薄れてきたため対象からはずした。ビデオデッキに関しては，DVDレコーダーの普及が進み，近い将来陳腐化して消滅する可能性が高いので対象からはずした。またピアノやゴルフセットは格差を反映しやすい品目として，またパソコンやファクシミリは情報化社会において新たに生活必需品になりうる品目であると考え追加した。その結果，対象品目は18品目となった。
　③　調査範囲と内容
　主要耐久消費財の調査範囲と内容に関して，1984年までと1989年とそれ以降では大きな違いがみられる。また，1994，99，2004年度版においても調査範囲に変更がみられ，したがってこれらの制約性を考慮に入れたうえで検討がなされなければならないことはいうまでもない。この違いによって普及率・保有率に影響が少なからず出ている。

表1-1 分析対象品目

1969～1989年	～1999年	1994年	1999年	2004年
食堂セット	食堂セット	○	○	○
食器戸棚		○	×	×
ガス湯沸かし器		×	×	×
電子レンジ	電子レンジ	○	○	○
電気冷蔵庫	電気冷蔵庫	○	○	○
自動食器洗い機		○	×	×
電気掃除機	電気掃除機	○	○	○
電気洗濯機	電気洗濯機	○	○	○
衣類乾燥機		○	×	×
布団乾燥機		○	×	×
ミシン	ミシン	○	○	○
扇風機		×	×	×
ルームエアコン	ルームエアコン	○	○	○
石油ストーブ		○	×	×
電気ごたつ	電気ごたつ	○	○	○
カラーテレビ	カラーテレビ	○	○	○
ステレオ	ステレオ	○	○	×
ラジオカセット	ラジオカセット	○	○	○
ビデオデッキ		○	○	○
ビデオカメラ	ビデオカメラ	○	○	○
電話	電話	○	○	○
乗用車	乗用車	○	○	○
自転車		×	×	×
	パソコン	1984～	○	○
	ピアノ	1969～	○	○
	ゴルフセット	1969～	○	○
	ファクシミリ	1994～	○	○

(注) 2004年ステレオは，単独品目ではなくなった。CD・MDラジカセに吸収合併されている。

普及率——収入五分位階級ジニ係数時系列比較

ここでは，表1-2にもとづいて，「標準化」の作用が耐久消費財のなかで実際にはどのような形で進行しているのかをみてみることにする。ここで用いる「標準化」の指標は，以前と同じものを用いることにする。

平均普及率とジニ係数の2つの一定の基準値をもって主要耐久消費財23品目を4類型にグループ化することにする。また，1969年から2004年の間のいずれかの時点でグループの要件を満たしていれば，そのグループに入れた。

第 1 章 生活経済の理論

表1-2 収入五分位階級別主要耐久消費財の普及率表 (普及率の単位：%)

	年度	I	II	III	IV	V	平均	ジニ係数
1.食堂セット	1969	17.2	27.0	34.6	42.4	51.6	34.6	0.19584
	1974	36.1	47.3	54.0	61.1	69.2	53.4	0.11723
	1979	50.0	63.5	67.8	73.6	79.7	66.9	0.08281
	1984	56.6	70.4	76.3	80.0	85.6	73.7	0.07229
	1989	58.8	70.7	76.4	81.1	85.5	74.3	0.06600
	1994	62.2	75.2	79.6	83.8	87.8	77.6	0.06049
	1999	59.1	72.6	78.5	84.1	88.3	76.4	0.07186
	2004	62.2	73.7	80.9	84.2	89.4	77.9	0.06472
2.電子レンジ	1969	—	—	—	—	—	—	—
	1974	5.6	8.2	10.4	12.3	16.8	10.6	0.19434
	1979	21.0	23.9	27.9	29.4	37.2	27.9	0.10939
	1984	41.5	48.0	52.0	54.0	61.2	51.3	0.07002
	1989	63.6	72.0	74.1	78.5	82.3	74.1	0.04740
	1994	84.8	90.4	92.0	92.3	94.3	90.7	0.01808
	1999	93.2	96.1	96.7	97.4	98.1	96.3	0.00930
	2004	96.8	98.2	98.3	98.9	99.1	98.2	0.00405
3.電気冷蔵庫	1969	82.1	91.6	94.2	95.0	96.8	92.0	0.02917
	1974	98.1	98.7	99.1	99.1	99.3	98.9	0.00267
	1979	96.1	97.8	98.0	98.4	99.1	97.9	0.00560
	1984	98.1	98.4	98.6	98.3	99.2	98.5	0.00150
	1989	97.7	98.2	98.4	98.3	98.7	98.2	0.00110
	1994	97.9	98.8	98.9	99.0	99.3	98.7	0.00211
	1999	98.6	99.2	99.2	99.5	99.7	99.2	0.00185
	2004	98.6	99.1	99.3	99.4	99.4	99.1	0.00185
4.電気掃除機	1969	54.4	71.3	80.1	84.7	90.4	76.2	0.08992
	1974	87.0	93.1	95.5	96.3	97.8	93.8	0.01966
	1979	94.4	97.9	98.2	98.6	98.8	97.5	0.00697
	1984	96.7	98.3	99.0	98.9	99.2	98.4	0.00435
	1989	96.9	98.3	98.1	98.4	98.5	98.0	0.00229
	1994	98.0	99.2	99.2	99.5	99.4	99.0	0.00208
	1999	98.8	99.5	99.7	99.5	99.6	99.4	0.00127
	2004	98.9	99.5	99.5	99.7	99.7	99.4	0.00127
5.電気洗濯機	1969	86.3	94.2	95.5	95.8	98.1	94.0	0.02166
	1974	97.4	98.9	99.3	98.9	99.4	98.7	0.00243
	1979	98.1	99.3	99.4	99.5	99.5	99.1	0.00182
	1984	99.0	99.2	99.3	99.3	99.7	99.3	0.00121
	1989	98.8	99.1	99.2	99.5	99.2	99.2	0.00137
	1994	99.2	99.7	99.4	99.7	99.7	99.5	0.00058
	1999	99.2	99.4	99.5	99.6	99.7	99.4	0.00042
	2004	99.1	99.4	99.4	99.6	99.7	99.4	0.00042
6.ミシン（電動）	1969	78.9	87.4	91.4	92.8	94.6	89.0	0.03285
	1974	82.7	89.3	92.9	92.6	94.2	90.2	0.02177
	1979	82.4	89.0	92.3	93.8	95.4	90.5	0.02634
	1984	81.3	88.9	92.4	93.0	95.1	90.1	0.02770
	1989	64.0	73.1	75.4	75.3	76.8	72.8	0.02890
	1994	64.8	76.1	79.4	80.8	81.9	76.5	0.03969
	1999	57.7	69.7	75.5	78.8	81.7	72.5	0.06052
	2004	54.1	64.1	73.0	76.2	79.8	69.2	0.07020

第Ⅰ部　生活経済の視点

	年度	Ⅰ	Ⅱ	Ⅲ	Ⅳ	Ⅴ	平均	ジニ係数
7. ルームエアコン	1969	1.7	2.4	3.1	4.6	10.1	4.4	0.35000
	1974	10.8	15.5	19.1	22.1	32.8	20.2	0.20733
	1979	35.3	43.8	43.8	48.2	56.0	45.4	0.08026
	1984	45.5	53.7	57.3	57.3	66.1	56.0	0.06436
	1989	54.3	63.4	67.3	69.8	77.1	66.4	0.06295
	1994	72.9	79.6	80.5	82.2	86.4	80.3	0.02964
	1999	79.1	84.6	86.1	87.2	91.0	85.7	0.02600
	2004	80.4	86.9	88.5	89.1	92.8	87.6	0.02584
8. 電気ごたつ	1969	78.7	85.3	86.8	87.5	89.9	85.6	0.02252
	1974	88.4	90.4	91.9	93.7	94.1	91.7	0.01282
	1979	91.7	92.7	93.5	94.7	95.4	93.6	0.00803
	1984	91.6	93.1	93.6	94.1	94.8	93.4	0.00591
	1989	72.9	73.7	75.1	74.5	73.2	73.8	0.00043
	1994	72.2	74.6	76.0	77.0	76.9	75.4	0.01350
	1999	75.8	79.0	80.1	82.2	85.3	80.4	0.02147
	2004	70.0	70.3	72.4	76.0	78.1	73.4	0.02493
9. カラーテレビ	1969	9.6	16.0	19.9	24.6	35.0	21.0	0.22533
	1974	85.6	90.4	92.7	93.2	95.1	91.4	0.01908
	1979	97.0	98.0	98.4	98.3	98.6	98.0	0.00224
	1984	98.1	98.6	98.6	98.7	98.9	98.5	0.00057
	1989	98.0	98.5	99.0	99.2	98.4	98.6	0.00101
	1994	98.9	99.2	99.3	99.5	99.5	99.3	0.00165
	1999	98.8	99.5	99.5	99.4	99.6	99.3	0.00077
	2004	97.1	97.2	97.1	97.4	97.7	97.3	0.00129
10. ステレオセット	1969	23.5	33.2	39.7	44.9	59.9	40.2	0.16716
	1974	40.7	48.9	53.9	59.1	69.7	54.4	0.09919
	1979	51.9	59.9	62.9	70.1	78.3	64.6	0.07771
	1984	55.4	64.0	69.5	74.8	82.3	69.2	0.07468
	1989	51.0	58.3	63.8	69.9	76.6	63.9	0.07831
	1994	45.5	54.2	56.4	62.5	71.0	57.9	0.08207
	1999	40.4	47.9	52.0	56.5	64.7	52.2	0.08625
	2004	—	—	—	—	—	—	—
11. CD・MDラジカセ	1969	—	—	—	—	—	—	—
	1974	—	—	—	—	—	—	—
	1979	50.9	60.5	64.3	68.5	72.0	63.2	0.06291
	1984	69.8	76.3	81.0	83.7	86.9	79.5	0.04136
	1989	60.9	67.3	71.8	75.3	80.1	70.9	0.04982
	1994	58.8	64.3	71.6	77.3	82.6	70.9	0.06863
	1999	70.7	77.7	82.2	86.6	89.4	81.3	0.04563
	2004	77.9	84.7	89.0	91.1	92.9	86.8	0.03012
12. ビデオカメラ	1969	—	—	—	—	—	—	—
	1974	—	—	—	—	—	—	—
	1979	—	—	—	—	—	—	—
	1984	3.3	4.0	4.0	3.8	5.6	4.1	0.07610
	1989	16.9	21.8	19.6	17.5	17.7	18.7	−0.01155
	1994	36.3	43.5	41.2	35.9	32.1	37.8	−0.03317
	1999	39.5	50.4	51.5	46.5	44.2	46.2	0.00498
	2004	40.0	53.3	55.5	54.4	52.1	50.8	0.03531

第 1 章 生活経済の理論

	年度	I	II	III	IV	V	平均	ジニ係数
13. パソコン	1969	—	—	—	—	—	—	—
	1974	—	—	—	—	—	—	—
	1979	—	—	—	—	—	—	—
	1984	3.6	4.9	6.7	7.7	10.6	6.6	0.19606
	1989	6.8	10.8	13.8	17.9	20.0	13.8	0.19101
	1994	9.7	13.9	18.4	22.9	28.9	18.7	0.20064
	1999	24.6	35.8	44.9	51.9	62.0	43.8	0.16598
	2004	56.0	73.4	83.1	87.7	93.6	78.5	0.08854
14. ピアノ	1969	1.1	3.0	7.0	10.8	20.3	8.4	0.43524
	1974	3.0	6.8	12.1	17.5	27.4	13.4	0.35821
	1979	5.8	10.9	17.8	25.7	35.4	19.1	0.31068
	1984	7.5	16.5	22.4	29.0	39.5	23.0	0.26783
	1989	10.3	18.7	26.6	33.2	43.4	26.4	0.24303
	1994	9.7	18.1	26.3	32.6	43.9	26.0	0.25138
	1999	9.6	17.7	24.7	33.9	44.8	26.1	0.26521
	2004	12.3	20.8	28.1	36.5	47.2	28.8	0.23201
15. ゴルフセット	1969	1.5	3.9	6.5	11.4	21.2	8.9	0.42157
	1974	6.4	12.9	16.7	21.6	33.7	18.3	0.27891
	1979	11.4	19.7	24.0	30.6	37.2	24.5	0.20180
	1984	16.1	26.8	32.6	38.6	47.7	32.4	0.18691
	1989	20.6	31.4	37.1	42.8	54.3	37.3	0.17147
	1994	28.2	38.6	45.4	51.2	59.9	44.6	0.13534
	1999	27.1	41.1	47.1	52.2	60.9	45.6	0.13645
	2004	22.5	34.1	43.0	49.3	56.0	40.9	0.15922
16. 電話（コードレス・携帯電話）	1969	16.8	26.9	37.6	51.5	71.9	41.0	0.26449
	1974	64.3	77.0	83.5	90.0	94.4	81.8	0.07110
	1979	90.8	96.8	98.0	99.1	99.1	96.7	0.01502
	1984	96.3	99.4	99.7	99.8	99.8	99.0	0.00598
	1989	80.4	79.7	80.4	81.9	83.6	81.2	0.00847
	1994	39.2	41.4	43.8	46.8	52.0	44.5	0.05276
	1999	63.2	69.6	70.9	76.1	83.3	72.6	0.05146
	2004	88.9	94.1	94.8	96.5	97.5	94.2	0.01524
17. ファクシミリ	1969	—	—	—	—	—	—	—
	1974	—	—	—	—	—	—	—
	1979	—	—	—	—	—	—	—
	1984	—	—	—	—	—	—	—
	1989	—	—	—	—	—	—	—
	1994	4.2	5.6	5.8	6.8	8.8	6.2	0.13065
	1999	24.9	31.0	32.9	34.1	39.8	32.5	0.08092
	2004	38.3	49.8	55.0	59.0	62.0	52.8	0.08602
18. 乗用車	1969	14.4	20.3	22.0	24.5	29.8	22.0	0.11818
	1974	42.0	49.1	49.5	53.7	58.0	50.3	0.05503
	1979	57.2	65.3	66.3	68.5	72.4	65.7	0.03726
	1984	70.4	76.7	79.2	80.3	86.3	78.5	0.03506
	1989	73.1	80.1	81.3	84.2	85.6	80.5	0.02445
	1994	80.0	86.5	87.8	88.3	90.9	86.5	0.01951
	1999	82.8	90.5	91.6	92.8	94.2	90.1	0.01940
	2004	84.9	91.4	93.0	94.3	94.4	91.4	0.01720

（資料）総務省統計局『全国消費実態調査報告』。

第Ⅰ部　生活経済の視点

AG：平均普及率80％以上，ジニ係数0.05以下の品目
BG：平均普及率70％以上，ジニ係数0.05以下の品目
CG：平均普及率60％以上，ジニ係数0.08以下の品目
DG：いずれのグループにも入らない品目

AG：2. 電子レンジ，3. 電気冷蔵庫，4. 電気掃除機，5. 電気洗濯機，6. ミシン，7. ルームエアコン，8. 電気ごたつ，9. カラーテレビ，11. CD・MDラジカセ，16. 電話（コードレス・携帯電話），18. 乗用車
BG：該当なし
CG：1. 食堂セット，10. ステレオセット，
DG：12. ビデオカメラ，13. パソコン，14. ピアノ，15. ゴルフセット，17. ファクシミリ

AG品目は，すでに標準化を達成しているもので，同時にこのAGの要件である平均普及率80％以上，ジニ係数0.05以下は，標準化の基準指標である。この場合BGに属する品目はないのでCG品目は，AGのように標準化は達成していないが，それに近づきつつあるもので標準化が進行中であるといえる。DGは，他のグループの品目と比べると発売年度が新しく，まだ普及率そのものが低い段階にあるものや，贅沢品であまり普及が進んでいないもの，あるいは格差が大きいものが含まれている。

① 標準化達成グループ（A）

さらにそれぞれのグループ内の品目についてみてみると，AGでは普及率が高く安定的に推移して，かつジニ係数が順調に低下している「必需安定財」A_1グループと，普及率が低下したが別の需要の発生や技術革新によって復活して再度普及率が上昇してきている「復活財」A_2グループに分けられる。

A_1：2. 電子レンジ（元B_1グループ），3. 電気冷蔵庫，4. 電気掃除機，5. 電気洗濯機，7. ルームエアコン（元C_1グループ），9. カラーテレビ，18. 乗用車
A_2：6. ミシン，8. 電気ごたつ，11. CD・MDラジカセ，16. 電話（コードレス・携帯電話）

A_1グループのなかで2. 電子レンジは以前はB_1グループであったのが，また7. ルームエアコンは以前はC_1グループであったのが，今回「安定的な標

準化財」としての A_1 に組み入れられることになったものである。A_2 グループの品目は，総務省の調査範囲からの除外追加項目と内容限定の影響を強く受けているものが多いが，6. ミシンは1989年から電動のものに限定されたため一時的に普及率がかなり低下していたが，その後，低価格で使いやすい多機能なモデルが発売されて再度需要の掘り起こしが進んでいて普及率が再度上昇し始めている。8. 電気ごたつは，1989年から家具調コタツという限定がついたので普及率が一時的に低下したが，若年層を中心に普及率が徐々に回復している。11. CD・MD ラジカセは，ラジカセから CD ラジカセにかわり，それが次に MD ラジカセにかわり，これも普及率が復活してきている。16. 電話（コードレス・携帯電話）についても，通常の電話機からコードレスになり，それが携帯電話にかわってきている。それによって他のものと同じように復活的上昇をしている。

②　標準変化財グループ（C）

CG の 1. 食堂セットは，生活様式の洋風化の典型財である。それゆえこれは，居住スペースと間取りの制約性を強く受ける財である。したがって，その影響で AG より普及率は低く，ジニ係数は高くなっている。10. ステレオセットは，普及率では1984年をピーク（69.2％）にここ10年間は低下している（89年63.9％，94年57.9％，99年52.2％，2004年は，10. ステレオが11. CD・MD ラジカセの品目に吸収されてしまい，ついにステレオが消滅している）。ステレオの1999年までの低下傾向は，ラジカセや CD ラジカセ，MD ラジカセの普及と関係している。今 CD・MD ラジカセの高級機種は，出力，音質等の性能でステレオを上回るものも出てきており，その分，代替性も高くなるので，携帯性が低く場所をとるステレオの普及率は，1989年以降低下しており，今後も iPod のような携帯音楽機器や音楽機能つき携帯電話が普及率を高めていくのと反比例して低下していくことが予測される。またステレオは，以前はピアノと並んで高所得階層だけが所有できる高級財としてのシンボル的存在であったが，1984年に誰もが持てる標準財（普及率69.2％，ジニ係数0.074）の仲間入りをしている。そのステレオも最近では CD・MD のラジカセに追われて，ステレオと CD・MD ラジカセとの境界線が不明確になり，ついに2004年の調査では単独品目としては姿を消した。

③　新製品・高級贅沢品グループ（D）

DGは、いわゆる新製品グループと高級贅沢品グループに分かれるが、両者とも普及率は60％以下となっている。しかし、ビデオカメラのように初期の時点からジニ係数がきわめて低く、収入階級間の格差がほとんど存在しない品目がみられるのは特筆すべきことであろうと思われる。というのは、従来の新製品の普及パターンは、高所得階層に最初ある程度普及して、その後、徐々に中間所得階層から低所得階層へと普及していくものであったからである。

D_1：12. ビデオカメラ

D_2：13. パソコン、14. ピアノ、15. ゴルフセット、17. ファクシミリ

D_1は、従来の普及パターンに代わる新型普及パターンだと考えられる。従来型は、普及率の上昇とともにジニ係数が低下するのが特徴だが、この新型はジニ係数がマイナスとなっており、高所得階層か低所得階層かという所得要因ではなく年齢要因が直接的に媒介している可能性を1989年データで検証したが、今回は、それ以降のデータを用いて検証することにする。1989年は－0.01155とジニ係数がマイナスであったが、94年も引き続きマイナスで、99年にプラスに転じ、第Ⅱ、第Ⅲ分位で最大の普及率を記録している。2004年も1999年とほぼ同じ傾向にあるといえる。ということは1989年以降のデータを用いても、ビデオカメラの普及に関しては、所得要因は影響しないということが立証されたことになる。年齢要因に大きく影響を受けているわけであるが、その年齢要因の背後には第一子の出産が大きく関係していると思われる。すなわち、所得の高低にかかわらず、はじめての子どもの映像を記録することが、家族にとって最優先の第一義的な価値を有するということであろう。

D_2は13. パソコン、17. ファクシミリという情報通信関係の新型家電商品と、14. ピアノ、15. ゴルフセットは高級な贅沢品であり、普及率はいずれも低い水準にあり、階級間格差を表すジニ係数も高い水準のままほぼ横ばい傾向にあることが確認される。しかし、注意深く観察すると、13. パソコンは1994年まで普及率20％以下で低い水準にあったが、1999年で43.8％、2004年で78.5％とほぼ標準財に近くなったものの、ジニ係数が0.08854で0.08を少し上回っているので仲間入りできないでいる。それにしても1994年から10年間で60ポイントも急激に上昇しているのは注目に値する。同時にジニ係数も0.20064から0.08854に一挙に低下している。また17. ファクシミリも同じように1994年から2004年にかけて6.2％から52.8％と46.6ポイント飛躍的に普及率が上昇して

いる。ジニ係数も 0.13065 から 0.08602 と低下しているのがわかる。この 2 品目に関しては1999年，2004年に劇的に普及率・ジニ係数が変化したといえる。
14．ピアノについては，1984年までは毎回 5 ポイントずつ普及率が上昇していたが89年以降は26％水準で横ばいとなっており，2004年で 2 ポイント上昇して28％になっている。それとともにジニ係数も 0.25 水準で横ばい推移して2004年で 0.23 水準にまで低下した。15．ゴルフセットは，1969年までは普及率も10％以下で低く，ジニ係数も 0.42157 と高かったが1974年以降から普及が進み，99年には45.6％まで高くなったが，2004年で不況の影響を受けて40.9％に 5 ポイント低下している。ジニ係数も 0.13 まで低下していたが，2004年に 0.15 になっている。しかし，両品目とも他と比較するとジニ係数が高く，したがって収入階級間で格差の大きな品目であることは変わっていない。

普及率――年齢階級別比較

世帯主の年齢階級別主要耐久消費財の普及率をみると，普及率が飽和状態に達して年齢階級間の差がほとんどみられない 3．電気冷蔵庫，4．電気掃除機，9．カラーテレビを除いた多くの品目は，年齢階級44歳以下の若い年齢層に高普及率の 1 ～ 3 位が集中している。16．電話，2．電子レンジ，12．ビデオカメラ，18．乗用車，5．電気洗濯機，7．ルームエアコン，15．ゴルフセット，17．ファクシミリ，の順で若年階層の普及率が高くなっている。第 1 位の16．電話では1989年は通常電話器，94年はコードレス電話器，99年は携帯電話のいずれにおいても34歳以下の年齢階級に高普及率が集中している。第 3 位の 12．ビデオカメラは25～39歳にそれが集中している。第 4 位は，耐久消費財のなかで最も高額な 18．乗用車である。1989年には，25～29歳83.8％，30～34歳85.1％，35～39歳84.4％，また94年には25～29歳で86.5％，24歳以下で79.5％というように若年階層に高普及率が集中している。

とりわけルームエアコン，携帯電話，MD・CD ラジカセ，電子レンジ，乗用車は，快適性・利便性・娯楽性・ファッション性の点で若年階層にとっては，所有していないと「がまんならない」「カッコがつかない」「はなしにならない」ものであるといえる。すなわち若者にとっては最も標準化の作用が強く働いている財であるといえる。

これらの現象は，普及率が高位にあるものが若年階層に集中する傾向に集約

される。この若年集中化傾向は，今後の耐久消費財の普及だけではなく，耐久消費財の編成・配備のされ方に規定されて存在している生活構造そのものにも大きな影響を与えるであろう。このことは従来，収入階層要因に強く規定されて形成されていた生活構造に代わって年齢階層要因に規定されて構造化がなされるようになることを意味しているといえるかもしれない。

保有数量

　ここでは，表1-3にもとづいて，収入階級間の格差構造を平均保有数量とジニ係数の関係を時系列比較のなかにみていこうと思う。これによって，普及率で明らかとなった作用とは異なる作用が保有数量に働いていることが明らかとなるであろう。普及率の分析で用いた類型化によって，「標準化」を達成しているAGの品目について検討を加える。このAGの品目のなかで保有数量が高くなるにつれてジニ係数が高くなるグループをA_aとし，保有数量の高低には関係なくジニ係数が一定しており横ばいの状態にあるグループをA_bとし，保有数量が高くなるにつれてジニ係数が低下する傾向にあるグループをA_cとした。

　A_a：3.電気冷蔵庫，4.電気掃除機，5.電気洗濯機，9.カラーテレビ，16.電話（コードレス・携帯電話），18.乗用車

　A_b：6.ミシン（電動），8.電気ごたつ，11.CD・MDラジカセ，

　A_c：2.電子レンジ，7.ルームエアコン

　表1-3をみていくと，A_aの3.電気冷蔵庫では1969年に平均保有数量が1000世帯当たり942台でジニ係数が0.03478であったのが，74年で1061台と1000台を超えてそれと同時にジニ係数も0.02228と最低を記録している。その後は保有台数が増加するとともに，ジニ係数は0.03398，0.03850，0.04158，0.04933と上昇している。ということは，1世帯当たりの冷蔵庫の保有数量が増加すればするほど，収入階級間格差は拡大していくということになる。この傾向と同じ傾向が4.電気掃除機，5.電気洗濯機，9.カラーテレビ，16.電話（コードレス・携帯電話），18.乗用車においてみられる。ここで保有数量とジニ係数との関係をより詳細にみてみると，A_aグループの大部分の品目において保有数量が1000世帯当たり1000台を超える時点で最も低いジニ係数を記録し，1000台を超えてから以降は保有数量の増加とともにジニ係数も徐々に高くなっ

第 1 章　生活経済の理論

表1-3　収入五分位階級別主要耐久消費財の1000世帯当たり保有数量表 (単位：台)

	年度	I	II	III	IV	V	平均	ジニ係数
1.食堂セット	1969	175	274	351	432	534	353	0.19796
	1974	355	462	543	627	706	539	0.12942
	1979	—	—	—	—	—	—	—
	1984	570	710	772	816	884	750	0.07776
	1989	594	716	779	832	889	762	0.07412
	1994	628	763	808	857	908	792	0.06528
	1999	598	736	797	860	924	782	0.07854
	2004	629	748	822	862	932	797	0.07036
2.電子レンジ	1969	—	—	—	—	—	—	—
	1974	57	82	104	123	168	107	0.19850
	1979	211	240	280	295	373	280	0.10900
	1984	426	495	544	565	647	535	0.07581
	1989	658	742	765	817	871	771	0.05250
	1994	870	935	957	974	1,027	952	0.02937
	1999	956	998	1,013	1,036	1,089	1,018	0.02379
	2004	1,002	1,019	1,033	1,051	1,098	1,041	0.01762
3.電気冷蔵庫	1969	832	931	958	974	1,014	942	0.03478
	1974	1,018	1,025	1,047	1,074	1,140	1,061	0.02228
	1979	1,031	1,057	1,093	1,139	1,223	1,109	0.03398
	1984	1,033	1,056	1,102	1,148	1,255	1,119	0.03850
	1989	1,065	1,102	1,132	1,184	1,276	1,152	0.03517
	1994	1,089	1,131	1,164	1,234	1,353	1,193	0.04158
	1999	1,102	1,146	1,194	1,271	1,419	1,226	0.04933
	2004	1,107	1,137	1,179	1,233	1,368	1,293	0.10674
4.電気掃除機	1969	552	728	820	885	976	792	0.10126
	1974	882	955	1,000	1,027	1,127	998	0.04485
	1979	1,004	1,069	1,118	1,172	1,273	1,127	0.04532
	1984	1,053	1,119	1,182	1,240	1,364	1,192	0.05020
	1989	1,096	1,168	1,225	1,307	1,429	1,245	0.05173
	1994	1,159	1,246	1,313	1,398	1,560	1,333	0.05568
	1999	1,182	1,273	1,369	1,452	1,642	1,382	0.06269
	2004	1,195	1,279	1,356	1,438	1,604	1,373	0.05621
5.電気洗濯機	1969	887	980	995	1,009	1,052	985	0.02956
	1974	995	1,008	1,020	1,027	1,053	1,021	0.01097
	1979	1,019	1,044	1,050	1,061	1,078	1,050	0.00990
	1984	1,021	1,028	1,040	1,054	1,096	1,048	0.01363
	1989	1,037	1,047	1,065	1,088	1,109	1,069	0.01366
	1994	1,049	1,071	1,087	1,106	1,146	1,091	0.01633
	1999	1,036	1,051	1,075	1,108	1,160	1,085	0.02190
	2004	1,032	1,041	1,062	1,087	1,141	1,071	0.01841
6.ミシン（電動）	1969	830	930	989	1,025	1,105	976	0.05307
	1974	884	964	1,021	1,059	1,117	1,009	0.04448
	1979	893	973	1,035	1,098	1,174	1,035	0.05349
	1984	877	974	1,055	1,099	1,176	1,036	0.05564
	1989	668	766	808	833	859	787	0.04590
	1994	678	802	851	879	915	823	0.05166
	1999	604	736	804	859	905	780	0.07274
	2004	565	670	768	812	869	735	0.07918

35

第Ⅰ部　生活経済の視点

	年度	Ⅰ	Ⅱ	Ⅲ	Ⅳ	Ⅴ	平均	ジニ係数
7.ルームエアコン	1969	17	24	33	46	117	47	0.36936
	1974	114	164	208	243	408	227	0.23330
	1979	385	497	521	621	858	576	0.14792
	1984	515	654	759	812	1,150	778	0.14684
	1989	678	879	1,024	1,185	1,598	1,073	0.16019
	1994	1,070	1,320	1,521	1,737	2,216	1,574	0.13858
	1999	1,359	1,669	1,929	2,206	2,792	1,994	0.13816
	2004	1,540	1,940	2,237	2,529	3,117	2,276	0.13315
8.電気ごたつ	1969	953	1,106	1,190	1,302	1,546	1,219	0.09037
	1974	1,123	1,219	1,343	1,499	1,705	1,378	0.08398
	1979	1,211	1,297	1,454	1,639	1,869	1,494	0.08878
	1984	1,216	1,346	1,515	1,668	1,876	1,524	0.08606
	1989	873	952	1,002	1,076	1,157	1,007	0.05001
	1994	851	916	974	1,067	1,159	994	0.06274
	1999	937	1,040	1,141	1,288	1,521	1,183	0.09380
	2004	883	939	1,016	1,152	1,327	1,061	0.08090
9.カラーテレビ	1969	96	163	199	248	353	212	0.22698
	1974	903	973	1,017	1,060	1,171	1,025	0.04882
	1979	1,143	1,239	1,344	1,452	1,648	1,365	0.07153
	1984	1,299	1,429	1,578	1,730	2,012	1,610	0.08606
	1989	1,454	1,641	1,804	2,018	2,339	1,852	0.09317
	1994	1,678	1,886	2,082	2,328	2,658	2,125	0.08992
	1999	1,760	1,999	2,189	2,430	2,799	2,235	0.08983
	2004	1,669	1,872	2,040	2,196	2,529	2,057	0.07760
10.ステレオセット	1969	239	340	408	464	631	416	0.17365
	1974	415	501	559	622	757	571	0.11313
	1979	537	617	661	749	877	688	0.09413
	1984	576	669	740	816	961	752	0.09702
	1989	534	612	685	786	916	707	0.10670
	1994	478	582	627	709	872	625	0.07200
	1999	440	528	587	679	821	611	0.11954
	2004	—	—	—	—	—	—	—
11.CDラジカセ・MD	1969	—	—	—	—	—	—	—
	1974	—	—	—	—	—	—	—
	1979	561	678	753	855	975	764	0.10471
	1984	833	956	1,119	1,269	1,511	1,138	0.11768
	1989	769	906	1,023	1,178	1,395	1,054	0.11548
	1994	661	742	882	1,025	1,214	905	0.12329
	1999	875	1,036	1,183	1,380	1,594	1,214	0.11797
	2004	1,072	1,248	1,430	1,627	1,842	1,440	0.10418
12.ビデオカメラ	1969	—	—	—	—	—	—	—
	1974	—	—	—	—	—	—	—
	1979	—	—	—	—	—	—	—
	1984	34	41	40	38	58	42	0.08095
	1989	172	226	206	184	192	196	−0.00082
	1994	375	453	435	383	345	398	−0.02603
	1999	416	541	563	519	500	506	0.01996
	2004	415	563	604	593	590	551	0.05191

第 1 章 生活経済の理論

	年度	I	II	III	IV	V	平均	ジニ係数
13. パソコン	1969	—	—	—	—	—	—	—
	1974	—	—	—	—	—	—	—
	1979	—	—	—	—	—	—	—
	1984	37	52	70	81	112	70	0.20257
	1989	73	113	146	197	216	149	0.19973
	1994	107	154	208	261	348	215	0.21795
	1999	288	426	555	698	870	568	0.20363
	2004	703	957	1,163	1,325	1,657	1,156	0.15346
14. ピアノ	1969	11	30	70	109	207	85	0.43859
	1974	30	68	123	176	277	135	0.35822
	1979	58	109	179	202	360	193	0.35016
	1984	76	166	227	292	401	233	0.27030
	1989	104	189	271	338	443	268	0.24351
	1994	98	184	261	331	447	264	0.25583
	1999	99	180	253	351	456	266	0.26120
	2004	124	214	286	373	487	295	0.23444
15. ゴルフセット	1969	15	41	68	123	255	100	0.44560
	1974	66	135	179	237	414	207	0.31227
	1979	127	209	263	348	478	284	0.23423
	1984	172	289	356	435	600	370	0.21670
	1989	229	347	421	510	726	448	0.21031
	1994	331	460	547	652	852	568	0.17356
	1999	325	512	598	668	853	591	0.16447
	2004	271	419	540	636	757	525	0.18232
16. 電話・ファクス（コードレス・携帯電話）	1969	170	272	380	520	736	416	0.26635
	1974	641	763	845	926	989	833	0.08274
	1979	—	—	—	—	—	—	—
	1984	—	—	—	—	—	—	—
	1989	905	951	996	1,098	1,255	1,041	0.06509
	1994	402	424	454	489	561	465	0.06447
	1999	885	998	1,102	1,273	1,632	1,180	0.12195
	2004	1,672	1,927	2,084	2,333	2,688	2,137	0.08963
17. ファクシミリ	1969	—	—	—	—	—	—	—
	1974	—	—	—	—	—	—	—
	1979	—	—	—	—	—	—	—
	1984	—	—	—	—	—	—	—
	1989	—	—	—	—	—	—	—
	1994	43	57	58	68	90	63	0.13810
	1999	250	311	332	351	408	329	0.08280
	2004	386	505	557	598	633	535	0.08665
18. 乗用車	1969	148	210	224	250	295	225	0.11698
	1974	424	499	501	549	612	517	0.06592
	1979	606	695	717	772	880	734	0.06812
	1984	765	842	900	956	1,134	919	0.07373
	1989	888	999	1,068	1,191	1,347	1,099	0.08116
	1994	1,073	1,215	1,298	1,436	1,649	1,331	0.08027
	1999	1,147	1,336	1,451	1,560	1,868	1,467	0.08733
	2004	1,237	1,417	1,495	1,653	1,899	1,533	0.07687

（資料）総務省統計局『全国消費実態調査報告』。

ていることがわかる。この傾向は，普及率のケースとはまったく逆になっている。理論的に解釈するならば，耐久消費財が1世帯に1台ずついきわたった段階から収入階級間格差が保有数量の増加とともに拡大していくということができる。ただし，以前も指摘したが，乗用車に関してはジニ係数の最低時の分岐点は1000台ではなく500台となっている。

次にジニ係数が横ばい傾向にある A_b をみてみることにしよう。以前の研究ではこのグループには扇風機，石油ストーブ，電気ごたつが属していたが，このうち扇風機は1994年から，石油ストーブは99年から調査対象品目から除外され，電気ごたつも1989年に家具調を含むことになり，94年からは家具調のみになり家具調コタツ以外のやぐらごたつは除外されることになった。これらの理由から扇風機と石油ストーブは分析対象品目からはずすことにした。しかし，家具調コタツに関しては，暖房器具として世帯のなかで重要な役割がまだ残っていると判断して残すことにした。

扇風機や石油ストーブに代わって6.ミシン（電動），11. CD・MD ラジカセをこのグループに加えることにした。6.ミシン（電動）をみてみると，1969年から94年まではジニ係数はほぼ0.05で横ばいで推移しているのがわかるが，99年で0.072，2004年には0.079とジニ係数がここ30年間で最も高くなっている。また8.電気ごたつは，1969年から84年まではほぼジニ係数が一定で横ばいであったが89年，94年の調査範囲の変更を受けて大きくジニ係数が低下して0.05，0.06となっている。しかし，99年には0.09とミシン同様ジニ係数が30年間で最も高くなっている。また新しくこのグループに属することになった11. CD・MD ラジカセは，ジニ係数がほぼ0.11の水準で推移している。この品目も調査範囲が1969年から変化してきているが（カセット→CD→MD），ほぼその目的を同じくしているので大きな変化がみられないと思われる。保有数量が増加してもジニ係数が一定である理由は，保有数量の増加の内容にその要因がみいだされる。すなわち，低所得階層における保有数量の伸び率が高所得階層のそれを上回っているからにほかならない。この3品目は比較的古くから世帯において使用されてきたもので，時代の変化とともにその外観・機能を変化させて生き残ってきた数少ない耐久消費財であるといえる。さらに，これらの品目は個人別保有が進んできているものであるともいえる。

A_c では，A_a とはまったく逆の傾向，それは同時に普及率と同じ傾向を示

していることになるのだが，2．電子レンジは平均保有台数が1999年でやっと1000台を超えている。他の品目も1000台を超すまではジニ係数が低下し続けているのでそれと同じ傾向だといえる。したがって1999年にジニ係数が最低点で2004年から上昇に転じるであろうと予測されたが，04年にはさらにジニ係数が低下して 0.017 となっている。また，7．ルームエアコンは，1989年を例外と捉えれば1969年の 0.36936 から2004年の 0.13315 まで低下し続けている。この要因の一つはエアコンの価格低下によるものと思われる。エアコンが発売された当初は，高額なため高所得階層しか購入することはできなかった。しかし最近では低価格のものは3万円台からあり，低所得階層でも購入しやすい環境にあること。また二つめの要因は，マンションや賃貸住宅では最初から何台かは設置されているケースが多くみられることである。このケースではエアコンは耐久消費財として保有されているというよりは，キッチンや水道やバスルームのように住宅設備の一つとして存在しているといえる。いずれも低所得階層における保有数量の伸び率が高所得階層のそれより，A_b の一定のバランスを維持した伸び率を上回る伸び率であることを示している。すなわち A_c の品目においては，普及率ばかりか保有数量に関しても「標準化」の作用が働いていることになる。さらにエアコンは低所得階層においても個人別化が進んでいる財だといえる。

　以上で検討してきた AG 以外の CG の品目も A_a，A_b，A_c という類型化を行うと，1．食堂セットは A_c に，10．ステレオセットは A_a に類型化される。

　以上，「標準化」をすでに達成している AG の品目を中心に検討をおこなってきた。その結果得られたことは，耐久消費財の保有数量に関しては，普及率でみられたような「平均普及率の上昇に伴って収入階級間の格差が縮小していく」という傾向とはまったく逆の傾向，すなわち「平均保有数量が増加していくにつれて収入階級間の格差が拡大していく」という傾向がみられるということである。

「標準化」の強化と「標準達成度」＝保有数量の格差の拡大

　標準化の視点に立つとき，「どんな耐久消費財を取り揃えているか」が問題となる。それは，世帯内に編成配備されている耐久消費財の数量ではなく種類を問うことになる。したがって，「社会的必要生活標準」に関しては普及率が

まず問題となる。

① 標準の形成について

前回までの分析で明らかになったことを整理しておくと、生活において必需性の高い耐久消費財の標準化はほぼ達成されており、収入階級間格差はなくなりつつある。これは、『標準化』の法則が収入階層・階級を貫いて作用していることを意味しているといえる。ある特定の社会の標準的な生活構造の物質的な基礎を形づくっている主要耐久消費財の体系的配備の完了＝『社会的必要生活標準』の形成が、日本の場合1974年になされているということであった。

1994年、99年、2004年も基本的には同様なことがいえるが、さらに、以前は準標準化財であったものが新たに標準化財の仲間入りをしたものがある。第一に、2.電子レンジである。それは、以前は BG（平均普及率70％以上80％以下、ジニ係数0.05以下の品目グループ）であったが、今回は AG（平均普及率80％以上、ジニ係数0.05以下の品目グループ）に組み入れられている。第二に、7.ルームエアコンは CG（平均普及率60％以上70％以下、ジニ係数0.08以下の品目グループ）であったのが、今回は AG に昇格し標準財の仲間入りを果たしている。このように2つの主要耐久消費財が準標準化財から標準化財に組み入れられたということは、「標準化」の法則が1989年以降さらに強化されていることを立証するものである。

注目すべきは、13.パソコンである。2004年の普及率78.5％、ジニ係数0.08854で、ジニ係数が0.8以下になれば標準化財に組み入れられる。次回は確実に標準化財に組み入れられるのは間違いないということである。

また標準化財のなかで、以前は「必需低下財」とされた A_2 グループの財がすべて1989年以降、平均普及率が上昇に転じており、その意味で「復活財」と名称変更されたことの意味は大きい。これは古くなって陳腐化していくものに対して、技術革新やモデルチェンジ、デザイン変更等の創意工夫・技術開発によってマーケットの支持を再度取り付けなおし、形を変えてさらに進化していることを示している。こうして標準化が再強化されていることが確認されなければならない。

② 標準形成の経路

前著（『現代生活経済論』）で得られたことは、新製品に関しては、標準の形成経路が日本では所得要因ではなく、年齢要因が媒介して形成されているとい

うことであった。すなわち耐久消費財普及のパターンが高所得階層から低所得階層へという従来型から，若年齢層から中高年齢層へという世代間普及という新たな型に取って代わられているということである。この前回検出された傾向は，いくつかの耐久消費財を吟味するなかで今回さらに強まっているといえる。とりわけその傾向は，16．電話，2．電子レンジ，12．ビデオカメラ，18．乗用車に顕著にみられ，また4．電気掃除機，7．ルームエアコン，15．ゴルフセット，17．ファクシミリにも若年齢層に高普及率集中化現象がみられる。

③　標準達成度の格差

保有数量の分析において，収入階級間の「格差」の拡大がみられる。それは1974年に一通りの世帯に主要耐久消費財が行き渡った時点から始まっていることが指摘されていた。それは，生活の社会化とともに家族内の関係が変化してきたことと深く関係していると思われる。すなわち生活の社会化の進展するなかで家族の個人別化が同時に進み，耐久消費財の保有の個人別化も進むことになる。その個人別化の進展の度合いが高所得階層と低所得階層では大きく異なり，高所得階層では速いテンポで個人別化が進んでいくが，低所得階層ではそのテンポがかなり遅いというものであった。この格差構造は拡大再生産され，1989年以降ますます強化され拡大している。とりわけ1994年から99年にかけて一部の耐久消費財を除いてほとんどのジニ係数が上昇しているが，なかでも1．食堂セット，5．電気洗濯機，6．ミシン，8．電動ごたつ，10．ステレオセット，16．電話の保有ジニ係数が急激に上昇していることには注意を要する。

2人以上の勤労者世帯の実収入ジニ係数が1973年までは傾向的に低下し，74年から上昇に転じ格差が拡大してきた。1989年から95年までは低下してきたが，96年から上昇し2005年で0.20499とバブル崩壊以降2002年と並んで0.2を超えている。この水準は1965年の格差の高い水準に逆戻りしたということができる。この実収入の格差と耐久消費財の保有数量＝標準達成度の格差はある程度連動している。今後は単に保有数量だけではなく耐久消費財の大きさや機能，価格に注目して詳細な分析をすることが課題として残されていると思われる。

注
(1)　大月書店版では「反比例」という訳がしてあるのだが，前後の脈絡からしてこれは明らかな間違いであり，確かに原典では「逆比例」となっているがフランス語版

では「正比例」となっている。長谷部文雄訳『世界の大思想Ⅱ　マルクス資本論』河出書房新社，1974年，508頁では「正比例」となっている。

(2) K. マルクス『資本論　第1巻第2分冊』大月書店，1968年，839頁。
(3) A. セン『貧困と飢饉』岩波書店，2000年，22～24頁。
(4) A. セン『不平等の再検討』岩波書店，1999年。
(5) 宮本憲一『社会資本論』有斐閣，1967年。
(6) 富沢賢治『唯物史観と労働運動』ミネルヴァ書房，1974年が代表的である。
(7) 江口英一・相沢与一編『現代の生活と「社会化」』労働旬報社，1986年。
(8) Townsend, P., "poverty as relative deprivation: resources and style of living", in D. Wedderburn (ed), *Poverty, Inequality and Class Structure*, Cambridge University Press, 1974.
(9) ここで用いている「共同化」＝共同的関係に入るという概念は，そこにおいて取り結ばれる関係の範囲の大きさを基準にして，2つに区別している。第一に，相対的に大きな範囲での「共同化」，すなわち社会的「共同化」を「社会化」と呼んでいる。第二に，相対的に「社会化」より狭い範囲での個別的・私的「共同化」を「共同化」と呼んでいる。
(10) 岩田正美「生活経済学の現代的一視点」『社会福祉論集』（17・18）大阪市立大学生活科学部社会福祉学科福祉研究会，1979年，98頁。
(11) 中鉢正美「生活構造論の基礎的問題点」『日本労働協会雑誌』No. 24, 日本労働協会，1961年。生活分析の唯物論的な視点を明確にするために引用したものである。

参考文献

成瀬龍夫『生活様式の経済理論』御茶の水書房，1977年。
江口英一『社会福祉と貧困』法律文化社，1981年。
宮崎礼子『家庭経済論』朝倉書店，1982年。
大河内一男・籠山京『家庭経済学』第2版，光生館，1984年。
江口英一・相沢与一『現代の生活と「社会化」』労働旬報社，1986年。
江口英一編『生活分析から福祉へ――社会福祉の生活理論』光生館，1987年。
A. セン／鈴村興太郎訳『福祉の経済学――財と潜在能力』岩波書店，1988年。
松村祥子・宮本みち子・岩田正美『現代生活論』有斐閣，1988年。
伊藤セツ『家庭経済学』有斐閣，1990年。
小谷正守・出石康子編著『消費経済と生活行動』ミネルヴァ書房，1993年。
天野正子『「生活者」とはだれか――自律的市民像の系譜』中公新書，1996年。
庄司洋子・杉村宏・藤村正之編著『貧困・不平等と社会福祉』有斐閣，1997年。
江口英一編『改訂新版　生活分析から福祉へ――社会福祉の生活理論』光生館，1998年。

小谷正守・伊藤セツ編著『消費経済と生活環境』ミネルヴァ書房，1999年。
A. セン／池本幸生・野上裕生・佐藤仁訳『不平等の再検討』岩波書店，1999年。
A. セン／黒崎卓・山崎幸治訳『貧困と飢饉』岩波書店，2000年。
小沢修司『生活経済学――経済学の人間的再生へ向けて』文理閣，2000年。
岩田正美・西澤晃彦編著『貧困と社会的排除――福祉社会を蝕むもの』ミネルヴァ書房，2005年。
総務省統計局『全国消費実態調査報告』昭和44年，49年，54年，59年，平成元年，6年，11年，16年版。
馬場康彦『現代生活経済論』ミネルヴァ書房，1997年。
馬場康彦「平成不況下の家計構造の変動」『明星大学社会学紀要』第25号，2005年。
山室慎二『家計の中の耐久消費財――その保有状況の分析』日本統計協会，1985年。
樋口美雄・財務省財務総合政策研究所編著『日本の所得格差と社会階層』日本評論社，2003年。
橘木俊昭『日本の経済格差』岩波書店，1998年。
山田昌弘『希望格差社会』筑摩書房，2004年。

第2章
家計構造の分析視角

第1節　家計構造の基本的枠組み

自由裁量部分と社会的固定費

　第1章の第3節で展開した「生活の社会化」にもとづいて家計構造の基本的枠組みを示すことにする。生活の社会化は，一方の生活手段の商品化・サービス化によって，他方の社会的共同消費手段の質量的範囲の拡大によって推し進められることが明らかとなった。家計が直接的に生活の社会化の影響を受けるのは，社会的共同消費手段の利用や消費に関する部分である。この部分に支出される費用は「社会的固定費」という。この社会的固定費の概念に何を含めるかということに関しては，さまざまな議論が存在している。

　伊藤セツは，学校給食，家賃地代，水道料，電気，ガス，診療代，他の診療代，入浴，清掃，自動車保険，交通通信，教育，聴視料，負担費，火災保険，他の損害保険，非消費支出。岩田正美は，外食費，水道料，電気，ガス代，交通通信費，教育費，負担費，所得税，他の税，社会保障費。森ますみは，学校給食，家賃地代，火災保険，電気代，都市ガス代，水道料，清掃代，入院料，他の保健医療サービス，交通，通信，自動車保険料，授業料，受信料，入場・閲覧・ゲーム代，入浴料，損害保険料，負担費，勤労所得税，他の税，社会保障費。江口の分類では，社会的固定費は2つの部分からなっており，第一に「社会的共同生活・地域社会の生活基盤確保のための公共サービス色彩の強い，しかも個人の消費選択幅の著しく狭い財・サービスの消費費目，低経済成長下で消費支出の増大化傾向の強い費目として，家賃・地代，設備修繕維持，教育費，学校給食，修学仕送り金，交通・通信（電話を含む），電気・ガス・水道，その他の交際費（つきあい費）」，第二に「公共的サービスの有料化にともなう

45

個別家計の個人負担部分は，今後増大が予想される。金融市場を経由して国民経済循環に組み込まれる費目で，低経済成長下の不安定な家庭経済のなかでますますその支出割合が増大する費目として，保健医療サービス（医療サービスの自己負担），家事サービス（福祉サービスの自己負担）」があげられている。

　以上の江口の概念に，「教養娯楽」のなかの教養娯楽サービスのうち子どもの教育費に相当すると思われる英会話，ピアノ，習字，珠算，バレエ，絵画，水泳等のスクールの月謝，「その他の消費支出」のなかのその他の諸雑費のうち保育所費用分と，他の交際費のうち住宅関係負担費（マンション等の共益費，積み立て修繕費，管理組合費等）と，「非消費支出」のなかの直接税，社会保険料，他の非消費支出を追加したものが，私の社会的固定費の概念である。

　社会的固定費とは家計管理者の自由裁量性がほとんど奪われており，コントロールの対象となり得ない費目のことを意味する。それは第一に，社会的共同消費手段に支出される部分，すなわち社会的に提供される公共施設，準公共施設，公共サービス，準公共サービスの利用の際に発生する公共料金もしくは公共料金に近いもの（例えば電気・水道・ガス・電話代等）がこれに当たる。

　第二に，住居の家賃地代と設備修繕維持管理費は，公的な公営住宅を基準にして捉えた場合，基本的に国民が生活するために最低限必要な住宅は公的に提供されるべきものだという考えに沿っている。この考えは欧米では一般的だが，日本では国民の意思のなかでは弱い部分であるかもしれない。またこれと同じことが「教育」にもいえる。教育の機会均等は国民の当然の権利であり，国はそれを提供する義務がある。したがってこれらの費用は国が提供すべき最低限の設備でありサービスであると考えられるので，社会的固定費に含まれる。

　第三に，非消費支出はこの範囲に入れるかどうか意見が分かれるところであるが，これは家計構造の枠組みをどう捉えるかの問題とも深くかかわってくる。すなわち私の場合は家計の枠組みを消費支出ではなく実支出と考えている。この実支出のなかで，自由裁量で使えるお金と，そうでない社会的に固定されている費用とに分けて把握した方が家計の構造がわかりやすいと考えたからである。それにこの非消費支出こそ全支出のなかで最も自由にならない問答無用の社会的強制費用である。近年この部分が最も急激に増加してきており，それが勤労者世帯の家計を圧迫する主要な要因にもなっているので，特に意識してこの非消費支出も追加した。

資料 2-1　社会的固定費

食料：学校給食（本来教育費）
住居：家賃地代，設備・修繕・維持費
光熱・水道：電気・ガス・上下水道
家具・家事用品：家事サービス（ホームヘルプサービス等の福祉サービス・粗大ごみ処理費，清掃代）
保健医療：保健医療サービス
交通・通信：交通費，通信費
教育：授業料，教材費，補助教育費
教養娯楽：教養娯楽サービス（月謝類…英会話，ピアノ，習字，珠算，バレエ，絵画，水泳等）
その他の消費支出：他の諸雑費（保育所費用等），他の交際費…住宅関係負担費（マンション等の共益費，積み立て修繕費，管理組合費），仕送り金…国内遊学仕送り金（教育費）
非消費支出：直接税，社会保険料，他の非消費支出

資料2-1に，私の社会的固定費の概念を示しておく。

以上の社会的固定費を実支出から差し引いた残りの部分が自由裁量部分となる。2005年の実績では自由裁量部分が50.0％，社会的固定費が50.0％と両者全く同じ比率となっている。1975年には自由裁量部分が68.5％，社会的固定費が31.5％であったのと比べると，自由裁量部分がいかに縮小したか理解できると思う。この数字をみただけでも，われわれ生活者＝家計が自由に使えるお金の割合がいかに縮小して不自由な硬直化した構造になってきているかは明白である。このように自由裁量部分と社会的固定費の対抗関係によって家計は構造化されている。平均所得は1997年まで上昇し続けてきたが，上昇してきている割にはその上昇が実感できない要因として，第一にこの自由裁量部分の割合の縮小があげられる（表2-1）。

準固定費

基本的には社会的固定費が自由裁量部分を圧迫し続けてきたわけだが，そのうえさらに自由裁量部分を圧迫する第二の要因が存在する。この費用部分は，保険の掛け金のような契約的金融費用と，住宅ローン返済，車のローン返済，消費者信用の利息と元金の返済といった金融費用である。これらの費用は継続的に毎月一定額の支払いが発生するもので，銀行から自動的に引き落とされる

第Ⅰ部 生活経済の視点

表 2-1 家計構造の変化（社会的固定費と自由裁量部分） (単位：円，%)

年　度	1975	1980	1985	1990	1995	2000	2005
実収入	236,152	349,686	444,846	521,757	570,817	560,954	524,585
実支出	186,676	282,263	360,642	412,813	438,307	429,109	412,928
自由裁量支出	127,955	176,621	208,331	235,889	237,657	221,861	206,477
対実支出割合（%）	68.5	62.6	57.8	57.1	54.2	51.7	50.0
学校給食	995	1,324	1,622	1,517	1,439	1,400	1,422
家賃地代	4,695	5,882	8,673	10,781	15,551	15,424	15,242
設備修繕・維持	3,298	4,414	5,076	5,713	7,862	6,250	6,598
光熱・水道	6,860	12,693	17,125	16,797	19,551	21,124	21,328
家事サービス	511	661	841	906	1,076	927	838
保健医療サービス	2,552	3,723	3,968	4,830	4,945	6,140	6,986
交　通	2,519	4,725	6,103	7,543	8,064	8,012	7,578
通　信	2,421	4,336	5,376	6,426	7,104	10,507	13,392
教　育	3,686	8,637	12,157	16,827	18,467	18,214	18,561
教養娯楽サービス（月謝）	2,082	3,077	3,963	4,745	4,739	4,236	4,360
その他の諸雑費	3,350	4,350	6,197	6,881	8,379	9,983	12,023
他の交際費	1,979	3,181	4,044	4,494	4,702	5,269	5,362
仕送り金	3,129	4,502	6,013	8,246	10,127	11,630	9,332
非消費支出	20,644	44,137	71,153	81,218	88,644	88,132	83,429
社会的固定費（合計）	58,721	105,642	152,311	176,924	200,650	207,248	206,451
対実支出割合（%）	31.5	37.4	42.2	42.9	45.8	48.3	50.0

（資料）総務省統計局『家計調査年報』。

ものであるから，支出配分上は家計管理上最優先の絶対的な費用となる。これらの費用は家計調査のなかでは実支出以外の支出として位置づけられている。「準固定費」とは，実支出以外の支出で，保険掛け金，土地家屋借入金返済，他の借入金返済，分割払い，一括払い購入借入金返済，などがある。

この「準固定費」は，対実支出の割合で1975年に12.4％だったのが，2005年には23.3％になっている。これも社会的固定費と同様，増加して自由裁量部分を圧迫している（表2-2）。

社会的必要生活標準化の費用

生活の必要性からではなく，それを保有していないと人並みにみてもらえないような，いわゆる「生活の標準化」のために必要とされる「人並み費用」とは，標準的な生活を送るために必要な電化製品を中心とする耐久消費財の編成配備を行う費用，車を買う費用，住宅設備と住宅を維持していくための修繕維

表 2-2 準固定費の変化　　　　　　　　（単位：円, %）

年　　度	1975	1980	1985	1990	1995	2000	2005
実支出以外の支出	101,680	188,375	293,548	415,633	512,956	535,251	513,814
保険掛け金	8,547	17,051	24,586	33,973	44,494	41,203	35,174
土地家屋借入金返済	4,470	11,930	20,117	22,928	29,572	34,725	32,711
他の借入金返済	2,446	2,606	3,676	4,333	5,188	4,103	2,866
分割払い	5,611	7,947	8,717	9,573	9,110	8,679	6,986
一括払い購入借入金返済	2,052	2,921	4,089	9,052	11,831	15,543	18,300
準固定費（合計）	23,126	42,455	61,185	79,859	100,195	104,253	96,037
対実支出割合（％）	12.4	15.0	17.0	19.3	22.9	24.3	23.3

（資料）総務省統計局『家計調査年報』。

持管理費用等である。家計構造の社会化が進展すれば，それは一方で社会的共同消費手段の質量的範囲を拡大し，結果として社会的固定費の増大を招き，他方では自由裁量部分の縮小をもたらす。そのうえ自由裁量部分は契約的金融費用としての準固定費がそのうえから圧迫し，さらに「社会的必要生活標準」からの作用を受けて，一定部分が本来の意味での生活者が自由に裁量できる部分ではなくなる。というのは，先の第1章で明らかにしたように，生活の標準化によって，その世帯の所得階層や職業に関係なく「社会的必要生活標準化の作用」は世帯に対して一つの社会的な強制力として働き，自由裁量部分を侵食するからである。生活標準化の作用によって実質的な自由裁量部分は縮小を余儀なくされることになる。家計の社会化が進展するにしたがい，社会的固定費を増大させるベクトルと準固定費の増大ベクトルと社会的必要生活標準化のベクトルによって，トリプル方向から自由裁量部分が圧迫されて，縮小し続けることになるが，ある点に到達すると家計構造を支える枠組み自体＝収入枠を維持することが困難となる。すなわち世帯が「社会的必要生活標準」＝「人並みの生活」を達成するためには，今まで与えられていた一定収入の範囲＝枠のなかでのやりくりには限界が生じることとなる。

第2節　家計構造の構造的転換

「収入優先型家計段階」から「支出優先型家計段階」へ

生活標準が確立されるような時期までは，世帯主が稼いできた収入はその世

帯の家計の枠組みとして支出がそれを越えてはならないものとして，ある意味では絶対的な制限として作用し存在してきた。それを「収入優先型家計段階」と呼ぶことにする。しかし，準固定費を含む社会的固定費の圧力と生活標準の圧力を受け，家計は世帯主の決められた収入範囲ではやりくりがつかなくなり，その構造的枠組みを一度打ち破って，新たな別の枠組みを再構築しなければならない必要に迫られることになる。そこで家計はこの時点で「収入優先型家計段階」から「支出優先型家計段階」へと構造的転換を果たすことになる。この「支出優先型家計段階」とは，これまでの収入を絶対的制限としてその範囲でやりくりするという考えにもとづく家計管理様式から，まず支出ありきで，これだけ使ってしまったから収入をあとこれだけ増やさなければという考えの管理様式に転換することを意味する。しかし，家計は，収入枠を飛び出してしまった支出部分を何らかの形で補填する必要にせまられることになる。そのための手段として，家計は①多就業化，②消費者信用の利用，③貯蓄取り崩しという3つの方法をとることになる（図2-1）。

　①多就業化とは，世帯のなかで就労収入を得ているものが1人ではなく，2人，3人と複数化する傾向のことを意味している。この現象は，高度経済成長期の後半から現れ，1970年代の中ごろから顕著になってきて，1975年に有配偶女子の女子雇用者総数に占める割合が半数を超えて594万人（50.4％）となった。同居の高齢者や子どもも働きに出るが，中心はあくまでも妻の就労である。これまでは妻が働きに出るのは夫の稼ぎが低く不十分なためというのが定説であった（ダグラス・有沢の法則）。しかし，バブルが崩壊して事態は大きく変化してきている。詳しくは第4章で展開することになるが，低所得層より高所得層のほうが妻の有業率が高くなっているのである。

　勤労世帯の妻の収入が全体に占める割合は，1989（平成元）年8.2％だったのが，2005（平成17）年には10.7％と2.5ポイントもアップしてついに10％を超えた。さらに，その年の調査結果によると，2人以上の勤労者世帯の「世帯主の配偶者のうち女の有業率（％）」を年間収入十分位階級別（最低所得階層第Ⅰ分位・最高所得階層第Ⅹ分位）にみると，第Ⅰ分位20.3％，第Ⅱ分位25.9％，第Ⅲ分位35.0％，第Ⅳ分位36.0％，第Ⅴ分位37.3％，第Ⅵ分位40.9％，第Ⅶ分位38.4％，第Ⅷ分位48.0％，第Ⅸ分位52.3％，第Ⅹ分位60.2％となっており，所得階級が上がれば上がるほど妻の就業率も上昇するという結果になっ

図 2-1　家計構造の変動

「収入優先型家計段階」　「支出優先型家計段階」

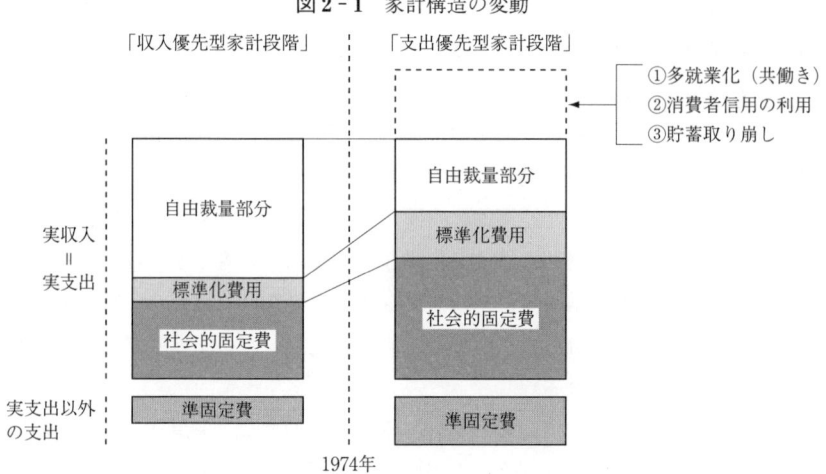

①多就業化（共働き）
②消費者信用の利用
③貯蓄取り崩し

実収入
＝
実支出

自由裁量部分　　自由裁量部分
標準化費用　　　標準化費用
社会的固定費　　社会的固定費

実支出以外
の支出

準固定費　　　　準固定費

1974年

ている。いいかえれば所得階級が上昇するほど共働き世帯が増加しているということになる。夫の収入が低いから妻が働きに出るというダグラス・有沢の法則は完全に過去のものとなっている。そればかりかむしろ夫の収入が高ければ高いほど妻が働きに出る割合が高くなっている。これも「生活の標準化」の作用が強く働いている結果であると思われる。収入の高い世帯は，今以上のより高い水準の生活を求めて「生活の標準化」競争の先頭に立って走ろうとするのである。

　②消費者信用とは，生活者が貨幣を所有していなくても財やサービスが購入でき，さらに貨幣自体も無担保で借りることができる「画期的」システムである。通常お金を借りる場合，有形の財産を担保にする必要があったのだが，消費者信用の場合は実体のない無形の個人の信用が担保に代わるものとなる。とはいっても，ほとんどの人が無審査に近い状態で一社当たり50万円までなら即時に借りることができる。これによって生活者は，限度はあるものの欲しい物を欲しいときに手に入れることができるようになった。とはいっても代金の支払いが利子を伴って将来に繰り延べられることになるのだが。要するに借金なのである。

　消費者信用の新規信用供与額は1975年には10兆円であったが，2004年は74兆円と7.4倍になっている。販売信用は54.2％で消費者金融は45.8％となっている。1998年までは消費者金融の伸びが急激で割合も高かったが，それ以降，販売信用の方が順調に伸びており，最近では消費者金融を新規供与額で上回って

いる。これにはいくつか理由が考えられるが，このことを含めて消費者信用に関する詳細は第3章の2節で述べることとする。

　③貯蓄取り崩しは，消費者信用の場合とは逆に，過去に蓄積した貨幣価値を現在欲しいもののために取り崩すのである。この貯蓄は，住宅取得，子どもの教育資金，老後の生活資金などの目的のために行われている場合が多い。しかし，これらの目的の実現を意図的に中断したり，縮小したり，または放棄・断念したりして，貯蓄を当初の目的とは異なる現在欲しいものを手に入れるために取り崩すのである。消費者信用新規供与額の上昇傾向とは逆に，家計の貯蓄率は低下している。これも生活標準を達成するために貯蓄を取り崩している影響が出ていると考えられる。

　これらの3つの手段を用いて，家計は収入を増加させ，家計構造の新たな枠組みを再構築し，生活標準＝人並みの生活を達成するのである。しかし，生活標準を達成するために用いられたはずの3つの手段は寄与率があまり高くなく，むしろ低いか，あるいは次の生活標準を目指す際の大きな障壁として立ちはだかることさえあるのである。

　①多就業化では確かに，世帯全体としては収入は増えるのだが，とりわけ妻が就労することによって生じる支出の増加部分もかなり大きい。布施晶子は，共働きと非共働きの比較において，共働きは収入で非共働きを4割程度上回っているが，その上回り部分は「妻の労働力化に伴う強制的支出と必要経費的支出にその過半が充てられ，残余は生活防衛的支出に充てられる。生活水準の上昇・ゆとり的支出に充てられるものは極めてわずかである」としてほとんどが支出増によって相殺されてしまうと結論づけている。すなわち，妻の就労による社会的諸関係の拡大による費用増加が予想以上にあるということである。他の構成員の追加的就労に関しても同じことがいえる。多就業化に関しては，生活標準達成のための貢献度＝寄与率が低いということであまり大きな効果は期待できないが，正規社員として働きに出る場合は貢献度は大きいといわざるを得ない。妻の就労形態によって差異が生まれてくるであろう。

　②消費者信用の利用では，「現在欲しいモノ」を手に入れると同時に将来にわたる返済の義務が発生することになる。生活者は現在の欲望実現と引き換えに未来の重荷を背負い込むことになる。この消費者信用の利用が恒常化すれば，住宅ローンの返済などと同様に，その返済部分は契約的金融支出として固定費

用化する。これが先に示した準固定費と呼ばれるものである。しかし、住宅ローンの場合、購入時に返済金額はある程度一定に定められるが、消費者信用のなかの販売信用は、モノを欲する欲望の拡大とともに限りなく限度が上昇し続け、ある意味では変動費用化する。すなわち増加方向に変動する「準固定費」となって自由裁量部分を圧迫し、「生活標準」達成の障壁＝障害として生活者の前に立ちはだかるのである。

③貯蓄取り崩しでは、将来の生活の安定や保障を犠牲にして「現在欲しいモノ」を手に入れるのである。しかし、貯蓄目的のなかには、住宅取得のように断念できるものもあるが、老後生活のようにあきらめるわけにはいかないものもある。したがって断念できない部分に関しては取り崩された部分を補塡すべく、今までより大きい金額の貯蓄が必然的に強制されることになる。このように貯蓄に繰り入れる金額の増加部分は、これまた自由裁量部分を圧迫し、「生活標準」達成の障害となるのである。

以上のように、「生活標準」を達成するための手段が同時に障害に転化するという矛盾は、生活者がより高い生活標準を目指す過程でより大きなものとなっていく。より豊かな生活を目指す生活行為がより苦しい窮屈な生活を生むという矛盾は、人々が意識するしないにかかわらず、その内容によっては階層間の格差拡大を生む危険性をはらんでいる。

家計管理の社会化

家計構造の社会化とともに、家計管理の社会化も進展することになる。家計管理の社会化とは、従来、家計が手作業で自律的に遂行してきた家計の管理運営の機能を、部分的に銀行や郵便局のような社会的専門機関に委譲し外部委託化することを指す。この家計の管理運営機能の外部化は、公共料金等の支払いを銀行、郵便局等の金融機関に委託する自動振替システムの発展と深い関係にある。

自動振替システムが日本ではじめてスタートしたのは、1955年の電話料金からであった。10年後の1965年に銀行の第一次オンライン化が始まり、現在では当たり前になっているキャッシュディスペンサーが登場し、キャッシュカードで現金を引き出すことが可能となった。また1969年には同一銀行内の給与振込制度が始まっている。しかしこのシステムでは銀行間のオンラインが接続され

ておらず，同一銀行内だけでしか給与の振込がなされないため非常に不評で，給与振込のシステムを採用する企業は多くはなかった。

　1974年に第二次オンライン化が実現し，給与振込について他行とのネットワークの拡大が図られ，自動振替システムは飛躍的に発展し急速な広がりをみせた。これと同時に家計の管理運営の外部化も急速に進んだ。すなわち家計管理の社会化が進展していったということである。

　収入としての給与，年金等の社会保障給付等はすべて銀行等の金融機関の口座に振り込まれ，支出としての電気，ガス，水道などの公共料金，学校や塾の授業料，家賃，クレジットの支払い，住宅ローンの返済等もすべて銀行の口座引き落としでなされる。このように家計の収入，支出の大きな部分が社会的専門機関に委ねられている。今後，この部分はますます拡大していく傾向にあり，さらにこれを一歩進めて，家計の長期設計・管理全体の機能を家計から専門機関に移してしまおうという動きさえ現れはじめている。このことによって家計管理の省力化が進むことになるが，他方では，家計管理の画一化と家計管理の被管理化が進み，生活者の家計管理能力が衰退し，やがては家計管理の自律性・主体性が剥奪されていくことになる。

注

(1) 伊藤セツ「家計統計にみる労働者生活構造の今日的特徴」『経済』167号，新日本出版，1978年。
(2) 岩田正美「消費過程の『社会化』と家計支出構造」『大阪市立大学生活科学部紀要』25，1977年。
(3) 森ます美「低成長下の労働者家計構造」『学苑』511号，昭和女子大学近代文化研究所，1982年。
(4) 江口英一・相沢与一編著『現代の生活と「社会化」』労働旬報社，1986年，94～95頁。
(5) 同前書。
(6) 布施晶子『新しい家族の創造』青木書店，1984年，16頁。

第3章
家計の金融化と消費者信用

第1節　家計の金融化——現代家計における貨幣の役割変化

　われわれの生活を取り巻く社会的環境が大きく変化しているなかで，生活の基礎を成す家計＝生活経済も変わってきている。すなわち生活において，一方では核家族の進展にみられるように生活単位としての世帯の規模が縮小し，さらに世帯内部での個人別化が進行している。また，他方では，職場や地域や公共施設を中心とした世帯間相互の社会的結びつきが，生活者が意識するしないにかかわらず広がってきている。

　家計は，このような生活変化のなかで，一方では世帯構成員の個々人が何らかの収入をもたらすようになる多就業化への傾向と，それに対応する個々人の「こづかい」部分の増大にみられるような個人別化へと進展し，他方では世帯もしくは世帯員個人が社会的諸関係を取り結んでいく過程で必要となる社会的な費用部分の増大化の傾向と，社会的，公的な専門機関への家計管理の依存の強まりをみせている。こうした家計の変化のなかで，家計における貨幣の役割が，従来あった消費手段としての役割から，直接には消費と結びつかないような，例えば資金運用手段，利殖手段，投資手段等の役割を有するような範囲にまで拡大してきている。この家計における貨幣の役割変化を「家計の金融化」というのであるが，これが，何によってもたらされ，家計構造や家計管理・運営にどのような影響をもたらし，またどのような問題を生起させているのかを明らかにすることがここでの課題となる。

貨幣の役割変化とその要因
　生活の社会化によって家計管理の社会化が進むことは第2章で述べてきた。

この家計管理の社会化によって，これまで家計がおこなってきた管理・運営の機能が銀行等の社会的専門機関の業務に取って代わられ，外部化していくという傾向が拡大するのだが，このことによって家計のなかの貨幣の流れ方に変化が生じ，さらに貨幣そのものの役割も変化していくこととなる。

従来，家計のなかで貨幣は，生活に必要な財やサービスを購入するための手段，いわゆる消費手段として単純に機能していたにすぎなかった。それが，企業経営のなかで機能する貨幣と同じような役割を有するようになってきた。すなわち，資金運用手段，利殖手段，投資手段としての役割である。

貨幣の役割変化の背景

ではなぜ，何によって，このように家計のなかの貨幣の役割が変化してきたのかを明らかにしていこう。

金融機関（銀行，郵便局等）は，高度経済成長期までは企業を主な対象として金融活動をおこなってきた。しかし，1970年代の低成長期を前にして市場規模を拡大するために，マーケティングの主要戦略対象を変更・拡大する必要に迫られていた。その柱の一つが海外市場の拡大であり，もう一つは国内の家計市場の拡大であったと考えられる。

この基本戦略の一つの柱である家計市場の拡大を実現させるためには，基本的に個別世帯の家計収支に関する情報の収集が不可欠であり，また前提条件でもあった。そのためにも企業から労働者に支払われる給与＝貨幣を何らかの形でいったん金融機関にプールするか，金融機関を経由させる必要があり，かつ公共料金の支払いをはじめとするさまざまな支払い部分を可能な限り自動化する必要性があった。このために金融機関にとって給与の自動振込を軸とする「オンライン化」は，いわば至上命令であったといえる。

このシステムは，金融機関にとっては家計の収入の9割以上を占める給与という資金を余すことなく一時的に集積することができ，かつこのシステムの利用の際の手数料収入を得ることができ，同時に個別世帯の家計情報をリアルタイムで集積することができる。またこれは，コンピュータで処理されるので，これにかかわる人たちの人件費の節約にもなるという大きなメリットが生まれる。他方，家計サイドにとってもカードでCD（キャッシュディスペンサー）を利用できるため，従来あった現金引き出しの際の署名捺印等の面倒な手続き

がなくなり簡略化されて便利になり，さらに利用時間も大幅に拡大され，かつ公共料金なども自動的に引き落としされるという点で利点が拡大された。また，給与を支払う企業にとっても安全性，業務の合理化，効率化という点で利点が大きかった。このシステムは，三者に大きな利点をもたらすことにより，また他行ネットへの拡大を実現させた1974年の第二次オンライン化により，飛躍的な発展を遂げ，いまや一般化している。

消費者信用の登場

　金融機関にとって，家計の情報を集積したり，資金をプールしただけでは利益につながらないのであって，その集積された情報をもとに家計に資金を貸し付け，その利子を得ることによって，はじめて利益が実現されるのである。ここで消費者信用が登場してくるのである。この消費者信用とは，消費者に対する信用供与の総称であり，商品・サービスと直接結びついた販売信用と，金銭貸借である消費者金融とに大別されるものである。このシステムは，消費者への信用販売や貸付という意味で捉えるならば決して新しいものではない。例えば米屋や酒屋や雑貨屋などの「つけ」販売，すなわち掛売りや，高利貸や質屋による貸付は，歴史的にみてもかなり古くからおこなわれていた。しかし，これは阿部氏がいうように，「前期的な商業資本や高利貸しによる消費者信用と見るべきであり，規模の面でも内容の面でも，今日の発展した流通機構と信用制度のもとでのそれとは，本質的に異なるものである[4]」といえる。近代的な消費者信用は，アメリカにおいて自動車や大型耐久消費財の販売と結びついて急速な発展を遂げた。日本においても高度経済成長期の後半から耐久消費財の販売促進＝普及と結びついて発展してきた。すなわち，資本主義経済の持病である過剰生産，過剰資本（資金のだぶつき）を緩和する特効薬として，消費者信用は急速に普及したのである。これを別の視点＝生活経済の視点から捉えると，生産力の上昇，大企業のマーケティング戦略の展開，世帯のなかの主要耐久消費財の編成・配備のされ方を基軸とする「生活の標準化」の作用の強化を背景として，急速な発展を遂げてきたということができる。

「消費」と「貨幣」の分離の進展

　金融機関は，以上の「オンライン化」と「消費者信用」という2つのシステ

ムを手段として家計市場の拡大を遂行したのである。これによって家計における貨幣の流れは変わり，それとともにその役割も変わった。

　第一に，「オンライン化」により，貨幣は家計管理の手（家計の財布）を経ないで，公共料金，家賃，授業料，保険料として，支払い先に自動的に口座からの振込がなされる。ここでは貨幣は支払手段としてわれわれの眼前に現れてこないのである。

　すなわち，従来家計の財布が持っていた機能は，その大部分が金融機関の給与振込口座に移されることとなったのである。自動引き落としされる部分として，①公共料金を中心とする社会的固定費部分，②住宅ローン，車のローン，保険掛け金等の契約的支出部分，③カルチャースクール等の授業料，スポーツクラブ等の会費等の定期的・定額的な支払い部分から構成されており，これらの費用はいずれも自動引き落としのラインに乗った時点から，支出配分上の優先順位が最も高いものとして固定化する傾向にある。したがって，家計管理者にとってそれらの費用が引き落とされた後の金額が，いわゆる自由裁量部分として意識されることになる。これらは，結果として ⓐ家計管理範囲の縮小，ⓑ貨幣の手持ち使用量の減少，ⓒ自動引き落とし費用部分の固定化，をもたらしている。すなわち，家計管理者の意識のうえでの「消費」と「貨幣」の分離を引き起こしているといえる。

　第二に，消費者信用は，販売信用においては商品購入時点で貨幣を介在させないで，商品購入後に支払い＝返済が発生してくる。すなわち，時間的な「消費」と「貨幣」の分離をもたらしている。また消費者金融においては，生活財などの物的担保を介在させずに貨幣を得られ，その後は販売信用と同様に支払い＝返済が発生してくる。ここでは，「消費」と「貨幣」の分離を前提とした「貨幣」から「貨幣」への流れが形づくられる。両者は，その形態には違いがみられるが，本質においては借金である。この消費者信用を用いて，最近では借金を返済するために借金をするということが家計のなかで増加しつつある。ここでの貨幣の機能は消費手段としての役割ではなく，資金運用手段の役割を持つものとなっている。これが過剰になると，現在大きな社会問題化している多重債務ということになる。

　第三に，一般定期預金の金利低下と，株価や土地価格の上昇を背景として引き起こされた財テクブームにみられたように，有価証券に対する投資や金利選

好型の金融商品の購入が，家計においても特殊な行為としてではなく一般的なものとして普及してきた。これによって家計における貨幣が投資手段や利殖手段として機能する部分が増加した。さらに最近では，インターネットで株取引ができるようになり，その際は手数料がかなり低くてすむしリアルタイムで売買が可能なので，以前より手軽に株取引ができるようになり個人投資家も増加した。

このように「消費」と「貨幣」の分離が進行し，その結果，家計のなかの貨幣の役割が，従来の消費手段としての役割を相対的に低下させ，資金運用手段，利殖手段，投資手段としての役割を高めているといえる。

「家計の金融化」と家計構造の変化

これまでみてきたような貨幣の役割変化が，家計構造にどのような影響を与えているのかをみていきたい。

はじめに，家計の全体構造における特徴的な変化をみていくことにする。第一に，収入総額に占める「実収入以外の収入」の比率が，1965年に11.8％であったのが1990年には33.1％となり，2005年には40.0％と約4倍の構成比を有するようになっている。また，支出総額に占める「実支出以外の支出」の比率が，1965年の21.3％から1990年には44.5％，2005年には51.5％と約2.5倍の構成比となっている。第二に，実支出のうちの「消費支出」は年々低下傾向にあり，逆に「非消費支出」は年々増加傾向にあり，対実支出の割合は1976年に12.1％だったのが2005年には20.2％となっている。第三に，繰入金，繰越金の占める割合が，ともに1965年の20％から1990年には10％，2005年には7％と半分以下になっている。

第一の特徴は，「オンライン化」による家計の社会的専門機関への依存度の高まり，すなわち家計管理の社会化の進展の度合いを示している。

第二の特徴は，税金などの「非消費支出」に「消費支出」が圧迫されていることを表している。

第三の特徴は，「オンライン化」により収入の大部分が金融機関に預けられ，家計の手持ち現金が減少していることを表現している。

この3つの特徴のなかで第一と第三が，「オンライン化」によって家計のなかの貨幣の流れが変わったことにもとづいているものである。

表3-1 家計構造の変化（自由裁量部分と社会的固定費と準固定費）(単位：円，％)

年度	1975	1980	1985	1990	1995	2000	2005
実収入	236,152	349,686	444,846	521,757	570,817	560,954	524,585
実支出	186,676	282,263	360,642	412,813	438,307	429,109	412,928
自由裁量支出	127,955	176,621	208,331	235,889	237,657	221,861	206,477
対実支出割合（％）	68.5	62.6	57.8	57.1	54.2	51.7	50.0
学校給食	995	1,324	1,622	1,517	1,439	1,400	1,422
家賃地代	4,695	5,882	8,673	10,781	15,551	15,424	15,242
設備修繕維持	3,298	4,414	5,076	5,713	7,862	6,250	6,598
光熱・水道	6,860	12,693	17,125	16,797	19,551	21,124	21,328
家事サービス	511	661	841	906	1,076	927	838
保健医療サービス	2,552	3,723	3,968	4,830	4,945	6,140	6,986
交通	2,519	4,725	6,103	7,543	8,064	8,012	7,578
通信	2,421	4,336	5,376	6,426	7,104	10,507	13,392
教育	3,686	8,637	12,157	16,827	18,467	18,214	18,561
教養娯楽サービス（月謝）	2,082	3,077	3,963	4,745	4,739	4,236	4,360
その他の諸雑費	3,350	4,350	6,197	6,881	8,379	9,983	12,023
他の交際費	1,979	3,181	4,044	4,494	4,702	5,269	5,362
仕送り金	3,129	4,502	6,013	8,246	10,127	11,630	9,332
非消費支出	20,644	44,137	71,153	81,218	88,644	88,132	83,429
社会的固定費（合計）	58,721	105,642	152,311	176,924	200,650	207,248	206,451
対実支出割合（％）	31.5	37.4	42.2	42.9	45.8	48.3	50.0
実支出以外の支出	(101,680)	(188,375)	(293,548)	(415,633)	(512,956)	(535,251)	(513,814)
保険掛け金	8,547	17,051	24,586	33,973	44,494	41,203	35,174
土地家屋借入金返済	4,470	11,930	20,117	22,928	29,572	34,725	32,711
他の借入金返済	2,446	2,606	3,676	4,333	5,188	4,103	2,866
分割払い購入借入金返済	5,611	7,947	8,717	9,573	9,110	8,679	6,986
一括払い購入借入金返済	2,052	2,921	4,089	9,052	11,831	15,543	18,300
準固定費（合計）	23,126	42,455	61,185	79,859	100,195	104,253	96,037
対実支出割合（％）	12.4	15.0	17.0	19.3	22.9	24.3	23.3

（資料）総務省統計局『家計調査年報』。

次に表3-1で家計の支出構造の変化を詳しく検討してみよう。ここで支出構造を捉える場合，第一に「自由裁量支出」と「社会的固定費」との対抗関係から，第二に「貨幣」と「消費」の分離の拡大という2つの視点から考察していくことにする。

「自由裁量支出」と「社会的固定費」との対抗関係

第一の視点から考えると，自由裁量支出が1975年の68.5％から2005年には

50.0％へと，社会的固定費が1975年の31.5％から2005年には50.0％と，18.5ポイント高くなっている。すなわち，社会的固定費の割合が増加し，自由に使える部分が縮小していて，家計の硬直化が進んでいるということができる。さらに，この自由裁量部分においても，先に示した「生活の標準化」の作用や契約的支出等の準固定費によって，家計が自由に使うことができない範囲が拡大しており，これを考え合わせると，実際に家計の自由裁量権が及ぶ範囲はかなり縮小してきていると考えられる。

「貨幣」と「消費」の分離

第二の視点から捉えると，自由裁量支出は内容的に消費と結びついた貨幣の流れをその大部分が示しているが，社会的固定費の公共料金関連支出費目と非消費支出の部分と実支出以外の支出の準固定費部分は，いずれも間に社会的機関が介在することによって直接的には消費と結びつかない貨幣の流れを示しているといえる。すなわちそれは，「貨幣」と「消費」の分離，または「貨幣」から「貨幣」への流れを表している。この部分が，1975年の 31.5＋12.4 から 2005年には 50.0＋23.3 と 18.5＋10.9 ポイント上昇している。このことは，過去20年の間に，消費手段としての貨幣ではなく，他の手段としての貨幣の役割が家計のなかで飛躍的に増大してきたことを意味している。また同時に，こうした貨幣の役割の変化によって，家計の支出構造は，自由裁量支出を縮小させ，硬直化の度合いを高めているというように変化してきている。

「貨幣」から「貨幣」への流れの増加

これまでみてきたように，家計は社会的固定費の増大という圧力と，準固定費と「生活の標準化」作用の圧力という３つの圧力を受けて，従来からの世帯主の決められた収入の枠内で支出を調整していくという「やりくり家計」＝「収入優先型家計」を維持できなくなり，逆に支出に合わせて収入を増やしていくという傾向さえ強まっている（「支出優先型家計」）。家計は，支出の大きさに合わせて収入枠を拡大させるために，妻の就労を軸とする「多就業化」や「消費者信用の利用」や「貯蓄取り崩し」をおこなうようになる。ここでの消費者信用の利用が，やはり貨幣から貨幣への流れを増加させることになり，そのことがまた次の収入枠を拡大していかなければならないという必要を生み出すの

である。われわれの生活は，消費者信用の利用の増大を軸として，こうした拡大再生産の終わりなき循環構造のなかで常に追い立てられた生活を強いられることになる。とりわけ低所得階層においては，この拡大再生産がより大きなより強固なものとして遂行されることになる。そうなれば高所得階層との「格差」はより拡大されることになるのである。

すなわち，「生活の標準」を達成するための消費者信用の利用が，貨幣から貨幣の流れを増大させ，それによって家計は収入枠を拡大させる方向に向かい，またその家計の行為が消費者信用のさらなる利用へと自らを駆り立てるのである。その流れが低所得階層におけるほど大きく深いものとなっていく傾向にあるといえる。

消費者信用の家計への浸透

ここでは家計の金融化の内容について，とりわけ消費者信用の家計への浸透の仕方を明らかにしていきたいと考えている。

図3-1をみると，1985年に35兆円であった消費者信用供与額が1990年には倍近くの65兆円にまで急増し，2004年には74兆円となっている。消費者信用は販売信用と消費者金融から構成されているが，1985年にはほぼ同じ割合であった。1990年には消費者金融の方が60％を占めるようになっていたが，その後その割合は低下し，2004年には45％まで下がっている。

次に信用供与側，すなわち金融機関の貸出データから消費者信用供与状況（住宅信用供与を除く）をみていくことにしよう。消費者信用供与残高がここ11年間で6.7倍にも膨れ上がり，全銀ベースでの総貸出資金のなかの比率でも0.5％から4.5％と4ポイントもウエイトを高めている。貸出残高の構成内容をみると，1970年代初めには耐久消費財，なかでも電化製品のウエイトが高かったが，それが乗用車に移行し，さらにサービスに移行していった。しかし，80年代に入ると「その他」となっている使途を特定しない一般消費資金，いわゆるフリーローンが50％を超え，1991年には80.1％を占めるに至っている。このことは，金融機関が消費者に貸し出している資金の8割以上が耐久財やサービスといった消費＝購入目的が明確なものではなく，直接的には消費と切り離されたものに充てられていることを示している（日本銀行調査統計局『経済統計年報』より）。

図3-1 消費者信用新規供与額の推移

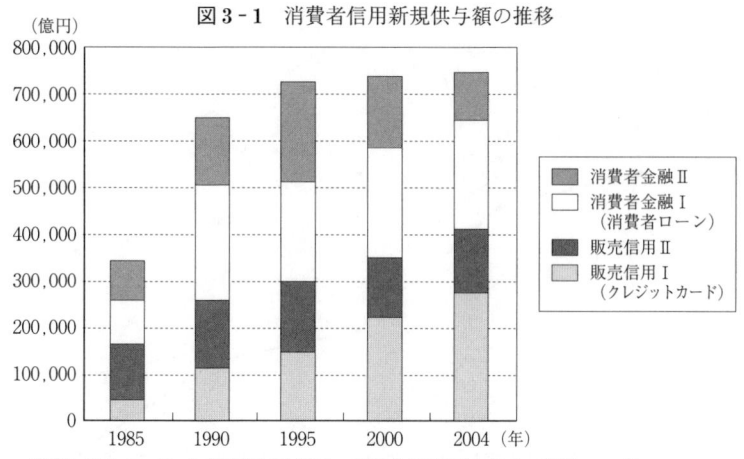

(億円)

凡例：
- 消費者金融Ⅱ
- 消費者金融Ⅰ（消費者ローン）
- 販売信用Ⅱ
- 販売信用Ⅰ（クレジットカード）

(資料) 日本クレジット産業協会編『日本の消費者信用統計』平成18年版，2006年。

以上を総括すると，金融機関から家計への資金融資のうち8割以上が直接的には消費と切り離されたものであり，家計の資金返済負担は，住宅ローンとともにクレジット返済のウエイトが高くなっている傾向にあるといえる。このことは，家計がローンやクレジットの返済のための資金を金融機関から借り受けることの増加も意味している。すなわち，消費とは直接結びつかない貨幣から貨幣への流れが家計のなかで増加していることを示すものである。

以上のことをふまえたうえで，住宅・土地の借金返済を除いた消費者信用返済負担割合〔(他の借金返済＋月賦払い＋掛買払)／実収入×100〕を収入階級別・時系列で表すと図3-2のようになる。これを収入五分位階級別にみると，どの年も第Ⅰ分位で負担が最も重く，第Ⅴ分位で最も軽くなっているのがわかる。時系列の変化をみると，1980年は第Ⅰ分位が5.8％，第Ⅴ分位が4.0％で低所得層と高所得層の格差は1.8ポイントとなっている。1990年には第Ⅰ分位6.1％，第Ⅴ分位5.3％と差が0.8ポイントに縮小していたが，2000年に再度格差は大きくなり，第Ⅰ分位6.4％，第Ⅴ分位4.5％と差が1.9ポイントになっている。2000年以降は階級間格差が縮小しているが，これは「掛買」すなわちクレジットカードを利用して買い物し，返済を一括で行う場合の金額が高所得階層で増加してきているために起こった現象である。したがって消費者信用の返済負担割合率を捉える場合，今後は「掛買」を除外してみていく必要があると

第Ⅰ部　生活経済の視点

図3-2　収入階級別消費者信用返済負担推移表

(資料) 総務省統計局『貯蓄動向調査報告』。

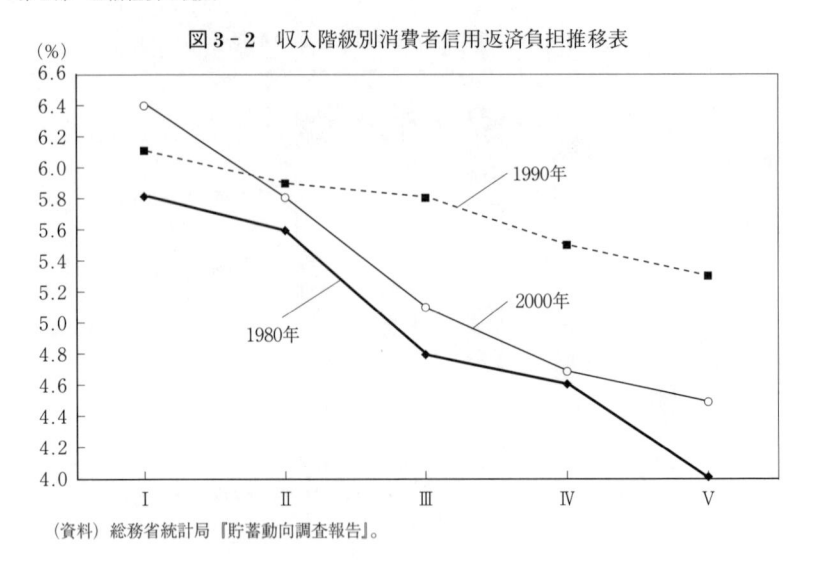

いえる。これは現金を持ち歩くリスクを軽減するための防衛策であるともいえるし，現金よりもはるかに利便性が高い方法であるといえるからである。2004年のデータから「掛買」を除外してカウントすると，第Ⅰ分位2.9％，第Ⅱ分位2.5％，第Ⅲ分位2.2％，第Ⅳ分位1.8％，第Ⅴ分位1.2％となり格差は1.7ポイントとなる。いずれの場合も，家計が消費者信用を利用した結果として，その借金返済の負担の程度は低所得階層ほど重くなっているということがいえる。これもまた「格差」拡大の一つの現象といえる。

負債の増大

ストックの負債の側面から金融化の内容をみていくことにする。

勤労者世帯の負債保有率をみると，1965年には34.7％であったのが，1975年45.5％，1985年56.2％，1990年53.5％とかなり速いテンポで保有世帯が増加していることがわかる。とりわけ1965年から20年間で21.5ポイントも上昇している。1990年で若干比率が下がったものの依然として勤労者世帯の半数を超えている。さらに勤労者世帯の土地・住宅のための負債保有率をみると，1970年16.1％，1975年22.5％，1985年35.7％，1990年37.3％と，これも1970年から20年間で21.2ポイント上昇している。これによって勤労者世帯の負債保有率の増加が主因であったことがわかる。

第3章　家計の金融化と消費者信用

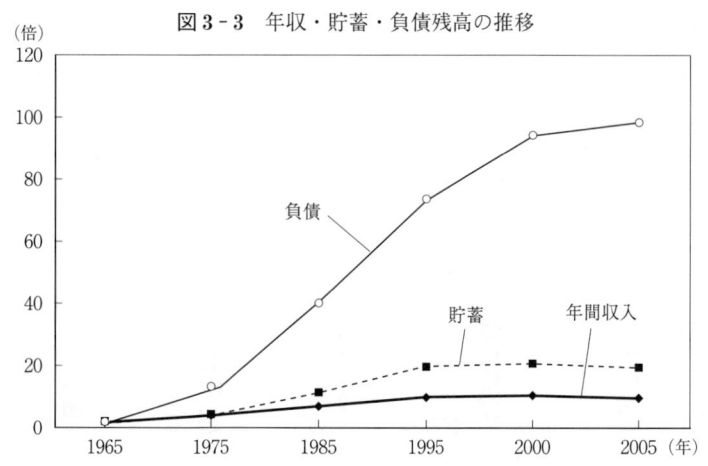

図3-3　年収・貯蓄・負債残高の推移

(注) 数値は，1965年を基準とした倍数。2000年までは「貯蓄動向調査」の結果だが，2005年は「家計調査」の結果を用いている。したがって時系列比較はできないが，2005年は参考として表している。「家計調査」は年間平均金額。「貯蓄動向」は年末時点。
(資料) 総務省統計局『貯蓄動向調査報告』。

　年収・貯蓄・負債残高の推移を，1965年を100として指数化したグラフが図3-3である。これをみると，1965年から2005年の40年間で年収は8.9倍，貯蓄は19倍，負債は99倍になっており，いかに負債の増加率が高いかがわかる。

　負債保有高が年収に占める割合を，勤労者のうち住宅・土地のための借入金のある世帯に限定して収入五分位階級別に時系列で捉えたのが図3-4である。これをみると，全階級において負債年収比が以前と比べて高くなっている。なかでも最も高くなったのは第Ⅰ分位で69.3ポイントアップしている。1980年以降は，第Ⅰ，Ⅱ，Ⅲいずれの階級も負債率が年収を上回っており，とりわけ第Ⅰ分位の1990年実績では178.6％と年収の2倍近くになっている。収入階級間格差（Ⅰ—Ⅴ）は，1977年の45.4から1990年の84.6と広がる一方である。勤労者世帯のなかでの負債保有世帯の比率の増加は，先にみてきたように住宅・土地の負債保有世帯の増加を基礎としたものだった。しかも1990年には住宅・土地の負債保有世帯は負債保有世帯の約7割を占めている。さらに2000年になるとそれは飛躍的に拡大し，第Ⅰ分位は年収比350％に達し，第Ⅱ分位においても250％，第Ⅲ分位で200％となっており，量的にも質的にも負債保有

第Ⅰ部　生活経済の視点

図3-4　負債年収比の推移（住宅ローン世帯）

(資料）総務省統計局『貯蓄動向調査報告』。

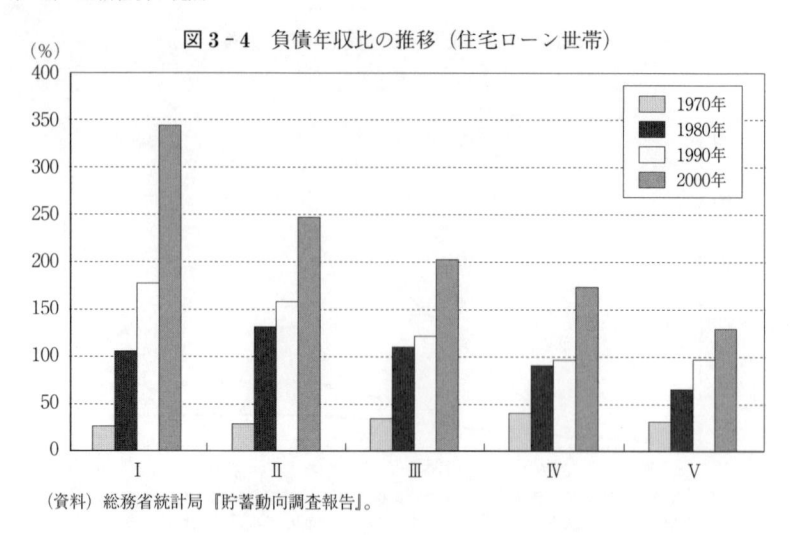

世帯の中心をなす住宅・土地の負債保有世帯において，一つの生活矛盾＝負債年収費の収入階級間格差が直接的に鋭く表出しているといえる。とりわけ格差は1990年から2000年においてかなり広がったことがグラフからみてとれる。

家計のゆとりと貯蓄行動

貯蓄に関しては，図3-3で見てきたように負債ほどではないが，これも増加の傾向にある。ここでフローに戻り，家計調査のデータを用いて貯蓄を裁量的貯蓄と契約的貯蓄に分けて，それらの可処分所得に対する比率を図3-5からみていこう。ここでは勤労者世帯の平均のトレンドが示されている。すなわち，傾向的に裁量的貯蓄率は低下しており，逆に契約的貯蓄率は上昇している。そして1990年には契約的貯蓄率が裁量的貯蓄率をわずかながら上回った（図3-6）これを収入五分位階級別でみると，1975年には第Ⅰ分位の黒字率が最も高く（28.5%）なっており，第Ⅴ分位が最も低く（16.0%）なっていた。第Ⅰ分位の黒字率の中身は裁量的貯蓄率が20％を超えており，契約的貯蓄率はわずか8％でしかなかった。第Ⅴ分位の内容も第Ⅰ分位と同様に，裁量的12.9%，契約的3.1%と圧倒的に裁量的貯蓄率の比率が高かった。しかしこの関係は1980年で見事に逆転してしまう。第Ⅰ分位は黒字率が最も低く（13.2%）なり，

第3章 家計の金融化と消費者信用

図3-5 裁量的・契約的貯蓄率の推移

(資料) 総務省統計局『家計調査年報』。

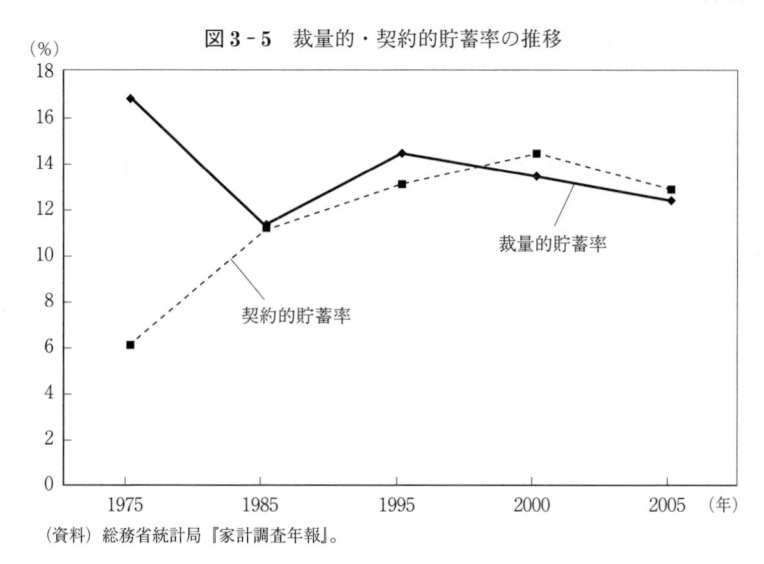

図3-6 収入階級別黒字率・裁量的貯蓄率・契約的貯蓄率

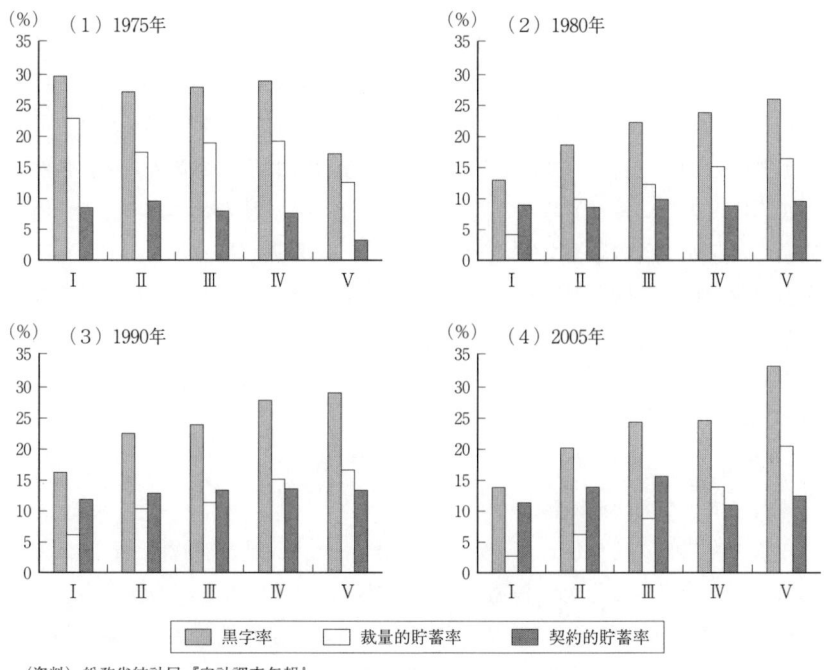

(1) 1975年
(2) 1980年
(3) 1990年
(4) 2005年

凡例: 黒字率　裁量的貯蓄率　契約的貯蓄率

(資料) 総務省統計局『家計調査年報』。

逆に第Ⅴ分位が最も高く（26.0％）なった。内容も，第Ⅰ分位では裁量的4.1％，契約的9.1％と裁量的貯蓄率と契約的貯蓄率の比率が逆転した。第Ⅴ分位では裁量的16.4％，契約的9.5％で裁量的貯蓄率，契約的貯蓄率の間の関係に変化はなかった。1985年は上位階級において契約的貯蓄率の上昇がみられたものの基本的には1980年の傾向を引き継いでいる。1990年には平均で0.1ポイント契約的貯蓄率が裁量的貯蓄率を上回ったこともあって，第Ⅲ分位までは契約的貯蓄率が裁量的貯蓄率を上回る結果となっている。なかでも第Ⅰ分位は裁量的5.3％，契約的11.3％とその比率の差はかなり大きなものとなった。この第Ⅰ分位の契約的貯蓄の64.5％は保険純増によるものである。黒字率においても，1975年段階とはすっかり階級間関係が逆転してしまい，第Ⅰ分位は1975年の28.4％から1990年には16.6％に，第Ⅴ分位は1975年の16％から1990年には28.2％になっている。2005年は黒字率と裁量的貯蓄率が収入階級が上がるほど大きく上昇しているのがわかる。これをみただけでも収入階級間における貯蓄率における自由度と黒字率の格差がどれくらい開いているかが一目瞭然であるといえる。

　以上のことから低所得階層では，家計の余裕度を測る尺度ともいえる黒字率が傾向的に低下しており，さらにその大部分が保険などを中心とした自由度の低い契約的貯蓄に回されている。逆に，高所得階層では黒字率がかなり上昇しており，低所得階層と同様に契約的貯蓄が上昇する傾向にあるものの，依然として自由度の高い裁量的貯蓄のほうが上回っている。すなわち，一方で低所得階層の世帯が家計の余裕を失い，わずかばかりの貯蓄に回せるお金でさえ，自由裁量度の低い保険などに充てなければならないという厳しい，硬直性の高い構造になっているのに対し，他方で高所得階層の世帯は，ますます家計上のゆとりが大きくなってきており，貯蓄に対する自由度も確保されているという柔軟性の高い状態になっているといえる。

家計ストックの構成内容

　ここでさらに第Ⅰ分位と第Ⅴ分位の家計ストックの構成内容を表3－2でみることにしよう。とりわけ貯蓄高に関しては，構成内容を流動性の高い資産（通貨性預金，有価証券）と，固定性の高い資産（定期性預金，生命保険）とに分けて，流動性・固定性の視点から分析をおこなうことにする。第Ⅰ分位で

第3章　家計の金融化と消費者信用

表3-2　第Ⅰ分位・第Ⅴ分位貯蓄・負債高構成比

	第　Ⅰ　分　位					第　Ⅴ　分　位				
	1965年	1975年	1985年	1990年	2000年	1965年	1975年	1985年	1990年	2000年
貯蓄高	100.0	100.0	100.0	100.0	100.0	100.0	100.0	100.0	100.0	100.0
流動性貯蓄計	46.4	23.9	21.4	19.4	18.0	50.1	36.8	30.9	31.1	22.3
通貨性預金	17.1	17.8	11.3	8.5	12.4	12.7	13.5	5.6	6.6	10.7
有価証券	29.3	6.1	10.1	10.9	5.6	37.4	23.3	25.3	24.5	11.6
固定性貯蓄計	48.6	72.9	77.4	79.1	81.1	40.2	56.5	63.3	64.6	72.4
定期性預金	26.8	47.4	46.1	46.8	41.6	23.7	41.1	43.2	40.4	44.5
生命保険	21.8	25.5	31.3	32.3	39.5	16.5	15.4	20.1	24.2	27.9
その他	5.1	3.2	1.2	1.6	0.9	9.6	6.8	5.8	4.2	5.2
負債高	100.0	100.0	100.0	100.0	100.0	100.0	100.0	100.0	100.0	100.0
金融機関	51.1	63.1	79.2	92.4	91.8	34.1	44.4	65.4	76.0	82.5
金融機関外	48.9	36.9	20.8	7.7	8.2	66.0	52.9	34.5	24.0	17.5

（資料）総務省統計局『貯蓄動向調査報告』。

は，1965年をみると流動性と固定性の比率が5対5でバランスがとれている。こういうなかで目立つのは，流動性貯蓄としての有価証券が29.3％と構成比が最も高くなっていることである。この流動性・固定性のバランスが1975年には有価証券が29.3％から6.1％と約20ポイント以上も低下したのが原因で大きく崩れ，2対7になった。以後，通貨性預金の低下と生命保険の上昇を軸として流動性が低下していき，1990年には流動性・固定性の比率は2対8となり，2000年にはさらに固定性が高くなっている。負債高については，図3-3をみると，勤労者世帯の平均値では，1965年を100として指数化すると2005年は約100倍にもなっている。年収が約8.5倍であるから，その伸び率はかなり高いものといえる。その借入先は，1965年では金融機関と金融機関外の比率がほぼ同じで，金融機関外のなかでは「親戚・知人」のウエイトが最も高くなっている。それが，2000年には91.8％が金融機関に占められ，金融機関外は8.2％と1割にも満たなくなってしまった。

次に第Ⅴ分位をみていく。貯蓄高の流動性・固定性の比率は，その他を流動性に含めると1965年は6対4となる。それが，1975年には4対6と逆転し，1980年以降1990年までは，ほぼ3.5対6.5で推移している。それが2000年には，ここでも先の第Ⅰ分位でみられたのと同様の傾向，すなわち流動性資産の構成比の低下が見られる。しかし，第Ⅰ分位では流動性・固定性比率が2対8で

あったのに比べると，第Ⅴ分位の流動性の比率は3対7と高くなっている。このように第Ⅴ分位の流動性の比率を高めている要因は，表3-2にみられるように有価証券の構成比の高さである。1965年には4割近くを占めていて，それからすると低下しているようにみえるが，1970年から1990年までの間は，ほぼ25％の水準を維持している。しかし2000年に約半分の11.6％まで低下している。これは，第Ⅰ分位の5.6％水準と比較すると6ポイント上回っていることになるが，1990年までのように安定的に高水準を維持しているとはいえなくなっている。負債高に関しては，金融機関と金融機関外の比率に関し，1965年には66％のウエイトを占めていた金融機関外が，1985年に金融機関との関係が逆転して34.5％まで低下し，その後も低下し続け，2000年には17.5％となった。

福利厚生における格差

　以上のことからいえることは，勤労者世帯が保有している金融資産の構成内容に関して，低所得階層と高所得階層に共通する傾向は，両者とも貯蓄における流動性が低くなっていることである。また，両者を比較すると相違点は，低所得階層は高所得階層に比べ生命保険のウエイトが高く，逆に有価証券のウエイトが低いことである。これが基本要因となって低所得階層のほうが固定性が高くなっているといえる。負債に関して両者に共通する傾向は，金融機関外から金融機関にそのウエイトが移行していることである。相違点としては，低所得階層のほうが一貫して金融機関のウエイトが高くなっている点と，金融機関外のなかで「親戚・知人」のウエイトが低所得階層のほうが高い（1965年Ⅰ＝38.7％，Ⅴ＝12.4％；1990年Ⅰ＝21.6％，Ⅴ＝1.7％）点があげられる。さらに負債目的に関しては，両者とも住宅・土地のためというウエイトが高くなっているが，相対的には高所得階層のほうが高くなっている。

　これはすなわち，貯蓄高に関して低所得階層は高所得階層の3割にも満たないという絶対的低位ゆえに，いざというときのための生命保険のウエイトが高くならざるを得ないことを示し，したがって必然的に金融資産の構成において固定性が高くなり，ゆとりがないために投機性が低くなっているといえる。これに対し高所得階層は貯蓄高が高く，ゆとりが大きいために投機性が高くなっており，その結果として金融資産における流動性が高くなっていることを表しているといえる。また負債に関しては，とりわけ低所得階層（第Ⅰ分位）では

1970年以前は金融機関と金融機関外がほぼ同じ比率で,しかも「親戚・知人」の比率（38.7%）が最も高かった。高所得階層（第Ⅴ分位）では8割以上を「社内貸付等」が占めているのとは異なっている。これは,低所得階層・高所得階層両者の勤め先の企業の違いにもとづく福利厚生制度の格差によるものであると考えられる。すなわち,規模の小さい中小企業では低金利の社内融資制度や共済組合が不十分で,したがって低所得階層の世帯は,「親戚・知人」という私的生活領域内の共同体的相互扶助関係が希薄になるにつれて,金融機関に依存する割合が高くなってきたといえる。それとは対照的に,高所得階層の世帯は勤め先の企業の低金利の社内融資や共済組合が充実しており,したがって「社内貸付等」に依存する割合が金融機関外のなかで8割から9割と高くなっている。同じ理由で金融機関外の負債高に占める割合自体も,低所得階層と比較すると平均して約15ポイント程度高くなっている。

　ストックにおける貨幣量は,勤労者世帯のなかでは貯蓄・負債ともに,双方向的に増加傾向がみられる。しかしそこにおける貨幣の役割＝性格は収入階級によって大きな違いがみられる。低所得階層のそれは,将来の生活不安や予測可能な大きな支出＝教育費や突発的な事故に備えるといった,いわば社会保障制度の脆弱性を補完する自己の生活防衛能力を高めるための貨幣の蓄積,すなわちライフサイクル上のいずれかの時点で使用価値と交換される消費手段としての貨幣の役割＝性格が強いのに対して,高所得階層のそれは,価値と交換すること＝価値増殖を目的とした利殖手段,投資手段,すなわち資本としての貨幣の役割＝性格が強くなっているという違いである。しかし,注意を要するのは,高所得階層の保有する貨幣の性格が企業のそれと似てくるだけで,同じになるということを意味しないということである。企業に雇用されている以上,いくら所得が多くなろうと,たとえそれが年収1億円を超えようが,価値には関係し得ないという事実は変わらない。ここでは所得の高い低いではなく,資本との関係,生産関係,価値関係が問題なのである。さらに両者共通の傾向として,預け入れ先・借り入れ先ともに社会的専門機関（金融機関等）に依存する割合が高くなっている。すなわち,フローばかりでなくストックの管理も社会的専門機関に委譲していく傾向にあるといえる。

「家計の金融化」と家計管理の変化

　貨幣の役割変化が家計管理をどのように変えていったかをみることにしよう。

　貨幣が消費との分離の度合いを高めることによって，貨幣の循環運動は消費によって完結しなくなる。家計のなかの貨幣が消費手段として大部分が機能していたときは，毎月，毎年で収支が完結していたが，貨幣が消費手段としての機能を低下させ資金運用手段として機能する割合が高くなってくるにつれて，収支を完結させることが困難となり，家計管理のサイクルが長期化していかざるを得なくなる。

　こうした家計管理の長期化と同時に家計管理の複雑化がもたらされることになる。借入金の種類には，住宅ローンのような長期のものと，消費者金融やクレジットのような短期のものがある。長期借入金の場合は，金額もある程度確定しており比較的管理しやすいが，短期借入金の場合は，金額の高さではなく借り入れ頻度の高さが問題となり，その頻度が高くなればなるほど管理の複雑性は高くなる。

　また，「オンライン化」によって家計管理機能が社会的専門機関に委譲される割合が高まっているが，さらに現在検討されている第三次オンライン化が進めばホームバンキングが世帯に普及することとなる。このことは，単に取引銀行の端末機が家庭に入り込むことだけを意味しているのではなく，企業と同様のメインバンク化が進むことも同時に含意している。家計にとってのメインバンク化は，金融機関に家計に関する全情報が掌握されることを意味し，そのことは同時に金融機関が家計を管理コントロールできる範囲＝領域が拡大されることを意味する。このことによって家計管理の省力化がなされるが，従来，家計が有していた家計管理機能はますます低下し，家計管理の画一化と家計主体の被管理化が進み，家計の自律性・主体性が失われていくことになる。

　今後ますます金融機関による家計管理・運営上のサービスが，有料化・高額化していくことが考えられる。というのは，日本の銀行に対して国際決済銀行からのBIS規制[6]の圧力がかけられており，銀行としては国際的な金融活動をおこなうためにはどうしても自己資本比率8％をクリアしなければならないという状況におかれている。銀行にとって自己資本比率を高めるためには，総資産を圧縮するか，または自己資本（資本金＋公表準備金）を増加させるかの2つの道がある。企業や家計に対して貸付を行う総資産がその分膨らんでしまう

ので，貸付金を減らすという政策が一方でとられる。しかし，これでは利益が減少してしまうので，銀行としては総資産を増加させないで利益を上げられる収益が必要となる。まさにこの条件を満たしてくれるのが「手数料」なのである。手数料収益がどれくらい経常利益に貢献しているかをみると，1980年以降のデータによれば平均で約3割近くの貢献度を示している。

今後，金融機関は，この手数料収入を利益の重要な柱として位置づけて，家計からより多くの手数料をとるための戦略を打ち出してくることが予測される。それは，家計管理・運営上のサービスの質量的範囲の拡大となって現れてくるであろう。そうなると家計にとって，費用増加の問題だけではなく管理運営上の過剰サービスも含め，さまざまな影響が出てくるように思われる。

家計の金融化の問題点

現代の家計において，これまでみてきたように「貨幣」と「消費」の分離が進行し，家計のなかでの貨幣の役割が，消費手段から資金運用手段，利殖手段，投資手段へと変化してきていることが明らかとなった。すなわち，「家計の金融化」が進んでいるといえるが，これについては内容的に，勤労者家計全体にみられる一般的・共通的な問題と，収入階級の違いによって生じる特殊的・個別的な問題とに分けられると思われるので，区別してまとめおこなうことにする。

一般的・共通的な問題としては以下の点があげられる。

第一に，自由裁量部分の縮小による家計構造の硬直化の進展。

第二に，住宅・土地の負債高と消費者信用の利用の増大を基軸にした，勤労者世帯の負債保有率と負債保有高の増加。これによる家計の借入金返済負担割合の増加。

第三に，貯蓄行動における自由裁量性の低下と，ストックの貯蓄構造における流動性の低下，すなわち家計の金融資産構造における硬直化の進展。

第四に，家計管理の長期化，複雑化による管理の困難性の増大。

第五に，家計管理機能の社会的専門機関への依存の質量的範囲の拡大。これによる家計管理コストの増大と，家計の管理上の自律性・主体性の弱体化の進展。

すなわち，勤労世帯一般において家計のフローとストックにおける構造的硬

直化が進んでおり，家計管理の高度化とそれに伴う困難性が増大しているといえる。

収入階級間格差によって生じる問題は以下の通りである。ここでは，収入五分位階級のなかで第Ⅰ分位を低所得階層，第Ⅲ分位を中所得階層，第Ⅴ分位を高所得階層と表現する。ただし厳密ではないが，大枠におけるグルーピングでは，どちらかといえば第Ⅱ分位は低所得階層，第Ⅳ分位は高所得階層に含めて考えることとする。

「貨幣と消費の分離」＝「貨幣から貨幣への流れの増大」＝「家計の金融化」の内容において収入階級間で大きな違いがみられるが，ここでは主に高所得階層と低所得階層の違いに焦点を当て，まとめていくこととする。

高所得階層では，家計の黒字率はますます増大する傾向にあり，低所得階層と比較すると消費者信用の借入金返済負担割合も低く，貯蓄行動における自由裁量性も高く，金融資産の流動性も高く，投機性も強くなっている。他方，低所得階層では，家計の黒字率は年々低下する傾向にあり，高所得階層と比較すると消費者信用の借入金返済負担割合も高く，貯蓄行動における契約性も高く，金融資産の固定性も高いという高所得階層とはまったく逆の内容となっている。先に貨幣の役割が消費手段から資金運用手段，利殖手段，投資手段へと変化してきていると述べたが，高所得階層に流入し，保有されている貨幣は，貨幣量を増加させるための資金運用手段，利殖手段，投資手段として機能する範囲が拡大してきているということができる。しかし，低所得階層に流入し保有されている貨幣は，利殖手段，投資手段として機能する範囲はきわめて小さく，資金運用手段として機能する場合でも，住宅ローン，クレジット等の借金の返済をするために消費者金融等から借り入れをするといったような，借金返済手段＝資金繰り手段として機能している範囲が大きいと思われる。すなわち，一口に「家計の金融化」といっても収入階級によって大きな違いがあり，相対的には高所得階級の金融化ベクトルはプラス方向に，低所得階級の金融化ベクトルはマイナス方向に作用しているといえる。この「金融化」を軸とした階級間関係が再生産されれば，階級間格差はますます拡大していくことになる。そして，先に一般的問題のところで指摘した問題＝矛盾が，低所得階層においてより鋭い形で現れてくると考えられる。

さらに重要な問題として，生活者の意識，とりわけ低所得・中所得階層に属

第3章　家計の金融化と消費者信用

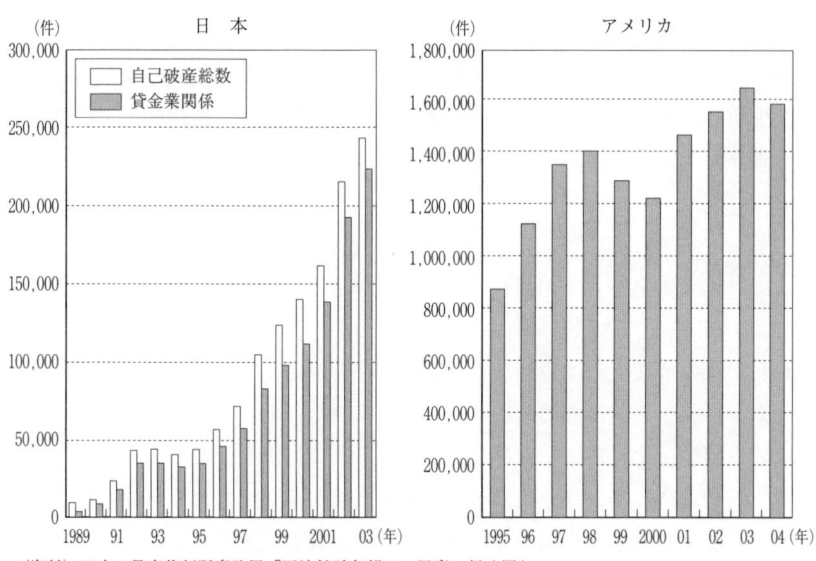

図3-7　日本とアメリカの自己破産件数

（資料）日本：最高裁判所事務局「司法統計年報１　民事・行政編」。
　　　　アメリカ：Administrative Office of the United States Courts.

する生活者の意識に２つの幻想が与えられることがあげられる。それは，一つには家計に流入する貨幣があたかも増殖するかのような幻想であり，もう一つは，所得の枠に関係なく商品がいくらでも手に入るという幻想である。前者の幻想は，低所得・中間所得階層に流入し保有されている貨幣の性格と高所得階層のそれとを混同することから生み出されるものであり，後者の幻想は消費者信用からもたらされるものである。これらの幻想と現実を取り違えた場合，そこに待ち受けているのは，家計破綻＝自己破産である。しかし，高所得階層もこれらの幻想からまったく自由であるわけではない。すなわち，投資手段としての貨幣の量的範囲を拡大しすぎた場合等における資金繰りの失敗による家計破綻＝自己破産の危険性は存在しているのである。図3-7の左をみると，自己破産者は平成に入ってから急激に増加しており，1989年には約１万件であったのが2004年には25万件に迫る勢いである。そのなかでも貸金業がらみの自己破産がほとんどであることが読み取れる。さらに消費者金融は，本人の知らないうちに生命保険に加入させ死亡保険金を受け取っていたということが判明した。さらに死亡者の３割以上は自殺者であることも明らかとなっている。また

消費者信用先進国のアメリカでの自己破産者は，図3-7の右にみられるように160万人に達している。

今後，家計が「破綻」に陥るプロセスの詳細な検討と，いかにすればこのような生活者を覆っている幻想から生活者自身が解放され，自律的・主体的な生活を確立していけるのかを研究することが，一つの大きな課題として残されている。

第2節　消費者信用の現状と家計への影響

われわれの消費生活は急速なテンポで変化を遂げている。戦後，勤労者の所得水準は1994年までは直線的に上昇し続けてきた。しかし，人々の消費生活における欲望は，それ以上に上昇し続けている。このようななかで登場してきたのが，お金を持っていなくてもモノやサービスが購入できたり，お金を手にしたりすることができる現代の「魔法の杖」＝消費者信用である。

消費者信用は，ここ十数年の間に急速な成長をしてきている。これは日本だけの現象ではなく，欧米先進諸国においても共通した傾向である。海外へ出かけるとき，パスポートと並んでクレジットカードは，いまや必需品となっている。クレジットカードを持っていないとホテルにも泊まれないことがある。

このクレジットカードは，モノやサービスを購入するときに利用するものであるが，日本ではこうした販売信用以上に，信用でお金を貸す消費者金融の成長も目覚しいものがある。

平成に入ってから，消費者金融会社の大手が次々と株式上場してきた。不良債権処理であえいでいた都市銀行を尻目にそれを上回る利益を上げ，バブル崩壊以降，生活者の家計収入が低下し，リストラ等で生活環境が悪化するなかで，弾みがついたような高成長を続けてきた。しかし，消費者金融の過剰融資，高金利，過剰取り立てという本質が暴露され，国民的非難が集中するなかで，グレーゾーン金利（21％から30％までの金利）が廃止されることになり，大手消費者金融は，返還金の損金計上によって創設以来はじめての大幅な赤字を計上せざるを得ない状況に追い込まれている。

この節では，このような消費者金融会社に代表される消費者金融や，最近盛り返してきた販売信用が，どのような社会経済的環境のなかで発生し成長して

いるのか，その成長要因について供給と需要の両者の側面から検討していくことにする。

また，消費者信用の成長過程での問題点として多重債務問題を取り上げ，そのプロセスと，それに連なる家計への影響を含めた生活問題を福祉の対象として考えていく。

ここでは，消費者信用とは何かを定義し，次に消費者信用の2004年の市場規模を明らかにし，さらに1977～2004年の27年間の市場の時系列変化を確認していくことにする。

消費者信用とは

消費者を対象に，財，サービス，あるいは金銭の貸付を，信用を担保にしておこなうのが消費者信用である。このような消費者に対する信用供与の総称である消費者信用は，「販売信用」と「消費者金融」に大別される。

販売信用とは，消費者に対して，商品やサービスの販売の際に対価の支払いを繰り延べるために供与される信用のことであり，消費者金融とは，消費者に対して信用を担保に金銭を貸し付けるものを意味している。

すなわち販売信用は，使途〈商品・サービスの購入〉が明確な場合にその使途を限定して金銭を貸し付けるものであり，消費者金融は使途に関係なく一定の限度内で金銭を貸し付けるものであるということができる。

この消費者信用のシステムは，消費者への信用販売や貸付という意味で捉えるならば決して新しいものではない。例えば，米屋や酒屋や雑貨屋などのいわゆる「つけ」販売，すなわち掛売りや高利貸や質屋による貸付は，歴史的にみてもかなり古くからおこなわれていた。しかし，これは阿部氏が指摘しているように，「前期的な商業資本や高利貸による消費者信用と見るべきであり，規模の面でも，今日の発展した流通機構と信用制度のもとでのそれとは，本質的に異なるものである」[7]といえる。

近代的な消費者信用は，アメリカにおいて，自動車や大型耐久消費財の販売と結びついて急速な発展を遂げた。日本においても，高度経済成長期の後半から家電製品を中心とする耐久消費財等の販売促進＝普及と結びついて発展してきた。

他方，商品・サービスと結びつかない金銭のみの貸付は，戦前では質屋，頼

母子，無尽，貸金業等のいわゆる「庶民金融」が主流であったが，戦後，とりわけ1961年ころから「サラ金」と呼ばれる貸金業が胎動し始め，71年のニクソンショック，73年のオイルショックを契機に「サラ金問題」が社会的に表面化することになる。

このときサラ金業者による過剰融資・高金利・過剰取立て（サラ金三悪）が社会問題化したが，一応「貸金業規正法」と「出資法」の改正でこの問題は沈静化したように思われた。しかしクレジットカードやキャッシングカード，自動現金借り入れ機等の普及や，バブル崩壊という状況も重なって，平成に入って多重債務者や自己破産者が急増し，再び社会問題として取り上げられてきている。

消費者信用（消費者金融と販売信用）の市場規模

ここでは，現在とりうる最新のデータ（2004年）により，消費者金融と販売信用すなわち消費者信用のマーケット規模を，表3-3でみていくことにする。

最初に新規信用供与額でみると，販売信用が40兆1945億円，消費者金融が33兆9472億円で，両者を合計した消費者信用の総計は74兆1417億円となっており，販売信用は全体の54.2％，消費者金融は45.8％である。

次に信用供与残高でみると，消費者金融が43兆4704億円，販売信用が14兆7711億円で，両者を合計した消費者信用の総計は58兆2415億円となっており，消費者金融が占める割合は74.6％である。

新規供与額では販売信用の方が割合が高くなっている。供与残高は7割以上を消費者金融が占めている。

表3-3でこの両者の内訳をみていくと，新規信用供与額においては，販売信用のうちクレジットカードショッピングが29兆1611億円で，販売信用の72.5％を占めている。また個品は，11兆334億円で27.5％を占めている。また販売信用全体では割賦方式が10兆4133億円で25.9％，非割賦方式29兆7812億円で74.1％という割合になっている。消費者金融のうち最も大きな割合を占めているのは，消費者金融会社の10兆2845億円で30.3％。以下，定期預金担保貸付が8兆1739億円で24.1％，クレジットカードキャッシングが7兆6363億円で22.5％，民間金融機関が3兆3005億円で9.7％，その他の消費者ローンが2兆

表3-3 信用供与額総括表(推計)2004年　(単位:億円)

大分類	中分類	小分類	取引形態		新規	残高
消費者信用	販売信用	クレジットカードショッピング	割賦方式	割賦販売	3,160	1,219
				割賦購入あっせん	23,480	12,835
				割賦方式計	26,640	14,054
			非割賦方式	非割賦販売	34,881	4,181
				非割賦購入あっせん	230,090	22,975
				非割賦方式計	264,971	27,156
			クレジットカードショッピング計		291,611	41,210
		個品	割賦方式	割賦販売	9,630	7,270
				割賦購入あっせん	37,914	50,732
				ローン提携販売	368	660
				提携ローン	29,581	42,457
				割賦方式計	77,493	101,119
			非割賦方式	非割賦販売	20,492	2,377
				非割賦購入あっせん	12,349	3,005
				非割賦方式計	32,841	5,382
			個品計		110,334	106,501
		販売信用計			401,945	147,711
		割賦方式計			104,133	115,173
		非割賦方式計			297,812	32,538
	消費者金融	消費者ローン	販売信用業務を行う信用供与者による消費者ローン	クレジットカードキャッシング	76,363	34,541
				その他の消費者ローン	25,437	32,092
				小計	101,800	66,633
			民間金融機関		33,005	176,795
			消費者金融会社		102,845	101,571
		消費者ローン計			237,650	344,999
		定期預金担保貸付			81,739	84,644
		郵便貯金預金者貸付			19,311	4,804
		動産担保貸付			772	257
		消費者金融計			339,472	434,704
	消費者信用合計				741,417	582,415

(資料)日本クレジット産業協会編『日本の消費者信用統計』平成18年版,2006年。

5437億円で7.5％，郵便貯金預金者貸付が1兆9311億円で5.7％，動産担保貸付＝質屋が772億円で0.2％となっている。

供与残高においては，新規信用供与額における関係とは逆転した関係となっている。すなわち消費者金融の割合が販売信用を大きく上回っているのである。消費者信用全体におけるその割合は，販売信用が14兆7711億円で25.4％，消費者金融が43兆4704億円で74.6％である。販売信用のうちクレジットカードショッピングが4兆1210億円で販売信用の27.9％を占めている。また個品は，10兆6501億円で72.1％を占めている。また販売信用全体では割賦方式が11兆5173億円で78.0％，非割賦方式が3兆2538億円で22.0％という割合になっている。消費者金融のうち最も大きな割合を占めているのは，民間金融機関の17兆6795億円で40.7％。以下，消費者金融会社が10兆1571億円で23.4％，定期預金担保貸付が8兆4644億円で19.5％，クレジットカードキャッシングが3兆4541億円で7.9％，その他の消費者ローンが3兆2092億円で7.4％，郵便貯金預金者貸付が4804億円で1.1％，動産担保貸付が257億円で0.1％となっている。

ここでの特徴的な点をあげると，一つには，消費者金融の新規供与の無担保貸付で民間金融機関＝銀行を消費者金融会社が大きく上回っていることである。もう一つの点は，民間金融機関＝銀行が新規供与額3兆3005億円に対して残高が17兆6795億円と異常に多いのに対して，消費者金融会社は新規が10兆2845億円に対して残高が10兆1571億円と，むしろ残高規模のほうが若干ではあるが小さいことである。

このことは，銀行は貸し倒れ部分も含めて不良債権が多いか，あるいは回収が遅れている部分が非常に多いことを示しており，これとは逆に消費者金融会社は貸し倒れ，不良債権が少なく，回転率も高いことを示している。

消費者信用の市場規模の時系列変化

ここでは，消費者金融と販売信用の市場規模が1977年から2004年の27年間にどのように変化してきたかをみることにする。

図3-8は新規供与額の時系列変化を表している。これをみると消費者信用全体では1990年までは右肩上がりの成長をしており，91年から94年まで伸び率が鈍り停滞しており（第1次停滞期），第2次停滞期は，96年から2004年の9年間停滞であることが図から読み取れる。第1次の停滞は販売信用によっても

図3-8 消費者信用新規供与額および残高の推移

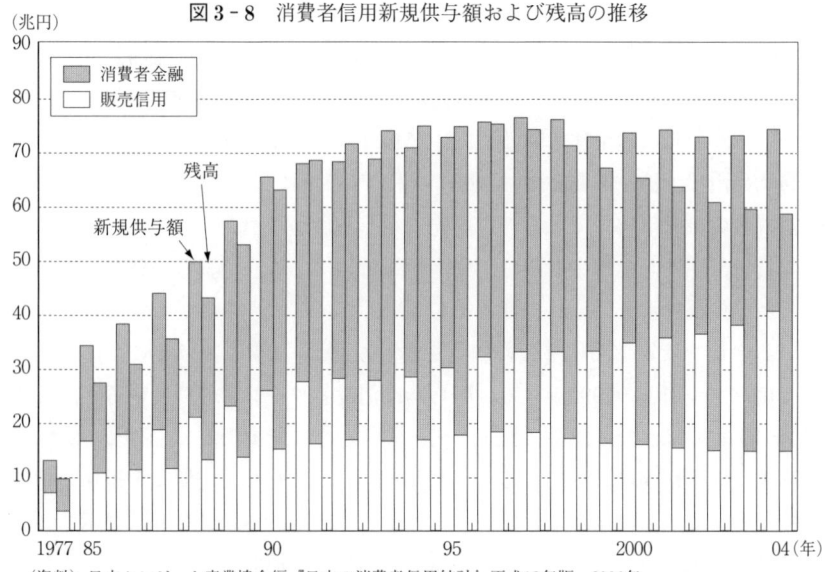

（資料）日本クレジット産業協会編『日本の消費者信用統計』平成18年版，2006年。

たらされており，第2次の停滞は消費者金融によってもたらされていることがわかる。これはバブル崩壊によって1991年以降，消費が低迷していることと関係している。他方で，消費者金融は，景気の波とは関係なくバブル崩壊以降も順調に伸び続けている。1977年から94年までの17年間で市場規模は，消費者信用全体では新規信用供与額は77年の13.3兆円から94年には70.7兆円と5.3倍に，販売信用は7.3兆円から28.5兆円と3.9倍に，消費者金融は6兆円から42.2兆円と7倍にまで膨らんできた。97年で頂点に達するが，それ以降ゆるやかに低下して横ばい停滞局面に入り，2004年に74.1兆円となっている。販売信用と消費者金融の全体に占める割合は，1977年は販売信用が54.7％，消費者金融が45.3％と販売信用のほうが高い割合を占めていたが，85年に消費者金融が販売信用を上回り，94年には消費者金融が59.7％，販売信用が40.3％と6：4の比率となって消費者金融のほうが高い割合を占めていた。94年を境に全体に占める消費者金融の比率は低下し続けて2003年にその関係は逆転し，2004年には消費者金融が45.7％に対して販売信用が54.3％と77年の両者の比率に逆戻りしている。

また同図で信用供与残高の推移をみると，全体で1977年の9.6兆円から96年

で最高の75.2兆円へと7.8倍に，そのうち販売信用は3.7兆円から18.2兆円へと4.9倍に，そして消費者金融は5.8兆円から57兆円へと9.8倍に増加し，その割合も全体の約7割半を占めるに至った。それが頂点で96年以降2004年まで低下し続け，2004年には全体で58.2兆円，77年と比較すると6倍となり，販売信用は14.8兆円で4倍，消費者金融は43.4兆円で7.5倍になっている。

消費者金融を構成しているのは，先に示したように消費者ローン，定期預金担保貸付，郵便貯金預金者貸付，動産担保貸付である。消費者金融が1996年まで急激な伸びを示してそれ以降低下しているが，このうち何がどれだけ変化しているのかを新規信用供与額の内訳を示した図3－9でみていくことにする。図ではバブル崩壊の1990年までは明らかに消費者ローンが伸びているが，90年以降94年まではかなり急激に低下して，95年からまた反転して上昇し，2002年からまた低下傾向に入っているのがわかる。それに対して定期預金担保貸付は，1994年度まで順調に伸びてきている。しかし，95年から急激な低下を示し2004年では86年水準まで低下してきている。90年までの消費者金融の上昇は第一に消費者ローンの上昇，第二に定期預金担保貸付の上昇という，主要な両者の伸びが要因だということがわかる。90年から93年までの停滞に関しては，定期預金担保貸付と郵便貯金預金者貸付の両者の上昇が消費者ローンの低下を相殺した形になって，結果として全体では停滞＝横ばい状態に踏みとどまっているといえる。94年から97年までは若干上昇がみられ，97年に消費者金融新規供与金額としては最高を記録している。98年以降は低下し続け，2004年には33.9兆円まで下がっている。この98年以降の低下の要因は消費者ローンではなく，定期預金担保貸付と郵便貯金預金者貸付の両者の低下が主たる要因であるといえる。

次に，消費者金融のうち最も大きな割合を占めている消費者ローンの内訳の推移を図3－10でみていくことにする。これをみると1990年までの上昇は，民間金融機関と消費者金融会社の上昇が主因であったのがわかる。1983年11月1日に施行された貸金業規制二法（改正出資法，貸金業規制法）の影響で，85年まで消費者金融会社は低下していたが，代わりに民間金融機関とその他の消費者ローンやクレジットカードキャッシングが消費者金融会社と比べると90年まで上昇している。なかでも民間金融機関の伸びは異常とも思える急激なものとなっている。しかし，バブル崩壊の90年以降は，民間金融機関もその他の消費者ローンもともに急激な上昇の反動で94年まで急激な低下をしている。それに

第3章 家計の金融化と消費者信用

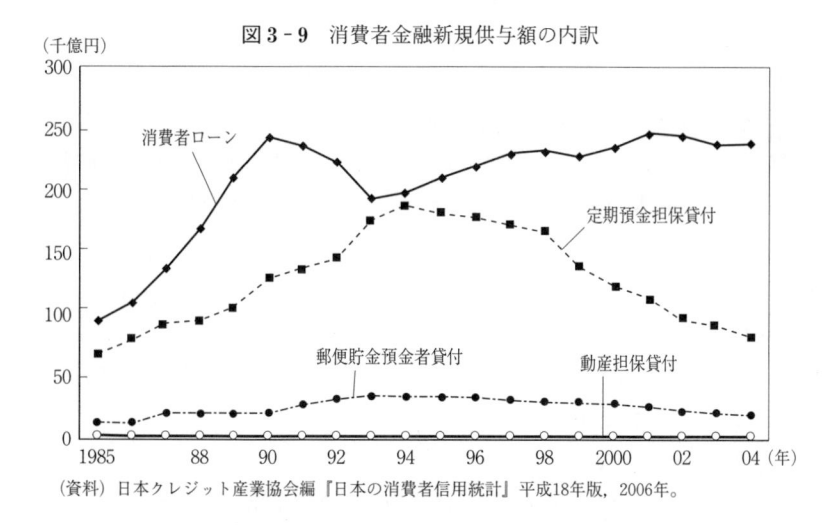

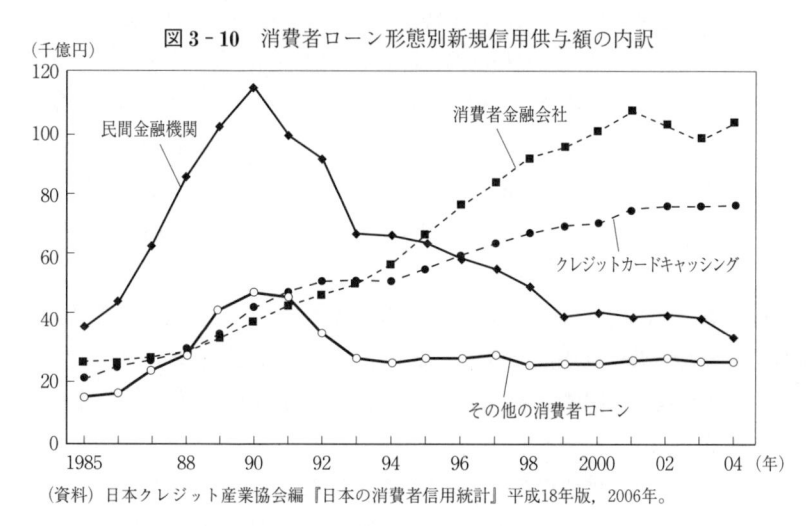

図3-9 消費者金融新規供与額の内訳

（資料）日本クレジット産業協会編『日本の消費者信用統計』平成18年版，2006年。

図3-10 消費者ローン形態別新規信用供与額の内訳

（資料）日本クレジット産業協会編『日本の消費者信用統計』平成18年版，2006年。

代わって貸金業規制二法以降に業界再編・淘汰を遂行してきた消費者金融会社は上昇しつづけ2001年でピークに達しているが，以後低下している。

消費者ローンのマーケット・シェアにおいて，民間金融機関と消費者金融の力関係は1995年で逆転し，それ以降は消費者金融が独走状態であり，対照的に民間金融機関は低下し続けている。消費者金融会社とともに上昇傾向にあるのはクレジットカードキャッシングで，これだけは1985年以降一貫して上昇して

いて消費者金融会社に迫る勢いである。

消費者信用の成長の背景――供給側の変化

消費者信用の現状でみてきたように，ここ27年間で消費者金融は，新規供与額で5.6倍，信用供与残高で6.1倍，金額ベースでは2004年時点で新規供与額33.9兆円，供与残高58.3兆円と急成長をしてきている。このうち担保貸付をのぞいた無担保貸付の消費者ローンをここでは取り扱うことにする。さらに，この消費者ローンのなかでも新規供与額で57％，供与残高で80％を占めている民間金融機関と消費者金融会社の両者に限定して，急成長の背景を供給側と需要側のそれぞれの変化を中心に検討していくことにする。

① 戦後から60年代

戦後まもなく，公的な機関としては1949年に恩給金庫と庶民金庫が政府の中小企業専門の金融機関として国民金融公庫に改組された。民間の機関としては51年に地域的，人縁的，相互扶助的な消費者金融・庶民金融的な性格を有した無尽会社や市街地信用組合が，相互銀行や信用金庫に改組された。その性格・役割は民間の中小企業の専門金融機関ということで，一般消費者の生活資金を専門的に融資する機関は，公的にも民間でも消滅してしまったのである。これ以降，消費者金融・庶民金融的な役割は，しばらくは地域の質屋等に担われることになるのである。

1960年以降は，所得倍増計画，高度成長の流れのなかで企業の設備投資が活発化し，資金需要が旺盛になる一方で，「大量生産＝大量消費」のもとで家電製品ブームが起き，問屋金融といわれる割賦販売方式＝販売信用が急成長することになる。

この間に金融機関は消費者からの預金量を拡大させ，この資金を企業の設備投資に振り向けるという間接金融方式優位の企業金融中心の体制を確立していく。こうした融資集中戦略のもとで，都市銀行と大企業の癒着やオーバーローンや低金利政策による金利の非弾力化やコールレートの異常高が起きたが，1964年の東京オリンピック，70年の万博をばねにして大企業金融優先の融資構造が確立していったといえる。その過程で消費者に対する融資は，金融機関にとってまったく考慮の外に置かれていたのである。

それにさらに拍車をかけたのが，1965年に日本経済の経済力の鈍化傾向が指

摘され，国債発行が議論されたころに提起された「金融の効率化論」であった。これは日本経済の国際競争力の強化の視点から，金融機関に「低コスト」「低金利資金の提供」を要求するものであった。これは，コストのかかる個人，零細自営業のような小口分野の切捨て，すなわち融資の大口化＝効率化をよりいっそう推し進めることを基本内容とした政策であった。

　このようにして60年代の高度経済成長のもとで金融は，金融機関全体が企業金融に編成され，さらに効率化政策によって，高コスト体質の是正のための小口貸出しの制限，すなわち小口消費者金融の抑圧をおこなっていくわけだが，この隙間を埋めるようにして，法的に規制を受けないサラリーマン金融（以下，サラ金）が成長してくるのである。戦後一貫した企業優先，消費者軽視の金融政策，ここに金融の側面からみた消費者金融会社が成長してくる要因があったといえる。

　②　70年代～バブルまで

　このあと，1970年のニクソンショック，73年のオイルショックを機に，日本は本格的不況期に突入するわけだが，不況期になるとこれまで以上に金融機関は効率の悪い小口貸出しを抑制し，よりいっそう効率化を進めようとする。高度成長期には所得の上昇率が高かったため，それを見込んで借金をしていた人たち（個人だけでなく自営業者や下請け零細業者も含む）は，不況期に入って所得の上昇率が低下し，返済困難に陥り，とにかく信用提供能力を無視してお金を貸してくれるサラ金に走ることとなった。

　こうした状況のなかで1970年から貸し金業届出件数が増え始め（70年8万9742件，77年16万7555件／大蔵省『銀行局金融年報』），77年には，大阪でサラ金被害者の会が結成され，東京でも東京都民生局がサラ金に関する法律相談を開始するなど「サラ金地獄」が社会問題化してくる。しかし，貸金業の件数は増え続け，新規供与額で消費者ローンのうち，80年度には消費者金融会社は民間金融機関を抜いてトップに躍り出ている。しかし，83年の貸金業規制法の施行により急激に貸金業者が減少し，結果として88年度まで低迷することになる。

　民間金融機関と公的融資制度の小口融資抑制＝貸し渋りと社会保障制度の未整備の隙間をぬって，借り手の信用提供能力を無視した超高金利・無選別・過剰融資・強制取立てを基本としてきたサラ金が，1983年になってようやく法律の管理下におかれることになるのだが，この貸金業規制法には，高金利の規制，

過剰貸付の防止，誇大広告の禁止，取立て行為の規制，取立て関係の正常化等が規定されている。改正出資法にもとづく上限金利の段階的低下が以後，順次実施されている（109.5％→54.75％→40.004％，91年11月）。

民間金融機関は，1984年以降消費者金融会社を抜いて消費者ローンのなかで再びトップになり，それまではほとんど相手にしていなかった消費者に対して，株式・不動産・ゴルフ会員権等を媒介にして無選別・過剰融資ともいえる貸出競争を展開していくのである。その結果，新規ベースで84年の3兆800億円から90年には11兆3500億円と368％（年平均61.3％）の成長率を示し，残高ベースでは，84年の5兆800億円から90年には30兆1100億円，成長率592％（年平均84.6％）と，両者とも異常な高成長率となっている。こうして銀行主導で始まり，消費者をも巻き込んだバブルは90年に崩壊し，91年以降の金融主導の構造不況に突入していった。それ以降は，民間金融機関の小口融資抑制が再び始まり，90年の11兆円から低下の一途を辿り2004年の3.3兆円にまで縮小した。

③ バブル崩壊以後

これに対して消費者金融会社は1988年から回復基調に入り，バブル崩壊以後も民間金融機関とは対照的にマーケットを拡大し，順調に成長し続けている。大手6社の無担保貸付上限金利は25％から30％の間となっており，これは法的規制のグレーゾーンといわれ問題となっている。このグレーゾーンを撤廃し上限金利を20％近くまで引き下げる規制法が国会で検討されている。

民間金融機関がバブル崩壊以降の不況期に小口貸出抑制をおこない，消費者や自営業・零細下請けを締め出している対極で，消費者金融会社は高い精度の与信システムを武器にして，従来のサラ金イメージを脱却しながら本格的高成長期に入ったかに思われたが，実態はそうではなかった。最近の武富士の盗聴事件，マスコミへの圧力やアイフルのやくざまがいの取立てや「命担保」，アコムの与信を無視した過剰貸付など，大手の消費者金融会社が1970年代に問題となったあの「サラ金」の本質となんら変わりないことが次々と明らかになってきている。

しかし，民間金融機関には消費者に対して貸し渋ってばかりいられない状況が存在する。大企業の多くは資金調達に際して銀行離れを進めている。とりわけ，1989年を境にして企業の資金調達に占める民間金融機関からの借入金の比率は急激に低下している。企業は民間金融機関からではなく，株式や社債の資

本市場，また海外の市場からの調達を増加させている。したがって，銀行等の民間金融機関は，個人や中小企業を対象とするリテールの戦略を強化する必要に迫られているのである。欧米諸国では，かなり前からリテール部門の強化が図られており，銀行の重要な収益の柱となっている。

したがって，民間金融機関は今後，給与振込システムをベースにした口座の家計簿化を推し進め，それをステップにして家計のホームバンキングシステムの導入，それによる家計のメインバンク化を展開し，給与振込から公共料金，クレジットでの買い物の決済を中心とした諸費用の自動引き落とし，消費者ローン，貯蓄までも一つのシステムとしてワンセット化し，家計を丸ごと抱えてしまう対家計へのマーケティング戦略を準備していることが考えられる。さらに最近では，大手都市銀行がそれぞれ大手消費者金融をその系列下におき，自ら手を汚すことなくリテール戦略を消費者金融に担わせる方向性を今まで以上に明確に打ち出している。

いずれにしても，企業による，より「高度な」マーケティング戦略の展開と，民間金融機関や消費者金融会社を中心に，消費者を対象とした，より「借りやすい」融資システムが構築されつつあり，その犠牲者が拡大再生産されることも間違いのないところであろう。

消費者信用の成長の背景――需要側の変化
① 生活の社会化・標準化

戦後の生活変化に関しては，第1章第1節の生活の社会化と第2節の生活の標準化において論じてきたので，ここでは省略することとする。いずれにせよ戦後，生活は個別的で私的な領域が縮小し，社会との関係を持つ領域が拡大してきた。その過程のなかで「生活の標準化」の作用が職業・所得・社会階層を貫いて作用してきた。その結果として家計の構造も大きく影響を受け，構造的組み換えや調整・編成替えを強制されてきた。

② 家計の構造変化

家計構造の量的枠組みの大きさは世帯の収入の大きさであり，この枠組みのなかで支出がどのように配分されているのかが構造の質的内容を示す。この支出内容は，その性格によって2つに分けられる。一般的には，費目自体の性格によって，社会的に強制される費用を社会的固定費とし，それ以外の費用を自

由裁量費用部分として捉えている。

　この家計構造の変化に関しては第2章ですでに検討済みなので，ここでは要点のみ述べることとする。家計構造の社会化が進展すれば，それは一方で社会的共同消費手段の質量的範囲を拡大し，それを中心として固定支出部分の増大を招き，他方では自由裁量支出部分の縮小をもたらす。そのうえ，この自由裁量支出部分は「社会的必要生活標準」からの作用を受けて，一定部分が本来の意味での自由に裁量できる部分ではなくなる。というのは，先の「生活の標準化」で明らかになったように，その世帯の所得階層や職業に関係なく「生活の標準化」の作用は，世帯に対して一つの外的な社会的な強制力として働き，自由裁量支出部分を侵食するからである。「生活の標準化」の作用によって実質的な自由裁量支出部分は縮小を余儀なくされるのである。

　家計の社会化が進展するに従い，社会的・固定的支出を増大させるベクトルと社会的必要生活標準化のベクトルによって，双方向から自由裁量部分が圧迫されて縮小し続けることになるが，ある点に達すると家計構造を支える枠組み自体＝収入枠を維持することが困難となる。すなわち世帯が「人並みの生活」を達成するためには，今までの与えられた一定収入の範囲ではやりくりに限界が生じることとなる。

　③　「収入優先型家計」から「支出優先型家計」への転換

　決められた収入範囲ではやりくりがつかなかった家計は，今までの収入優先型の構造的枠組みを一度打ち破って，新たな枠組みを再構築しなければならない必要に迫られることとなる。この時点で，家計は今までの「収入優先型家計」段階から「支出優先型家計」段階に入ったといえる。世帯は，今までの収入枠を打ち破って収入を増大させ，新たに拡大された収入枠＝構造的枠組みを構築せねばならない。そのための手段として世帯は，①多就業化（共働き化），②消費者信用の利用，③貯蓄取り崩しという3つの手段を有している。

　この3つの手段を用いて，家計は収入を増加させ，家計構造の新たな枠組みを再構築し，生活標準＝「人並みの生活」を達成するのである。

　とりわけ，現代家計にとって有効手段と考えられる②消費者信用の利用について，家計調査のデータを用いて1975年から2004年までの変化をみることにする。

　表3-4は1975年から2004年までの勤労者世帯の消費者信用を中心とした借

表3-4 消費者信用利用状況（勤労者世帯平均） （単位：円，％）

年　度	1975年	％	1985年	％	1995年	％	2004年	％
実収入	236,152	100.00	444,846	100.00	570,817	100.00	530,028	100.00
実収入以外の収入	55,852	23.65	212,976	47.88	379,923	66.56	403,957	76.21
貯金引き出し	44,942	19.03	191,339	43.01	340,884	59.72	362,364	68.37
土地家屋借金	2,154	0.91	6,334	1.42	13,946	2.44	8,268	1.56
他の借入金	685	0.29	1,170	0.26	1,397	0.24	960	0.18
月　賦	4,233	1.79	5,855	1.32	5,843	1.02	6,199	1.17
掛買い	1,997	0.85	4,478	1.01	11,448	2.01	20,795	3.92
借入金合計	9,069	3.84	17,837	4.01	32,634	5.72	36,222	6.83
実支出	186,676	100.00	360,642	100.00	438,307	100.00	415,899	100.00
実支出以外の支出	101,680	54.47	293,548	81.40	512,956	117.03	524,571	126.13
貯　金	69,079	37.00	216,822	60.12	387,627	88.44	405,830	97.58
土地家屋借金返済	4,470	2.39	20,117	5.58	29,572	6.75	36,246	8.72
他の借金返済	2,446	1.31	3,676	1.02	5,188	1.18	2,977	0.72
月賦払	5,611	3.01	8,717	2.42	9,110	2.08	7,120	1.71
掛買い払	2,052	1.10	4,089	1.13	11,831	2.70	17,695	4.25
借金返済合計	14,579	7.81	36,599	10.15	55,701	12.71	64,038	15.40

（注）借入金合計＝土地家屋借金＋他の借入金＋月賦＋掛買い
　　　借金返済合計＝土地家屋借金返済＋他の借金返済＋月賦払＋掛買い払
（資料）総務省統計局『家計調査年報』。

り入れ状況の推移を表すものである。

　実収入に対する1975年の借入金合計の割合は3.84％で，85年まではほぼ同じような割合で推移していたが，85年の4.01％から95年には5.72％と1.71ポイント上昇している。それがさらに2004年で6.83％と95年より1ポイント以上上昇している。過去の推移からすればこれは急上昇といえるであろう。実支出に対する借入金返済合計の割合は75年の7.81％以降，一貫して高い上昇傾向を示し，95年には12.71％，2004年には15.40％にまで達している。内訳をみると，借入金では，85年から95年の上昇は土地家屋借金返済が要因であったことは容易にみて取れる。この間に1.17ポイント増加している。掛買い（一括返済分）が75年の0.85％から2004年には3.92％と3.07ポイント上昇しているのも変化としては大きい。借金返済でもやはり同じような傾向となっている。29年間に土地家屋借金返済で6.33ポイント，掛買い払で3.15ポイントウエイトが上昇している。

　実収入のアップ率は1980年代は4％以上あったが，90年代に入って2％に落ち込んでいる。さらに95年以降，実収入は95年から2000年で2％低下，2000年から2004年で5.5％低下している。すなわちバブル時に住宅ローンや車などの

ローンを組んだが，その時点ではそれまでの4％以上の所得の上昇率を見込んで返済計画を組んでいるために，それが2％水準に低下した時点で返済計画が狂い，さらに97年以降は実収入が上昇どころか低下傾向になり，ますます返済が困難になり，ローン返済のために消費者金融会社等で借り入れをおこなうケースが増加しているように思われる。すなわち借金返済のための借金の増加である。現実に銀行のローンの決済日には，消費者金融会社の窓口には借り入れ申し込みの人たちが列を成して並んでいる状況がみられる。

このことは生活者が保有している貨幣の性格が，これまでの生活手段・サービスを購入するための「消費手段」としての貨幣から，資金運用手段（資金繰り手段）としての貨幣に変化してきていることを示している。

④　生活者の借金に対する意識の変化

戦時中や戦後しばらくの間は，「ぜいたくは敵だ」「節約は美徳」「借金は罪悪」という言葉が一種の生活スローガンとして人々の生活のなかに浸透していた。その後，池田内閣の所得倍増計画が発表されて1960年代の高度成長期に入ると，「節約は美徳」が一転して「消費は美徳」という言葉に置き換えられていくことになる。

1970年代に入ると，使い捨てライターに象徴される「使い捨て時代」となる。80年代は「浪費は美徳」となり，80年代後半のバブルの時期には「借金は罪悪ではない」へと生活者の経済生活に対する規範が変化することとなる。人々の意識の変化の背後には当然，経済的な変化が存在するわけだが，それと同時に意識変革をもたらす重要な契機が存在することも確かである。

第一に，ローンに対する慣れがあげられるが，今までに住宅ローンや車等のローンを組んだことのある経験者は，一度「借金」のハードルを越えると，その時点から他の借金に対しても抵抗感が薄れると考えられる。図3－11をみると，ローンを現在利用している，過去利用したことがあるものと，利用経験がないものとでは借金に対する意識の差があると読み取れる。

第二に，クレジットカードの普及があげられる。クレジット利用に関するさまざまな調査の結果をみると，クレジット利用時に一括払いでは約8割が，分割払いでも約6割のものが借金をしている意識がないことがわかる。

1995年の借り入れ意識の調査をみると，借金を「みっともない」「恥ずかしい」と答えたものはわずか3％に過ぎず，借金に対する抵抗感はかなり薄れて

第3章　家計の金融化と消費者信用

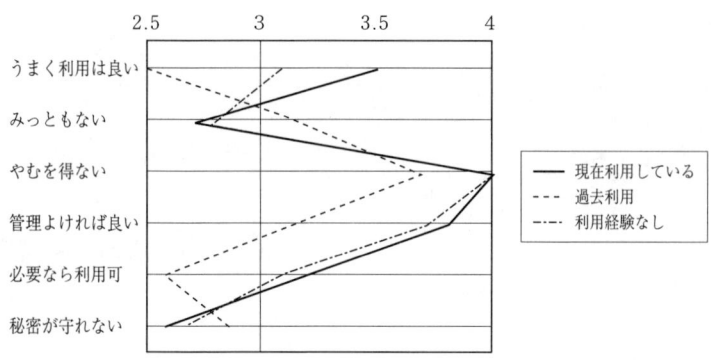

図3-11　借入経験別ローンに対する意識

[図：借入経験別ローンに対する意識のグラフ。項目は「うまく利用は良い」「みっともない」「やむを得ない」「管理よければ良い」「必要なら利用可」「秘密が守れない」。凡例：現在利用している／過去利用／利用経験なし]

(注) 1　五段階反応（「全くそう思う」5点，「ややそう思う」4点，「どちらともいえない」3点，「あまりそう思わない」2点，「全くそう思わない」1点）による数値。
　　 2　調査の概要　調査対象：18～64歳までの男女個人，調査地域：首都圏，京阪神圏，中京圏，標本数：1,500サンプル，調査方法：調査員による訪問留置調査。
(資料) 生活経済研究所「借入金についての意識調査」1990年。

表3-5　借り入れ意識（複数回答）

(単位：件，%)

借り入れの考え方	全体実数	構成比
1　借り入れをうまく利用することはよいことだ	508	33.9
2　借り入れをするのはみっともないことだ	49	3.3
3　借り入れはできたらやらない方がよいが，やむを得ないときはこだわらない	920	61.3
4　家計管理をしっかりやっていれば，借金するのもよい	431	28.7
5　必要だったら利用すればよい	512	34.1
6　借り入れすると個人の秘密が侵害されそうだ	36	2.4
7　話題になっている「個人破産」は良いことではない	643	42.9
8　とくにない	49	3.3
無　回　答	12	0.8

(資料) 家計経済研究所「消費生活に関するパネル調査」第1年度，大蔵省印刷局，1995年（1993年調査実施）。

きていることがわかる。また借金をしている者としていない者との差もここ数年でかなり縮まってきていることがわかる（表3-5）。

　以上いくつかの借り入れに対する意識に関する調査をみてきたが，いずれの調査も生活者の借金に対する罪悪感＝抵抗感のようなものはかなり薄れてきていることを示している。

　消費者金融の増加要因の意識的側面として，借金への抵抗感の希薄化と同時

図3-12 将来に備えるか,毎日の生活を充実させて楽しむか

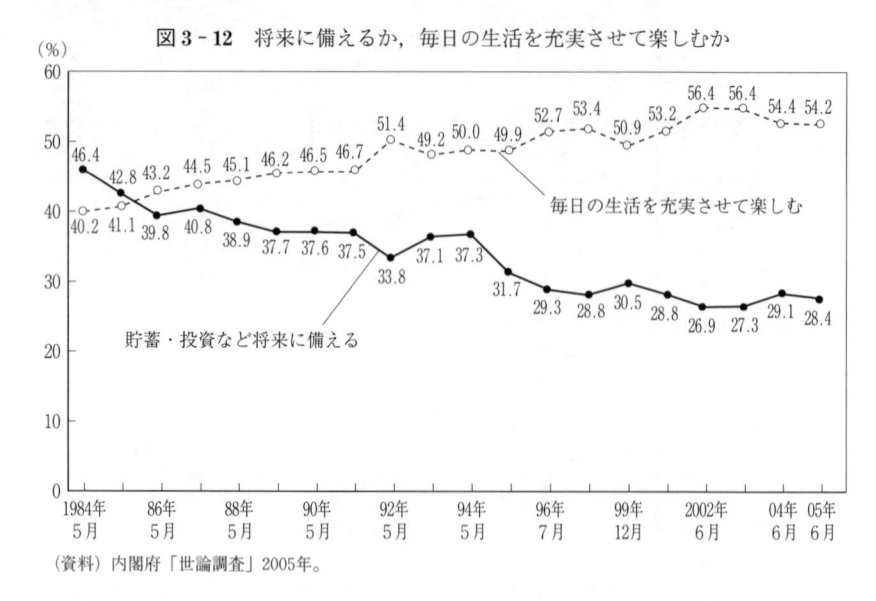

毎日の生活を充実させて楽しむ: 40.2, 41.1, 39.8, 40.8, 38.9, 37.7, 37.6, 37.5, 33.8, 37.1, 37.3, 31.7, 29.3, 28.8, 30.5, 28.8, 26.9, 27.3, 29.1, 28.4

貯蓄・投資など将来に備える: 46.4, 42.8, 43.2, 44.5, 45.1, 46.2, 46.5, 46.7, 51.4, 49.2, 50.0, 49.9, 52.7, 53.4, 50.9, 53.2, 56.4, 56.4, 54.4, 54.2

(資料) 内閣府「世論調査」2005年。

に,「短期」志向というのは,貯蓄や投資をして将来に備えるよりも,今を楽しむことを優先させる人々の考え方を指す。すなわち将来的な長期的な生活設計を優先させる「長期」志向型の人に対して,今が楽しければ,今日一日が充実していればそれでよいという「短期」志向型の人のほうが,より大きなウエイトを占めるようになってきたということである(図3-12)。

この「短期」志向型の「その場限り楽しければよい」という考え方からすれば,例えば,今を楽しむために流行のファッションで身を固め,車を買い,かっこいいマンションに住んでいるが,家計は赤字で多くの借金を抱えているというようなライフスタイルも容易に容認されてしまうことになる。

この意識は,先の抵抗感の薄れより,さらに一歩,借金に対して踏み込んでいる。というのは,今を充実させるためであれば借金も積極的にするという生活行動に連なる危険性が高いからである。長期的な生活設計のもとでの計画的な借金であれば,家計管理上何の問題もないわけだが,長期的な視点がまったく欠落している借金は,生活困難,生活破壊に連なる危険性があるということである。

消費者信用と生活問題

　これまでみてきたように，以前は収入の低さに規定された貧困が，生活困難の典型として主要な生活問題とされてきた。しかし，現代では収入の高さには関係なく，消費局面での支出の膨張により，生活困難に陥るケースが増加してきている。したがって現代では，生活問題としては，そのウエイトが生産過程＝労働過程の成果の分配としての賃金の問題から，消費過程＝労働力の再生産過程，生活様式，ライフスタイルの問題へと移行しているということができる。この生活様式，ライフスタイルが現象的には多様な形態をとっているようにみえるが，本質的には，「生活標準化」の法則に規定されて存在しているのである。この法則の推進力は，企業の過剰なマーケティングであり，それによって創出されている生活者の欲望である。この生活者の欲望も，収入の高さという一種の価値基準によって消費行動がコントロールされていた。しかし，この価値観を揺るがすものが出現したのである。それが，お金がなくても商品やサービスが手に入る，あるいは現金を手にすることができる「消費者信用」という現代の「魔法の杖」であり「打ち出の小槌」なのである。

　このクレジットとキャッシングカードは，いまやほとんどの人がいずれかを保有している。このカードが，生活者の意識のなかの貨幣＝価値＝商品という関係を薄れされ，貨幣＝価値基準＝収入という関係をも忘れ去らせようとしている。このことは貨幣と商品の分離を意味し，価値基準を生活のなかにおいて実態的に無意味なものにしてしまう危険性を有しているといえる。

　消費行動をコントロールするための価値基準を失った生活者は，自己の欲望に従属し，多重債務への階段を自己破産目指して駆け上ることになる。自己破産者の数は1990年にはじめて4万件を超えて以来2004年まで増加し続けて，ついに25万件に達しようとする勢いである（図3-7，75頁参照）。

　ここで多重債務に陥っている年齢層と原因などを，日本クレジットカウンセリング協会編「多重債務者のためのクレジットカウンセリングこの一年間──平成17年度のカウンセリング活動」という報告書のデータを中心にみていくことにする。まず相談来所する年齢層は2005（平成17）年度で30歳代が35.1％と最も大きく，次に20歳代27.9％，40歳代16.3％，50歳代12.3％，60歳以上8.4％，の順となっている。

　相談者一人当たりの借り入れ件数は6.9件，債務金額は352万円，債務1件当

図 3-13　債務多重化の主な原因の経年推移

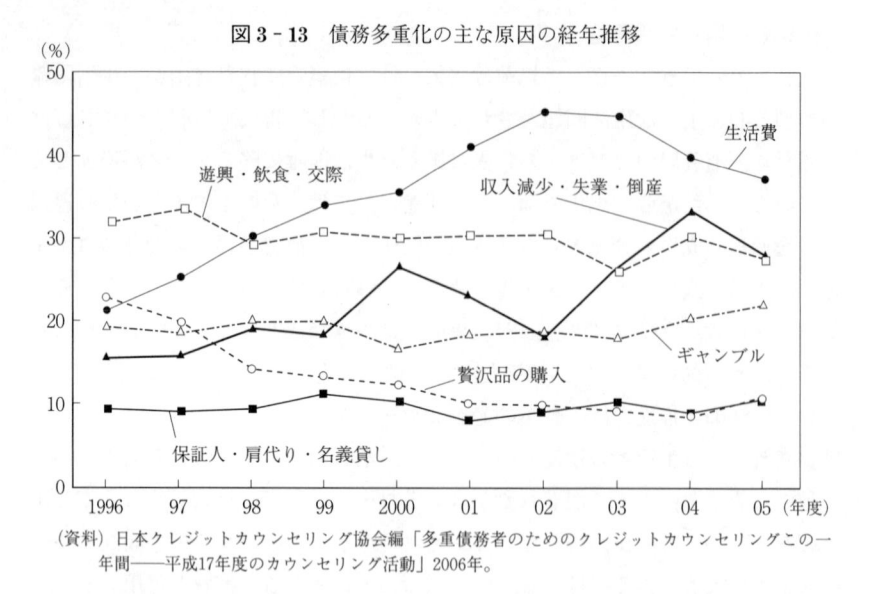

（資料）日本クレジットカウンセリング協会編「多重債務者のためのクレジットカウンセリングこの一年間——平成17年度のカウンセリング活動」2006年。

たりの金額は51.3万円となっている。次に債務多重化の原因は第1位が生活費で36.5％，第2位が収入減少・失業・倒産で27.0％，第3位が遊興・飲食・交際で26.8％，第4位はギャンブルで21.3％，第5位は保証人・肩代わり・名義貸しで10.4％となっており，生活費と収入減少・失業・倒産の上位2つの理由で過半数の63.5％に達している（図3-13）。

返済困難と感じ，協会に来所して相談を開始したときの債務件数と債務金額をみてみることにしよう。全体の平均で捉えると，返済困難と感じ始めたときは，債務件数は8.7件で債務総額は346.2万円となっている。女性よりは男性のほうが件数，債務額とも高くなっている。また，年齢が高くなればなるほど，債務件数も金額も高くなる傾向がうかがえる。

すなわち，多重債務に至る一般的なプロセスは，最初は「生活費」の補填が目的で消費者金融にお金を借りたが，金利分の増加が予想以上に大きく，次第に数カ所から借りる状況に陥り，いつのまにか借金を返済するために借金をするという悪循環のなかに入り込み，金額が350万円くらいになったとき，「これは困ったことになった」と意識し始め，500万円に借金が達したときには「自分の力ではどうにもならない」と思いつめて，カウンセリング協会の門をたたいたというものである。

多重債務者というと，一般的にギャンブル・浪費・契約意識や責任意識の欠如といった印象を持たれている。しかし，クレジットカウンセリング協会の報告書と同じように日弁連の調査でも，多重債務の理由のうちギャンブルや浪費などは12％にすぎない。主な理由は生活苦・低所得・病気・医療・失業・転職・給料の減少であり，その他には生活用品の購入，冠婚葬祭，住宅購入，教育費等生活資金の借り入れ等が原因となっている。また借金の保証人や名義貸しも高い比率を占めている。また国民生活センターがおこなった特別調査でも，多重債務者の年齢は30歳代以上が増えており，特にここ数年は40歳代，50歳代の生計の中心的な担い手が増えている。女性より男性の割合が多く，職業は給与生活者が多いが，ここ数年は無職やアルバイト，フリーター，自由業，自営業も増加している。また多重債務者の半数以上が世帯年収400万円未満で，そのうち50％は年収200万円未満である。多重債務に陥った原因は，①残業の減少や事業の不振，失業・倒産・病気で働くことができなくなった，またはもともと低収入であった，②住宅ローン，車の購入費用，教育費，入院等の支出，③高金利等の返済負担割合の高さとなっている。

　いずれの場合にしても，販売信用→消費者金融→「借金返済のための借金」→繰り返し→多重債務というプロセスを経過している。花城梨枝子は，多重債務の問題発生の複合的要因について図式化をおこなっている。要因分析においては大変有用な図式化だと思われる（図3-14）。

　以前は，多重債務に陥る原因＝借り入れの目的には，必ずギャンブル等の遊興費がトップ項目にあがっていたのと比べると，その目的が大きく変化してきている。これは，先に示したように，生活者を取り巻く環境や生活構造が変化してきていることによるものであることはいうまでもない。

　社会的生活標準の圧力によってセルフコントロール機能を失い，貨幣を意識の外に追い出して，欲望を膨張させ消費を拡大し，その結果として貨幣によって生活標準から追い出されてしまった生活者が，新しい現代的な貧困層を形成することになるのである。

　貨幣をめぐる生活問題，貧困問題に関する先駆的研究は，アメリカのD.カプロピッツ[8]やイギリスのP.アシュレイ[9]や岩田正美等によってなされている。いずれの論者も，多重債務等のマネープロブレムは現金に欠けており，就業が不安定で，教育程度が低く，情報から孤立している貧困層にその問題の多くが

第Ⅰ部　生活経済の視点

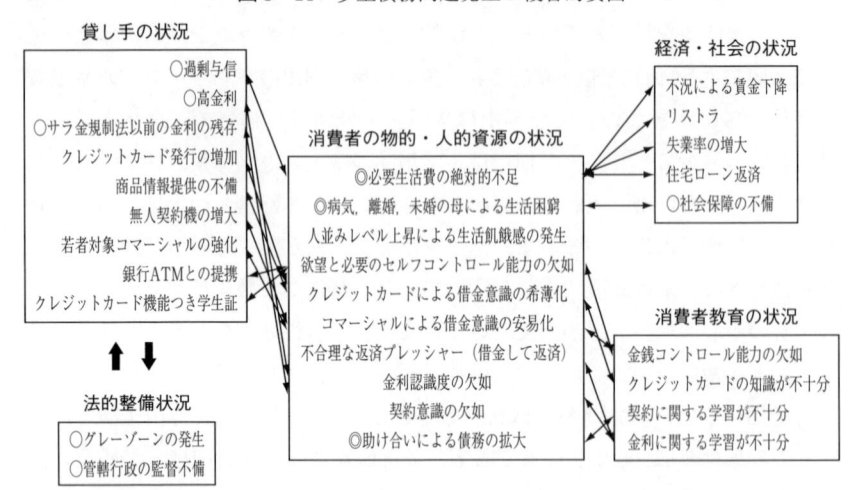

図3-14　多重債務問題発生の複合的要因

貸し手の状況
- ○過剰与信
- ○高金利
- ○サラ金規制法以前の金利の残存
- クレジットカード発行の増加
- 商品情報提供の不備
- 無人契約機の増大
- 若者対象コマーシャルの強化
- 銀行ATMとの提携
- クレジットカード機能つき学生証

経済・社会の状況
- 不況による賃金下降
- リストラ
- 失業率の増大
- 住宅ローン返済
- ○社会保障の不備

消費者の物的・人的資源の状況
- ◎必要生活費の絶対的不足
- ◎病気，離婚，未婚の母による生活困窮
- 人並みレベル上昇による生活飢餓感の発生
- 欲望と必要のセルフコントロール能力の欠如
- クレジットカードによる借金意識の希薄化
- コマーシャルによる借金意識の安易化
- 不合理な返済プレッシャー（借金して返済）
- 金利認識度の欠如
- 契約意識の欠如
- ◎助け合いによる債務の拡大

消費者教育の状況
- 金銭コントロール能力の欠如
- クレジットカードの知識が不十分
- 契約に関する学習が不十分
- 金利に関する学習が不十分

法的整備状況
- ○グレーゾーンの発生
- ○管轄行政の監督不備

（出所）花城梨枝子「沖縄県における多重債務問題――社会的背景」『日本家政学会誌』Vol. 50 No. 5, 1999年，452頁。

集中する傾向を，実証研究のなかで明らかにしている。すなわち貧困の再生産が，消費者に対する金融システムを媒介にして進行していることを指摘している。

　さらに岩田は，生活の社会化の過程で家族が個別化しているなかでのマネープロブレムの発生は，家族の一員が引き起こす際にも他の構成員は認識しておらず，問題発生と同時に家族関係の悪化，崩壊へと連なるケースが多いことを事例研究のなかから導出している。

　また岩田は，現行の社会保障システムが多重債務を中心とするマネープロブレムに対応できていない点を指摘して，「社会保障がゼロまでの所得問題しか前提としていないわけであるから，社会保障の所得保障があっても，マネープロブレムがあれば生活保障の効果は現れないことになる。年金や生活保護費が支給されても，それが右から左へ返済に消えてしまうということである。個人破産のシステムや借金支払いの一時停止などの方策と社会福祉などの新しい連携を要請する生活問題の登場といえよう」[11]と述べている。

　いずれにしても，古典的貧困問題が，現代消費社会において，貨幣問題を中心としながら新たな装いをまとって再登場してきているといえるのではないだろうか。

消費者信用の課題

　戦後一貫して日本の民間金融機関は，「金融効率化」の名の下に，消費者＝家計に対する小口貸付には消極的な姿勢をとり続け，間接金融方式優位の企業金融中心の体制を崩すことはなかった。

　このような銀行の消費者軽視と社会保障制度の未整備の隙間をぬって，悪質な貸金業者＝サラ金が急成長し，社会問題化した。しかし，1983年以降は，法的規制によりサラ金問題は沈静化し，それに代わって消費者金融会社が高度な与信システムを武器に再登場し，88年以降，急激な成長をしてきたが，その本質は以前のサラ金と同じ過剰融資，高金利，過剰取立ての3点セットでなんら変わりがないことが，最近の事件によって露呈している。

　消費者信用の市場において，企業中心の日本型金融システムに安住していた銀行は，消費者金融会社に対して明らかに大きな遅れをとった。消費者金融会社は，消費者の借り入れに対する意識変化と借り入れニーズの顕在化を背景にして，迅速かつ高度な与信システムと時間的経済的に利便性の高いATMの実現によって，市場において銀行より優位な立場に立っているかのようにみえたが，結果的には銀行と消費者金融がお互いの弱点を補完しあうかのごとく系列化を推し進めている。

　欧米諸国において消費者信用市場が急成長しており，これを背景として，各国の金融機関は，ドイツのアルフィナンツへの転換に象徴されるような産業銀行から大衆銀行への変身を遂げようとしている。これは戦後における金融システムの一大変革ということができる。日本もバブルの崩壊を期に企業中心の金融システムの根本的見直しを迫られている。ここで日本の金融業界が消費者中心の金融システムの構築に立ち遅れるようなことがあれば，ますます国際的に取り残されることになるであろう。

　この消費者本位の金融システムのなかで重要な位置を占めるのが消費者金融である。しかし，この消費者金融の活動により多重債務という大きな問題が生み出されている。

　生活者は，所得水準が上昇するなかでも「生活の標準化」の圧力と「社会的固定費増加」の圧力によって，家計の自由裁量部分の縮小を余儀なくされ，「豊かさ」を実感できないできた。1997（平成9）年以降の実収入の急激な低下で，ますます「豊かさ」からは遠ざかっている。生活者はこの「豊かさ」と

いう名の「心の充実」を求めて，「打ち出の小槌」＝消費者信用を利用してきている。しかし，この「打ち出の小槌」は使うたびに重くなり，それを何度も使っているうちに人はその重さに耐え切れなくなりつぶれてしまうことになる。

この多重債務問題は，需要者にとっては現代的な新しい生活問題として，供給者にとっては経営問題（貸し倒れ率の増加＝利益率の低下）として浮上してきている。生活者にとっては，この多重債務問題はマネープロブレムとして新たな現代的貧困を形成している社会福祉の課題として問題となっている。この問題解決が，消費者信用市場の健全な成長発展の鍵を握っているといっても過言ではないだろう。

われわれは，クレジット先進国のアメリカやイギリスからその多くを学ぶ必要がある。米国の金融機関によるカウンセリングサービスやイギリスのきめ細かな債権回収方法，さらに低学年からの消費者教育の普及，クレジットカウンセリング協会のようなカウンセリング機構の拡充が不可欠のものとなる。また消費者保護のための法的整備や，消費者救済の社会保障システムも準備されなければならない。消費者本位の金融システムの構築は，このような消費者のための環境整備がなされてはじめて可能となると考える。なお，この環境整備に関する具体的な検討については，今後の課題としたい。

注
(1) 消費手段という用語は，ここでは従来経済学で用いられてきた「生産手段」「生活手段」における使い方とは違い，財やサービスを購入する際に用いられるものという意味で使用している。
(2) 資金運用手段，利殖手段，投資手段，という用語は家計のなかでの貨幣の役割を示す用語としてここでは用いている。とりわけ資金運用手段は，家計が借金返済のために借金をするということを強く意識して用いている。
(3) 「家計の金融化」という用語は，岩田正美が最初に用いたもので，直接的に用いられたのは，岩田の論文「現代生活と見えなくなった家計」（『家計経済研究』創刊号，家計経済研究所，1987年の29頁）で現代家計の特徴を表す概念として用いられている。このなかで岩田は，現代家計の特徴として「家計の金融化という特徴が上げられよう。すなわち……現代家計においては直接消費と結びつかないような，貨幣から貨幣への流れが形成されている」と述べている。この「貨幣から貨幣の流れ」が家計のなかで増加していく状態を「家計の金融化」として岩田は概念規定していると考えられる。

⑷　阿部信也「消費者信用」大阪市立大学経済研究所編『経済学辞典』第2版, 岩波書店, 1988年, 685頁。

⑸　ここでは「多就業化」の否定的側面のみを論じているが, 女性の積極的な意味での社会進出, あるいは経済的な自立という視点で捉えるならば, 肯定的側面があるわけで, この両面からの把握が筆者の理解の前提になっていることはいうまでもない。

⑹　国際業務に携わっている銀行の国際決済銀行による自己資本比率規制のことをBIS規制という。このBIS規制による自己資本比率の最低ラインは8％となっている。日本におけるBIS規制対象銀行は, 都銀11行, 信託銀行7行, 地方銀行56行, 第二地方銀行13行となっている。

⑺　阿部信也, 前掲書, 685頁。

⑻　Caplovitz, D., *The Poor Pay More*, The Free Press, 1967.

⑼　Ashley, P., *The Money Problems of the Poor*, Heinemann Educational Books, London, 1983.

⑽　岩田正美『消費社会の家族と生活問題』培風館, 1991年。

⑾　岩田正美「戦後生活の変容と社会福祉」『季刊　家計経済研究』通巻第29号, 家計経済研究所, 1996年。

⑿　ここでいう日本的金融システムとは, ①間接金融の優位, ②企業中心の金融政策, ③護送船団方式による保護政策, ④鎖国的閉鎖性のことを示している。これは同時に日本の金融システムの問題点を表している。

参考文献

岩田正美「現代生活と見えなくなった家計」『家計経済研究』創刊号, 家計経済研究所, 1987年。

岩田正美ほか『現代家計と家計管理に関する実証研究』家計経済研究所, 1988年。

岩田正美『消費社会の家族と生活問題』培風館, 1991年。

岩田正美「戦後生活の変容と社会福祉」『季刊家計経済研究』通巻第29号, 家計経済研究所, 1996年。

矢島保男「日米消費者信用市場の発展過程」『季刊家計経済研究』通巻第30号, 家計経済研究所, 1996年。

江夏健一監修／小林麻理編著『消費者信用ビジネスと消費者保護』敬文堂, 1996年。

相沢幸悦『現代ドイツの金融システム』東洋経済新報社, 1993年。

花城梨枝子「沖縄県における多重債務問題──社会的背景」『日本家政学会誌』Vol. 50 No. 5, 1999年。

花城梨枝子「沖縄県における多重債務問題──多重債務者の生活実態」『日本家政学会誌』Vol. 50 No. 8, 1999年。

第Ⅰ部　生活経済の視点

大山小夜「多重債務の構造的背景——貸し手・借り手・自己破産の統計分析」『京都社会学年報』第5号，1997年。

日本クレジットカウンセリング協会編「多重債務者のためのクレジットカウンセリングこの一年間——平成17年度のカウンセリング活動」2006年。

日本クレジット産業協会編『日本の消費者信用統計』平成18年版，2006年。

第Ⅱ部

生活経済からみる福祉

第4章
勤労者世帯の家計構造の変化

　昭和から平成に移行してこれまでの間に，われわれはじつに多くのはじめての体験をしてきた。戦後経験したことのない急激で大きなバブル崩壊，出口のない長い不況，5％を超える高い失業率，実収入の低下，実質ゼロ金利，未曾有の大企業・金融機関の倒産・リストラ，高齢化，単身世帯の増加，格差の拡大等々。このような時代に家計はどのように行動し，生活を管理運営しているのか。その結果として家計の構造は，どのような編成・調整・組み換えをおこなっているのか。家計調査年報と貯蓄動向調査のデータにもとづいて，それらのことを明らかにすることがここでの課題である。その際，2人以上の勤労者世帯を分析の対象に限定するが，とりわけ収入階級における低所得階層と高所得階層の階級間「格差」に着目し，その水準と分布と構造の相違性を浮かび上がらせることに重点をおいている。

　なお家計調査年報のデータに関しては，すべて物価指数により実質化した調整数値を用いている。

第1節　実収入の変化

　通常マクロ経済の変動の影響は，家計においては遅れてやってくることはよく知られているが，バブル経済が崩壊した1990（平成2）年から，経済のあらゆる指標は低下ないしは停滞することになるのであるが，家計の変動はどうなっていたであろうか。図4-1で2人以上の勤労者世帯の実収入の変化をみていくことにする。1989年から水準が上昇し続けているが94年で一度低下している。この低下は，政府が統計を取り始めて以来，戦後の家計調査史上はじめての実収入の低下である。したがってこの低下の意味は非常に重大である。しかし，95年には即座に反転して上昇し始め，その上昇は97年まで続いている。

第Ⅱ部　生活経済からみる福祉

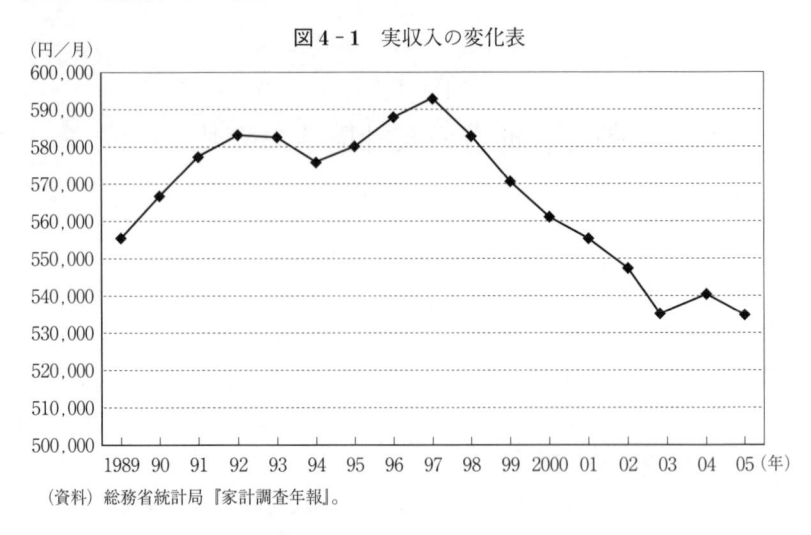

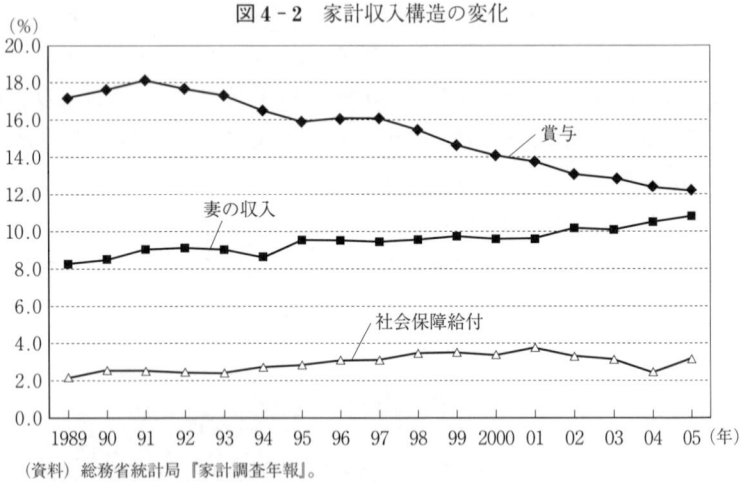

図4-1　実収入の変化表

(資料) 総務省統計局『家計調査年報』。

図4-2　家計収入構造の変化

(資料) 総務省統計局『家計調査年報』。

　だが，97年を頂点として，98年以降は2004年に若干上昇に転じたのを除けば家計の実収入は低下の一途を辿っている。このように勤労者世帯の実収入をみていくと，経済的な影響が家計に本格的に現れてきたのは，98年以降ということになる。2001年の実収入の水準は，89年の水準近くまで低下しており，それ以降は89年以前の水準にまで下がっている。

　では，収入の水準の変化に伴って収入構造の変化はどのようになっていったのだろうか。図4-2の「収入構造の変化」の図をみていくことにしよう。実

収入は1997年まではほぼ上昇し続けるのに対して、「賞与」の構成比は91年の18.1％から2005年の12.1％まで約6ポイント低下し続けていた。バブルが崩壊して企業の業績が悪化し、企業は業績の低下した分を賞与のカットでカバーしてきたことが推測される。にもかかわらず97年までは実収入が上昇してきたのは、第一に、リストラによって一人当たりの仕事量が増え残業代が増加したこと。第二に、本業のほかに副業をして追加的収入を得るようになったこと、第三に、妻の収入が増加したことが要因としてあげられる。しかし、それも長く続かず、97年で終わりをつげ、98年からは急下降している。これには、企業の業績低下と、大企業の賃金システムの転換が大きく影響している。すなわち、年功序列型賃金体系から能力型賃金体系に移行する際に、旧来の賞与のウエイトを縮小する企業が増加したことによるものであると考えられる。

それとは対照的に、妻の収入は1989年の8.2％から2005年の10.7％と2.5ポイント上昇している。従来、夫の所得が低い場合、それをカバーするために妻が就労するケースが多かったのだが、最近では夫の所得水準が高くても妻が働きに出るケースが増加しており、結果として、妻の収入は上昇する一方となっている。例えば、2005年の調査結果によると、2人以上の勤労者世帯の「世帯主の配偶者のうち女の有業率（％）」を年間収入十分位階級別にみると、第Ⅰ分位20.3％、第Ⅱ分位25.9％、第Ⅲ分位35.0％、第Ⅳ分位36.0％、第Ⅴ分位37.3％、第Ⅵ分位40.9％、第Ⅶ分位38.4％、第Ⅷ分位48.0％、第Ⅸ分位52.3％、第Ⅹ分位60.2％となっており、所得階級が上がれば上がるほど妻の就業率も上昇するという結果になっている。いいかえれば所得階級が上昇するほど共働き世帯が増加しているということになる。

また社会保障給付の上昇に関しては、リストラの増加により失業保険給付を受け取る人が増加したことと、人口構成の高齢化が進み年金受給者が増加したことの2つの要因が考えられる。

今後も「賞与のウエイト」の低下と、「妻の収入」と「社会保障給付」の増加の傾向は続くと考えられる。

第2節　支出構造の変化

ここでは、消費支出の構造が収入の変化のなかでどのように変動したかをみ

ていくことにする。消費支出の水準は，ほぼ実収入の変化に連動している。費目別に変化を表した図4－3をみてみると，「食料」（1A）のように一貫してそのウエイトが右肩下がりで低下する傾向にあるものをA型とし，「光熱・水道」（5B）のように右肩上がりの上昇傾向にあるものをB型とし，「住居」（9C）のようにあるていど実収入に連動して変化しているものをC型とすると，A型には「食料」，「家具・家事用品」（2A），「被服及び履物」（3A），「その他の消費支出」（4A）が分類され，B型には「光熱・水道」，「保健医療」（6B），「交通・通信」（7B），「教養娯楽」（8B）が分類され，C型には「住居」，「教育」（10C），「非消費支出」（11C）が分類される。

消費支出が右肩下がりのA型

「食料」に代表されるA型に分類される費目は，ある程度家計の自由裁量権が及ぶ範囲が大きい，いいかえれば，家計自身のセルフコントロール可能な範囲が大きい生活基礎費用であるといえる。しかし，「食料」の変動について詳しくみるとき，1997年まではエンゲルの法則に沿った動き，すなわち実収入が上昇するとともにその構成比＝エンゲル係数は低下している。しかし，98年以降の動きは，実収入が低下傾向にあるにもかかわらず，エンゲル係数はいったん上昇するがすぐに低下し始め，2001年から02年でまた上昇しているが，以降はまた低下している。この複雑な動きが意味するものは，家計が支出調整を「食料」を中心にしておこなっている結果といえる。すなわちエンゲル係数の低下＝生活水準の上昇ではなくて，食料費を節約削減して消費支出の水準を調整している結果といえるのではないだろうか。

「被服及び履物」や「家具・家事用品」は，今あるものを繰り返し使用して新しいものを極力買い控えたり，新しいものを購入する場合でも低価格で品質の良いものを厳選する結果，このような低下傾向になったと思われる。また，「その他の消費支出」では，世帯主のこづかいや交際費が削減の対象となり，それらの主要費目の縮小により低下しているといえる。

消費支出が右肩上がりのB型

つぎにB型であるが，これは「光熱・水道」や「保健医療」や「交通・通信」のうちの〈交通費・通信費〉のように，基本料金が公的に設定されている

第4章　勤労者世帯の家計構造の変化

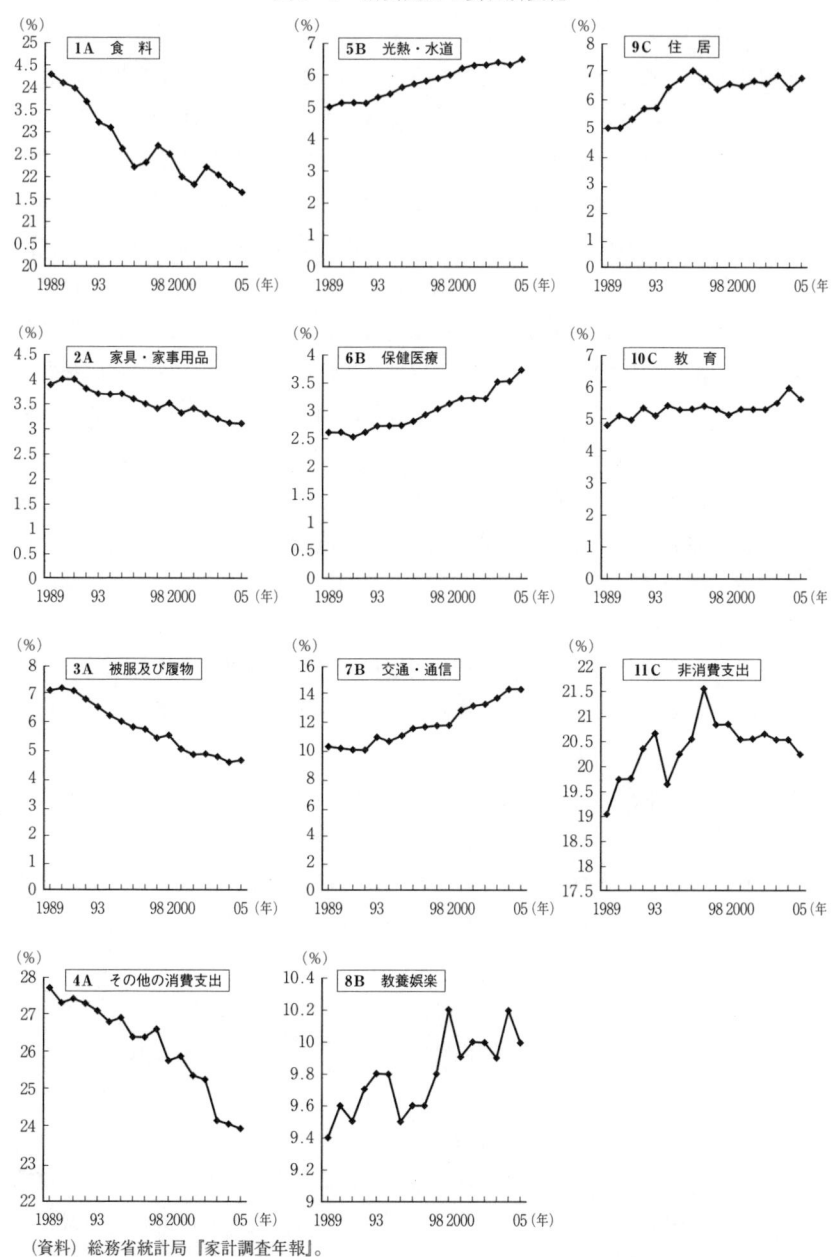

図4-3　消費支出の費目別変化

（資料）総務省統計局『家計調査年報』。

公共料金的な性格の強いものと,「教養娯楽」や「交通・通信」のうちの〈自動車関係費〉のように,自由裁量権が及ぶ範囲の大きい費目ではあるが,生活価値観のなかで最も重点的な項目であることから削減に対する抵抗作用が強く働く費目とに分けることができる。前者をB1型とし後者をB2型とする。B1型の「光熱・水道」は電気代やガス代は横ばいないし微増であるが,水道代が上昇している。これは,使用量の増加ではなくて,地方自治体が財源確保の政策の一環として水道代を値上げしていることによるものである。また「保健医療」は本人自己負担分が1996年に1割から2割に引き上げられ,2002年から国保が3割になり,2003年4月から全面3割自己負担になっている。特に2003年からは負担割合の増加がストレートに家計負担に影響を与えており,医療費や薬代の値上げと自己負担の増加がこの上昇傾向に大きく影響していることは間違いない。「交通・通信」のうち〈交通費・通信費〉はやはり公的に決定された,あるいはそれに準じる基本料金に規定されるものであるが,最近の通信費に関しては趣を異にしている。すなわち,携帯電話とインターネットの普及により1998年以降,急速に使用量のウエイトが増加してきている。携帯電話に関しては,単なる通話料だけでなく,メールやインターネット,ゲーム,テレビ電話等の付加機能の増加が,サービス利用料の増加を促進させているといえる。またインターネットに関しては,光通信,ブロードバンド化が進み,通信料金が飛躍的に高くなってきている。

　B2型の「教養娯楽」は,実収入が低下し始めている1998年以降,急速にそのウエイトを高めている。健康や趣味や自己啓発に費やすお金は削減しないという,家計の哲学の表れといえる。それと同時に「交通・通信」のうち〈自動車関係費〉の上昇傾向は,一度経験した利便性を放棄することは,限りなく困難であることを実証している。

　「生活基礎費用」は収入の低下に対応して削減することはできても,「生活周辺費用」は削減しないという,明確な家計の方針がそこにみてとれる。

消費支出が実収入に連動するC型

　C型の「住居」は,1996年まではウエイトが上昇しているが,97年以降は低下し,98年以降は6.5％水準で横ばいとなっている。しかし,2003年以降は若干ウエイトが上昇傾向にある。「教育」も同様に97年までは上昇傾向にあるが,

98年,99年と低下し5.1％まで下がるものの,2000年以降は5.3％水準までもどし横ばいとなり,2003年以降は上昇気味である。「非消費支出」はほぼ実収入と同じ変化をしており,1997年を頂点としてそれ以降は低下傾向にある。

ここで,収入の低下に対して家計はどのような対応をし,家計の構造はどのように変動するかが明確になった。家計は,収入が低下傾向にあるとき消費支出の水準を切り下げる行動にでるが,なかでも「生活基礎費用」である「食料」「被服及び履物」「家具・家事用品」を大きく削減している。また,それと同時に家族以外とのコミュニケーション費用としての性格が強い「その他の消費支出」のうちの〈こづかい・交際費〉を圧縮している。それとは逆に「生活周辺費用」としての「教養娯楽費」や「交通・通信費」などいわば生活の利便性快適性を高めるための費用,また自己の教養や健康を高める自己啓発的な費用に関しては,削減するどころかむしろそのウエイトを高めていることが確認される。

「住居」と「教育」に関しては収入の水準に見合った支出水準の範囲内に消費を抑えているといえる。

第3節　収入階級間の「格差」の拡大

ここでは1989年から2005年の間にどれくらい所得格差が拡大したか,また低所得階層と高所得階層ではどのように家計の構造的な変化に違いがあるかを明らかにする。所得格差を実収入ジニ係数で表してそれを時系列で示したのが図4-4である。長期的に捉えると,戦後から1973年まで実収入ジニ係数は傾向的に低下し,74年から上昇傾向に入り格差は拡大してきた。1995（平成7）年までは低下しているが,96年から上昇傾向に入り2002年で0.20541とバブル崩壊後最大の格差となる。その後また低下するが,2005年で2002年の水準（2002年は1973年以降はじめて0.2を超えている）に戻っている。この水準は,1967年（0.20515）の高い水準に逆戻りしたということができる。96年以降,所得格差は確実に拡大してきており,実収入が上昇しない限りこの傾向はしばらく続くと考えられる。2006年には0.20879に達している。この格差は,高成長期以降最大のものとなっている。

ここでは,1989年と,実収入が最高点に達する1997年と,格差が最大になる

第Ⅱ部　生活経済からみる福祉

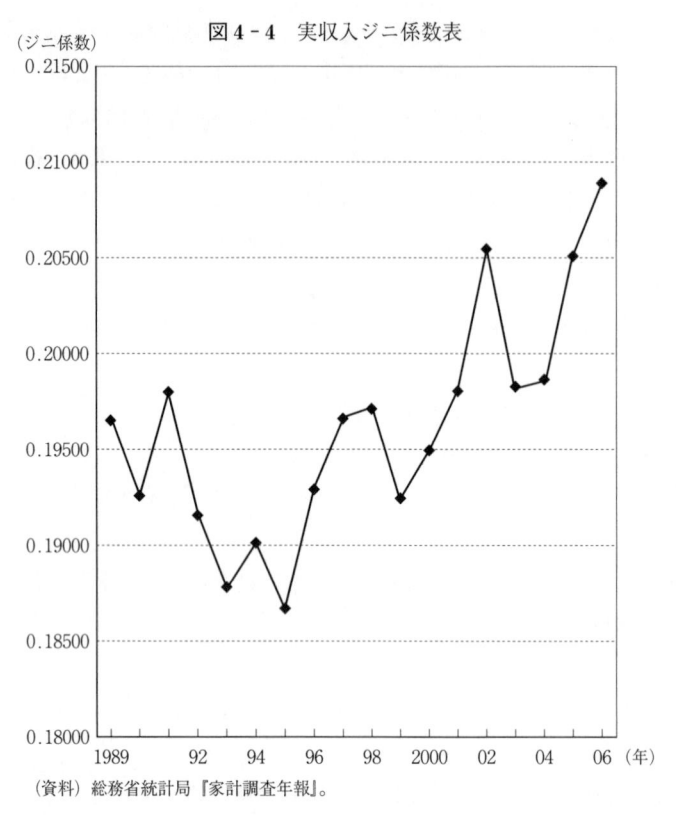

図4-4　実収入ジニ係数表

（ジニ係数）

（資料）総務省統計局『家計調査年報』。

直近の2005年の3時点で収入階級第Ⅰ分位（以下「Ⅰ」とする）の家計構造がどのように変化したかを分析し，次に収入階級第Ⅹ分位（以下「Ⅹ」とする）の家計構造を分析し，両者の分析を終えたところで両者の比較を試みて，その構造的変化の違いを明らかにしたいと考える。収入構造に関しては，特に変化の大きかった賞与，妻の収入，社会保障給付についてみていくことにする。

低所得階層の家計構造の変化

　表4-1で「Ⅰ」の家計構造の変化を3時点（1989年，1997年，2005年）でみていくことにする。

　収入水準は，ほぼ平均と同じような変化を示している。収入を構成している賞与は，1989年の9.1％から下がり続け2005年には4.4％にまで低下している。これとは逆に妻の収入は増加傾向にあり，1997年の4.1％から2005年の4.9％と

第4章　勤労者世帯の家計構造の変化

表4-1　低所得階層の家計構造の変化　(単位：円，人，%)

I	1989年	%	1997年	%	2005年	%	1989年	1997年	2005年
世帯人員（人）	3.19		2.99		3.03		100	93.7	95.0
有業人員（人）	1.37		1.38		1.38		100	100.7	100.7
年間収入（万円）	264		313		—		100	118.6	—
実収入	265,143	100.0	287,878	100.0	259,457	100.0	100	108.6	97.9
賞　与	24,073	9.1	23,603	8.2	11,520	4.4	100	98.0	47.9
妻の収入	11,937	4.5	11,755	4.1	12,630	4.9	100	98.5	105.8
社会保障給付	9,511	3.6	19,567	6.8	19,395	7.5	100	205.7	203.9
実支出	234,012	100.0	245,989	100.0	238,562	100.0	100	105.1	101.9
消費支出	209,018	89.3	214,661	87.3	208,934	87.6	100	102.7	100.0
食　料	59,300	28.4	55,508	25.9	51,536	24.7	100	93.6	86.9
外　食	8,265	4.0	8,933	4.2	7,728	3.7	100	108.1	93.5
住　居	19,812	9.5	27,772	12.9	23,486	11.2	100	140.2	118.5
家賃地代	17,774	8.5	24,615	11.5	21,251	10.2	100	138.5	119.6
設備修繕・維持	2,038	1.0	3,158	1.5	2,235	1.1	100	155.0	109.7
光熱・水道	13,429	6.4	16,194	7.5	17,347	8.3	100	120.6	129.2
電気代	5,233	2.5	6,684	3.1	6,679	3.2	100	127.7	127.6
ガス代	4,712	2.3	5,323	2.5	5,395	2.6	100	113.0	114.5
水道代	2,606	1.2	3,212	1.5	3,902	1.9	100	123.3	149.7
家具・家事用品	8,459	4.0	6,943	3.2	6,154	2.9	100	82.1	72.8
家事用耐久財	1,328	0.6	1,040	0.5	1,558	0.7	100	78.3	117.3
冷暖房用器具	943	0.5	456	0.2	392	0.2	100	48.4	41.5
一般家具	419	0.2	361	0.2	261	0.1	100	86.1	62.3
家事雑貨	11,691	0.8	1,691	0.8	1,476	0.7	100	100.0	87.3
家事用消耗品	1,798	0.9	1,725	0.8	1,706	0.8	100	95.9	94.8
被服及び履物	11,908	5.7	9,954	4.6	7,960	3.8	100	83.6	66.8
洋　服	4,652	2.2	3,850	1.8	2,989	1.4	100	82.8	64.3
シャツ・セーター類	2,109	1.0	1,890	0.9	1,703	0.8	100	89.7	80.8
下着類	1,277	0.6	1,107	0.5	873	0.4	100	86.7	68.4
他の被服	973	0.5	801	0.4	681	0.3	100	82.3	70.0
履物類	1,438	0.7	1,331	0.6	1,024	0.5	100	92.5	71.2
保健医療	7,230	3.5	8,365	3.9	8,519	4.1	100	115.7	117.8
交通・通信	20,064	9.6	21,118	9.8	30,415	14.6	100	105.3	151.6
自動車等関係費	11,592	5.5	10,841	5.1	16,443	7.9	100	93.5	141.8
通信費	4,779	2.3	6,675	3.1	10,547	5.0	100	139.7	220.7
教　育	6,281	3.0	6,653	3.1	6,811	3.3	100	105.9	108.4
教養娯楽	16,920	8.1	16,550	7.7	17,678	8.5	100	97.8	104.5
その他の消費支出	45,616	21.8	45,606	21.2	39,029	18.7	100	100.0	85.6
こづかい	16,721	8.0	13,701	6.4	8,918	4.3	100	81.9	53.3
交際費	16,629	8.0	16,457	7.7	13,382	6.4	100	99.0	80.5
非消費支出	24,993	10.7	31,329	12.7	29,629	12.4	100	125.3	118.5
平均消費性向		87.0		83.7		90.9	100	96.2	104.5
エンゲル係数（%）		28.4		25.9		24.7	100	91.2	87.0

（資料）総務省統計局『家計調査年報』。

約1ポイント増えている。失業者の増加で社会保障給付のウエイトは3.6%から7.5%と3.9ポイントも増加している。定期収入が低下し，とりわけ賞与が半減するなかで妻の収入の増加と社会保障給付の倍増で何とかしのいでいる低所得階層の姿が浮かび上がってくる。

消費構造に関しては，「食料」「家具・家事用品」「被服及び履物」「教養娯楽」「その他の消費支出」が低下グループで，「住居」「光熱・水道」「保健医療」「交通・通信」が上昇グループで，「教育」が横ばい費目になる。不況の結果，1997年から実収入が低下するなかで家計は自己防衛的な行動を起こしている。それが低下グループにおける費目の削減である。特に消費支出の水準を下げるために「食料」を大幅に削減している。ここでのエンゲル係数の低下は生活水準の上昇を意味してはいない。それは89年から実質金額ベースでも低下していることからもわかる。他の低下グループに属している費目も，家計のコントロールが及ぶ範囲において削減・節約を実施している。そのなかで最も低下幅が大きいのは1989年を100としたときの指数化したもので比較すると，第1位がこづかい53.3で，第2位が「被服及び履物」66.8，第3位が「家具・家事用品」72.8となっている。上昇グループのほとんどは，政府や自治体の政策によって料金が左右される公共料金的な性格の費目が多く，家計のコントロールが及ばない費目が多い。そうでない費目は「交通・通信」だけである。なかでも車にかかる諸費用を中心とした自動車関係費と，携帯電話とインターネットの普及に伴う通信費の増大は，他の費用を犠牲にしても実施されている，いわば，支出項目のなかで最優先費目となっている。「教育」に関しては，若干の低下はみられるもののほぼ現状を維持する水準で推移している。

高所得階層の家計構造の変化

表4-2で「Ⅹ」の家計構造の変化をみていくことにする。収入の推移は平均とは少し異なる。1997年で最高点に達するのは同じだが，2005年は89年よりも100.3と0.3ポイント高くなっている。すなわち平均や低所得階層よりも収入に落ち込みがないということで，実収入100万円程度の水準を維持している。賞与の構成比は「Ⅰ」の9.1%より2倍の18.2%のウエイトがあり，かなり比重が高くなっている。しかし，平均の変化と同じようにそのウエイトは2005年で14.0%まで低下している。また，妻の収入割合も「Ⅰ」の3倍ほどのウエイ

第4章 勤労者世帯の家計構造の変化

表 4-2 高所得階層の家計構造の変化 　(単位：円，人，％)

X	1989年	%	1997年	%	2005年	%	1989年	1997年	2005年
世帯人員（人）	3.91		3.8		3.68		100	97.2	94.1
有業人員（人）	1.98		2.15		2.1		100	108.6	106.1
年間収入（万円）	1,239		1,552		—		100	125.3	—
実収入	974,922	100.0	1,062,065	100.0	978,187	100.0	100	108.9	100.3
賞　与	177,725	18.2	187,653	17.7	137,042	14.0	100	105.6	77.1
妻の収入	122,395	12.6	168,013	15.8	185,466	19.0	100	137.3	151.5
社会保障給付	19,497	2.0	20,608	1.9	19,988	2.0	100	105.7	102.5
実支出	740,256	100.0	771,516	100.0	694,116	100.0	100	104.2	93.8
消費支出	549,840	74.3	548,984	71.2	509,937	73.5	100	99.8	92.7
食　料	107,956	19.6	102,909	18.7	95,488	18.7	100	95.3	88.5
外　食	19,289	3.5	20,884	3.8	21,801	4.3	100	108.3	113.0
住　居	19,011	3.5	21,742	4.0	21,024	4.1	100	114.4	110.6
家賃地代	5,802	1.1	7,108	1.3	9,384	1.8	100	122.5	161.7
設備修繕・維持	13,209	2.4	14,634	2.7	11,640	2.3	100	110.8	88.1
光熱・水道	22,920	4.2	26,146	4.8	26,150	5.1	100	114.1	114.1
電気代	9,976	1.8	11,879	2.2	11,785	2.3	100	119.1	118.1
ガス代	6,985	1.3	7,137	1.3	6,438	1.3	100	102.2	92.2
水道代	4,699	0.9	5,764	1.0	6,328	1.2	100	122.7	134.7
家具・家事用品	22,812	4.1	18,947	3.5	15,386	3.0	100	83.1	67.4
家事用耐久財	4,009	0.7	2,879	0.5	2,608	0.5	100	71.8	65.0
冷暖房用器具	3,216	0.6	1,963	0.4	2,097	0.4	100	61.0	65.2
一般家具	3,153	0.6	2,052	0.4	1,082	0.2	100	65.1	34.3
家事雑貨	3,908	0.7	3,702	0.7	2,988	0.6	100	94.7	76.5
家事用消耗品	2,655	0.5	2,857	0.5	2,615	0.5	100	107.6	98.5
被服及び履物	47,503	8.6	35,922	6.5	27,388	5.4	100	75.6	57.7
洋　服	19,028	3.5	15,197	2.8	11,077	2.2	100	79.9	58.2
シャツ・セーター類	7,888	1.4	6,663	1.2	5,509	1.1	100	84.5	69.8
下着類	2,924	0.5	2,549	0.5	2,066	0.4	100	87.2	70.7
他の被服	2,605	0.5	2,232	0.4	1,705	0.3	100	85.7	65.5
履物類	3,599	0.7	3,180	0.6	2,754	0.5	100	88.4	76.5
保健医療	11,842	2.2	13,244	2.4	16,628	3.3	100	111.8	140.4
交通・通信	54,779	10.0	64,400	11.7	67,472	13.2	100	117.6	123.2
自動車等関係費	29,427	5.4	37,363	6.8	35,475	7.0	100	127.0	120.6
通信費	10,461	1.9	11,756	2.1	16,838	3.3	100	112.4	161.0
教　育	30,673	5.6	33,211	6.0	34,496	6.8	100	108.3	112.5
教養娯楽	53,114	9.7	56,170	10.2	55,796	10.9	100	105.8	105.0
その他の消費支出	179,230	32.6	176,291	32.1	150,108	29.4	100	98.4	83.8
こづかい	76,114	13.8	66,870	12.2	45,134	8.9	100	87.9	59.3
交際費	49,402	9.0	53,210	9.7	42,282	8.3	100	107.7	85.6
非消費支出	190,417	25.7	222,532	28.8	184,179	26.5	100	116.9	96.7
平均消費性向		70.1		65.4		66.5	100	93.3	94.9
エンゲル係数（％）		19.6		18.7		18.5	100	95.4	94.4

（資料）総務省統計局『家計調査年報』。

トがある。「Ⅰ」の4.5％に対して「Ⅹ」は12.6％で，そのウエイトは収入の変動とは無関係に実額においてもウエイトにおいても1989年から2005年までに12万円から18.5万円，12.6％から19.0％と急増している。高所得階層は2005年時点で89年以上の所得水準を維持しているが，それには妻の収入が大きな役割を果たしているといえる。こうした事実からダグラス・有沢の法則は適合性を失いつつあるといえる。

　消費構造に関しては，低所得階層と低下しているグループに属している費目はおなじであるが，その低下の幅が異なっている。最も大きく異なっているのは「食料」である。1989年で「Ⅰ」が28.4％，「Ⅹ」が19.6％で，「Ⅰ」が8.8ポイント高くなっている。「Ⅰ」は89年から2005年までに3.7ポイント低下したが，「Ⅹ」はわずか1ポイントしか低下していない。しかし金額では「Ⅹ」も1割近く削減しているので，高所得層もある程度の節約を食料において実施しているといえる。「家具・家事用品」は構成比も金額も低下の仕方と程度はほぼ同じ水準である。「被服及び履物」は89年で「Ⅰ」が5.7％，「Ⅹ」が8.6％で2.9ポイント「Ⅹ」が高くなっている。2005年では，「Ⅰ」が3.8％で1.9ポイント，「Ⅹ」が5.4％で3.2ポイントと両者とも低下している。「Ⅹ」のほうが1ポイント以上も多く削減している。「その他の消費支出」では89年で「Ⅰ」が21.8％，「Ⅹ」が32.6％で10.8ポイントも「Ⅹ」が高くなっている。低下の幅はほぼ同じ約3ポイントである。その他の消費支出のうちこづかいのレベルでは，「Ⅹ」が5ポイント，「Ⅰ」が3.7ポイントそれぞれ低下しており，金額の指数では「Ⅹ」が59.3，「Ⅰ」が53.3という削減レベルにある。だが交際費に関しては，「Ⅰ」が約2ポイント，「Ⅹ」が0.7ポイントの低下で，金額指数でも「Ⅰ」が大幅に削減しているのに対して「Ⅹ」はあまり削減していない。同じグループの費目にくくられていても，内容的にはかなり異なる傾向がみられる。低所得階層と同じように，低下費目を，89年を100として指数化したもので比較すると，第1位が「被服及び履物」で57.7，第2位がこづかいで59.3，第3位が「家具・家事用品」67.4となっている。

　次に上昇グループをみていくことにする。「Ⅰ」では，「住居」「光熱・水道」「保健医療」「交通・通信」「教養娯楽」であったが，まったく同じ費目が「Ⅹ」でも上昇グループになっている。共通の傾向として確認されるのは，まず第一に「交通・通信」が急激な上昇を示しているということである。「Ⅰ」では

151.6となっており，なかでも通信費が倍以上の220.7となっている。「X」でも123.2となっており，やはり通信費は161.0と高い指数を示している。これは携帯電話の普及が主要な要因であることは間違いないと思われる。低所得階層においても1989年水準の倍以上の高いレベルに達している。このレベルは89年の高所得階層の水準と同じである。次に高い値を示しているのは，社会的固定費の一つである「光熱・水道」である。「I」では「光熱・水道」が129.2で，なかでも水道代が149.7と高くなっている。「X」でもそれと同じ傾向がみられる。これは使用量が急に増加したとは考えにくいので，やはり基本料金と単価が上昇してこのような結果をもたらしたといえる。第三に「保健医療」にみられる上昇は自己負担率が3割になったことが大きく影響しているといえる。「I」では117.8なのに対して「X」で140.4と大幅に上昇しているのは，低所得階層では自己負担の割合が増加したので，医療サービスを受けること自体をやめたり自制したりして我慢した結果であり，高所得階層のそれは，制限することなく今までと同じように医療サービスを受けた結果として急激な上昇がみられるのである。

「教育」に関しては，「I」も「X」もほぼ同じ変化をしており収入とはあまり連動性がなく，ウエイトにおいても金額においても上昇傾向にあるといえる。

低所得階層と高所得階層の家計構造の変化に関する共通性と相違性

ここで平成不況下の家計構造の変化における高所得階層と低所得階層の間の共通性と相違性について整理しておくことにする。収入構造について，まず共通の傾向としてあげられるのは，賞与のウエイトと金額の低下である。これに関しては，低所得階層の方が低下幅が大きくなっている。また金額ベースでは，2005年で1989年の半分以下にまで削減され低下している。

支出構造については，1989年から2005年の間にそのウエイトと金額において低下した費目と上昇した費目は，食料のうちの外食をのぞけば，両者とも同じであった。共通の低下費目は「食料」「家具・家事用品」「被服及び履物」「その他の消費支出」である。しかし，その低下の幅にはレベルの違い程度の差が存在する。「食料」は低所得階層の方が，低下幅が大きくなっている。「家具・家事用品」，「被服及び履物」に関しては，高所得階層の方が低下幅が大きくなっている。「その他の消費支出」のうち，こづかいや交際費では低所得階層

の方が低下幅が大きくなっている。

両者に共通した上昇費目としては、「住居」「光熱・水道」「保健医療」「交通・通信」「教育」「教養娯楽」「非消費支出」があげられる。「住居」については、低所得階層の方が上昇幅が大きくなっている。「光熱・水道」では、低所得階層の方が上昇幅が大きくなっている。「保健医療」、「交通・通信」に関しても同様である。「教育」は低所得階層においてはほぼ横ばいに近くなっているが、高所得階層にとっては上昇傾向にあるといえる。

相違性については、収入ではまず第一に「妻の収入」があげられる。低所得階層がウエイトにおいても金額においてもほぼ横ばいなのに比べ、高所得階層のそれはウエイトでは7ポイント、金額的には1.5倍以上も上昇している。これとは対照的なのが「社会保障給付」である。これの場合は高所得階層においてはウエイト、金額の両方とも横ばいであるのに対して、低所得階層ではウエイトにおいても金額においても2005年には1989年の2倍以上の上昇を示している。いずれにしても上記の妻の収入が収入階級間の「格差」を拡大している大きな要因の一つであることは、もはや疑いのないところである。

支出では、「食料」のうちの外食が、低所得階層では低下しているにもかかわらず、高所得階層では上昇しているのが異なる点である。低下費目の低下幅が低所得階層と高所得階層では大きく異なる費目もみられる。上昇費目のなかでは、やはり上昇の幅が違う点と、低所得階層では特に「光熱・水道」でウエイトの上昇が大きく、高所得階層より家計に与える影響が大きいことを示している。また携帯電話の普及も低所得階層に大きな負担増加をもたらしていることが明らかとなった。

第4節 貯蓄と負債の変動

ここでは分析のために貯蓄動向調査のデータを用いているが、2000（平成12）年までと、それ以降では調査の方法が異なるため、時系列で比較することはできない。したがってここでは、1989年から2000年までの変化を分析するにとどめることにする。なお一部で2003年のデータを用いているが、これはあくまで参考として限定的に用いていることを了承していただきたい。

表4-3 勤労者世帯の貯蓄と負債　　　　(単位：千円,％)

	1989年	%	1993年	%	1999年	%	2000年	%
貯蓄金額	9,946	100.0	12,358	100.0	13,927	100.0	13,558	100.0
通貨性預貯金	710	7.1	846	6.8	1,512	10.9	1,549	11.4
定期性預貯金	3,691	37.1	5,564	45.0	5,940	42.7	5,803	42.8
生命保険等	2,775	27.9	3,681	29.8	4,550	32.7	4,473	33.0
有価証券	2,304	23.2	1,719	13.9	1,355	9.7	1,179	8.7
その他	467	4.7	530	4.3	570	4.1	554	4.1
負債金額	3,254	100.0	3,587	100.0	6,330	100.0	5,798	100.0
金融機関	2,511	77.2	2,884	80.4	5,479	86.6	5,068	87.4
金融機関外	743	22.8	703	19.6	850	13.4	730	12.6
(再掲)住宅・土地のための負債	2,954	90.8	3,230	90.0	5,613	88.7	5,234	90.3

(資料)　総務省統計局『貯蓄動向調査報告』。

勤労者世帯の平均的動向（貯蓄金額）

表4-3で勤労者世帯の貯蓄動向に関する変化をみていくことにする。

貯蓄金額に関しては，1989年の995万円からほぼ直線的に上昇し続けて99年の1393万円でピークに達し，2000年で1356万円まで下降している（2003年1292万円）。負債金額に関しても同様に，ほぼ直線的に上昇してこれもやはり2000年で下降している。貯蓄金額は，99年に89年の140％，負債金額は194.5％に膨らんでいる。内容的な変化（89年から99年）に関しては，貯蓄金額では，通貨性預貯金が213.0％，定期性預貯金160.9％，生命保険等164.0％，有価証券58.8％，その他122.1％と，通貨性預貯金の増加と，有価証券の減少が顕著な傾向となっている。これは，バブル崩壊以降，金利が低下し銀行に預ける意味が失われ，いわゆる「たんす預金」が増加したことと，他方では，バブルショックで株を購入することへの警戒感が広まった結果であると考えられる。

また1999年から2000年に貯蓄金額は97.4％に，負債金額は91.6％にそれぞれ低下している。内容的に低下幅が大きかったのは有価証券であった。

内容構成上のウエイトの問題では，1989年から2000年の間に，貯蓄金額では通貨性預貯金が60.6％，定期性預貯金が15.4％，生命保険等が18.3％それぞれ増加している。逆に有価証券は62.5％も減少している。負債金額では金融機関のウエイトが77.2％から87.4％に増え，金融機関外が22.8％から12.6％に減っている。しかし，負債金額のうち住宅・土地を購入するための負債の割合は，89年から2000年までほぼ一貫して90％を維持している。

実収入は，1997年をピークにそれ以降，下降を続けているが，貯蓄に関しても99年をピークにそれ以降，下降し続けていることがわかる。97年以降，危機感を強めた家計が，これまで以上の貯蓄行動に出て蓄積を強めたことで収入低下圧力の方がより強く作用し，これまでの生活水準維持のためには貯蓄取り崩しをせざるを得ない状況に追い込まれ，2000年以降，貯蓄金額自体が減少していくことになった。しかも内容的には，固定性の強い定期性預貯金のウエイトを引き下げ，流動性の高い通貨性預貯金のウエイトを高める方向に進んでいる。その際，定期性預貯金のウエイトを低下させることによって生じるリスクをカバーするために，セーフティーネットの役目を持った生命保険のウエイトを高めているのである。この貯蓄行動パターンは，これまでいくつかの先行研究で指摘されてきたように低所得階層のそれと類似しているのである。すなわち低所得階層は，所得金額が低いので貯蓄に多くを回すことができない。したがって貯蓄金額は低くならざるを得ない。しかし，生活の安全性を確保するためには何らかの保障が必要となる。それが生命保険等の保険加入にほかならないのである。その結果，低所得階層ほど保険の加入率や加入金額が相対的に高くなるのである。

分　布

2000年と2005年で勤労者世帯の貯蓄現在高階級別分布をみてみる。2000年においては，貯蓄現在高の平均は1356万円であるが，この平均貯蓄現在高以下の世帯が66.5％を占めており，低い方に偏った分布となっている。2005年においては（図4-5），より低い方に偏った分布になってきている。平均値1292万円で，その平均を下回る世帯は66.6％を占めている。このことは，年々貯蓄高が低下すると同時に，平均値以下の世帯数の割合が増加していくだろうということを容易に予測させる。このことから日本のストックにおける階級間格差は今後ますます拡大する方向に進むであろうと考えられる。

ストックにおける収入階級間格差

ここでは，収入階級「Ⅰ」と「Ⅹ」の貯蓄と負債の大きさと構造の違いについて2時点（1989年，2000年）で捉えた表4-4をもとに分析することにする。

貯蓄金額については，「Ⅰ」，「Ⅹ」両者とも上昇しており，その差も1989年

第4章　勤労者世帯の家計構造の変化

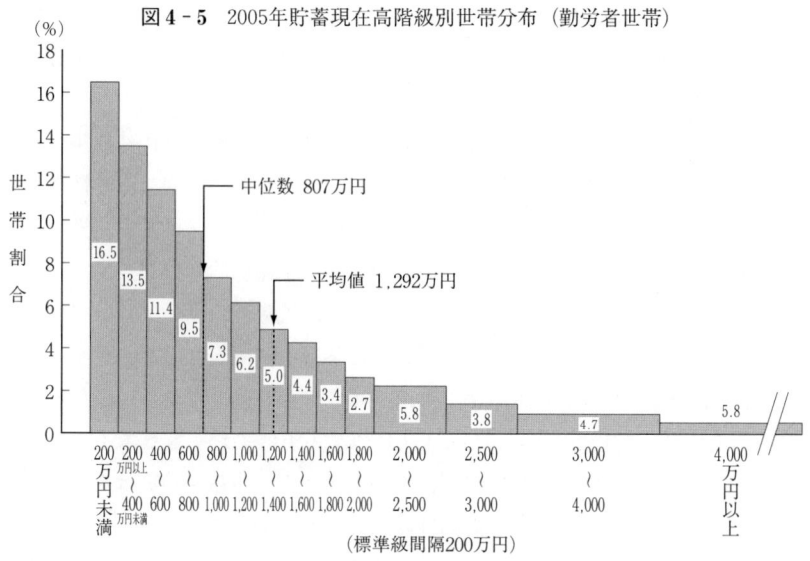

図4-5　2005年貯蓄現在高階級別世帯分布（勤労者世帯）

（資料）総務省統計局『家計調査年報』平成17年版。

表4-4　低所得階層及び高所得階層の貯蓄と負債　（単位：千円，%）

	低所得階層（I）				高所得階層（X）			
	1989年	%	2000年	%	1989年	%	2000年	%
貯蓄金額	4,016	100.0	5,373	100.0	22,172	100.0	25,332	100.0
通貨性預貯金	364	9.1	595	11.1	1,069	4.8	2,607	10.3
定期性預貯金	1,853	46.1	2,193	40.8	6,877	31.0	10,586	41.8
生命保険等	1,356	33.8	2,427	45.2	5,115	23.1	7,108	28.1
有価証券	378	9.4	128	2.4	7,964	35.9	3,484	13.8
その他	65	1.6	30	0.6	1,149	5.2	1,546	6.1
負債金額	790	100.0	2,059	100.0	6,402	100.0	10,194	100.0
金融機関	678	85.8	1,830	88.9	4,351	68.0	8,495	83.3
金融機関外	112	14.2	229	11.1	2,051	32.0	1,699	16.7
(再掲)住宅・土地のための負債	612	77.5	1,707	82.9	5,915	92.4	9,375	92.0

（資料）総務省統計局『貯蓄動向調査報告』。

1816万円，97年1841万円，2000年1996万円と年々拡大している。負債金額に関しては，両者ともその金額は上昇しているが，89年561万円，97年844万円，2000年814万円と97年をピークに差が縮小している。

　貯蓄の構成に関して「Ⅰ」からみていくと，通貨性預貯金は10％前後で推移しており，あまり変化がなく横ばいとなっている。しかし，同じ流動性の高い有価証券は9.4％から2.4％まで7ポイントも低下している。また固定性の高い定期性預貯金は6ポイント低下しているが，逆に生命保険は11.4ポイント高くなっている。すなわち89年から2000年にかけて，流動性の高いグループのなかでのウエイトが有価証券から通貨性預貯金に移行し，固定性の高いグループのなかでは定期性預貯金から生命保険等にウエイトが移動していることがわかる。

　「Ⅹ」では通貨性預貯金が4.8％から10.3％に5.5ポイントもウエイトを高めている。固定性の高い定期性預貯金は10.8ポイント，生命保険等は5ポイントウエイトを高めている。しかし流動性の高い有価証券が35.9％から13.8％とじつに22.1ポイントもウエイトが低下しているのである。このことから高所得階層のストックの構造は，流動性の高い有価証券の大幅な低下と，定期性預貯金の上昇によりバブル崩壊以前より流動性の低い固定性の高い構造になったといえる。

　負債内容に関しては，両者とも金融機関のウエイトが高くなった。とりわけ高所得階層においては89年に32％もあったウエイトが2000年には15.3ポイントも低下して16.7％にまで低下している。これは，福利厚生として実施していた超低金利の社内融資制度の見直しや廃止を行う企業が増加していたり，金融機関のほうが社内融資の金利よりも低いという逆転現象が起きたため，福利厚生の制度を利用するより金融機関を利用したほうが有利となったことが重なって，このような急激なウエイトの低下を招いたと考えられる。

第5節　家計の経済的変動への対応の分析結果

　これまでみてきたように，バブル崩壊以降，家計は経済的変動に対応して多様な活動を展開してきた。そのなかで明らかになったことについて以下にまとめることとする。

　第一に，所得水準については，1989年から93年までは上昇していたが，94年

に家計調査史上初めて低下した。しかし，その後，95年から97年まで上昇に転じ，97年を頂点として98年以降は低下し続けている。その変動は構造的な変動を伴ってきた。それは「賞与」のウエイトの急激な低下と「妻の収入」「社会保障給付」の増加という構造的組み換えであった。

第二に，消費支出の変化については，所得水準が低下した場合，「生活基礎費用」としての「食料」「被服及び履物」「家具・家事用品」を大幅に削減し，さらにコミュニケーション費用としてのこづかい・交際費を圧縮して，消費水準を切り下げて構造的組み換えと調整をおこなっていることが明らかとなった。しかし，生活の利便性・快適性を高めたり，教養や健康を高めるための「生活周辺費用」としての「教養娯楽」「交通・通信」は，困難な状況のなかでも増加している。

第三に，収入階級間の「格差」については，1991年で最大になった格差が95年まで縮小に向かったが，96年から2005年までは再び拡大傾向にあり，2006年で1965年以降最大の格差水準に達している。

家計構造の低所得階層と高所得階層の相違性は，収入に関しては低所得階層のほうが低下幅が大きくなっていることがあげられる。またその内容に関しては，「賞与」の低下率は低所得階層の方が大きく，「社会保障給付」については，高所得階層は低下傾向にあるが低所得階層では上昇傾向にある。最も注目されるのが妻の収入のウエイトの変化である。これに関しては高所得階層のほうが圧倒的に大きくなってきており，それに対して低所得階層では，緩やかな上昇というよりは横ばい傾向にあるといったほうが正確かと思われる。すなわち，「格差」拡大に寄与している大きな要因の一つに，賞与の低下幅の大きさと同時に妻の収入の高所得階層での増加幅の大きさがあげられる。

支出に関しては，「食料」では低所得階層のほうが，「家具・家事用品」「被服及び履物」については高所得階層のほうが低下の幅が大きくなっている。「食料」のうちの外食は，低所得階層では低下費目であったのが，高所得階層では上昇費目になっている。そのようなところに家計運営上の厳しさ深刻さの違いが現れてきているように思われる。

第四に，ストックの変化があげられる。勤労者世帯の平均では，貯蓄金額の水準は，1989年から99年まで上昇し続けてピークに達し，2000年以降低下している。負債金額も同じような動きをしている。構造的には，流動性が低下し固

定性が高くなってきているといえる。なかでも有価証券の急激な低下は，全階層に共通の傾向としてあるが，高所得階層においてその低下幅は大きなものとなっている。

貯蓄金額の分布に関しては，約7割の世帯が平均以下に属しており，低い金額に偏った分布となっている。またストックの収入階級間格差は，フローの実収入の格差同様，年々拡大してきている。

以上が分析を進めてきた結果である。今後はフローとストックの変化の相互の関連性について，より詳細な検討が残されていると思われる。

参考文献
馬場康彦『現代生活経済論』ミネルヴァ書房，1997年。
橘木俊昭『日本の経済格差』岩波書店，1998年。
重川純子『生活の経済』放送大学教育振興会，2004年。
橘木俊昭『家計から見る日本経済』岩波書店，2004年。

第5章
低所得世帯と生活保護世帯の家計

　この章では，低所得階層と，かならずしも低所得とはいえないが家計の収支が赤字になっている世帯，そして生活保護世帯の家計の実態を明らかにすることを狙いとしている。そのことによって現代的貧困の形態を探っていきたいと考えている。戦後高度成長のなかで生活者の生活は豊かになり，「貧困」なるものは消え去ったかのようにいわれ続けてきたが，実態はそれに反し，生活保護を受けられなくて餓死した人が相次いで問題となったり，生活保護を受給していた高齢者が，クーラーは贅沢だと強制的に取り外され脱水症状で病院に担ぎ込まれたり，自己破産者が20万人を超えたとか，ホームレスの数が年々増加しているとか，リストラをされたり自営業や中小企業主が倒産したりして自殺者が増加し，1998年には自殺者数が2万人台から3万人台になったりと，悲惨な現状を伝えるニュースは枚挙に暇がない。バブルがはじけてリストラ，失業，ホームレスといった状態が急に身近に感じられるようになったのは私だけであろうか。それまでオブラードに包まれてみえにくかった資本＝企業の本質のようなものが一挙に噴出し表面化して，企業は，なりふりかまわず凶暴な牙をむき始めてきたといえる。自分たちが生き延びるためには容赦なく労働者を切り捨てる企業の姿勢，それになんら抵抗し得ない労働組合，そればかりか仲間を売ってもやむなしの姿勢，このとき今まであったいくつかの「神話」が同時に姿を消していった。年功序列・終身雇用の崩壊，銀行等の金融機関の倒産，土地などの不動産の暴落などあげればきりがないが，それと同時に「貧困消滅神話」も，もろくも崩壊したのである。そればかりか，「貧困」は戦前・戦後を通して存在し続けていたし，それがバブル崩壊後の平成不況のなかで増加拡大の一途を辿っているということなのである。そのことが別名「格差拡大」の論争となって大きな議論を巻き起こしているといえる。財務省が2006年9月4日に発表した2005年度の「法人企業統計調査」によると，全産業の売上高，経常

利益とも戦後最高を記録している。売上は1508兆1207億円，経常利益は51兆6926億円を記録している。しかし，労働者の賃金は1997年以降，低下し続け，97年から10％低下していると発表している。しかも大企業と中小企業との賃金格差は拡大する一方である。その上，失業者はいまだに4％近く存在している。

　このバブル崩壊以降の事実が，何者かによって葬り去られたマルクスの資本蓄積論＝貧困化論が正しかったことを実証している。「資本主義的蓄積は一方の極に富を，他方の極に貧困を蓄積する」。この意味は，資本家＝企業経営者は価値と関係してますます所有している価値を増殖させる。その実体は労働者を搾取して得た剰余価値である。すなわち資本家＝経営者は労働者を支配し続けるのである。だが，企業経営者に雇われている労働者は，彼の賃金が高かろうが安かろうが関係なく，どこまでいっても価値に関係し得ないし，資本家＝経営者に搾取・支配され続けるのである。だからいくら企業に対して忠誠心を持って骨身を削って働いてきても，簡単に首＝リストラされてしまうのである。労働者を雇用する絶対的権限は企業が持っているわけであって，いまAという労働者が仮に3000万円の年収を稼いでいたとしても，首＝リストラになれば明日からは収入はゼロなわけで，どんな高給取りの社員でも企業の支配下にあり，彼には価値を増殖させる力はないわけである。ただ彼は消費のための使用価値にしか関係し得ないのである。彼が収入を元手に起業したり，会社として本格的な投資活動をおこなう場合は別であるが，あくまで社員として企業に雇われて働いているうちは，1億円を収入として得ようと，どこまでいっても価値には関係し得ないのである。すなわち，この資本の蓄積論のなかでは，資本家と労働者という資本主義システムにおける生産関係はどこまで行っても変わらず貫徹するし，そればかりかその生産関係＝階級関係は拡大再生産されるのである。その結果として，「資本主義的蓄積は一方の極に富を，他方の極に貧困を蓄積する」のである。貧困は偶然的な個人の資質や性格や責任によって生み出されるものではなく，資本主義の社会経済システムが生み出す必然であるということである。

第1節　現代的貧困（相対的過剰人口）

相対的過剰人口の必然性

　本節では相対的過剰人口の必然性について述べていくことにする。資本主義社会は，常に競争を運命づけられている。競争は企業に，自分の企業を維持するために絶えずそれを拡大することを強制する。企業は，ただこの累進的な蓄積によってのみそれを拡大することができるのである。この資本の蓄積の過程で，不変資本が可変資本に対してより大きな割合で増大するという質的な変化を伴って進行していく。不変資本というのは生産手段（機械などの生産設備や工場などに投資する資本部分）に投資するお金＝資本であり，可変資本というのは労働者に支払う賃金部分である。この不変資本と可変資本との割合は，資本主義的生産が発展しオートメーション化，自動化，コンピュータ化していくにしたがって，すなわち生産技術が高度化すればするほど，労働者は少なくてすむようになるため，可変資本の割合が縮小していく。資本の技術的構成に規定され，その諸変化を反映する限りでの資本の価値構成（不変資本と可変資本の構成）は資本の有機的構成と呼ばれる。

　労働に対する需要は，総資本の大きさによってではなくその可変資本の大きさによって規定されているから，有機的構成の高度化を伴う資本の蓄積に際して，総資本の増大・拡大につれてますます減少・縮小していくことになる。こうして資本主義的蓄積は，たえず相対的な，すなわち資本の平均的な増殖欲求にとってよけいな，したがって過剰な，または追加的な労働者人口を生み出すのである。これがいわゆる「相対的過剰人口」＝失業者と呼ばれるものである。別名「産業予備軍」ともいわれる。資本主義的な景気循環の過程で，いつでもどんな状況でも出動できるために待機しているまさに予備軍なのである。

　現実の資本主義の下では，資本＝企業は競争に強制されて，労働時間の延長，労働強度の増大，賃金の切り下げをおこなう傾向を持っている。労働の分量を最大にして，支払う賃金を最小にしようとするのである。したがってますます雇い入れる労働者の数は減少する一方となる。そして，生産過程からはじき出される労働者が増加することになる。

相対的過剰人口の3つの存在形態

① 流動的過剰人口

　資本主義の景気循環の不況局面では，労働力は生産過程から排出され，好況局面では吸引される。平成不況の際にIT革命なるものが起き，企業においてコンピュータを使えない中高年は真っ先にリストラの対象となったのは記憶に新しいところである。まさに労働者世代の急速な交代がその時期におこなわれたのである。技術的な進歩についていけない中高年は，今まで身につけてきた技術や熟練が意味のない過去のものとなり，はじき出されることになったのである。また一時的にコンピュータのハードやソフトを扱う企業は労働力不足に陥り，その他の製鉄業などは労働力過剰に陥るといった事態も発生する。その際に過剰となった労働力人口は，一時的に生産過程からはじき出されることになる。これを流動的過剰人口という。

② 潜在的過剰人口

　農業では，農業技術の開発や土地の改良，肥料の開発等によって，また農業の機械化，近代化によって農業人口は過剰になり，一定部分は絶えず都市に流出していく。しかし，過剰部分の全部が全部，都市に流出できるわけではない。農村にプールされて都市への流出を狙っている予備軍は，何とか農村で生活し得ているかのような外観をとる。これがいわゆる潜在的な過剰人口と呼ばれる部分である。出稼ぎ労働者という形態をとる場合もある。これも都市における企業活動が好況局面になると潜在的失業人口は都市に流出し，逆に不況局面になると農村にUターンしてまた農村にプールされるのである。

③ 停滞的過剰人口

　これは，都市における家内労働や日雇い労働や，アルバイト，パート，臨時工，フリーター，派遣労働者，契約社員，請負労働者というような，就業が不規則で不安定な労働人口部分である。これは現役の正規労働者の一部であるが，その就労形態の違いから非正規労働者と呼ばれている。正規労働者と同じ仕事をしながら極端な低賃金と，長時間労働をその特徴とし，生活状態は労働者の平均水準よりも低いのが特徴である。この部分は現在（2006年），全労働人口の3割，1663万人に達している。これらの停滞的過剰人口は，資本＝企業にとって「自由に利用できる労働力の尽きない貯水池」となるのである。2006年の6月と7月に実施されたフリーター調査（労働NPO「POSSE」が学生1976

人，社会人800人を対象に街頭で聞き取り調査をおこない，正社員425人，フリーター365人，その他10人，計2776人が回答）の結果によると，フリーターで1日7時間以上働いていたのは71％，週5日以上は73％と，正社員と変わらない実態であった。学生アルバイトは，1日5時間以上が72％，週3日以上が70％と長時間化が目立つ。正社員の3割近くが1日平均11時間以上働いていた。残業代は正社員の男性42％，女性49％，フリーター男性30％，女性27％が不払いであった。非正規社員の収入は正規社員に比べて平均で男性は50％低く，女性は30％低くなっている。

資本主義的蓄積の絶対的な一般的な法則

　以上の3つの形態で存在している相対的過剰人口のほかに，それらの一番底の沈殿物としての「受救貧民」をマルクスはあげている。それは，浮浪者・犯罪者・売春婦などの本来的なルンペンプロレタリアートを別として，さらにこの社会階層は3つの範疇から成り立っているとしている。それは第一に，その数が不況局面のたびに膨張し，景気回復のたびごとに減少する労働能力者。第二に，産業予備軍の候補者としての孤児および貧児。第三に，零落者，ルンペン，労働無能力者。特に労働無能力者は，技術進歩に適応できず生産局面から排除され，また激増している労働災害の犠牲になった不具者，病弱者，寡婦等である。

　「社会的な富，現に機能している資本，その増大の規模とエネルギー，したがってまたプロレタリアートの絶対的な大きさとその労働の生産力，これらのものが大きくなればなるほど，産業予備軍も大きくなる。自由に利用されうる労働力は，資本の膨張力を発展させるのと同じ原因によって，発展させられる。つまり，産業予備軍が現役労働者軍に比べて大きくなればなるほど，固定した過剰人口はますます大量になり，その貧困はその労働苦に正比例する。最後に，労働者階級の極貧層と産業予備軍とが大きくなればなるほど，公認の受救貧民層もますます大きくなる。これが資本主義的蓄積の絶対的な一般的な法則である」(1)とマルクスは語っている。

　これらのことが現代でいかに貫徹しているかの一部の例証を第2節以降でおこなっていくことにする。

第2節　低所得階層の家計と赤字世帯の家計

　本節では低所得階層の家計と，赤字家計になっている特定世帯と単身世帯の家計の特徴と赤字家計の要因について明らかにしたいと考えている。1989年までの公的統計資料では，赤字家計の世帯類型は3つしか存在していなかった。それは，20代の若年単身勤労者（男性）世帯と，50代の大学生を持つ世帯と，65歳以上の女性の高齢単身世帯だけであった。しかし，平成不況が進むなか，また全国消費実態調査のその他の特定世帯の類型がかなり増加したのと，単身世帯の独自の項目が作られたことと，高齢者夫婦世帯の実収入が明らかとなったことにより，世帯の家計収支が黒字か赤字かがわかるようになった。これまでは，年間収入と消費支出しかわからなかったので，このことは統計を利用する者としては画期的な出来事であった。このことによって後の第8章で明らかにするが，高齢夫婦世帯が単身世帯以上の大幅な赤字を抱えていることが明確になった。

　ここでは第一に，低所得階層の典型として，収入十分位階級の第Ⅰ分位と2人以上の勤労者世帯の平均とを比較しその特徴を明示する。第二に，世帯主が失業し有業者が存在しない完全失業世帯，第三に，失業者を含む世帯，第四に，世帯のなかに要介護者がいる世帯，第五に，世帯員のなかに大学生がいる世帯，第六に，自動車を保有している低所得階層世帯，第七に，単身世帯，第八に，単身世帯の中の赤字世帯を，それぞれデータにもとづき分析していくことにする。

　分析に先立ち，前章で平成に入ってからの勤労者世帯の家計構造の高所得階層と低所得階層の変化の分析のなかで，低所得階層の家計の変化の特徴を明らかにしているので，ここでもう一度それを整理しておくことにする。1997年以降，全体的に勤労者世帯の収入は低下している。そのなかで低所得階層は，高所得階層に比べ賞与の低下率が大きく，また「妻の収入」が低く，その低水準のままで横ばいの傾向にある。妻の就業率も高所得階層に比べると3分の1ぐらい低くなっている（第Ⅰ分位19.8％，第Ⅹ分位60.2％）。消費支出の水準も当然低下傾向になるが，なかでも費目の圧縮調整を「食料」を中心としておこなっていることが明らかとなった。すなわち「食料」の絶対金額を削減して圧

縮するという，エンゲルの法則の逆転現象がみられる。「住居」の上昇の幅が高所得階層と比較するとかなり大きくなっている。また公共料金としての「光熱水道」のウエイトがかなりの高水準傾向となっており，「交通・通信」のなかでは携帯電話の通信料の増加傾向が特に目立っており，それが家計にかなり大きな負担を与えているといえる。またストックにおいても，2000年以降，貯蓄水準が低下傾向に入っている。構造的には流動性が低下し固定性が高くなってきているといえる。貯蓄金額の水準に関しては，約7割の世帯が平均以下に分布しており，低い水準に偏った分布となっていることが明らかとなっている。

低所得階層＝第Ⅰ十分位階級と一般世帯平均との比較

　第一に，国際的な貧困の測定法に基準を合わせると，当該国の所得の平均の50％以下を貧困層とすることになる。したがって，この全国消費実態調査の第Ⅰ十分位階級（以下「低所得」と呼ぶことにする）は一般世帯の平均の実収入50万2114円の48.5％水準の24万3258円しかないので当然，貧困層ということになる。この一般世帯の平均（以下「平均世帯」と呼ぶ）と「低所得」の家計を比較して，「低所得」の特徴を示すこととする。表5-1において，「平均世帯」より「低所得」のほうが有業人員が0.33人少ないということは，妻の就業率が低く共働きが少ないということを示している。顕著な違いがみられるのが「持ち家率」である。「低所得」の方が約28ポイント低くなっており，46.9％と半数にも達していない。この持ち家率の低さが，消費支出に大きく影響してくる。

　「低所得」の実収入は「平均世帯」の48.5％しかないことはすでに指摘した。なかでも妻の収入はわずか23.4％にしかすぎない。このことは「低所得」の就労先と就労形態が大きく影響しているといわざるを得ない。例えば，企業規模の小ささ，アルバイト・パート・臨時日雇い・派遣など。そこにはいわゆる相対的過剰人口としての潜在的失業者層が多数含まれていると考えられる。

　消費支出の構造についてみていくことにする。消費支出の水準は60.5％である。

　構造的にみると，消費支出のうち人間の再生産により近い費用である「生活基礎費用」が54.4％で，「平均世帯」より10.5ポイント高くなっている。逆に人間の再生産からは遠い「生活周辺費用」は45.6％で10.5ポイント低くなっている。

表5-1 低所得階層と世帯平均との比較 (単位:円, 人, %)

	平均世帯	%	第Ⅰ分位	%
世帯人員（人）	3.52		3.03	
有業人員（人）	1.7		1.37	
持ち家率（％）	74.5		46.9	
年間収入（千円）	7,401		2,732	
実収入	502,114	100.0	243,258	100.0
妻の収入	56,645	11.3	13,276	5.5
社会保障給付	18,916	3.8	15,798	6.5
実支出	415,812	100.0	232,914	100.0
消費支出	339,212	81.6	205,261	88.1
食料	73,742	21.7	50,491	24.6
外食	13,839	4.1	7,844	3.8
住居	19,393	5.7	23,483	11.4
光熱・水道	19,398	5.7	15,415	7.5
家具・家具用品	9,783	2.9	6,101	3.0
被服及び履物	14,648	4.3	7,471	3.6
保健医療	11,935	3.5	8,659	4.2
生活基礎費用合計	148,899	43.9	111,620	54.4
交通・通信	50,754	15.0	30,489	14.9
自動車等関係費	27,729	8.2	15,335	7.5
通信費	14,889	4.4	11,700	5.7
教育	22,330	6.6	8,386	4.1
教養娯楽	32,472	9.6	16,584	8.1
その他の消費支出	84,756	25.0	38,182	18.6
こづかい	29,541	8.7	11,286	5.5
交際費	21,969	6.5	11,770	5.7
生活周辺費用合計	190,312	56.1	93,641	45.6
非消費支出	76,600	18.4	27,654	11.9
平均消費性向		79.7		96.2
黒字	86,302	21.7	10,344	24.6

（資料）総務省統計局『全国消費実態調査報告』平成16年版。2人以上の勤労者世帯収入十分位階級の第Ⅰ分位。

個別の費目をみていくと，「低所得」が「平均世帯」より2万円以上低く大きな差がみられる費目は，第一に4万6574円低くなっている「その他の消費支出」であり，第二に「食料」2万3251円，第三に「交通・通信」2万265円である。「その他の消費支出」は，ゆとりのない家計では結果的に低くなる傾向にある。これは第一に，こづかいという名の使途不明金は，「低所得」の場合ぎりぎりで家計運営しているので，その支出自体がほとんどなくなる傾向にある。第二に，交際費はその交際の範囲と階層を選択し狭隘化することによって，より金額のかからない方向で社会的交流関係を処理しているといえる。「食料」に関しては，家計の構造的調整費目として景気変動局面では絶えずクローズアップされてきた。したがって最近の平成不況局面では，実額で削減され，もちろん結果的にウエイトを低下させることになる。

　これは「低所得」だけの傾向ではなく，全体的にみられる傾向である。これは通常，エンゲルの法則の逆転現象といわれている。すなわち「食料」を大幅に削らなければならないほど生活が追い込まれている状況を表しているのだが。「交通・通信」の差は携帯電話を中心とした通信費においては大きな差がみられないので，ここでの差は自動車関係費の差であり，それは車の保有率と保有台数と購入費用と維持費の差がそのまま2万円近い差になって出てきているのである。

　総括的に比較する際に「生活基礎費用」のうちで最も需要なのは「住居」である。ウエイトにして「平均世帯」では5.7％，「低所得」では11.4％と倍のウエイトを占めている。これは持ち家率の差がそのままストレートに出てきているといえる。この「住居」が「低所得」の特徴を基本的に表している費目であるといえるし，都市に近づくにつれて消費支出の50％以上を占める場合もめずらしくはない。さらに「低所得」といえども「生活標準化」の影響を受け，「人並み」の電化製品を中心とした耐久消費財の編成配備がなされているので，「光熱水道」や「家具家事用品」についてはそのウエイトは「低所得」の方が高くなっている。

　「生活周辺費用」のうちでは「教育」「教養娯楽」が大きな意味を持つ。それは貧困の再生産にかかわる問題に関連が強いからである。子どもの教育を受ける機会均等の権利にあたる費用がこの「教育」の補習教育費，すなわち塾や家庭教師の費用である。さらに「教養娯楽」のなかにはスイミングスクールやそ

ろばん，習字，ピアノ，バレエ等々の習い事の費用が大きく含まれている。したがってこの両者の費用「教育」「教養娯楽」で3万円近く「低所得」が低くなっているのは，その機会均等の権利が大きく損なわれる可能性を有しており，それが貧困の再生産につながる可能性が高いといわざるを得ない。

失業者がいる世帯

　低所得階層も現実にはさまざまな現象形態で存在している。病気や事故で働くことができなくなったり，企業の都合で無理やり退職させられ失業したり，会社での人間関係や取引先とのトラブルで退職に追い込まれ失業したり，やりがいを見失って退職したりと，数え上げればきりがないほどその理由は考えられるが，いずれにしても職を失って収入源が消失したことに変わりはない。ここでは世帯主が失業しており妻やその他の家族が働いている世帯を「失業者世帯1」とし，世帯主は失業しておりかつ有業者が一人もいない世帯を「失業者世帯2」とすることにする。いずれも「失業者」の定義は，現在は職を失っているが求職活動をおこなっているものとしている。

　表5-2をみると，世帯人員は，「平均世帯」と「失業者世帯1」（以下「失業1」とする）はほぼ同じ3.5人前後であるが，「失業者世帯2」（以下「失業2」とする）は2.5人と約1人少なくなっている。分析の際にこれは考慮しなければならない点である。有業人員は「平均世帯」と「失業1」では「失業1」が0.37低くなっている。「失業2」はもちろん職業についている家族成員は一人もいない。持ち家率に関しては，「失業1」が80.3％と「平均世帯」より高くなっているのは，高齢者世帯や高齢者との同居世帯が多い関係であると考えられる。しかし，「失業2」は68.7％と低くなっている。

　収入は，実収入で「平均世帯」50.2万円，「失業1」21.7万円，「失業2」11.8万円となっており，「平均世帯」を100とすると「失業1」は43.1，「失業2」は23.5という水準である。「失業1」で半分にも達せず，「失業2」は4分の1にも達しないという低いレベルである。

　しかし，この収入水準の低さに比べると「消費支出」のウエイトが両者とも高くなっている。

　消費支出は「平均世帯」33.9万円（100），「失業1」31.3万円（92.1），「失業2」23.9万円（70.3）となっており，「失業1」は90の水準であり，あまり

第5章 低所得世帯と生活保護世帯の家計

表5-2 失業者世帯の家計 (単位：円，人，%)

	平均世帯	%	失業者世帯1	%	失業者世帯2	%
世帯人員（人）	3.52		3.4		2.59	
有業人員（人）	1.7		1.33		0	
持ち家率（%）	74.5		80.3		68.7	
実収入	502,114	100.0	216,593	100.0	117,916	100.0
妻の収入	56,645	11.3	45,592	21.0	0	0.0
社会保障給付	18,916	3.8	81,160	37.5	85,546	72.5
公的年金			45,505		54,435	
他の給付			35,654		31,110	
実支出	415,812	100.0	351,142	100.0	260,325	100.0
消費支出	339,212	81.6	312,501	89.0	238,544	91.6
食　料	73,742	21.7	69,758	22.3	58,139	24.4
外　食	13,839	4.1	8,488	2.7	6,754	2.8
住　居	19,393	5.7	20,532	6.6	25,122	10.5
光熱・水道	19,398	5.7	20,901	6.7	15,976	6.7
家具・家具用品	9,783	2.9	14,016	4.5	8,781	3.7
被服及び履物	14,648	4.3	9,305	3.0	8,575	3.6
保健医療	11,935	3.5	11,484	3.7	10,859	4.6
生活基礎費用合計	148,899	43.9	145,996	46.7	127,452	53.4
交通・通信	50,754	15.0	49,997	16.0	32,891	13.8
自動車等関係費	27,729	8.2	31,260	10.0	17,506	7.3
通信費	14,889	4.4	12,278	3.9	10,349	4.3
教　育	22,330	6.6	10,490	3.4	6,045	2.5
教養娯楽	32,472	9.6	31,233	10.0	26,314	11.0
その他の消費支出	84,756	25.0	74,785	23.9	45,843	19.2
交際費	21,969	6.5	24,834	7.9	19,326	8.1
生活周辺費用合計	190,312	56.1	166,505	53.3	111,093	46.6
非消費支出	76,600	18.4	38,641	11.0	21,782	8.4
平均消費性向		79.7		175.6		248.1
黒　字	86,302		−134,549		−142,409	

(注) 失業者世帯1とは，有業者を含む失業者世帯。
　　 失業者世帯2とは，有業者がゼロの完全失業者世帯。
(資料) 総務省統計局『全国消費実態調査報告』平成16年版。

大きな開きはない。そのために結果的に平均消費性向（100を超えると赤字を示す）が「失業1」で175.6,「失業2」で248.1と収入の倍以上の消費をして，金額的に赤字が「失業1」13.5万円，「失業2」14.2万円となっている。

これ自体，構造的に大きな問題を含んでいると考えられるが，この「失業1」と「失業2」のデータには30歳未満から75歳以上の世帯まで含んでいる。したがって60歳以上の高齢者世帯の場合，一般世帯とは異なる特別な問題を含んでいるので，60歳以上と60歳以下とを切り離して，60歳以上の高齢者世帯については第8章で検討することにする。次に，完全失業者世帯について年齢階級別に詳しく検討する。

完全失業者世帯

ここでは，有業者なしの「失業2」だけを取り上げ，第一に，それを30歳未満から59歳まで年齢階級別に比較検討する。そのことによって失業者世帯の年齢階級ごとの世帯の特徴と問題点を明らかにする。第二に，時系列検討を1999年のデータと比較し，問題の進展のレベルを明らかにする。第三に，年齢階級別に一般世帯の家計と比較し，失業世帯の家計構造における問題点を提示する。

表5-3をみると，世帯人員が「30歳未満」3.19人，「30～39歳」3.32人，「40～49歳」3.04人，「50～54歳」2.52人，「55～59歳」2.41人と年齢階級が高くなるにつれて世帯人員が減少しており，「30～39歳」の3.32人をピークに「55～59歳」では2.41人と0.91人（約1人）低くなっている。持ち家率は，「30歳未満」は1999年には15.2％あったのが2004年にはゼロになっている。ほぼ年齢階級が高まるほど持ち家率が高くなっているが，「55～59歳」では急激に高くなっており，平均世帯を上回って84.8％となっている。この年齢階級は失業する前から持ち家を所有していたと考えられる。

① 収支の構造

実収入の水準は，低い順に並べると「30～39歳」が最も低く6.5万円である。そのあと「55～59歳」8.6万円，「30歳未満」10.5万円，「50～54歳」11.7万円と続き，「40～49歳」が12.1万円で最も高くなっている。いずれの年齢階級でも生活保護世帯基準を下回っている。しかし問題なのは，所得水準に関係なく，年齢階級が上昇すると消費支出が膨らんでいることである。そして結果的には，家計収支は全年齢階級で赤字となっている。とりわけ「55～59歳」ではアメリ

カの第Ⅰ五分位階級のように消費性向が574.2となっており，すなわちこれは収入の約6倍の消費をしていることを示している。この消費性向はおそらく日本で最も高いと思われる。他の年齢階級においても「30歳未満」6.6万円，「30〜39歳」14.7万円，「40〜49歳」9.7万円，「50〜54歳」13.4万円，「55〜59歳」21.8万円の赤字となっている。

消費支出の水準をみると「30歳未満」16.7万円，「30〜39歳」20.1万円，「40〜49歳」20.4万円，「50〜54歳」22.4万円，「55〜59歳」26.4万円と年齢を追うごとに高くなっている。ライフステージと子どもの成長にリンクしているといえる。また一度膨張した消費規模＝ライフスタイルは，容易には縮小・引き下げることができない。リストラ・失業はある意味では事故のようなものであるが，しかし，それによって5％近くの人が完全失業の状態に，30％近くの労働者が非正規雇用という潜在的失業者グループに入っている。リストラにあっても，これまでの生活を急激に変化・低下・縮小させることは非常に困難である。中鉢正美はこの現象を履歴効果（アフター・エフェクト）と呼んだが，まさに履歴効果が強烈に作用しているといえる。

② 消費構造

消費構造をみていくと，人間＝労働力の再生産に直結している「生活基礎費」部分は，「平均世帯」の43.9％と比較すると，55％前後のウエイトとなっている。特に「30歳未満」の64.4％は突出して高くなっている。通常，生活水準が低く生活にゆとりがない場合は「生活基礎費用」のウエイトが高くなる傾向にある。逆に人間の再生産から遠い「生活周辺費用」はウエイトが低くなる傾向にあるといえる。

個別の費目をみると，「平均世帯」と比較すると「住居」に最も大きな差がみられる。「平均世帯」5.7％に対して「30歳未満」は23.2％と17.5ポイントも高くなっている。「30〜39歳」10.0％，「40〜49歳」10.8％，「50〜54歳」13.6％，「55〜59歳」9.3％とそれぞれの年齢階級において5ポイント前後ウエイトが高くなっている。「55〜59歳」の場合，持ち家率が84.8％と「平均世帯」より10ポイント以上高くなっているにもかかわらず「住居」のウエイトが4ポイント近く高いのは意味が不明であるが，その他の年齢階級はいずれも60％前後で，「30歳未満」はゼロとなっているので「住居」はすべて家賃支出の平均と考えて間違いない。人間の生活の最も基礎をなすのが住宅であり，その住宅

表5-3 失業者世帯の家計

	30歳未満	%	30～39歳	%	40～49歳	%
世帯人員（人）	3.19		3.32		3.04	
有業人員（人）	0		0		0	
持ち家率（%）	0		61.7		56.5	
実収入	105,146	100.0	65,346	100.0	121,622	100.0
妻の収入	0	0.0	0	0.0	0	0.0
他の世帯員の収入	0	0.0	0	0.0	0	0.0
社会保障給付	65,540	62.3	25,147	38.5	58,338	48.0
公的年金	5,287	1.7	7,884	2.1	11,543	2.9
他の給付	60,253	19.4	17,263	4.7	46,795	11.6
実支出	172,037	100.0	212,611	100.0	218,649	100.0
消費支出	167,531	97.4	201,295	94.7	204,374	93.5
食料	36,549	21.8	48,870	24.3	54,215	26.5
外食	5,301	3.2	6,525	3.2	8,308	4.1
住居	38,815	23.2	20,208	10.0	22,058	10.8
光熱・水道	12,070	7.2	16,169	8.0	16,176	7.9
家具・家事用品	3,411	2.0	8,132	4.0	7,957	3.9
被服及び履物	11,240	6.7	8,890	4.4	7,218	3.5
保健医療	5,869	3.5	6,072	3.0	5,014	2.5
生活基礎費用合計	107,954	64.4	108,341	53.8	112,638	55.1
交通・通信	25,108	15.0	41,135	20.4	22,760	11.1
自動車等関係費	7,539	4.5	26,076	13.0	8,546	4.2
通信費	14,828	8.9	11,474	5.7	10,535	5.2
教育	3,301	2.0	10,183	5.1	13,782	6.7
教養娯楽	15,187	9.1	25,337	12.6	18,694	9.1
その他の消費支出	15,980	9.5	16,298	8.1	36,500	17.9
交際費	5,978	3.6	5,818	2.9	7,996	3.9
生活周辺費用合計	59,576	35.6	92,953	46.2	91,736	44.9
非消費支出	4,505	2.6	11,316	5.3	14,275	6.5
直接税	15	0.0	509	0.2	1,310	0.6
社会保険料	4,491	2.6	10,807	5.1	12,909	5.9
平均消費性向		166.5		372.6		190.4
黒字	−66,891		−147,265		−97,027	

	30歳未満	%	30～39歳	%	40～49歳	%
貯蓄現在高	1,355	100.0	4,309	100.0	11,912	100.0
通貨性預貯金	641	47.3	1,610	37.4	3,983	33.4
定期性預貯金	343	25.3	1,015	23.6	3,387	28.4
生命保険等	471	34.8	1,654	38.4	2,978	25.0
有価証券	0	0.0	128	3.0	1,177	9.9
負債現在高	280	100.0	6,998	100.0	3,508	100.0
内住宅ローン	0	0.0	6,792	97.1	3,185	90.8
貯蓄純増（平均貯蓄率）		−66.5		−310		−109.3

（資料）総務省統計局『全国消費実態調査報告』平成16年版。

第5章　低所得世帯と生活保護世帯の家計

（年齢階級別）（2004年）　　　　　　　　　　　　（単位：円，人，％）

50～54歳	%	55～59歳	%	平均世帯	%
2.52		2.41		3.52	
0		0		1.7	
66.7		84.8		74.5	
117,047	100.0	86,221	100.0	502,114	100.0
0	0.0	0	0.0	0	0.0
0	0.0	0	0.0	0	0.0
77,563	66.3	74,660	86.6	18,916	3.8
32,976	7.6	13,784	2.7	14,341	2.7
44,587	10.3	60,876	12.1	3,674	0.7
251,574	100.0	304,750	100.0	415,812	100.0
224,306	89.2	264,612	86.8	339,212	81.6
53,496	23.8	63,563	24.0	73,742	21.7
4,846	2.2	8,159	3.1	13,839	4.1
30,395	13.6	24,634	9.3	19,393	5.7
16,139	7.2	17,457	6.6	19,398	5.7
6,796	3.0	7,765	2.9	9,783	2.9
8,046	3.6	7,430	2.8	14,648	4.3
7,431	3.3	14,846	5.6	11,935	3.5
122,303	54.5	135,695	51.3	148,899	43.9
22,861	10.2	38,532	14.6	50,754	15.0
8,545	3.8	19,975	7.5	27,729	8.2
11,967	5.3	11,577	4.4	14,889	4.4
12,681	5.7	3,511	1.3	22,330	6.6
23,471	10.5	38,658	14.6	32,472	9.6
42,991	19.2	48,217	18.2	84,756	25.0
14,021	6.3	17,779	6.7	21,969	6.5
102,004	45.5	128,918	48.7	190,312	56.1
27,289	10.8	40,138	13.2	76,600	18.4
5,641	2.2	8,247	2.7	29,475	7.1
21,467	8.5	31,732	10.4	46,971	11.3
	249.8		574.2		79.7
−134,527		−218,529		86,302	

（単位：千円）

50～54歳	%	55～59歳	%	平均世帯	%
10,627	100.0	22,781	100.0	12,311	100.0
2,621	24.7	3,264	14.3	1,891	15.4
4,507	42.4	11,691	51.3	5,222	42.4
1,809	17.0	5,256	23.1	3,720	30.2
1,790	16.8	2,570	11.3	1,027	8.3
1,076	100.0	1,264	100.0	6,787	100.0
916	85.1	1,205	95.3	6,245	92.0
	−164		−469.3		9.6

の空間に生活に必要な住宅設備や耐久消費財が編成配備されており，その配備にかかる費用が「家具・家事用品」であり，それを利用し消費すると「光熱・水道」が発生する。したがって標準的な人並みの住宅設備と耐久消費財が編成配備されているならば，それの利用に伴う電気・ガス・水道の使用料が社会的・標準的水準で発生することになる。したがって金額的に「平均世帯」と同じ水準である場合，当然ウエイトは高くなる。「平均世帯」が5.7％に対して7～8％という2％程度高い水準となっている。逆に削減の努力がなされているのが「被服及び履物」である。金額的にはかなり削減されている（ただし「30歳未満」を除く。価値観の違いか「30歳未満」は6.7％もウエイトをかけている）。

　生活周辺費用のうち「交通・通信」では，若年齢階級「30歳未満」と「30～39歳」で「平均世帯」よりウエイトが同じか高くなっている。「30歳未満」ではウエイトは15％で「交通・通信」は同じだが，内容がまったく異なっている。つまり「世帯平均」では自動車関係費が8.2％，通信費4.4％であるのに対して，「30歳未満」は自動車関係費が4.5％，通信費が8.9％である。また「30～39歳」では20.4％と5ポイント以上も高くなっており，内訳も自動車関係費13％，通信費5.7％となっていて自動車関係費のウエイトが突出して高くなっている。「30歳未満」では車より携帯にお金を費やし，30代になると通信金額はあまり下がらないが，自動車関係費にかなりのウエイトをかけて生活しているといえる。30代の世帯にとって失業状態であろうとなかろうと関係なく，車は「食料」（24.3％）の次に重要なもの（20.4％）としての価値があるといえる。

　③　ストックの構造

　貯蓄現在高は，年齢階級が上昇すれば高くなっている。「30歳未満」130万円，「30～39歳」430万円，「40～49歳」1190万円，「50～54歳」1060万円，「55～59歳」2270万円となっている。「55～59歳」は「50～54歳」の倍以上の貯蓄があるが，これは50代前半に希望退職・早期優遇退職制度を利用して退職した人が，退職金を貯蓄に回したためにこのような結果になっていると考えられる。貯蓄構造をみる場合，内容を2種類に分けることができる。現金化しやすい流動性の高い貯蓄である「通貨性預貯金」「有価証券」と，現金化が困難である固定性の高い「定期性預貯金」「生命保険等」との2つである。表5-3をみると，年齢階級が高くなるにつれて流動性が低くなり固定性が高くなっていることが

わかる。流動性比率は「30歳未満」47.3％,「30〜39歳」40.4％,「40〜49歳」43.3％,「50〜54歳」41.5％,「55〜59歳」25.6％と低下している。ということは,生活に困り家計が赤字だからといって,貯蓄金額をすべてフリーハンドで取り崩すことが難しいことを示している。すなわち年齢階級の上昇とともに流動性の低い・柔軟性の低い固定的な構造になっているといえる。どの年齢階級も家計収支が大幅な赤字であったが,その赤字分を補塡するために貯蓄取り崩しか,消費者信用の利用か,多就業化が必要になるが,当面,貯蓄取り崩しが最も容易な手段となる。そこで表の平均貯蓄率をみてほしい。いずれもマイナスで貯蓄を取り崩していることがわかるが,特に大きな取り崩しをおこなっているのは「30〜39歳」の−310％と「55〜59歳」の−469.3％である。例えば「55〜59歳」で毎月21万8529円の赤字が出ているということは,1年間で260万円貯蓄取り崩しをおこなわなければならないことを示している。もし次の仕事が見つからなければ8年7カ月で貯蓄は尽きることになる。55歳の人にとって年金支給開始まで10年ある。単純に考えて1年5カ月の空白にどのように対処すればよいのか？　やはり消費者信用の利用しかないのか？

　いずれにしても失業者世帯にとっては,職を得るか,そうでない場合は,消費費目間の調整を早急に実行しないと厳しさが増すばかりである。

一般勤労者世帯と失業者世帯との年齢階級別比較

　表5-4は,基本的には2人以上の勤労者世帯の年齢階級別の表である。失業者世帯については,同じ枠組みで表5-3に示されている。この2つの表を絶えず見比べ比較するのも困難があるので,構成比％の隣の欄に一般勤労者世帯（以下「一般」と呼ぶ）の数値を100としたときの失業者世帯（以下「失業」と呼ぶ）の数値を指数化した値を示してある。この比較表をみながら分析をおこなっていくこととする。

　まず生活の基礎である住宅の所有に関しては,「30〜39歳」以外は「一般」が持ち家率でかなり大幅に上回っているといえる。

　① 収支の構造

　実収入は,「一般」の水準に対して「失業」は「30歳未満」28.5,「30〜39歳」15.1,「40〜49歳」23.1,「50〜54歳」20.1,「55〜59歳」14.8といずれの年齢階級においても3割に満たないというきわめて低い収入水準にとどまって

表5-4　年齢階級別一般勤労者

	30歳未満	%	失30未満	30～39歳	%	失30～39
世帯人員（人）	3.00		106.2	3.58		92.8
有業人員（人）	1.44		0.0	1.40		0.0
持ち家率（％）	26.3		0.0	55.8		110.6
実収入	368,780	100.0	28.5	433,922	100.0	15.1
妻の収入	49,564	13.4	0.0	46,647	10.7	0.0
他の世帯員の収入	6,374	1.7	0.0	2,690	0.6	0.0
社会保障給付	7,850	2.1	834.9	10,826	2.5	232.3
公的年金	1,690	0.5	312.8	4,086	0.9	192.9
他の給付	6,160	1.7	978.2	6,740	1.6	256.1
実支出	308,740	100.0	55.7	340,759	100.0	62.4
消費支出	261,423	84.7	64.1	279,283	82.0	72.1
食　料	48,761	18.7	75.0	61,979	22.2	78.8
外　食	12,956	5.0	40.9	14,867	5.3	43.9
住　居	36,753	14.1	105.6	25,264	9.0	80.0
光熱・水道	13,461	5.1	89.7	16,480	5.9	98.1
家具・家事用品	7,970	3.0	42.8	8,351	3.0	97.4
被服及び履物	12,922	4.9	87.0	12,942	4.6	68.7
保健医療	9,795	3.7	59.9	10,962	3.9	55.4
｜生活基礎費用合計｜	129,661	49.6	83.3	135,979	48.7	79.7
交通・通信	50,807	19.4	49.4	46,564	16.7	88.3
自動車等関係費	28,964	11.1	26.0	26,881	9.6	97.0
通信費	15,434	5.9	96.1	13,476	4.8	85.1
教　育	4,568	1.7	72.3	13,666	4.9	74.5
教養娯楽	23,454	9.0	64.8	30,874	11.1	82.1
その他の消費支出	52,933	20.2	30.2	52,202	18.7	31.2
交際費	15,278	5.8	39.1	14,646	5.2	39.7
｜生活周辺費用合計｜	131,762	50.4	45.2	143,305	51.3	64.9
非消費支出	47,275	15.3	9.5	61,476	18.0	18.4
直接税	14,056	4.6	0.1	20,816	6.1	2.4
社会保険料	33,094	10.7	13.6	40,542	11.9	26.7
平均消費性向		81.5	166.5		73.7	372.6
黒　字	60,040		-66,891	93,163		-147,265

	30歳未満	%	失30未満	30～39歳	%	失30～39
貯蓄現在高	3,618	100.0	37.4	7,332	100.0	58.8
通貨性預貯金	1,165	32.2	55.0	1,458	19.9	110.4
定期性預貯金	1,290	35.6	26.6	2,766	37.7	36.7
生命保険等	824	22.8	57.1	2,335	31.8	70.8
有価証券	130	3.6	0.0	358	4.9	35.8
負債現在高	3,555	100.0	7.9	9,181	100.0	76.2
内住宅ローン	3,056	86.0	0.0	8,719	95.0	77.9
貯蓄純増（平均貯蓄率）		11.2	-66.5		11.5	-310

（注）％は，構成比を表している。％の隣の欄は「失30未満」「失…」というのは一般勤労者世帯の数値
（資料）総務省統計局『全国消費実態調査報告』平成16年版。

第5章　低所得世帯と生活保護世帯の家計

世帯の家計（2004年）　　　　　　　　　　　　　　　　　　　　　　　　　　（単位：円，人，％）

40～49歳	%	失40～49	50～54歳	%	失50～54	55～59歳	%	失55～59
3.99		76.1	3.62		69.6	3.15		76.5
1.65		0.0	1.99		0.0	2.05		0.0
79.6		71.0	86.3		77.3	89.0		95.3
526,861	100.0	23.1	581,919	100.0	20.1	583,966	100.0	14.8
65,849	12.5	0.0	71,403	12.3	0.0	61,545	10.5	0.0
8,169	1.6	0.0	36,439	6.3	0.0	54,125	9.3	0.0
11,090	2.1	526.0	11,304	1.9	686.2	9,833	1.7	759.3
8,144	1.5	141.7	9,661	1.7	341.3	8,128	1.4	169.6
2,946	0.6	1,588.6	1,643	0.3	2,713.8	1,755	0.3	3,468.7
431,734	100.0	50.6	500,415	100.0	50.3	478,615	100.0	63.7
350,541	81.2	58.3	406,448	81.2	55.2	380,031	79.4	69.6
80,558	23.0	67.3	81,896	20.1	65.3	78,217	20.6	81.3
15,851	4.5	52.4	13,086	3.2	37.0	11,862	3.1	68.8
15,020	4.3	146.9	14,696	3.6	206.8	18,178	4.8	135.5
20,804	5.9	77.8	22,134	5.4	72.9	20,510	5.4	85.1
9,060	2.6	87.8	10,990	2.7	61.8	11,544	3.0	67.3
15,316	4.4	47.1	16,400	4.0	49.1	15,811	4.2	47.0
11,448	3.3	43.8	11,950	2.9	62.2	13,058	3.4	113.7
152,205	43.4	74.0	158,066	38.9	77.4	157,318	41.4	86.3
51,318	14.6	44.4	58,060	14.3	39.4	54,877	14.4	70.2
26,978	7.7	31.7	30,191	7.4	28.3	31,215	8.2	64.0
16,355	4.7	64.4	18,070	4.4	66.2	14,062	3.7	82.3
35,806	10.2	38.5	37,685	9.3	33.6	14,937	3.9	23.5
35,468	10.1	52.7	31,714	7.8	74.0	32,189	8.5	120.1
75,695	21.6	48.2	120,924	29.8	35.6	120,710	31.8	39.9
17,139	4.9	46.7	25,149	6.2	55.8	32,582	8.6	54.6
198,287	56.6	46.3	248,383	61.1	41.1	222,713	58.6	57.9
81,192	18.8	17.6	93,966	18.8	29.0	98,584	20.6	40.7
30,978	7.2	4.2	37,894	7.6	14.9	41,824	8.7	19.7
50,057	11.6	25.8	55,872	11.2	38.4	56,590	11.8	56.1
	81.0	190.4		83.3	249.8		78.3	574.2
95,127		−97.027	81,504		−134,527	105,351		−218,529

（単位：千円）

40～49歳	%	失40～49	50～54歳	%	失50～54	55～59歳	%	失55～59
11,967	100.0	99.5	14,490	100.0	73.3	17,678	100.0	128.9
1,591	13.3	250.3	1,939	13.4	135.2	1,467	8.3	222.85
4,820	40.3	70.3	6,363	43.9	70.8	7,960	45.0	146.9
4,215	35.2	70.7	4,616	31.9	39.2	5,066	28.7	103.8
791	6.6	148.8	1,051	7.3	170.3	1,634	9.2	157.3
8,724	100.0	40.2	6,063	100.0	17.7	4,265	100.0	29.6
8,110	93.0	39.3	5,302	87.4	17.3	3,736	87.6	32.3
	7.2	−109.3		6.8	−164		13.4	−469.3

を100としたときの失業者世帯の数値を指数化した値である。

いる。しかし，それに対して消費支出の水準は50～70％と収入レベルの2倍以上にある。これは失業してそれまでのライフスタイル，生活の質量的範囲を急激に切り下げることができないことと，「生活の標準化」の社会的圧力が作用しているためであるといえる。「一般」の消費支出はどの年齢階級においても80％近くの範囲内におさまっており2割近い黒字が生じている。金額的にも黒字額は10万円近くになっている。構造的にも「生活周辺費用」の割合が「生活基礎費用」をどの年齢階級でも上回っており，「一般」は「失業」に比べると，かなり安定した構造になっている。

② 消費構造

年齢階級が低い30歳代までは「生活基礎費用」と「生活周辺費用」のウエイトはほぼ均衡しているが，40歳代から「生活基礎費用」の割合が約4割になり，「生活周辺費用」が6割となっている。年齢階級が上がれば生活水準にゆとりが生まれているようである。費目別にみていくと，「食料」に関しては，「失業」は「一般」より2割から3割削減努力をしている。「住居」に関しては，「失業」の「一般」に対する指数は「30歳未満」105.6，「40～49歳」146.9，「50～54歳」206.8，「55～59歳」135.5と30歳代を除くすべての年齢階級で100を超えている。これは「失業」の持ち家率の低さと家賃の高さを表している。「住居」と「家具・家事用品」と「光熱・水道」の関係は前節で示してあるのでここでは繰り返さないことにする。

「生活周辺費用」のうちで「交通・通信」は，「一般」では全年齢階級を通じて金額にあまり変化がなく5万円前後の水準で一定である。ということは構成比・ウエイトは低い年齢階級では高くなる。「30歳未満」で19.4％，「30～39歳」で16.7％という高いウエイトになっている。「失業」は「30～39歳」で「一般」に対し88.3の水準にあり，ウエイトも20.4％と高水準にある。若年齢層では，自動車関係費や携帯やPCの通信通話料金は，生活価値のなかで最優先のものであることがわかる。「失業」において40歳代や50歳代前半で「教育」の金額が低すぎる水準にある。「一般」と比較すると「40～49歳」で38.5，「50～54歳」33.6である。通常40代後半から50代前半というのは大学生の子どもがいる年代である。それにもかかわらず3割近い水準しか費やしていないというのは，大学入学を断念した世帯が多いことを示しているといえる。これも貧困の世代間の再生産にとってきわめて重要な問題であるといわざるを得ない。

第5章 低所得世帯と生活保護世帯の家計

② ストックの構造

貯蓄現在高は年齢階級が上昇するほど，高くなっている。「30歳未満」360万円，「30〜39歳」730万円，「40〜49歳」1200万円，「50〜54歳」1450万円，「55〜59歳」1760万円となっている。「失業」はこの「一般」に対し「30歳未満」37.4，「30〜39歳」58.8，「40〜49歳」99.5，「50〜54歳」73.3，「55〜59歳」128.9となっている。「55〜59歳」は早期退職制度の利用で退職金の金額が高くなっているので指数も高くなっている。しかし，20代，30代の若年世代は「一般」に比べきわめて低い貯蓄水準である。「失業」の流動性比率は「30歳未満」47.3％，「30〜39歳」40.4％，「40〜49歳」43.3％，「50〜54歳」41.5％，「55〜59歳」25.6％と年齢階級が上昇するほど低下していた。「一般」もまた「30歳未満」35.8％，「30〜39歳」24.8％，「40〜49歳」19.9％，「50〜54歳」20.7％，「55〜59歳」17.5％と低下していた。これをみると「一般」のほうが「失業」より流動性が低いのがわかる。これは「失業」は「定期性預貯金」などにお金を回す余裕がなく，赤字の補塡をするには流動性の高い普通預金にしていないと現金化がすぐにできないので困ることになるからであろう。この間の平成不況でゼロ金利のなか少しでも金利が多くつく定期性預貯金に資金を回して生活防衛をしている「一般」の姿が浮かぶ。

失業者世帯の時系列比較

ここでは1999年と2004年度のデータを比較して失業者世帯の生活実態がいかに悪化しているかをみていくことにする。99年の家計収支表である表5-5と2004年の表5-3（136頁参照）を比較すると，あらゆるデータにおいて状況が悪化していることがわかる。それを象徴しているのは，実収入の減少である。また，多くの年齢階級における赤字幅の拡大，消費性向の拡大化，平均貯蓄率の悪化，とあげればきりがないほど生活状態・構造は悪化している。97年以降2人以上の勤労者世帯の収入は低下し続けているが，失業者世帯も同様に低下し続けている。

① 収支の構造

表5-5と表5-3を比較してみると，収入は1999年から2004年で「30歳未満」10.9万円が10.5万円，「30〜39歳」14.9万円が，6.5万円，「40〜49歳」20.4万円が12.2万円，「50〜54歳」27.9万円が11.7万円，「55〜59歳」20.2万

第Ⅱ部　生活経済からみる福祉

表5-5　失業者世帯（年齢階級別）の家計（1999年）(単位：円，人，%)

	30歳未満	%	30～39歳	%	40～49歳	%	50～54歳	%	55～59歳	%
世帯人員（人）	3.22		3.1		2.9		2.8		2.26	
有業人員（人）	0		0		0		0		0	
持ち家率（%）	15.2		30.3		60		58		84.4	
実収入	109,285	100.0	148,695	100.0	204,061	100.0	278,746	100.0	202,370	100.0
妻の収入	0	0.0	0	0.0	0	0.0	0	0.0	0	0.0
他の世帯員の収入	0	0.0	0	0.0	0	0.0	0	0.0	0	0.0
社会保障給付	92,984	85.1	89,216	60.0	92,486	45.3	52,832	19.0	105,424	52.1
公的年金										
他の給付										
実支出	186,010	100.0	233,089	100.0	305,720	100.0	347,799	100.0	278,850	100.0
消費支出	177,508	95.4	211,205	90.6	287,560	94.1	324,601	93.3	245,180	87.9
食料	47,431	26.7	53,172	25.2	72,160	25.1	72,774	22.4	64,231	26.2
外食	7,430	4.2	8,224	3.9	9,002	3.1	9,058	2.8	7,493	3.1
住居	30,999	17.5	37,333	17.7	21,744	7.6	45,686	14.1	12,336	5.0
光熱・水道	13,277	7.5	15,066	7.1	18,344	6.4	16,453	5.1	15,582	6.4
家具・家事用品	5,686	3.2	9,565	4.5	9,733	3.4	5,375	1.7	8,979	3.7
被服及び履物	12,621	7.1	9,634	4.6	11,885	4.1	14,939	4.6	9,095	3.7
保健医療	10,639	6.0	14,027	6.6	7,712	2.7	8,034	2.5	11,849	4.8
生活基礎費用合計	120,653	68.0	138,797	65.7	141,578	49.2	163,261	50.3	122,072	49.8
交通・通信	21,293	12.0	24,139	11.4	36,753	12.8	37,578	11.6	31,268	12.8
自動車等関係費	10,360	5.8	10,286	4.9	12,524	4.4	16,795	5.2	17,258	7.0
通信費	9,323	5.3	10,044	4.8	13,530	4.7	12,486	3.8	7,662	3.1
教育	4,736	2.7	6,849	3.2	25,507	8.9	20,851	6.4	4,529	1.8
教養娯楽	12,961	7.3	17,586	8.3	24,295	8.4	24,513	7.6	297,581	121.4
その他の消費支出	17,864	10.1	23,836	11.3	59,428	20.7	78,399	24.2	57,559	23.5
交際費	8,880	5.0	8,199	3.9	12,618	4.4	14,325	4.4	18,949	7.7
生活周辺費用合計	56,854	32.0	72,410	34.3	145,983	50.8	161,341	49.7	390,937	159.4
非消費支出	8,502	4.6	21,885	9.4	18,160	5.9	23,197.0	6.7	33,670	12.1
直接税										
社会保険料										
平均消費性向		176.1		166.6		154.7		127		145.3
黒字	-76,725		-84,394		-101,659		-69,053		-76,480	

(単位：千円)

	30歳未満	%	30～39歳	%	40～49歳	%	50～54歳	%	55～59歳	%
貯蓄現在高	1,842	100.0	4,713	100.0	8,900	100.0	17,878	100.0	21,035	100.0
通貨性預貯金	391	21.2	544	11.5	872	9.8	343	1.9	2,299	10.9
定期性預貯金	828	45.0	2,148	45.6	4,619	51.9	7,361	41.2	9,472	45.0
生命保険等	622	33.8	1,497	31.8	1,833	20.6	3,687	20.6	5,232	24.9
有価証券	0	0.0	457	9.7	1,525	17.1	3,229	18.1	2,918	13.9
負債現在高	705	100.0	2,998	100.0	4,415	100.0	499	100.0	1,133	100.0
内住宅ローン	645	91.5	2,761	92.1	4,106	93.0	205	41.1	1,087	95.9
貯蓄純増（平均貯蓄率）		-103		-104		-77.5		-27.8		-108

（資料）総務省統計局『全国消費実態調査報告』平成11年版。

第5章 低所得世帯と生活保護世帯の家計

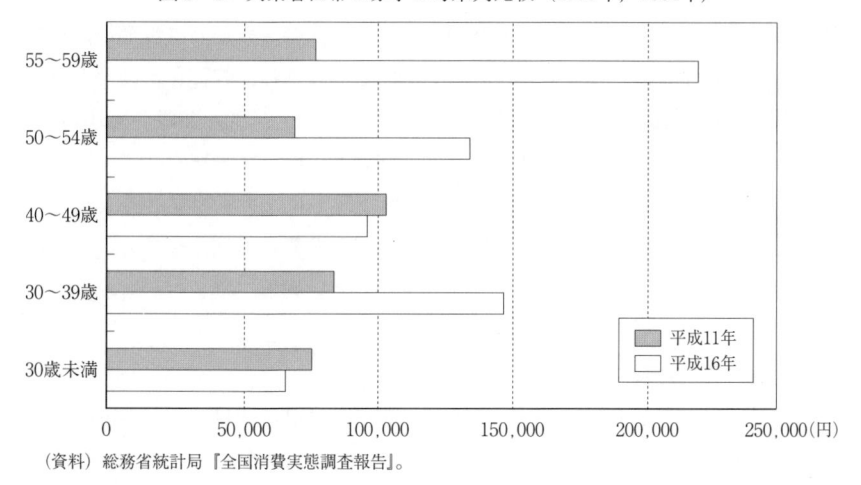

図5-1 失業者世帯の赤字の時系列比較（1999年，2004年）

（資料）総務省統計局『全国消費実態調査報告』。

が8.6万円といずれも低下している。赤字幅の拡大に関しては図5-1に表されている。特に50代の失業者世帯での赤字幅の拡大が大きなものとなっている。

② 消費構造

実支出，消費支出も実収入と同じく各年齢階級において低下している。若年層と中高年層ではかなり時系列の傾向が違う。「30歳未満」や「30～39歳」において，「食料」を中心とした生活基礎費用を削減して「生活周辺費用」の中心としての「交通・通信」「教養娯楽」を増加させている傾向がみられる。「40～49歳」や「50～54歳」では，「食料」「交通・通信」「その他の消費支出」の3本柱を中心に大幅な削減を実施し，他の費目においても全般的に縮小を実施している。「55～59歳」は1999年と2004年では「その他の消費支出」以外はあまり大きな変化はみられない。削減というよりはむしろ若干ではあるが全般的に増加傾向にある。

③ ストックの構造

1999年と2004年の貯蓄現在高を比較すると，「30歳未満」180万円／130万円，「30～39歳」470万円／430万円，「40～49歳」890万円／1190万円，「50～54歳」1780万円／1060万円，「55～59歳」2100万円／2270万円となっている。

流動性比率は，「30歳未満」21.2％／47.3％，「30～39歳」21.2％／40.4％，「40～49歳」26.9％／43.3％，「50～54歳」20％／41.5％，「55～59歳」24.8％

／25.6％、となっており、あらゆる年齢階級で1999年から2004年に至る過程で流動性が高くなっていることがわかる。これは赤字補塡のために現金化しやすい貯蓄を選択するようになったからだといえる。さらに、貯蓄をどれくらい取り崩しているかの指標となる平均貯蓄率をみてみると、「30～39歳」－104／－310、「40～49歳」－77.5／－109.3、「50～54歳」－27.8／－164、「55～59歳」－108／－469.3と、1999年から2004年の間にかなりマイナス幅が拡大していることがわかる。年を追うごとに貯蓄の取り崩し金額を増加させていかなければ、生活が運営していけない状態を示しているといえる。

教育費の日米比較

ここで、私がなぜ大学生の子どもを持つ世帯の家計に注目したかの説明が若干必要である。もちろん私立、国公立にかかわらず、大学に通う世帯の家計の多くはその期間は赤字となっているからというのが最も大きな理由である。以前、私は1994年に「家計構造の国際比較――日本を中心とした日・米・英・韓比較」『調査季報』第30号（国民金融公庫総合研究所）において、日本の教育費の異常な高さを国際比較を通して実証し、かつ教育費がいかに家計に深刻な影響を与えているかを明らかにした。日本における50代の世帯は全ライフステージのなかで最も所得が高くなる時期である。しかし、子どもが大学に通っている世帯では赤字家計になっている。当時の日本の勤労者の家計は、平均消費性向も低く70％水準できわめて健全であった。そのなかにあって家計が赤字なのは（総務省の「家計調査年報」と「全国消費実態調査」によって知りうる範囲では）、20代の単身の男性世帯と、高齢単身の女性世帯と、50代の大学生の子ども持つ世帯の3類型の世帯であった。ライフステージのなかで最も所得が高くなり黒字が大きく、ゆとりが大きなものとなる年齢階級で家計が赤字になっているというのは、ある意味異常な状態であるといわざるを得ない。

世界一高い日本の教育費は各分野に衝撃を与え、先の論文の記事は、日本の五大紙だけではなくニューヨークタイムズにも取り上げられ、取材も何度か受けた。当時の文部省からの怒りの抗議電話もあり、衆議院と参議院の税制審議会からも意見聴取を受けた。その後、子どもが大学に通っている間の税金が軽減されることになったのは周知の通りである。とにかく表5-6は、そのときに明示された子どもを2人持っている50代の世帯の日米比較の表である。この

表5-6 勤労核家族50代世帯における家計構造の日米比較

	米国 ($)	構成比 (%)	米国50代 ($)	構成比 (%)	日本 (円)	構成比 (%)	日本50代 (円)	構成比 (%)
世帯主平均年齢	43.3		52.4		43.4		52.5	
子供の数(人)	—		2		—		2	
世帯人員(人)	3.29		4		3.78		4	
実収入	32,239		39,884		452,942		544,895	
消費支出	24,414	100.0	29,631	100.0	293,630	100.0	435,770	100.0
食料	4,595	18.8	5,910	19.9	85,808	29.2	113,968	26.2
(外食)	(1,782)	(38.8)	(2,231)	(37.7)	(20,297)	(23.7)	(23,432)	(20.6)
住居	1,675	6.9	1,151	3.9	14,365	4.9	11,852	2.7
光熱・水道	1,415	5.8	1,767	6.0	16,933	5.8	19,621	4.5
家具・家事用品	2,149	8.8	2,116	7.1	12,394	4.2	12,777	2.9
被服及び履物	1,717	7.0	2,166	7.3	23,014	7.8	35,611	8.2
保健医療	837	3.4	1,164	3.9	7,598	2.6	10,413	2.4
交通・通信	6,547	26.8	8,428	28.4	33,025	11.2	50,212	11.5
教育	396	1.6	810	2.7	13,171	4.5	68,725	15.8
教養娯楽	2,170	8.9	2,590	8.7	33,907	11.5	42,890	9.8
その他の消費支出	2,913	11.9	3,529	11.9	53,417	18.2	69,701	16.0
(交際費)	(822)	(28.2)	(1,274)	(36.1)	(28,672)	(53.7)	(27,853)	(40.0)
(再掲)教育関係費	—	—	—	—	21,442	7.3	88,558	20.3
可処分所得	26,268		32,564		379,520		432,387	
消費性向	92.9		91.0		77.4		100.8	

(注) 1. 米国($),日本(円)は,世帯人員2人以上の勤労者世帯。
2. 日本の「教育関係費」には,「教育」以外に学校給食,学生服,通学定期,学習机,椅子,ランドセル,文房具,辞書,遊学仕送り金が含まれている。

(資料) 日本:総務庁統計局『全国消費実態調査報告』平成元年版。
米国:"Consumer Expenditure Survey : Integrated Survey Data, 1984-86", U. S. Department of Labor, Bureau of Labor Statistics, August 1989.

表で教育費は,米国では2.7％しかないのに日本では15.8％と13.1ポイントも上回っている。これをより厳密に「教育関係費」でみると,日本は20.3％となり,実態的には17.6ポイント日本が上回っていることになる。世界で最も教育費の割合が高いといわれている韓国でさえ,50代の世帯の消費支出に占めている割合は13％なので,おそらく家計に占める教育費の割合は日本が世界一高いと考えられる。

この欧米と日韓の間の違いは,根本的には企業の雇用システムの違いに求めることができる。日本や韓国では,どの大学を出たかという学歴によって生涯所得がほぼ確定してしまう。企業に就職してからの内部での昇進も,学歴によってコースが決められている場合が多い。

これに対して欧米では，その個人が大学で何を学び，どのような能力，可能性を有しているのかを重視し，企業は採用や昇進において能力主義をとっている。最近，日本でも遅ればせながら能力主義を一部に取り入れている企業もみられるが。すなわち日本や韓国では，「受験技術」が，欧米では「能力」がその人の人生を左右するのである。「能力」は個人に帰属するが，「受験技術」は他者から習得する方が効率的である。ここに受験技術訓練所＝塾・予備校＝教育産業の存立基盤があるのである。

　日本では，受験前だけでなく，大学に入学してからも入学金・授業料・仕送り金等，欧米とは比べものにならないくらい多額の費用が必要となる。もちろん欧米においても高所得階級しか入れないような高い授業料が必要な大学が存在することは否定しないが，どの国も国公立の大学は，日本に比べるとかなり低くなっている。オーストラリアの大学は99％の大学が国立であるが，数年前では授業料はほとんどゼロに等しかった。10年位前に4年間で20万円くらいの授業料をとることになったが，その授業料は卒業してから無利子でかつ数年間で支払ってよいというものだった。しかし，かなり激しい学生や市民の反対運動が起きたと聞いている。これは教育に対する考え方の違いにもとづいている。欧米では，国民には教育を受ける権利があり，国は貧富の差に関係なく教育の機会均等を子どもに保障すべきだという考えである。したがって授業料が発生すれば，貧しい低所得階層の子どもは大学に通えなくなるので，それは許されないことになるのである。しかし日本では，高等教育は個人の責任で負担されるべきもの（受益者負担主義）であり，ここで国家の教育に対する予算措置・配分が大きく異なってくる。この学歴主義的雇用システムと国家の教育政策（教育の機会均等を保障する方向へ）が改革されない限り，「教育」の家計における負担はますます大きくなり，これによって「格差」が再生産され貧困の世代間連鎖・再生産が続くことになる。

私立大学生のいる世帯の家計と「平均世帯」との比較

　表5-7は，私立大学生のいる世帯（以下「私大」とする）の収入階層別の表である。この表で「私大」の平均と，2人以上の勤労者世帯の平均（以下「平均世帯」とする）とを比較している。「私大」は世帯主の年齢が45歳から55歳くらいまでの間である。すると「平均世帯」より所得水準はかなり高くなる。

したがって実収入では61万5314円と50万2114円で11.3万円だけ「私大」の方が高くなっている。消費支出では19.1万円「私大」が「平均世帯」を上回っているのだが，その大半はじつは授業料を中心とした「(再掲) 教育関係費」である。金額にして「私大」が19.5万円，「平均世帯」が3.6万円でその差は15.9万円になる。「交通・通信」や「食料」の2万円差やこづかいの1.7万円差があるが，構造的にみて最も大きな差の要素は「教育関係費」である。10万円以上も「平均世帯」より収入が高いにもかかわらず，平均消費性向102.7，赤字1万3821円と家計収支が赤字になっているのは，「教育関係費」が主因であることは明白である。

　収入階級別に収支の構造と「教育関係費」のウエイトについてみていくことにする。収支が赤字になっているのは，「400万円未満」階級から「1000〜1250万円未満」階級までの6階級である。もちろん最も平均消費性向が高い階級は，「400万円未満」の128.8，赤字7.5万円である。次に消費性向が高く，赤字が最も大きいのは「500〜600万円未満」の125.3，赤字8.7万円である。その他は「400〜500万円未満」107.7，赤字2.5万円，「600〜800万円未満」104.9，赤字2.1万円，「800〜1000万円未満」104.2，赤字2万円，「1000〜1250万円未満」101.4，赤字0.8万円となっている。これらの赤字に最も影響しているのが「(再掲) 教育関係費」であるが，そのウエイトをみていくことにする。「400万円未満」46.7％，「400〜500万円未満」29.2％，「500〜600万円未満」22.8％「600〜800万円未満」29.9％，「800〜1000万円未満」24.9％，「1000〜1250万円未満」25.2％，「1250〜1500万円未満」29.4％，「1500万円以上」24.4％となっている。すべての収入階級において20％以上のウエイトがあり，「400万円未満」では驚くべきことに消費支出全体の半分近い46.7％のウエイトを占めている。これによって消費構造は費目間の調整を要求されることになる。一番大きな影響は「食料」である。「400万円未満」でエンゲル係数18.8であるが，「400〜500万円未満」は20.0，「500〜600万円未満」19.8と逆転している。すなわち削減努力の現れである。「家具・家事用品」「被服及び履物」「その他の消費支出」を削減して「(再掲) 教育関係費」を捻出している。

　やはり教育政策の矛盾は，低所得階層に集中的に現れることになる。

第Ⅱ部　生活経済からみる福祉

表5-7　私立大学生のいる

	400万円未満	%	400～500万円未満	%	500～600万円未満	%	600～800万円未満	%	800～1000万円未満	%
世帯人員（人）	3.37		3.9		4.08		4.09		4.16	
有業人員（人）	1.55		1.64		1.75		1.74		1.68	
持ち家率（％）	81.1		85.6		86.3		84.8		90.4	
実収入	291,486	100.0	369,494	100.0	398,581	100.0	504,550	100.0	593,227	100.0
妻の収入	25,963	8.9	28,617	7.7	31,124	7.8	42,062	8.3	39,227	6.6
社会保障給付	8,803	3.0	13,868	3.8	8,126	2.0	9,794	1.9	4,787	0.8
実支出	366,119	100.0	394,604	100.0	485,584	100.0	525,922	100.0	614,090	100.0
消費支出	333,349	91.0	350,876	88.9	431,438	88.8	454,515	86.4	518,618	84.5
食料	62,658	18.8	70,251	20.0	85,358	19.8	83,836	18.4	93,016	17.9
住居	13,222	4.0	7,472	2.1	8,475	2.0	13,037	2.9	13,990	2.7
光熱・水道	20,994	6.3	22,867	6.5	23,951	5.6	23,829	5.2	23,982	4.6
家具・家事用品	5,710	1.7	6,608	1.9	8,251	1.9	9,685	2.1	10,268	2.0
被服及び履物	10,186	3.1	20,166	5.7	17,156	4.0	17,677	3.9	18,196	3.5
保健医療	10,068	3.0	9,848	2.8	11,977	2.8	10,774	2.4	14,214	2.7
交通・通信	41,400	12.4	46,908	13.4	56,163	13.0	66,700	14.7	71,680	13.8
通信費	14,317	4.3	17,867	5.1	20,929	4.9	20,527	4.5	22,857	4.4
教育	90,917	27.3	90,877	25.9	125,747	29.1	113,582	25.0	133,775	25.8
授業料	87,925	26.4	89,348	25.5	120,782	28.0	108,880	24.0	128,706	24.8
教養娯楽	27,210	8.2	18,721	5.3	23,796	5.5	29,736	6.5	36,485	7.0
その他の消費支出	50,985	15.3	57,158	16.3	70,563	16.4	85,660	18.8	103,011	19.9
こづかい	15,243	4.6	25,203	7.2	26,730	6.2	35,856	7.9	47,862	9.2
交際費	13,356	4.0	13,240	3.8	21,208	4.9	17,907	3.9	20,632	4.0
仕送り金	7,179	2.2	1,387	0.4	3,967	0.9	10,836	2.4	10,580	2.0
(再掲)教育関係費	155,564	46.7	102,508	29.2	98,313	22.8	136,123	29.9	129,249	24.9
非消費支出	32,770	9.0	43,728	11.1	54,147	11.2	71,407	13.6	95,471	15.5
直接税	6,933	1.9	9,634	2.4	14,707	3.0	24,478	4.7	38,208	6.2
社会保険料	25,139	6.9	34,091	8.6	39,291	8.1	46,754	8.9	57,179	9.3
平均消費性向		128.8		107.7		125.3		104.9		104.2
黒字	-74,633		-25,110		-87,003		-21,372		-20,863	

（資料）総務省統計局『全国消費実態調査報告』平成16年版。

第5章　低所得世帯と生活保護世帯の家計

世帯の家計（2004年）　　　　　　　　　　　　　　　　　　（単位：円，人，％）

1000~1250万円未満	%	1250~1500万円未満	%	1500万円以上	%	平均	%	平均世帯	%
4.16		4.51		4.52		4.16		3.52	
1.85		2.07		2.21		1.81		1.7	
93.6		87.6		94.2		89.1		74.5	
701,189	100.0	806,294	100.0	1,006,247	100.0	615,314	100.0	502,114	100.0
57,122	8.1	117,878	14.6	208,547	20.7	62,941	10.2	56,645	11.3
6,227	0.9	9,521	1.2	14,967	1.5	8,214	1.3	18,916	3.8
709,495	100.0	778,699	100.0	943,477	100.0	629,135	100.0	415,812	100.0
596,816	84.1	642,505	82.5	740,286	78.5	530,419	84.3	339,212	81.6
98,872	16.6	112,659	17.5	119,100	16.1	93,498	17.6	73,742	21.7
11,627	1.9	29,260	4.6	17,779	2.4	14,402	2.7	19,393	5.7
25,124	4.2	26,505	4.1	27,372	3.7	24,533	4.6	19,398	5.7
11,864	2.0	12,190	1.9	13,912	1.9	10,456	2.0	9,783	2.9
23,531	3.9	25,832	4.0	44,215	6.0	21,720	4.1	14,648	4.3
13,787	2.3	17,387	2.7	19,515	2.6	13,617	2.6	11,935	3.5
81,059	13.6	75,921	11.8	97,540	13.2	71,508	13.5	50,754	15.0
22,391	3.8	23,544	3.7	24,921	3.4	21,757	4.1	14,889	4.4
158,280	26.5	158,851	24.7	162,329	21.9	135,443	25.5	27,729	8.2
149,157	25.0	149,005	23.2	156,646	21.2	129,273	24.4	18,217	5.4
43,377	7.3	46,060	7.2	72,388	9.8	38,211	7.2	32,472	9.6
129,295	21.7	137,819	21.5	166,136	22.4	107,032	20.2	84,756	25.0
55,543	9.3	64,672	10.1	70,988	9.6	46,709	8.8	29,541	8.7
25,830	4.3	29,690	4.6	32,205	4.4	22,399	4.2	21,969	6.5
23,171	3.9	15,028	2.3	26,659	3.6	14,047	2.6	11,842	3.5
150,243	25.2	188,896	29.4	180,483	24.4	194,655	36.7	36,085	10.6
112,679	15.9	136,194	17.5	203,192	21.5	98,716	15.7	76,600	22.6
51,376	7.2	66,569	8.5	109,772	11.6	42,366	6.7	29,475	7.1
61,126	8.6	69,241	8.9	93,252	9.9	56,171	8.9	46,971	11.3
	101.4		95.9		92.2		102.7		79.7
-8,306		27,595		62,770		-13,821		86,302	

私立大学生のいる世帯の家計の1999年と2004年の比較

「私大」の1999年度の収入階級別の家計収支表と，1999年の「私大」の平均（以下「1999年」とする）と2004年の平均（以下「2004年」とする）の比較をおこなうことにする。時系列の平均比較では，実収入で「1999年」69.2万円であったのが「2004年」61.5万円と7.7万円も低下している。この実収入の低下で費目間の構造的な組み換え・調整がなされているのであるが，最も大きな削減は「その他の消費支出」の1.1万円（うちこづかい0.9万円）と「食料」の0.8万円である。あとは「住居」「光熱・水道」「家具・家事用品」「被服及び履物」が0.2万～0.3万円の間で削減が実施されている。逆に増加しているのは「教育」を中心とする「教育関係費」で，4.7万円膨張・増加している。それ以外に「保健医療」「交通・通信」「仕送り金」において増加が確認される。構造的な組み換え・調整が，「教育関係費」の膨張・拡大を「食料」やこづかいの圧縮でなされているのがわかる。しかし，何よりも家計収支で「1999年」は消費性向95.9で黒字が2.3万円出ていたが「2004年」では消費性向102.7で1.3万円の赤字に転落してしまった。平均値でかなり家計が悪化しているのがわかるが，収入階級別にみていくと，もっとそれがはっきりとわかる。

「1999年」の場合，赤字であったのは4つの収入階級だけである。「2004年」は6つの階級で赤字であったので，比べるとかなり悪化しているということができる。個別にみていくと，「400万円未満」「99年」消費性向115.5，赤字3.7万円，「04年」消費性向128.8，赤字7.4万円，「400～500万円未満」「99年」消費性向110.7，赤字3.5万円，「04年」消費性向107.7，赤字2.5万円，「500～600万円未満」「99年」消費性向113.5，赤字4.7万円，「04年」消費性向125.3，赤字8.7万円，「600～800万円未満」「99年」消費性向100.0，黒字0.01万円，「04年」消費性向104.9，赤字2.1万円，「800～1000万円未満」「99年」消費性向102.5，赤字1.2万円，「04年」消費性向104.2，赤字2.0万円，「1000～1250万円未満」「99年」消費性向95.5，黒字2.6万円，「04年」消費性向101.4，赤字0.8万円，「1250～1500万円未満」「99年」消費性向97.1，黒字2.0万円，「04年」消費性向95.9，黒字2.7万円，「1500万円以上」「99年」消費性向81.5，黒字15.5万円，「04年」消費性向92.2，黒字6.2万円とほぼすべての収入階級で家計収支が悪化しているのが明確である。この主要な要因は，収入の減少と「教育関係費」の増加にあることは明らかである。1999年から2004年に一般勤

労者世帯の家計も悪化しているが，この5年間に低所得階層を中心に「教育関係費」の負担の増加によって家計の管理運営が困難になってきていることが明確となった。

国公立大学生のいる世帯の家計

表5-8で国公立大学生のいる世帯（以下「国公立大」とする）の収入階級別の家計収支が表されている。最近，東大生の家庭の所得が他の私大の学生の世帯の平均よりも高いという調査結果が示されているが，ここでもそれを裏づける結果が出ている。「国公立大」のほうが「私大」の平均より実収入で上回っている。「私大」が61.5万円なのに対して「国公立大」は63.7万円と2.2万円「国公立大」が上回っている。しかも，「国公立大」のほうが「私大」に比べ収入階級間の格差が大きいことがこの表でわかる。「私大」の実収入が「400万円未満」29.1万円，「1500万円以上」100.6万円とその差は71.5万円だったのが，「国公立大」では「400万円未満」22.1万円，「1500万円以上」101.1万円と79万円の差となっている。赤字の収入階級は「私立」では6つであったが「国公立大」では3つである。

最低所得階級である「400万円未満」を比較すると，「国公立大」の方がかなり低い水準にあることがわかる。表5-7と表5-8の「400万円未満」をみると，まず持ち家率で「私大」81.1％，「国公立大」56.4％と，24.7ポイント「国公立大」が低くなっている。実収入で「私大」29.1万円，「国公立大」22.2万円と7万円「国公立大」の方が低くなっている。また「教育関係費」のウェイトでは「私大」が46.7％なのに対して「国公立大」は51.7％と5ポイントも高くなっている。「食料」も「私大」6.3万円に対して「国公立大」5.0万円と1.3万円も実額で低くなっている。これによって全体的・平均的にみると「国公立大」のほうが「私大」より生活水準が高いが，収入階級間の格差は「国公立大」の方が大きく，とりわけ低所得階層では，生活の基礎的要件である持ち家率の24.7ポイントの低さと，50％以上の「教育関係費」の圧力によって，より苦しい生活を強いられていることが明らかとなった。

要介護世帯

表5-9で収入階級別の要介護世帯の家計が示されている。要介護費用や家

表 5 - 8　国・公立大学生の

	400万円未満	%	400～500万円未満	%	500～600万円未満	%	600～800万円未満	%	800～1000万円未満	%
世帯人員（人）	2.97		3.96		4		4.12		3.96	
有業人員（人）	1.49		1.87		1.66		1.98		1.71	
持ち家率（%）	56.4		57.5		90.6		79.6		92.5	
実収入	221,755	100.0	355,664	100.0	400,503	100.0	467,810	100.0	605,404	100.0
妻の収入	25,712	11.6	52,863	14.9	41,632	10.4	42,206	9.0	45,785	7.6
社会保障給付	17,011	7.7	8,580	2.4	17,486	4.4	9,361	2.0	5,077	0.8
実支出	265,383	100.0	391,946	100.0	393,229	100.0	518,831	100.0	582,204	100.0
消費支出	236,727	89.2	339,502	86.6	340,323	86.5	451,864	87.1	483,303	83.0
食　料	49,820	21.0	71,981	21.2	70,977	20.9	84,697	18.7	89,219	18.5
住　居	22,576	9.5	12,965	3.8	6,616	1.9	20,127	4.5	15,146	3.1
光熱・水道	16,354	6.9	20,166	5.9	21,159	6.2	21,293	4.7	22,570	4.7
家具・家事用品	5,163	2.2	7,589	2.2	7,679	2.3	8,615	1.9	11,011	2.3
被服及び履物	7,699	3.3	16,531	4.9	9,374	2.8	14,424	3.2	15,315	3.2
保健医療	9,667	4.1	16,652	4.9	10,071	3.0	13,158	2.9	13,104	2.7
交通・通信	32,520	13.7	43,133	12.7	56,077	16.5	68,080	15.1	73,877	15.3
通信費	10,447	4.4	16,391	4.8	17,690	5.2	17,359	3.8	22,214	4.6
教　育	28,790	12.2	47,791	14.1	63,950	18.8	103,441	22.9	82,011	17.0
授業料	27,724	11.7	43,909	12.9	58,510	17.2	97,972	21.7	75,133	15.5
教養娯楽	20,796	8.8	28,223	8.3	26,400	7.8	36,268	8.0	37,614	7.8
その他の消費支出	43,341	18.3	74,472	21.9	68,019	20.0	81,762	18.1	123,435	25.5
こづかい	7,532	3.2	20,023	5.9	20,696	6.1	37,074	8.2	46,965	9.7
交際費	9,421	4.0	13,114	3.9	15,130	4.4	16,246	3.6	24,249	5.0
仕送り金	16,149	6.8	7,449	2.2	14,408	4.2	10,030	2.2	22,096	4.6
（再掲）教育関係費	122,272	51.7	47,047	13.9	59,108	17.4	81,014	17.9	120,542	24.9
非消費支出	28,655	10.8	52,444	13.4	52,906	13.5	66,967	12.9	98,901	17.0
直接税	3,104	1.2	10,348	2.6	14,513	3.7	20,767	4.0	39,260	6.7
社会保険料	25,551	9.6	41,818	10.7	37,788	9.6	45,982	8.9	59,497	10.2
平均消費性向		122.6		112.0		97.9		112.7		95.4
黒　字	-43,628		-36,282		7,274		-51,021		23,200	

（資料）総務省統計局『全国消費実態調査報告』平成16年版。

第5章 低所得世帯と生活保護世帯の家計

いる世帯の家計（2004年）　　　　　　　　　　　　　　　（単位：円，人，%）

1000~1250万円未満	%	1250~1500万円未満	%	1500万円以上	%	平均	%	平均世帯	%
4.38		4.5		4.1		1.08		3.52	
1.89		1.77		1.96		1.83		1.7	
94.5		98.1		96.8		87.4		74.5	
760,468	100.0	864,788	100.0	1,011,494	100.0	637,417	100.0	502,114	100.0
62,185	8.2	93,298	10.8	200,851	19.9	71,652	11.2	56,645	11.3
12,548	1.7	26,939	3.1	5,484	0.5	10,762	1.7	18,916	3.8
691,554	100.0	806,623	100.0	887,374	100.0	611,197	100.0	415,812	100.0
562,064	81.3	628,314	77.9	667,679	75.2	499,085	81.7	339,212	81.6
97,883	17.4	103,988	16.6	103,658	15.5	88,984	17.8	73,742	21.7
16,205	2.9	6,532	1.0	7,660	1.1	14,402	2.9	13,839	4.1
24,182	4.3	25,549	4.1	23,365	3.5	22,433	4.5	19,393	5.7
14,709	2.6	11,408	1.8	15,337	2.3	11,166	2.2	19,398	5.7
23,722	4.2	25,537	4.1	31,885	4.8	19,078	3.8	9,783	2.9
10,709	1.9	10,670	1.7	19,515	2.9	12,664	2.5	14,648	4.3
72,958	13.0	108,930	17.3	109,339	16.4	75,219	15.1	11,935	3.5
20,318	3.6	25,636	4.1	21,397	3.2	19,874	4.0	50,754	15.0
111,485	19.8	116,962	18.6	116,213	17.4	93,368	18.7	27,729	8.2
99,727	17.7	115,545	18.4	110,149	16.5	86,944	17.4	18,217	5.4
45,712	8.1	52,029	8.3	63,850	9.6	41,477	8.3	14,889	4.4
144,499	25.7	166,709	26.5	180,296	27.0	120,304	24.1	22,330	6.6
71,909	12.8	68,205	10.9	65,262	9.8	48,878	9.8	32,472	9.6
25,217	4.5	25,293	4.0	32,238	4.8	22,102	4.4	84,756	25.0
21,365	3.8	44,966	7.2	49,338	7.4	23,575	4.7	21,969	6.5
109,717	19.5	135,659	21.6	175,068	26.2	169,755	34.0	36,085	10.6
129,490	18.7	178,309	22.1	219,695	24.8	112,111	18.3	76,600	18.4
61,291	8.9	88,532	11.0	126,551	14.3	50,553	8.3	29,475	7.1
67,406	9.7	89,612	11.1	93,104	10.5	61,261	10.0	46,971	11.3
	89.1		91.5		84.3		95.0		79.7
68,914		58,165		124,120		26,220		86,302	

第Ⅱ部 生活経済からみる福祉

表 5-9 要介護世帯の家計（2004年）

(単位：円、人、歳、%)

	200万円未満	%	200～300万円未満	%	300～400万円未満	%	400～500万円未満	%	500～600万円未満	%	600～800万円未満	%
世帯人員（人）	2.55		2.81		3.52		3.48		3.81		3.94	
有業人員（人）	1.26		1.19		1.5		1.46		1.83		1.79	
世帯主の年齢（歳）	52.6		52		53.2		53		53.4		52.5	
持ち家率（%）	56.4		62.7		82.1		89		93.1		92.5	
実収入	135,317	100.0	202,610	100.0	256,657	100.0	317,016	100.0	384,738	100.0	495,917	100.0
妻の収入	0	0.0	6,995	3.5	12,392	4.8	11,664	3.7	28,834	7.5	41,093	8.3
社会保障給付	30,576	22.6	41,282	20.4	21,273	8.3	39,809	12.6	45,150	11.7	49,438	10.0
公的年金	30,576	22.6	32,130	15.9	18,356	7.2	38,614	12.2	41,590	10.8	46,660	9.4
他の給付	0	0.0	9,152	4.5	3,017	1.2	1,196	0.4	3,561	0.9	2,777	0.6
実支出	203,871	100.0	226,480	100.0	277,511	100.0	318,004	100.0	322,652	100.0	425,220	100.0
消費支出	188,243	92.3	208,452	92.0	243,185	87.6	279,044	87.7	277,019	85.9	360,878	84.9
食　料	43,275	23.0	54,400	26.1	64,190	26.4	72,855	26.1	72,542	26.2	80,144	22.2
外　食	7,251	3.9	5,469	2.6	7,922	3.3	9,732	3.5	7,637	2.8	11,015	3.1
住　居	11,614	6.2	19,013	9.1	18,034	7.4	10,551	3.8	11,493	4.1	13,090	3.6
光熱・水道	15,330	8.1	15,846	7.6	18,894	7.8	20,389	7.3	21,735	7.8	23,884	6.6
家具・家事用品	5,424	2.9	12,261	5.9	9,609	4.0	12,293	4.4	10,937	3.9	12,363	3.4
被服及び履物	8,302	4.4	5,007	2.4	9,151	3.8	10,330	3.7	11,415	4.1	12,492	3.5
保健医療	14,321	7.6	15,046	7.2	12,201	5.0	12,307	4.4	15,639	5.6	14,704	4.1
保健医療サービス	10,233	5.4	7,489	3.6	8,096	3.3	7,057	2.5	7,558	2.7	8,499	2.4
交通・通信	27,123	14.4	26,636	12.8	33,068	13.6	40,338	14.5	33,701	12.2	50,301	13.9
自動車関係費	5,914	3.1	15,450	7.4	19,821	8.2	22,804	8.2	17,972	6.5	29,405	8.1
通信費	8,272	4.4	7,858	3.8	9,970	4.1	13,427	4.8	11,707	4.2	15,153	4.2
教育	2,278	1.2	1,966	0.9	11,437	4.7	4,474	1.6	10,111	3.6	14,915	4.1
教養娯楽	13,776	7.3	11,845	5.7	16,549	6.8	23,420	8.4	21,739	7.7	28,139	7.8
その他の消費支出	46,800	24.9	46,434	22.3	50,042	20.6	72,087	25.8	68,067	24.6	110,845	30.7
こづかい	5,179	2.8	3,499	1.7	9,643	4.0	17,865	6.4	17,977	6.5	27,728	7.7
交際費	18,170	9.7	14,710	7.1	16,277	6.7	23,833	8.5	18,697	6.7	27,115	7.5
非消費支出	15,628	7.7	18,028	8.0	34,326	12.4	38,960	12.3	45,633	14.1	64,342	15.1
平均消費性向	157.3		112.9		109.4		100.4		81.7		83.6	
黒　字	−68,554		−23,870		−20,854		−988		62,086		70,697	

156

第5章 低所得世帯と生活保護世帯の家計

	800〜1000万円未満	%	1000〜1250万円未満	%	1250〜1500万円未満	%	1500万円以上	%	平均	%	平均世帯	%
世帯人員（人）	4.05		4.33		4.49		4.47		3.99		3.52	
有業人員（人）	1.79		2.08		2.06		2.36		1.84		1.7	
世帯主の年齢（歳）	53.5		53.7		52.1		53.3		53		46.5	
持ち家率（%）	92.3		96.8		98.5		100		92.2		74.5	
実収入	559,968	100.0	685,175	100.0	730,966	100.0	959,317	100.0	542,700	100.0	502,114	100.0
妻の収入	45,270	8.1	64,325	9.4	108,987	14.9	242,724	25.3	59,654	11.0	56,645	11.3
社会保障給付	38,793	6.9	44,122	6.4	47,969	6.6	41,668	4.3	42,685	7.9	18,916	3.8
公的年金	35,334	6.3	40,767	5.9	46,223	6.3	37,567	3.9	39,565	7.3	14,341	2.9
他の給付	3,459	0.6	3,555	0.5	1,746	0.2	4,100	0.4	3,120	0.6	3,674	0.7
実支出	503,660	100.0	590,012	100.0	665,844	100.0	806,512	100.0	480,911	100.0	415,812	100.0
消費支出	418,961	83.2	486,113	82.4	539,575	81.0	628,939	78.0	400,024	83.2	339,212	81.6
食料	86,128	20.6	95,364	19.6	96,770	17.9	106,802	17.0	83,805	20.9	73,742	21.7
外食	13,886	3.3	14,285	2.9	16,475	3.1	19,935	3.1	12,439	3.1	13,839	4.1
住居	20,044	4.8	18,113	3.7	33,198	6.2	29,665	4.7	18,190	4.5	19,393	5.7
光熱・水道	22,960	5.5	25,186	5.2	26,579	4.9	27,845	4.4	23,367	5.8	19,398	5.7
家具・家事用品	11,661	2.8	13,888	2.9	16,461	3.1	19,857	3.2	12,992	3.2	9,783	2.9
被服及び履物	16,355	3.9	22,237	4.6	22,744	4.2	28,642	4.6	16,109	4.0	14,648	4.3
保健医療	21,994	5.2	16,323	3.4	21,866	4.1	28,246	4.5	17,742	4.4	11,935	3.5
保健医療サービス	12,356	2.9	9,144	1.9	6,957	2.8	16,366	2.6	10,236	2.6	7,015	2.1
交通・通信	63,843	15.2	62,674	12.9	36,797	12.4	95,107	15.1	55,508	13.9	50,754	15.0
自動車関係費	38,050	9.1	35,841	7.4	19,832	6.8	59,158	9.4	32,249	8.1	27,729	8.2
通信費	15,964	3.8	17,994	3.7	36,612	3.7	21,135	3.4	15,582	3.9	13,839	4.4
教育	20,346	4.9	24,115	5.0	38,021	6.8	20,293	3.2	17,676	4.4	14,889	4.4
教養娯楽	31,681	7.6	40,042	8.2	180,367	7.0	57,505	9.1	31,477	7.9	22,330	6.6
その他の消費支出	123,929	29.6	168,112	34.6	52,927	33.4	214,949	34.2	123,159	30.8	32,472	9.6
こづかい	33,701	8.0	57,488	11.8	34,893	9.8	57,505	9.1	34,282	8.6	84,756	25.0
交際費	28,686	6.8	38,070	7.8		6.5	46,997	7.5	29,217	7.3	29,541	8.7
非消費支出	84,698	16.8	103,899	17.6	126,270	19.0	177,572	22.0	80,888	16.8	76,600	18.4
平均消費性向		88.2		83.6		89.2		80.5		86.6		79.7
黒字	56,308		95,163		65,122		152,805		61,789		86,302	

（資料）総務省統計局『全国消費実態調査報告』平成16年版。

157

第Ⅱ部　生活経済からみる福祉

表 5 - 10　単身赤字世帯

	男女100万円未満	%	女・100万円未満	%	女・100～150万円未満	%	女・350～400万円未満	%
年齢（歳）	43.8		44.8		44.1		39.3	
持ち家率（％）	22		18.7		15.6		18.5	
実収入	96,908	100.0	102,407	100.0	136,416	100.0	272,491	100.0
社会保障給付	2,409	2.5	2,972	2.9	6,882	5.0	10,408	3.8
公的年金	2,409	2.5	2,972	2.9	6,755	5.0	10,202	3.7
実支出	115,424	100.0	134,408	100.0	137,498	100.0	273,489	100.0
消費支出	108,338	93.9	126,615	94.2	124,824	90.8	231,477	84.6
食料	24,300	22.4	23,987	18.9	23,282	18.7	36,875	15.9
外食	5,188	4.8	4,090	3.2	4,827	3.9	12,977	5.6
住居	23,748	21.9	29,170	23.0	31,183	25.0	45,045	19.5
光熱・水道	7,885	7.3	7,827	6.2	8,018	6.4	8,901	3.8
家具・家事用品	3,432	3.2	4,314	3.4	4,939	4.0	5,112	2.2
被服及び履物	5,671	5.2	8,136	6.4	7,720	6.2	18,611	8.0
保健医療	5,194	4.8	8,736	6.9	4,557	3.7	9,250	4.0
交通・通信	14,143	13.1	17,481	13.8	13,678	11.0	32,158	13.9
自動車等関係費	5,317	4.9	6,390	5.0	2,940	2.4	12,333	5.3
通信費	5,902	5.4	6,626	5.2	6,903	5.5	9,110	3.9
教育	2,121	2.0	3,423	2.7	4	0.0	0	0.0
教養娯楽	11,515	10.6	11,171	8.8	11,488	9.2	25,229	10.9
その他の消費支出	10,330	9.5	14,344	11.3	19,954	16.0	50,297	21.7
交際費	5,289	4.9	7,776	6.1	10,572	8.5	27,859	12.0
非消費支出	7,086	6.1	7,792	5.8	12,674	9.2	42,012	15.4
直接税	1,588	1.4	1,883	1.4	3,026	2.2	15,134	5.5
社会保険料	5,497	4.8	5,909	4.4	9,496	6.9	26,820	9.8
平均消費性向		120.6		133.8		100.9		100.4
黒字	−18,516		−32,001		−1,082		−998	

（注）　単身世帯は勤労単身世帯である。
（資料）　総務省統計局『全国消費実態調査報告』平成16年版。

計に関する詳細な検討は第8章でおこなうので，ここでは赤字家計に関してだけ触れることにする。

　収入階級が低い順に4つの収入階級において赤字となっている。それは「200万円未満」消費性向157.3／赤字6.8万円，「200～300万円未満」消費性向112.9／赤字2.3万円，「300～400万円未満」消費性向109.4／赤字2.0万円，「400～500万円未満」消費性向100.4／赤字0.1万円である。要するに要介護者がいる世帯で年収が500万円以下であると，家計が赤字にならざるを得ないと

第 5 章　低所得世帯と生活保護世帯の家計

の家計（2004年）　　　　　　　　　　　　　　　　（単位：円，歳，%）

女・30歳未満 100万円未満	%	女・30歳未満 300～350万円未満	%	男女平均	%	平均世帯	%
22.4		26.1		39		3.52	
0		3.6		23.8		74.5	
89,520	100.0	251,629	100.0	310,112	100.0	502,114	100.0
0	0.0	0	0.0	8,913	2.9	56,645	11.3
0	0.0	0	0.0	8,547	2.8	18,916	3.8
115,708	100.0	276,128	100.0	251,190	100.0	415,812	100.0
111,710	96.5	239,510	86.7	204,219	81.3	339,212	81.6
19,589	17.5	37,117	15.5	44,263	21.7	73,742	21.7
7,406	6.6	16,971	7.1	19,352	9.5	13,839	4.1
33,203	29.7	53,012	22.1	35,944	17.6	19,393	5.7
5,546	5.0	6,566	2.7	8,032	3.9	19,398	5.7
1,391	1.2	4,915	2.1	4,126	2.0	9,783	2.9
6,303	5.6	59,496	24.8	12,102	5.9	14,648	4.3
2,809	2.5	3,362	1.4	4,662	2.3	11,935	3.5
10,498	9.4	25,795	10.8	32,111	15.7	50,754	15.0
3,720	3.3	4,639	1.9	14,206	7.0	27,729	8.2
2,571	2.3	8,518	3.6	8,428	4.1	14,889	4.4
18,247	16.3	6,047	2.5	79	0.0	22,330	6.6
6,989	6.3	22,618	9.4	26,835	13.1	32,472	9.6
7,764	7.0	26,593	11.1	36,065	17.7	84,756	25.0
2,708	2.4	9,839	4.1	16,549	8.1	21,969	6.5
3,998	3.5	36,618	13.3	46,970	18.7	76,600	18.4
777	0.7	13,723	5.0	18,988	7.6	29,475	7.1
3,221	2.8	22,896	8.3	27,838	11.1	46,971	11.3
	130.6		111.4		77.6		79.7
−26,188		−24,499		58,922		86,302	

いうことを表している。ここでも低所得階層の別の新たな生活問題が発見されている。とりわけ300万円以下の世帯で持ち家率が低く，「200万円未満」56.4％，「200～300万円未満」62.7％と，他の収入階級の80％から90％以上の持ち家率と比較するとかなり低くなっている。これが「住居」のウエイトに影響して生活全体を圧迫している。また「保健医療」が「平均世帯」と比較すると高くなっているのが目立つ。

　ここでも低所得階層と中・高所得階層との格差が明らかとなった。

159

単身世帯と単身赤字世帯

ここでは単身世帯のなかで家計収支が赤字になっている世帯類型・年収階級だけを取り上げて表5-10を作成している。「全国消費実態調査」のなかから単身世帯に関しては，勤労者世帯のみを取り上げることにする。これは勤労者世帯でないと家計収支が黒字か赤字かがわからないからである。単身世帯の勤労者世帯の年間収入階級別の表を利用しているので，年収階級の刻みが一般勤労者世帯と比べると細かくなっている。「100万円未満」「100～150万円未満」「150～200万円未満」「200～250万円未満」「250～300万円未満」「300～350万円未満」「350～400万円未満」「400～500万円未満」「500～600万円未満」「600万円以上」という10階級の刻みになっている。さらにこの同じ収入階級別で6つの世帯類型に分類されている（1．男女平均，2．男女平均30歳未満，3．男平均，4．男30歳未満，5．女平均，6．女30歳未満，に分かれている）。このなかで6つの単身世帯類型と10の収入階級のクロス表のなかから赤字家計を取り出した。

結果として赤字家計だったのは，「男女平均の100万円未満」「女の100万円未満」「女の100～150万円未満」「女の350～400万円未満」「女30歳未満の100万円未満」「女30歳未満の300～350万円未満」の6つの類型であった。「男女平均の100万円未満」以外はすべて女性の単身世帯であった。高齢単身世帯においても女性単身世帯に赤字世帯が集中していたことを考えると，ここにおける問題は高齢者のそれと共通した問題を抱えていると考えられる。男の単身の平均の実収入は34万4747円，女の平均の実収入は25万6298円と女の単身の方が8万8449円低くなっている。すなわち女性の賃金が男性よりも25％程度低いというのが最大の問題である。第二の問題は，男性と女性のライフスタイルの違いである。どちらかというと男性は引きこもりがちであるが，女性は積極的に外部との交流を推し進める割合が高い。したがって交際をはじめとする「教養娯楽費」などが男性と比較すると高くなる傾向にある。積極的なライフスタイルの結果として赤字になるケースが多いと考えられる。しかし，最も重要なのは，高齢単身世帯の場合もそうであったが，女性の年金が男性の半額（遺族年金の場合）であるということと，女性単身勤労世帯の場合，男性との賃金格差が9万円近く存在しているという問題である。この問題を政策的に解決しない限り，女性の単身世帯の赤字問題は解決されないであろう。ここでの格差問題は，収

入階級間の格差と同時に，男女間の格差の構造が重要な問題として提起されなければならない。

第3節　生活保護世帯の家計

ここでは厚生労働省の「社会保障生計調査（家計簿）」（平成15年）と「被保護者全国一斉調査」（平成16年）を用いて生活保護受給世帯の家計について分析をおこないたいと思う。

生活保護世帯の世帯類型と世帯規模

図5-2によれば，1970年には，生活保護世帯のなかで高齢者世帯と障害疾病者世帯と母子世帯プラスその他でそれぞれ3割超とバランスが取れていたが，この35年間で高齢者世帯が31.4％から47.9％にそのウエイトを急速に高めている。母子世帯は，35年前と比較すると2ポイントほど減って8.4％となっている。障害疾病者世帯は1980年から2000年までは4割以上のウエイトだったが1970年の35.9％とほとんど変化なく，2004年は35.3％である。今後もこの高齢者世帯の増加は容易に予想される。

さらに，図5-3で生活保護世帯の世帯規模をみると，1人の単身世帯が73.6％と圧倒的に多くなっている。以下2人世帯16.9％，3人世帯5.6％，4人世帯2.6％，5人世帯0.8％，6人以上0.5％となっている。しかも，高齢者世帯の9割近くが単身世帯である。このままの事態が推移すれば近い将来，生活保護世帯は単身の高齢者世帯の割合が高くなり，その分，母子世帯や障害疾病世帯やホームレスなどが縮小・削減される危険性が存在する。今政府は，ただでさえ生活保護の予算を削減・縮小する方針を提出し，母子世帯の母子加算を打ち切る方向である。

生活保護法では，自治体は申請を必ず受理し，保護に該当するかどうかを審査しなければならない。その申請を拒むことは違法行為に当たる。にもかかわらず日弁連の調査（朝日新聞2006年9月1日）によると，窓口で申請自体を拒否しているケースが急増しているということが報告されている。

日弁連によると，自治体窓口で保護の申請を拒否されたうち，66％が生活保護法違反の可能性があることがわかった。拒否の理由で最も多かったのは，親

第Ⅱ部　生活経済からみる福祉

図5-2　生活保護世帯の世帯類型時系列表

年	高齢者世帯	母子世帯	障害者疾病者世帯	その他の世帯
2004年	47.9	8.4	35.3	8.4
2000年	46.0	7.8	40.3	5.9
1990年	37.2	11.7	42.9	8.1
1980年	30.3	12.8	46.0	10.9
1970年	31.4	10.3	35.9	22.4

（資料）厚生労働省「被保護者全国一斉調査」平成16年。

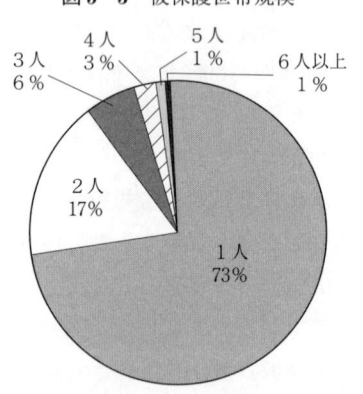

図5-3　被保護世帯規模

- 1人　73%
- 2人　17%
- 3人　6%
- 4人　3%
- 5人　1%
- 6人以上　1%

（資料）厚生労働省「被保護者全国一斉調査」平成16年。

族からの援助を要請するようにといわれたケースが49件，年が若いから働けるだろうと拒否されたケースが11件，持ち家の処分を求めたケースが16件，借金をしているから拒否されたケースが11件，弁護士が生命の危険があると認めたケースも7件あった。ほかに，病気なのに治療するお金がない（16件），食事が満足にとれない（9件），水道やガスを止められた，家賃を滞納している（12件）など緊急性の高い切迫したケースについては弁護士が介入した。最近も北九州市で障害者の男性が生活保護を申請して拒否され餓死したという事件

が起きたばかりである。

　私見ではあるが，生活保護の対象から高齢者世帯を切り離して，高齢者世帯に関しては，生活保護，年金，介護保険等すべてトータルに高齢者ケア，生活自立支援のシステムを作りあげ，その別システムのなかで高齢者対象の生活保護を実施する必要があるのではないかと思う。そうすることによって，高齢者世帯以外の生活保護世帯，母子世帯，障害疾病者世帯等の予算枠組みをこれまでと同じにして，高齢者世帯が有していた既得部分であった部分を一気に拡大できると考えられる。そうすれば縮小するパイの配分合戦・競争は緩和されるのではないかと考えられる。そうしなければ近い将来，生活保護世帯は高齢単身世帯で埋め尽くされて，母子，障害・疾病等の世帯はますます対象から拒否・排除される危険性が高くなると考えられる。それ以前に生活保護を受けさせまいとする水際作戦は，憲法第25条に違反する人権侵害につながる危険性をもっていることはいうまでもない。

世帯類型別生活保護世帯の家計（2人以上世帯）
　表5-11で生活保護世帯の家計を世帯類型別にみていくことにする。
　第一に，生活保護世帯の平均（以下「保護平均」とする）と一般世帯の平均「一般世帯」を比較することにする。ここで一つ問題なのは両者の世帯人員が約1人違うということである。「保護平均」のほうが1人少なくなっている。したがって表のままの数値で比較すれば「保護平均」の収入20.5万円は，「一般世帯」の50.2万円の40％の水準となるが，世帯員一人当たりの収入に換算して比較すれば56.6％の水準ということになる。60％にも達しない低いレベルであることには変わりない。
　消費構造に関しては，人間の再生産に直結する「生活基礎費用」の構成比が「保護平均」では70.4％となっており，「一般世帯」の43.9％より26.5ポイント上回っている。この70％水準というのは，低所得階層（第Ⅰ十分位階級）の54.4％，有業者がいない失業者世帯の53.4％をはるかに上回っている高い水準であることがわかる。「保護平均」ではなく個別の世帯類型でみていくと，高齢者世帯が78.2％と最も高い水準にある。最も低いのは母子世帯の66.1％であるが，これは「教育」と「教養娯楽」の習い事の費用という子どものための費用が他の世帯類型より多くかかるため，その分，生活周辺費用が膨張し，生活

表 5-11 世帯類型別生活保護世帯の家計（2人以上） (単位：円, 人, %)

	高齢者	%	母子	%	障害・疾病	%	その他	%	保護平均	%	一般世帯	%
世帯人員（人）	2.01		2.94		2.43		2.45		2.54		3.52	
実収入	170,070	100.0	238,742	100.0	188,294	100.0	195,669	100.0	205,103	100.0	502,114	100.0
就労収入	12,601	7.4	53,350	22.3	27,478	14.6	37,707	19.3	35,809	17.5	461,555	91.9
生活保護給付金品	127,462	74.9	137,544	57.6	125,086	66.4	124,924	63.8	130,516	63.6	18,016	3.6
他の社会保障給付	28,224	16.6	42,303	17.7	32,993	17.5	30,028	15.3	35,113	17.1		0.0
その他	1,783	1.0	5,546	2.3	2,738	1.5	3,009	1.5	3,666	1.8		0.0
消費支出	137,124	100.0	190,198	100.0	154,009	100.0	163,076	100.0	165,766	100.0	339,212	100.0
食料	46,241	33.7	54,105	28.4	49,193	31.9	53,768	33.0	51,146	30.9	73,742	21.7
住居	32,359	23.6	31,375	16.5	29,308	19.0	31,516	19.3	31,160	18.8	19,393	5.7
光熱・水道	13,105	9.6	16,497	8.7	15,309	9.9	14,069	8.6	15,083	9.1	19,398	5.7
家具・家事用品	7,021	5.1	7,758	4.1	7,452	4.8	6,255	3.8	7,291	4.4	9,783	2.9
被服及び履物	4,594	3.4	12,530	6.6	5,434	3.5	6,719	4.1	8,233	5.0	14,648	4.3
保健医療	3,878	2.8	3,498	1.8	3,879	2.5	3,999	2.5	3,747	2.3	11,935	3.5
生活基礎費用合計	107,198	78.2	125,763	66.1	110,575	71.8	116,326	71.3	116,660	70.4	148,899	43.9
交通・通信	7,466	5.4	17,606	9.3	11,839	7.7	11,683	7.2	13,082	7.9	50,754	15.0
教育	582	0.4	12,942	6.8	2,334	1.5	1,661	1.0	6,008	3.6	22,330	6.6
教養娯楽	5,895	4.3	16,374	8.6	7,931	5.1	8,104	5.0	10,816	6.5	32,472	9.6
その他	15,983	11.7	17,514	9.2	21,320	13.8	25,302	15.5	19,200	11.6	84,756	25.0
生活周辺費用合計	29,926	21.8	64,436	33.9	43,424	28.2	46,750	28.7	49,106	29.6	190,312	56.1

（資料）厚生労働省「社会保障生計調査（家計簿）」平成15年。

基礎費用が縮小することになるからである。

　この最大の構造上の要因は，「住居」のウエイトが「一般世帯」5.7％に対して「保護平均」は18.8％と13.1ポイントも上回っていることである。住宅を自己所有していると生活保護が受けられないから，住宅を保有している場合は処分してから保護の申請をすることになる。もともと生活保護を申請する世帯は住宅を保有していることが少ないのではあるが，いずれにしても賃貸住宅に居住することになる。そうすると，ほとんどの保護世帯において家賃が発生することになるので，結果として「住居」のウエイトが高くなる。住宅扶助は，生活扶助とセットになっており，あらかじめ決められてしまっている。1級地-1で1万3000円，3級地で8000円となっている。この金額で住める住宅は，おそらく存在しないであろう。したがって現実の家賃との差額が被保護者の負担ということになる。この「住居」が生活全体を根底から圧迫する。その他の「生活基礎費用」に関しては，「生活の標準化」の圧力によって「家具・家事用

品」「光熱・水道」は金額ベースでもそれほど大きな違いがないが，ウエイトはかなり高くなっている。「被服及び履物」は「一般世帯」の約半分の56％の水準しかなく，強制的節約の結果と思われる。また「保健医療」は「保護平均」はかなり低くなっているが，保護世帯は医療費扶助が受けられるために低くなっていると思われる。

参考までに「保護平均」のエンゲル係数の30.9は，1975年の2人以上の勤労者世帯の平均水準と同じ水準である。また高齢者世帯やその他の世帯のエンゲル係数は1968年の水準と同じである。

世帯人員別生活保護世帯の家計（単身世帯を含む）

表5－12は2人以上の生活保護世帯の世帯人員別の家計を表している。単身世帯は，後からみていくことにして，現行の生活保護給付のシステムからすると，世帯人員が増えれば給付される保護費も高くなっていくことになる。実収入には就労収入も含まれているので，それを除いた「生活保護給付金品」と「他の生活保障給付」を合計したものを世帯人別に比較すると，「2人」14万6340円，「3人」17万5912円，「4人」22万9071円，「5人」26万3076円となり，「2人」から「3人」で120.2％，「3人」から「4人」で130.2％，「4人」から「5人」で114.8％の増加幅となっている。

消費構造の視点から捉えると，「生活基礎費用」が「2人」74.2％，「3人」67.5％，「4人」64.1％，「5人」62.9％と，世帯人員の増加とともにそのウエイトが低下しているのがわかる。さらに表5－13の単身の生活保護世帯をみてみると，その割合は平均で76.9％，高齢者世帯で77.5％となっている。

単身と2人世帯の生活がかなり厳しい水準であることがわかる。このことから，政策的には，世帯人員増によって加算される給付金額をある程度抑えて，その分で，単身や2人世帯の基準給付金額を底上げしたほうが全体の水準が上がるのではないかと思われる。そこで問題となるのが「3人」以上の世帯では子どものために必要となる「教育」と「教養娯楽」だが，現行の教育扶助の内容をより充実させ，また生活福祉資金貸付制度をより利用しやすく，かつ内容を改善すれば問題は解決されると考える。現行の制度では補習教育費や高等教育の受験・入学・授業料がでない。これでは保護世帯の子どもが教育の機会均等から排除されており，その権利を著しく侵害されていることになる。これは

表5-12 世帯人員別生活保護世帯の家計（2人以上）(単位：円，人，%)

	2人	%	3人	%	4人	%	5人	%
世帯人員（人）	2		3		4		5	
実収入	172,310	100.0	230,695	100.0	311,092	100.0	336,342	100.0
就労収入	23,590	13.7	47,728	20.7	77,634	25.0	69,244	20.6
生活保護給付金品	116,070	67.4	134,236	58.2	187,375	60.2	206,238	61.3
他の社会保障給付	30,270	17.6	41,676	18.1	41,696	13.4	56,838	16.9
その他	2,380	1.4	7,055	3.1	4,117	1.3	4,022	1.2
消費支出	142,326	100.0	176,290	100.0	247,135	100.0	286,583	100.0
食　料	45,204	31.8	51,974	29.5	71,225	28.8	91,502	31.9
住　居	31,165	21.9	28,334	16.1	36,762	14.9	34,612	12.1
光熱・水道	13,343	9.4	16,172	9.2	21,829	8.8	21,352	7.5
家具・家事用品	6,696	4.7	7,630	4.3	8,935	3.6	10,767	3.8
被服及び履物	5,792	4.1	10,790	6.1	14,980	6.1	16,912	5.9
保健医療	3,380	2.4	4,145	2.4	4,711	1.9	5,077	1.8
生活基礎費用合計	105,580	74.2	119,045	67.5	158,442	64.1	180,222	62.9
交通・通信	9,836	6.9	16,071	9.1	21,791	8.8	27,053	9.4
教　育	1,731	1.2	10,311	5.8	20,078	8.1	18,099	6.3
教養娯楽	7,350	5.2	12,989	7.4	22,722	9.2	25,966	9.1
その他	17,829	12.5	17,874	10.1	24,104	9.8	35,243	12.3
生活周辺費用合計	36,746	25.8	57,245	32.5	88,695	35.9	106,361	37.1

（資料）厚生労働省「社会保障生計調査（家計簿）」平成15年。

表5-13 世帯類型別生活保護世帯の家計（単身世帯）(単位：円，人，%)

	高齢者	%	保護平均	%	一般単身	%
世帯人員（人）	1		1		1	
実収入	123,260	100.0	124,511	100.0	310,112	100.0
就労収入	2,420	2.0	5,585	4.5	291,536	94.0
生活保護給付金品	98,420	79.8	99,140	79.6	8,913	2.9
他の社会保障給付	19,133	15.5	16,648	13.4		0.0
その他	3,287	2.7	3,177	2.6		0.0
消費支出	102,962	100.0	106,044	100.0	204,219	100.0
食　料	30,900	30.0	31,300	29.5	44,263	21.7
住　居	30,522	29.6	31,260	29.5	35,944	17.6
光熱・水道	8,495	8.3	8,772	8.3	8,032	3.9
家具・家事用品	4,290	4.2	4,188	3.9	4,126	2.0
被服及び履物	2,882	2.8	3,153	3.0	12,102	5.9
保健医療	2,684	2.6	2,878	2.7	4,662	2.3
生活基礎費用合計	79,773	77.5	81,551	76.9	109,129	53.4
交通・通信	5,645	5.5	6,571	6.2	32,111	15.7
教　育	0	0.0	0	0.0	79	0.0
教養娯楽	5,909	5.7	6,005	5.7	26,835	13.1
その他	11,634	11.3	11,919	11.2	36,065	17.7
生活周辺費用合計	23,188	22.5	24,495	23.1	95,090	46.6

（資料）厚生労働省「社会保障生計調査（家計簿）」平成15年。

世代間の貧困の連鎖と再生産を断ち切るためにも重要な課題だといえる。

　そして何よりも住宅扶助の基準金額を根本から見直し，少しでも現実に近づけるようにすることが生活保護世帯の生活水準向上のために急務であると考える。

注
(1)　この部分の引用は，第1章第2節で引用したものと同じ箇所を再掲したものである。

参考文献

川上昌子編『公的扶助論』光生館，2002年。

庄司洋子・杉村宏・藤村正之編『貧困・不平等と社会福祉』有斐閣，1997年。

江口英一編『社会福祉と貧困』法律文化社，1981年。

K. マルクス，マルクス＝エンゲルス全集刊行委員会訳『資本論』大月書店，1972年。

第6章
母子世帯の家計と福祉

　日本では，母子世帯の全世帯に占める割合が低いという理由で，母子世帯の問題は，社会福祉や経済学の分野でわずかに取り上げられているに過ぎないのが現状である。しかし近年，欧米先進諸国の間では，政府の社会政策上の重要な課題として，母子世帯の問題が重要な1つの焦点ともなっている。また高齢者，失業者の問題と並んで，貧困を形成する要因として母子世帯問題は社会問題化している。

　日本でも家族の変容とともに核家族化が進展し，女性の就労が増大しているなかにあって，母子世帯も内容のうえで大きく変化してきている。以前の母子世帯は死別母子世帯が8割以上の大きな割合を占めていたが，最近では逆に8割が生別母子世帯で占められるようになってきており，死別と生別の関係が量的に完全に逆転している。このような母子世帯の構造的変化によって，母子世帯自体がその性格を変えてきている。畠中の「この分野の研究もピークを過ぎ」「その種の研究がほぼやりつくされて」(1)いるというのは，母子世帯の構造的変化一つ捉えても大きな誤りであろう。

　さらに，今後，日本でも女性の経済的自立が可能な環境が今以上に整備されれば，離婚率も上昇するであろうし，母子世帯も増大することになる。現在でも統計上現れていない家庭内別居等の潜在的離婚率は，かなり高いのではないかと推測される。また，離婚後の親世帯との同居によって母子世帯問題が表面化しないで潜在化しているケースも多くみられる。このようなことを考慮に入れると，近い将来日本でも，欧米諸国のように母子世帯の問題が社会問題化する可能性は高いと考えられる。

　母子世帯を問題にする場合，社会学的アプローチ，社会福祉学的アプローチ，ジェンダー的アプローチ，経済学的アプローチといろいろ考えられるが，ここでは，家計，とりわけ消費構造に焦点を当てた分析を試みることにする。最近

の研究では、ジェンダーアプローチとして林（2004），杉本（2006）等があり，また篠塚（1992），城戸（1985，1993），下夷（1989,1993），都村（1989），濱本（1997），岩田（2001），青木（2003）等のように、所得保障（社会保障給付），養育費，賃金といういわば収入に焦点を当てた政策的議論を中心とした研究が主流を占めている。そのようななかで母子世帯の生活実態を明らかにするために支出に焦点を当てた生活構造論的議論を中心とした研究も存在している。室住（1988），畠中（1992），石田（1994），庄谷（1996），鳥山（2002，2003），丸山（2005）等の研究がそれに当たると思われる。以上の先行研究をふまえながら，まず母子世帯の現状を概観し，次にその支出＝消費生活構造に関して，一般世帯との比較，子どもの就学状況別比較，母親の就労形態別比較をおこない，そこから現代的貧困の形態としての母子世帯の生活実態に迫り，そこにおける問題点を抽出したいと考えている。

第1節　母子世帯の消費構造の特質
――「全国消費実態調査」「全国母子世帯等調査」から

母子世帯の現状

　本章で取り扱う母子世帯の定義は，厚生労働省「全国母子世帯等調査」結果の概要」（以下「全国母子世帯等調査」とする）のなかで用いられている「母子世帯とは満20歳未満の子供とその母親からなる世帯」を採用している。統計の目的によって定義がさまざまに異なっているが，それに関してはここでは触れないこととする。[2]

　「全国母子世帯等調査」で母子世帯になった理由別の推移をみると，1952年に母子世帯総数69万4700のうち「死別」59万，「生別」10万3700，その割合では「死別」84.9％，「生別」14.9％と圧倒的に「死別」が高い割合を占めていた。それが2003年総数122万5400世帯のうち「死別」14万7200（12.0％），「生別」107万6400（87.8％）とその割合が完全に逆転した構成になっている。また，「生別」のなかでは「離別」が7.5％（1952年）から79.9％（1993年），「未婚の母」が1.6％（1952年）から5.8％（2003年）と割合をそれぞれ増加させている。この母子世帯の構造的変化によって，以前は母子世帯といえば「死別」の問題だったが，現在では「生別」の問題に換わってきている（図6-1）。

第❻章　母子世帯の家計と福祉

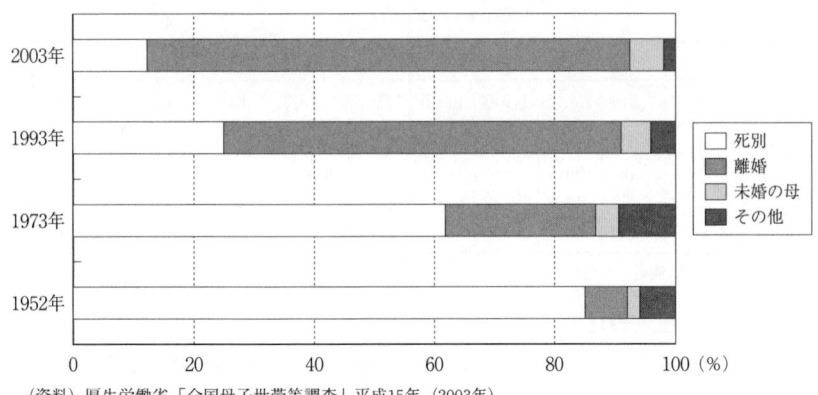

図 6-1　母子世帯になった理由別構成比の推移

凡例：□死別　■離婚　▨未婚の母　■その他

（資料）厚生労働省「全国母子世帯等調査」平成15年（2003年）。

表 6-1　母子世帯の住居の所有状況　　（単位：千世帯，%）

	総　数	持ち家	借家等公営住宅	公社・公団	借　家	同　居	その他
1998年	(100.0)	(26.6)	(16.6)	(3.1)	(25.9)	(13.6)	(12.6)
2003年 総　数	1,225.4 (100.0)	252.1 (20.6)	234.5 (19.1)	34.4 (2.8)	390.5 (31.9)	181.6 (14.8)	132.2 (10.8)
死　別	147.2 (100.0)	84.6 (57.5)	15.0 (10.2)	3.5 (2.4)	22.9 (15.6)	14.1 (9.6)	7.1 (4.8)
生　別	1,076.4 (100.0)	167.5 (15.6)	219.5 (20.4)	30.9 (2.9)	365.8 (34.0)	167.5 (15.6)	125.2 (11.6)

（資料）厚生労働省「全国母子世帯等調査」平成15年（2003年）。

　母子世帯を捉える場合，確かに共通の問題は存在するが，「生別」と「死別」を区別して捉える必要がある。「死別」の場合，所得保障や住宅といった生活上の基礎的用件のレベルでは，一般世帯と比較すると低いが，「生別」と比較すると高い位置にある。表 6-1「母子世帯の住居の所有状況」では持ち家率が「死別」57.5%，「生別」15.6%で 3 倍以上の開きがみられる。「1992年の年間収入状況」では平均収入額が「死別」254万円，「生別」202万円と，「死別」のほうが約1.3倍高くなっている。なお，2002年には生別死別では統計が取られていないので平均値しかわからないが，212万円となっている。これは92年の平均215万円より低い水準である。

　現状では大半の統計データが「死別」「生別」の区分がなされていないので区分して分析することは困難であるが，このことを考慮に入れて分析すること

表6-2 母子世帯の就学状況別子どもの状況
(20歳未満の児童)
(単位：千人，%)

	1998年度		2003年度			1998年度		2003年度	
総　数	1,519	100.0	1,919	100.0	高　専	13	0.9	7	0.4
					短　大	18	1.2	7	0.4
小学校前	221	14.6	371	19.3	大　学	40	2.6	20	1.1
小学校	402	26.5	641	33.4	各種・専修	31	2.1	22	1.2
中学校	257	16.9	379	19.8	就　労	196	12.9	63	3.3
高　校	283	18.7	329	17.2	その他	54	3.6	75	4.0

(資料) 厚生労働省「全国母子世帯等調査」平成15年 (2003年)。

は重要であると思われる。

　母子世帯は子どもの年齢，就学状況，人数によって生活構造＝消費構造がそれぞれ異なっていることが考えられる。表6-2「母子世帯の就学状況別子どもの状況」では，2003年度は「小学校」33.4%，「中学校」19.8%，「小学校入学前」19.3%の順で最も多くなっている。次に多いのは，「高校」17.2%で，「大学」は1.1%と低く，「高等専門学校」「短大」「専修学校・各種学校」は合わせても2.0%である。子どもの人数は1世帯あたり1.75人となっており，子ども数が1人41.9%，2人42.9%，3人12.0%，4人以上1.9%という分布になっており，子ども1人と2人の世帯の合計で8割を超えている。

　母親の就労状況によっても生活構造＝消費構造は異なってくる。就労している世帯が83.0%である。従業上の地位は，1998年に常勤50.7%，臨時・パート38.3%だったのが2003年には常勤39.2%，臨時・パート49.0%と常勤パートの比率がまったく逆転していることに注意を要する。98年までは常勤が半数を超えて最も多かったが，03年にはパートが約半数を占める状態となっている。このことは年収の低下と，勤務時間の長さに関係してくる。母親がどのような職種についているかという問題は生活時間と所得に関係している。とりわけサービス業の場合，勤務時間が不規則で勤務が深夜に及ぶケースもある。これが子どもの成長・学習環境，親子関係，母親の就労継続環境，健康状況にかなりの影響を及ぼしていると考えられる。

　母子世帯の消費生活構造の規定要因の主なものとして，所得水準，消費水準，持ち家率，子どもの就学状況＝年齢，母親の就労状況などがあげられるが，これらに沿って以下で分析を進めていくこととする。

第 6 章　母子世帯の家計と福祉

表 6-3　母子世帯と一般世帯の家計比較　(単位：円, 人, %)

	一般世帯	%	母子世帯	%
世帯人員（人）	3.48		2.62	
持ち家率（%）	68.8		31.4	
実収入	530,028	100.0	217,676	100.0
社会保障給付	15,542	2.9	16,684	7.7
実支出	415,899	100.0	215.970	100.0
消費支出	330,836	79.5	191,309	88.6
食　料	72,025	21.8	47,079	24.6
外　食	14,082	4.3	10,213	5.3
住　居	20,804	6.3	25,618	13.4
家賃地代	14,932	4.5	24,735	12.9
光熱・水道	20,909	6.3	13,155	6.9
家具・家事用品	10,419	3.1	5,097	2.7
被服及び履物	14,893	4.5	9,790	5.1
保健医療	11,531	3.5	5,160	2.7
交通・通信	47,218	14.3	25,155	13.1
交　通	7,814	2.4	3,258	1.7
自動車等関係費	25,983	7.9	9,645	5.0
通信費	13,421	4.1	12,252	6.4
教　育	19,714	6.0	15,720	8.2
教養娯楽	33,710	10.2	18,421	9.6
その他の消費支出	79,613	24.1	26,112	13.6
交際費	24,619	7.4	8,425	4.4
非消費支出	85,063	25.7	24,661	12.9
可処分所得	444,966		193,015	
黒字率		25.6		0.5

（資料）総務省統計局『全国消費実態調査報告』平成16年（2004年）版。

母子世帯と一般世帯の消費構造の比較

　ここでは，母子世帯の消費構造の特質を把握するために一般世帯との比較をおこなう。用いたデータは，総務省統計局「全国消費実態調査報告」2004年の2人以上の勤労者世帯である。表6-3の2人以上の勤労者世帯の「一般世帯平均」と母子世帯の「勤労者平均」によると，世帯の基本属性の違いでは，一般世帯のほうが世帯人員は0.86人多く，持ち家率においては37.4ポイント上回っている。

　実収入では，母子世帯が21万7676円で一般世帯の53万28円の41.1%と約4割

表 6-4　生活基礎費用・生活周辺費用比較 (単位:％)

	一般(A)	母子(B)	A－B
食　料	21.8	24.6	－2.8
住　居	6.3	13.4	－7.1
光熱・水道	6.3	6.9	－0.6
家具・家事用品	3.1	2.7	0.4
被服及び履物	4.5	5.1	－0.6
保健医療	3.5	2.7	0.8
生活基礎費用合計	45.5	55.4	－9.9
交通・通信	14.3	13.1	1.2
教　育	6.0	8.2	－2.2
教養娯楽	10.2	9.6	0.6
その他の消費支出	24.1	13.6	10.5
生活周辺費用合計	54.6	44.5	10.1

(資料)　厚生労働省「全国母子世帯等調査」平成15年（2003年)。

の収入しかないというきわめて低い水準にある。以上のような母子世帯の基本的属性と収入の低位性をふまえながら消費構造をみていくことにしよう。

　表6-4では，生活必需性の高い，いわゆる「生活基礎費用」のうち，多くの費目において母子世帯が一般世帯を上回っているのがわかる。なかでも「住居」で7.1ポイント，「食料」で2.8ポイント上回っているのが目につく。収入が低くなれば，その分生活していくために最低限必要とされる衣食住を中心とした「生活基礎費用」のウエイトが高くなる。「住居」に関しては，両世帯の持ち家率を比較すればその回答は自ずと出る。すなわち，母子世帯が31.4％なのに対して，一般世帯は68.8％と２倍以上の持ち家率となっている。このため母子世帯が家賃・地代を支払っている割合が高くなり，結果として「住居」のウエイトが高くなるのである。しかしここで注意を要するのは，住居の所有形態については母子世帯のなかでも「死別」と「生別」ではまったく状況が異なっているということである。先にみたように「死別」の持ち家率は68.0％，「生別」は22.6％となっている。

　このことは，母子世帯全体にとって「住居」負担が重いのではなく，「生別」にとって負担が重いことを示しているのである。これまでの母子世帯研究でも必ず議論に出てくる問題として「住居」問題があった。それは母子世帯に限らず，高齢者や失業者といったいわゆる貧困層を形成している世帯の最も重要な

課題として提出されてきている。しかし筆者は，この問題は母子世帯固有のものでも，貧困層に固有の問題でもなく，日本の勤労者全体にとっての共通する最大の問題としてあると認識している。住宅問題は，本質として土地問題であり，政府，企業，金融機関の三者が一体となって錬金術の道具として土地を利用してきた結果として，土地が現在のような，とんでもない高価格になってしまったといえる。したがって，土地を現在の価格水準から，かなりの程度引き下げるような政策を実施しながら，とりわけ貧困世帯には特別に配慮した土地・住宅政策を展開しなければ，この問題は根本的には解決されないであろうと思われる。しかし，いずれの論者も指摘するように，この課題は緊急性の高い問題であることは疑う余地のないところである。

　他方，「生活周辺費用」の多くの費目で母子世帯が一般世帯を下回っている。なかでも「その他の消費支出」が10.5ポイント低くなっているのが特に目立っている。「その他の消費支出」を構成している主要な内容は，諸雑費，こづかい，仕送り金，交際費の4項目である。これらの項目で比較すると諸雑費はほぼ同じウエイトで差がみられない。交際費では母子世帯が3.0ポイント低い。こづかいのデータが省略されているので推測するしかないが，諸雑費，交際費，仕送り金以外はこづかいだと仮定すると，母子世帯1.9ポイント，一般世帯11.0％で9.1ポイント母子世帯が低いことになる。母子世帯では使途不明金という名の自由に使えるこづかいがほとんど存在していないということがわかる。

母子世帯と低所得階層の消費構造の比較

　以上で指摘してきた点は，確かに母子世帯と一般世帯との比較から得られた結果であるが，これらの多くは，低所得階層＝貧困世帯にみいだされる一般的特徴でもある。これを証明するために表6-5と表6-6と表6-7の収入階級別消費構造をみることにする。これらの表では収入階級五分位別に消費支出の費目の構成比が示されている。表6-6には，収入階級が上昇すれば構成比が低下する費目が示されており，表6-7には逆に収入階級が上昇すれば費目の構成比が高くなる費目が示されている。それぞれに該当する費目のなかで表6-6ではすべてが基礎項目であり，表6-7では，「被服及び履物」以外は周辺費目となっている。このグラフで母子世帯は第Ⅰ分位とほぼ同じところに位

表6-5 第一分位と母子世帯の比較 (単位:％)

	第一分位(A)	母子(B)	A－B
食　料	24.5	24.6	－0.1
住　居	10.6	13.4	－2.8
光熱・水道	7.8	6.9	0.9
家具・家事用品	3.3	2.7	0.6
被服及び履物	3.9	5.1	－1.2
保健医療	4.0	2.7	1.3
生活基礎費用合計	54.1	55.4	－1.3
交通・通信	14.3	13.1	1.2
教　育	3.3	8.2	－4.9
教養娯楽	8.4	9.6	－1.2
その他の消費支出	19.7	13.6	6.1
生活周辺費用合計	45.7	44.5	1.2

(資料) 厚生労働省「全国母子世帯等調査」平成15年 (2003年)。

表6-6 収入階級五分位別消費構造(生活基礎費用)(単位:％)

	Ⅰ	Ⅱ	Ⅲ	Ⅳ	Ⅴ
食　料	24.2	23.1	21.8	21.2	19.4
住　居	8.7	8.9	7.3	5.7	4.6
光熱・水道	7.7	7.3	6.7	6.1	5.3
家具・家事用品	3.2	3.1	3.2	3.1	3.1
保健医療	4.3	3.9	3.7	3.4	3.4

(資料) 総務省統計局『家計調査年報』(2人以上の勤労者世帯) 2005年。

表6-7 収入階級五分位別消費構造(生活周辺費用)(単位:％)

	Ⅰ	Ⅱ	Ⅲ	Ⅳ	Ⅴ
被服及び履物	4.1	4.2	4.4	4.7	5
交通・通信	12.4	13.9	15.5	15.1	14.1
教　育	3.3	4.6	5	5.9	7.6
教養娯楽	9.2	9.4	9.6	10.6	10.8
その他の消費支出	22.7	21.5	23	24	26.8

(資料) 総務省統計局『家計調査年報』(2人以上の勤労者世帯) 2005年。

置しており，一般世帯の平均は第Ⅲ分位に位置している。表6-5をみると，低所得階層＝貧困世帯の一般的傾向に当てはまらない費目が存在することに気がつく。それは第一に「その他の消費支出」6.1，第二に「教育」4.9，第三に「住居」2.8の3費目である。「その他の消費支出」は表6-7をみてもわかるように，収入階級が高くなればなるほどそのウエイトは大きくなっている。す

なわち交際費やこづかいなどの費目を中心にして家計全体のゆとりを表す指標としても有効性がある。そのゆとりの度合いが，一般の低所得階層より母子世帯のほうが6.1ポイントも低くなっているのである。また逆に「住居」では2.8ポイント一般の低所得階層を上回っている。これは母子世帯の持ち家率が低く厳しい住宅問題に直面していることを示している。「教育」は4.9ポイント高くなっているが，この費目に関しては一般世帯と比較しても2.2ポイント高かった。母子世帯の子どもの教育に対する並々ならぬ関心の高さを感ぜずにはおれない。これら3費目に関しては，貧困世帯の一般傾向とはまったく逆の傾向を母子世帯が有していることが明確になった。この3費目が，ある意味では母子世帯を特徴づけているとみることができる。

　すなわち，第一に，家計全体のゆとり度の低さの反映として「その他の消費支出」のウエイトが低くなっており，第二に，持ち家率が低く高い家賃に家計が圧迫されていることの反映としての「住居」のウエイトの高さ。第三に，子どもには人並みあるいはそれ以上の教育を受けさせて「立派な幸福な」人生を歩んでほしいと思う親の気持ちが一般世帯以上に強く作用して，「教育」のウエイトが高くなっているといえる。先の「全国母子世帯等調査」でも「子供に関する最終進学目標」（1998年）で高校が44.8％，大学（高等専門学校・短大・大学・各種専修学校を含む）が41.3％で両者合わせて86.1％と大半を占めている。また，「現在困っていること」（2003年）のなかで子どもについての悩みで最も多い教育・進学についての項目が，男の子50.3％，女の子55.9％と他の問題項目を大きく引き離して半数以上の割合を占めている。この調査結果が，母子世帯においていかに子どもの教育・進学が中心的な問題になっているか，いいかえればウエイトの高い課題であるかを示しているといえる。

　以上みてきたように母子世帯は，一方で，収入が低いという点で消費構造では一般的な低所得階層＝貧困層と共有する性格（「住居」「食料」のウエイトの高さと「その他の消費支出」の低さ）を有しているが，他方では，それらの貧困層と区別される母子世帯固有の特質（「その他の消費支出」のウエイトの低さと「住居」「教育」の高さ）を持っているものとして存在しているといえる。

母子世帯内の子どもの就学状況別消費構造の比較

　母子世帯はこれまでみてきたように，他の一般世帯と比較して，生活価値観

第Ⅱ部　生活経済からみる福祉

表6-8　子どもの就学状況別消費構造　　　（単位：円，歳，％）

	平均	％	6歳未満	％	小学生	％	中学生	％	高校生	％
持ち家率（％）	31.4		21.6		22.0		31.4		46.8	
年間収入（千円）	2,908		2,391		2,958		3,257		3,033	
世帯主の年齢（歳）	38.2		31.2		37.4		41.6		46.1	
実収入	217,676	100.0	193,344	100.0	226,780	100.0	247,028	100.0	220,145	100.0
社会保障給付	16,684	7.7	18,314	9.5	8,034	3.5	11,639	4.7	11,052	5.0
実支出	215,970	100.0	173,471	100.0	194,027	100.0	263,019	100.0	242,788	100.0
消費支出	191,309	88.6	153,191	88.3	164,362	84.7	234,511	89.2	216,979	89.4
食料	47,079	24.6	31,383	20.5	37,904	23.1	51,139	21.8	47,977	22.1
外食	10,213	5.3	6,800	4.4	9,697	5.9	10,736	4.6	7,962	3.7
住居	25,618	13.4	26,112	17.0	24,659	15.0	37,100	15.8	18,008	8.3
家賃地代	24,735	12.9	25,900	16.9	24,397	14.8	35,172	15.0	16,386	7.6
光熱・水道	13,155	6.9	10,556	6.9	11,113	6.8	12,072	5.1	13,704	6.3
家具・家事用品	5,097	2.7	2,806	1.8	3,642	2.2	7,255	3.1	5,055	2.3
被服及び履物	9,790	5.1	9,154	6.0	12,214	7.4	9,743	4.2	9,295	4.3
保健医療	5,160	2.7	4,122	2.7	4,904	3.0	8,244	3.5	4,288	2.0
交通・通信	25,155	13.1	22,282	14.5	24,567	14.9	21,486	9.2	34,581	15.9
交通	3,258	1.7	1,347	0.9	4,336	2.6	3,387	1.4	4,398	2.0
自動車等関係費	9,645	5.0	10,080	6.6	10,347	6.3	7,907	3.4	13,801	6.4
通信	12,252	6.4	10,855	7.1	9,884	6.0	10,192	4.3	16,383	7.6
教育	15,720	8.2	8,253	5.4	4,831	2.9	28,154	12.0	19,755	9.1
教養娯楽	18,421	9.6	14,059	9.2	16,831	10.2	25,902	11.0	14,560	6.7
教養娯楽サービス	9,116	4.8	8,065	5.3	9,137	5.6	13,987	6.0	5,605	2.6
インターネット接続料	847	0.4	874	0.6	615	0.4	1,374	0.6	1,366	0.6
その他の消費支出	26,112	13.6	24,464	16.0	23,696	14.4	33,414	14.2	49,755	22.9
交際費	8,425	4.4	8,532	5.6	10,962	6.7	8,615	3.7	11,260	5.2
（再掲）教育関係費	21,817	11.4	8,869	5.8	8,522	5.2	30,787	13.1	40,398	18.6
非消費支出	24,661	11.4	20,280	11.7	29,665	15.3	28,508	10.8	25,809	10.6
可処分所得	193,015		173,064		197,115		218,520		194,336	
平均消費性向		99.1		88.5		83.4		107.3		111.7
黒字（率）	1,706	(0.9)	19,873	(11.5)	32,753	(16.6)	-15,991	(-7.3)	-22,643	(-11.7)

（注）「全世帯平均」は母子世帯全体の平均値である。「6歳未満」から「高校生」までは子ども1人の世帯の平均値である。

（資料）総務省統計局『全国消費実態調査報告』平成16年（2004年）版。

について，より子どもにウエイトがかかっている世帯である。その世帯のなかで子どもの成長段階を軸にして世帯の消費構造が変化していくことになる。子どもの就学状況を6歳未満，小学生，中学生，高校生に段階区分して，それぞれの段階での消費構造をみて，それがどのように変化していくのかを検討することにする。

表6-8では母親と子ども1人の2人世帯をデータとして載せている。基本属性に関しては，有業人員はすべて1以下であり勤労世帯以外も含んでいることを示している。持ち家率は，6歳未満で21.6%と子どもの年齢とともにその率は上昇しており，高校生では46.8%になっている。年間収入は6歳未満が239万円と最も少なく，中学生では約325万円と最も高くなっている。世帯主の年齢は，当然のことながら子どもの学年の上昇につれて6歳未満31.2歳から高校生46.1歳へと上昇している。消費支出の水準は年収のレベルとは異なり，学年の上昇とともに小学生約16.4万円から中学生約23.5万円へとアップしている。

以上の子どもの就学状況別基本属性の違いをふまえて，消費構造の分析にはいることにする。

① 食料

図6-2-Aでは，「小学生」を除けば6歳未満から「高校生」まで子どもの成長とともに食料構成比率＝エンゲル係数は上昇している。「小学生」のウエイトが高いのは，消費支出が相対的に低いからであり，金額的にみれば「6歳未満」3万1383円，「小学生」3万7904円，「中学生」5万1139円，「高校生」4万7977円となっており，むしろ「中学生」の高さが際立っており，それとの比較で「高校生」の低さが目立つところである。子どもの成長過程で「中学生」よりは「高校生」のほうが食費がかかると考えられる。しかし実態は，「中学生」のほうが「高校生」より3000円以上高くなっている。

これと同じ現象を一般世帯の子ども2人の核家族勤労世帯についてもみることができる。世帯主の年齢の上昇とともに所得も上昇するが，それと同時にエンゲル係数も上昇していることはよく知られているところである。しかし，ここでも世帯主の年齢が50歳代に入るとエンゲル係数は急激に低下することが指摘されている。50歳代の教育関係費をみると20.3%のウエイトを占めている。先の母子世帯でも「高校生」の教育関係費は20.0%を占めていた。この一般世帯と母子世帯にみられる高校生から大学生の子どもを持つ世帯の「食料」金額

第Ⅱ部　生活経済からみる福祉

図6-2　子どもの就学状況別・費目別比較表

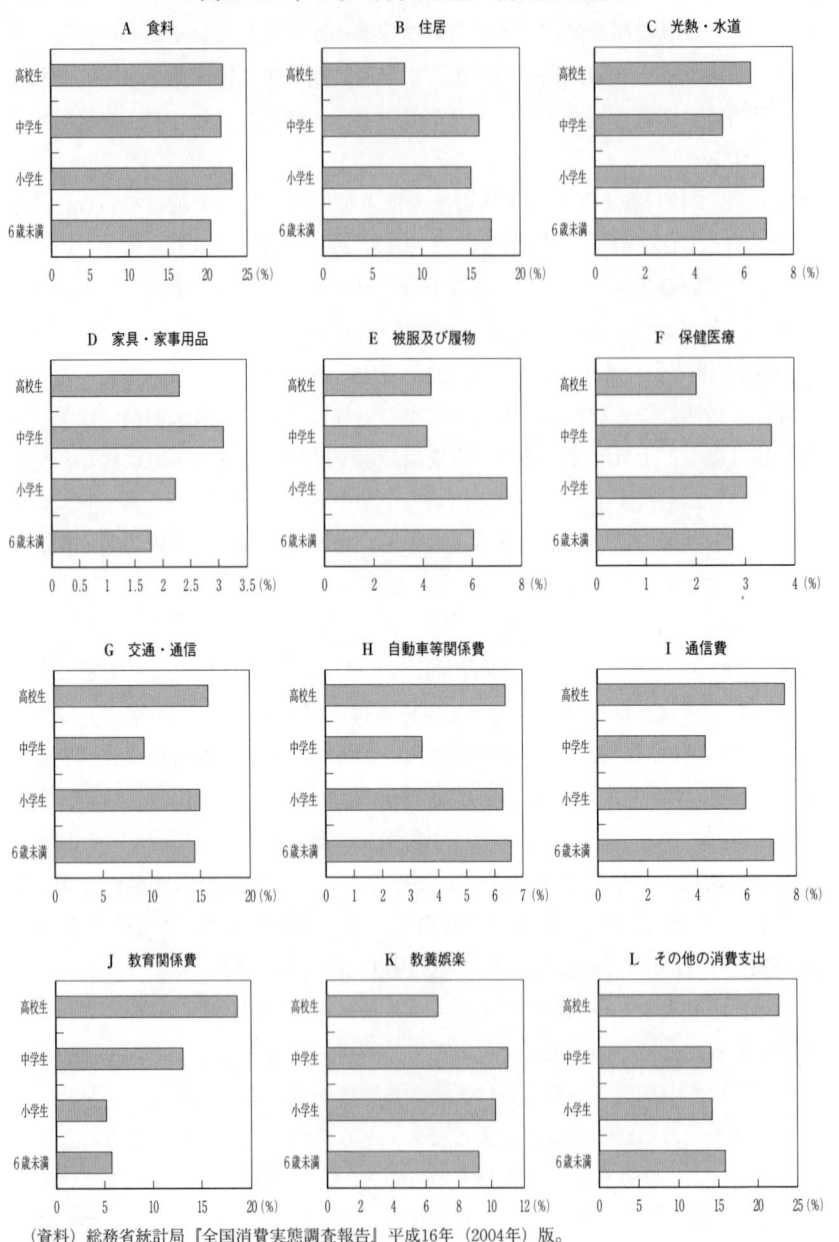

(資料)　総務省統計局『全国消費実態調査報告』平成16年(2004年)版。

の急激な低下は，エンゲルの法則からは説明されない。すなわち，所得上要因＝生活水準要因によって説明されるのではなく，「教育の膨張圧力」を「食料」で吸収するための家計の防衛的行動，あるいは調整組み換え行動であるということができる。これらの世帯では，世帯主年齢が高くなるにつれて世帯収入あるいは消費支出が上昇し，「中学生」あるいは世帯主が40歳代までは，子どもの成長とともに「食料」のウエイトが収入の伸びを上回る勢いで高くなっていくが，「高校生」（母子世帯）あるいは世帯主が50歳代（一般世帯）での「教育」の急激な膨張によって，家計の支出構造の組み換えが強制され，結果として「食料」ウエイトの圧縮を余儀なくされているのではないだろうか。

② 住居

図6-2-Bでは，高学年になるに従って「住居」のウエイトは低下している。これは持ち家率が「6歳未満」21.6％，「小学生」22.0％，「中学生」31.4％，「高校生」46.8％というように上昇しているからである。とはいうものの「住居」の「6歳未満」17％，「小学生」15.0％，「中学生」15.8％，「高校生」8.3％という水準は，いずれも一般世帯の5％水準からすればはるかに高い水準であることに変わりはない。

③ 光熱・水道

図6-2-Cでは，「中学生」を除けば全体的にあまり差がみられない。「中学生」で低く出ているのは消費支出が高いからであり，金額をみれば学年の上昇とともに使用量が増加する傾向にあることがわかる。「6歳未満」1万556円，「小学生」1万1113円，「中学生」1万2072円，「高校生」1万3704円と徐々に増加している。この費目は節約＝調整に限度がある弾力性の低い費目であるといえる。

④ 家具・家事用品

図6-2-Dでは，「6歳未満」が1.8％と他の世帯の水準に比べると低くなっている。これは，離婚後別居してからの経過年数が浅いために，衣食住に精一杯で調理に必要な日常的に使用する必要最低限のモノしか購入していないからで，大きな家具や電化製品は極力買い控えをして耐えている様子が浮かんでくる。また「高校生」も2.3％と低くなっているが，これは「6歳未満」の場合とは逆に，ほとんどの家具・電化製品は「中学生」までに取りそろえが完了していることと，「教育」の膨張圧力で無駄を省いていることの2つの要因が考

えられる。

⑤　被服及び履物

図6-2-Eでは，子どもの成長とともに「小学生」以降はウエイトが低下する傾向にあるといえる。この時期，子どもの成長が最も急速に進むので，服や靴のサイズがすぐ合わなくなる。このため下着から上着まできわめて短いサイクルで買い換えなくてはならないことが影響していると思われる。

⑥　保健医療

図6-2-Fでは，1989（平成元）年調査では「2歳以下」が飛びぬけて高いウエイトを示していた。初めての子育ては非常に不安なもので，子どもに親が予測しないような事態が発生すると，何でもないことでもすぐに病院に駆け込む傾向がある。それでなくても0歳から2～3歳までは子どもはよくかぜを引いたり，おなかをこわしたりするものである。いずれにしてもこの時期には，病院への通院の回数は他の時期に比べかなり頻度が高くなる。また，最近では紙おむつが主流になっており，紙おむつ利用世帯では1カ月に1万円以上はかかる。したがって「2歳以下」のウエイトが結果として高くなるのであるが，2004（平成16）年調査では「2歳以下」という区分はなく「6歳未満」に含まれてしまっているので，その内訳は不明である。

⑦　交通・通信

図6-2-Gでは，1989（平成元）年調査では一般世帯が11％，母子世帯9.0％と2ポイントウエイトが低かったが，その差は，一般14.3％，母子世帯13.1％と1.2ポイントに縮小している。しかし，内容的には，「交通」では一般2.4，母子1.7，「自動車等関係費」（図6-2-H）一般7.9，母子5.0，「通信費」（図6-2-I）一般4.1，母子6.4と，母子世帯は交通，自動車関係費では低いのだが，通信では2.3ポイントも一般を上回っている。自動車関係費で母子世帯のウエイトが低いのは，車の保有数量との関係が大きいと考えられる。すなわち母子世帯は一般世帯より車の保有数量が少ない（推計22％程度の保有率）のである。車は保有した時点から駐車場代からガソリン代，税金，保険料，メンテナンス費用等々かなりの額が必要となり，しかもその費用が固定化する傾向にあるので，母子世帯としては保有についてかなり慎重にならざるを得ない。通信費は全体的に高くなっているが，携帯電話の利用がとりわけ「高校生」で高くなっている。「交通・通信」及び「自動車関係費」「通信」は，「教

養娯楽」と全く逆のグラフとなっている。前者は,「6歳未満」が最も高く,「小学生」「中学生」と順に低くなり,また,「高校生」で「6歳未満」の高さに戻るといった傾向を示している。これは,習い事の月謝などで占められている「教養娯楽」を多めに取るための費用調整の結果であり,「中学生」については,そのうえ「(再掲)教育関係費」が高くなっている分,低くなっていると考えられる。

⑧ 教育関係費

図6-2-Jでは,先に「食料」で述べたように,子どもの年齢とともにそのウエイトが上昇している。しかも,「中学生」「高校生」で急激な上昇をしている。世帯主65歳以上で配偶者60歳以上の無職の高齢者だけの夫婦世帯では,最もウエイトの高い費目が「(再掲)交際関係費」で,それを中心＝基軸にして他の費目のウエイトが編成されていたが,母子世帯の「中学生」「高校生」では,「(再掲)教育関係費」を基軸に他の費目が編成されていると考えられる。高齢者世帯の場合,「(再掲)交際関係費」を拡大＝捻出するために「食料」や「被服及び履物」が削られていた。「中学生」の場合もそれと同じように「(再掲)教育関係費」を拡大＝捻出するために「被服及び履物」や「交通・通信」が削減＝圧縮されている。すなわち「中学生」にとって最も生活のなかでの価値観＝優先順位の高いものとして「教育」が存在しているのである。「高校生」の場合は,「被服及び履物」や「保健医療」「教養娯楽」が削減＝圧縮されている。「高校生」にとっては「(再掲)教育関係費」が最優先の価値を有するものとして存在しているといえる。

⑨ 教養娯楽

図6-2-Kは,テレビ,カメラ,学習机等の「教養娯楽用耐久財」と文房具,スポーツ用品,ファミコンといった玩具等の「教養娯楽用品」,新聞,雑誌,書類等の「書籍・他の印刷物」,旅行,水泳教室等の習い事の月謝や映画,遊園地の入場料等の「教養娯楽サービス」から構成されている。「全国消費実態調査報告」のデータではこのレベルでの内訳は知ることができないので,「家計調査」2005(平成17)年度のデータでみると,母子世帯(子ども20歳未満)の平均的な「教養娯楽」の構成は,教養娯楽用耐久財8.5％,教養娯楽用品30.7％,書籍・他の印刷物14.8％,教養娯楽サービス45.9％となっており,教養娯楽用品と教養娯楽サービスで約75％を占めている。「6歳未満」のなかで

第Ⅱ部　生活経済からみる福祉

図6-3　子どもの就学状況別「その他の消費支出」内訳

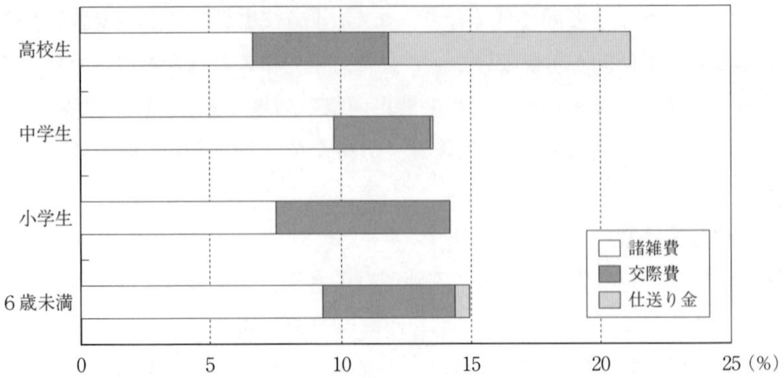

（注）子ども一人の勤労母子世帯。
（資料）総務省統計局『全国消費実態調査報告』平成16年（2004年）版。

　子どもが自我に目覚め始めるのが3～6歳で，テーマパークや遊園地や映画（アニメ）に行くことを親に要求するようになる。またスイミングスクール等に通い始めるのもこの時期である。これらが約5割を占める教養娯楽サービスを形成し，ファミコンやゲームソフトなどのおもちゃ類の購入等が約3割を占める教養娯楽用品を構成している。その状態が「中学生」の間まで続くが，「高校生」になると親あるいは家族とともに行動したがらなくなり，家族よりは学校の友達と行動を共にすることにウエイトをおくようになる。ファミコンなどのゲームからもこの時期に卒業する。このような子どもの意識・行動および親子関係の変化の結果として「小学生」10.2％，「中学生」11％であったのが，「高校生」では6.7％にまで低下している。また，これは習い事の月謝ともリンクしている（英会話・習字・珠算・公文・新体操・スイミングスクール・バレエ・ピアノ・バイオリン等）。

⑩　その他の消費支出

　図6-2-Lでは，一般世帯の家計では，所得水準が上昇することによって「その他の消費支出」のウエイトが高くなる傾向がある。母子世帯ではこの法則は当てはまらないようである。この内訳を図6-3でみることにしよう。「6歳未満」から「中学生」までほとんどウエイトに変化はみられない。しかし「高校生」では14.2から22.9へと8.7ポイントも上昇している。このアップの中身は諸雑費，交際費ではあまり変化がないのに比べ，仕送り金で「高校生」

は「中学生」より9.2ポイント上昇している。

　交際費は「小学生」が最も高く，「中学生」と比較すると3ポイントも上回っている。それは，母親の社会的諸関係の拡大によってもたらされていると考えられる。勤務先の会社での関係，子どもの学校での父母との関係，地域での関係等々である。「高校生」時点での仕送り金の急激な拡大は，子どものこづかいと，親元から距離的に遠い「高校」に通学するために，下宿生活や寮生活を送っている子ども（これらの子どもの当該人数は決して多いとは考えられないが，一人当たりの仕送り金額が非常に高いためにウエイトを押し上げていると考えられる）への仕送り金の拡大によってもたらされていると思われる。

母子世帯の母親の就労形態別比較

　先に示したとおり母親の83.0％は就労しており，就労していない母親は16.7％となっている。就労している者のなかで，常勤雇用者が39.2％，臨時・パートは49.0％となっている。

　母子世帯の母親の就労形態別の家計状況を表6-9でみることにしよう。母子勤労者世帯の実収入の平均は21万7676円となっており，一般世帯の43.4％となっている。実収入の大きさからいうと，最も高いのは職員常勤の28万6016円で，労務者常勤19万2524円，労務者パート14万3641円，無職9万6933円の順になっている。一般世帯を100とすると職員常勤57，労務者常勤38，労務者パート29，無職19となる。しかし消費支出の水準はこれとは異なってくる。同じように一般世帯を100とすると，職員常勤65，労務者常勤54，労務者パート46，無職54。これをみるとどの就労形態においても指数で10〜20ポイントアップしている。極端にアップしているのは無職で，収入が19，支出が54で，35ポイントもアップしている。

　職員常勤が母子世帯のなかでは最も一般世帯に支出構造が近くなっている。大きく異なっているのは，「住居」と「その他の消費支出」「教育」で，「住居」の10.8％のうち数値5ポイントと「教育」の2ポイント「食料」の2ポイントを「その他の消費支出」にスライドさせれば，計算上ではほぼ同じ構造となる。したがって職員常勤では，持ち家率が一般なみに上昇すれば，消費構造自体はほぼ同じようになると考えられる（現実的には，不可能に近いのだが）。

　労務者グループ（以下「労務者」とする）と職員グループ（以下「職員」と

表 6‐9 母子世帯の母親の就労形態別家計　(単位：円，歳，%)

	一般平均	%	母子勤労	%	労務者常勤	%	労務者パート	%	職員常勤	%	無職	%
持ち家率 (%)	74.5		31.4		29.1		17.6		41.1		29.8	
年間収入 (千円)	7,401		2,908		2,479		1,919		3,844		1,975	
世帯主の年齢 (歳)	46.5		38.2		38.6		38.1		38.4		39.1	
実収入	502,114	100.0	217,676	100.0	192,524	100.0	143,641	100.0	286,016	100.0	96,933	100.0
社会保障給付	18,016	3.6	16,684	7.7	16,231	8.4	19,555	13.6	12,693	4.4	64,071	66.1
実支出	415,812	100.0	215,970	100.0	203,308	100.0	164,001	100.0	258,790	100.0	187,637	100.0
消費支出	339,212	81.6	191,309	88.6	184,380	90.7	154,748	94.4	219,646	84.9	182,435	97.2
食料	73,742	21.8	47,079	24.6	45,189	24.5	40,555	26.2	52,378	23.8	43,526	23.9
外食	13,839	4.1	10,213	5.3	9,307	5.0	7,610	4.9	12,188	5.5	5,985	3.3
住居	19,393	5.7	25,618	13.4	27,515	14.9	27,148	17.5	23,708	10.8	31,224	17.1
家賃地代	12,784	3.8	24,735	12.9	26,802	14.5	26,574	17.2	22,817	10.4	29,266	16.0
光熱・水道	19,398	5.7	13,155	6.9	12,896	7.0	12,659	8.2	13,665	6.2	14,372	7.9
家具・家事用品	9,783	2.9	5,097	2.7	4,135	2.2	3,446	2.2	6,496	3.0	6,708	3.7
被服及び履物	14,648	5.2	9,790	5.1	6,018	3.3	6,660	4.3	13,563	6.2	10,949	6.0
保健医療	11,935	3.5	5,160	2.7	6,566	3.6	3,728	2.4	5,794	2.6	6,168	3.4
交通・通信	50,754	15.0	25,155	13.1	22,621	12.3	21,516	13.9	28,884	13.2	20,440	11.2
交通	8,136	2.4	3,258	1.7	1,683	0.9	2,406	1.6	4,526	2.1	3,189	1.7
自動車等関係費	27,729	8.2	9,645	5.0	9,396	5.1	7,709	5.0	11,087	5.0	4,668	2.6
通信	14,889	4.4	12,252	6.4	11,543	6.3	11,400	7.4	13,272	6.0	12,583	6.9
(携帯電話)	9,296	2.7	7,939	4.1	8,042	4.4	7,716	5.0	8,328	3.8	7,862	4.3
教育	22,330	6.6	15,720	8.2	19,228	10.4	10,880	7.0	18,941	8.6	13,927	7.6
教養娯楽	32,472	9.6	18,421	9.6	21,178	11.5	11,569	7.5	21,597	9.8	18,891	10.4
教養娯楽サービス	17,663	5.2	9,116	4.8	11,971	6.5	5,731	3.7	10,380	4.7	6,589	3.6
インターネット接続料	1,676	0.0	847	0.4	876	0.5	661	0.4	811	0.4	1,081	0.6
その他の消費支出	84,756	25.0	26,112	13.6	19,033	10.3	16,587	10.7	34,619	15.8	16,230	8.9
交際費	21,969	6.5	8,425	4.4	6,160	3.3	4,441	2.9	11,177	5.1	4,602	2.5
仕送り金	11,842	3.5	2,496	1.3	1,532	0.8	734	0.5	4,370	2.0	353	0.2
(再掲) 教育関係費	36,085	10.6	21,817	11.4	22,753	12.3	14,627	9.5	28,014	12.8	18,012	9.9
非消費支出	76,600	18.4	24,661	11.4	18,928	9.3	9,253	5.6	39,144	15.1	5,202	2.8
可処分所得	425,513		193,015		173,596		134,388		246,872		91,731	
平均消費性向		79.7		99.1		106.2		115.1		89.0		198.9
黒字 (率)	86,302	20.3	1,706	0.9	-10,784	-6.2	-20,360	-15.1	27,226	11.0	-90,704	-98.9

(資料) 総務省統計局『全国消費実態調査報告』平成16年 (2004年) 版。

する）では，エンゲル係数では「労務者」のほうが高くなっている（「労務者」24.5～26.2％，「職員」23.8％，無職23.9％）。また「被服及び履物」では「労務者」3.3～4.3％，「職員」6.2％，無職6.0％である。「教育」に関しては，最もウエイトが高いのは労務者常勤の10.4％であるが，実額で比較すると職員常勤1万8941円，労務者常勤が1万9228円でほぼ同水準にあり，労務者パートだけが9000円ほど低く1万円台となっている。ちなみに一般世帯は2万2000円台で常勤グループより3000円高くなっている。「教育関係費」で捉えなおすとその差はかなり大きなものとなる。一般3万6085円に対して労務者常勤との差は約1万4000円あり，パートとの差は2万2000円にもなる。「教育」だけを実額比較した理由は，ウエイトも重要であるが，「貧困の再生産」にとって篠塚や青木がいうように「教育」が決定的な意味を持っているからであり，樋口，武藤らの研究によって卒業大学の偏差値と所得の関係がある程度明らかになっているように，教育投資額と学歴と所得階層の関係はかなりの相関関係が認識されている。したがって，いくら教育費に支出しているかはかなり重要な問題となる。しかも「教育」の内容では，学校の授業料と補習教育費（学習塾・家庭教師の月謝）が大半を占めている。なかでも補習教育への支出額が子どもの所属階層を決定する確率は高いと考えられる。したがって「教育」のウエイトは，一方では現在の世帯に対する家計への負荷＝強制のレベルを，他方では世帯の生活価値観の大きさを表現しており，「教育」の金額は，子どもの将来の所属階層を左右する投資額としての意味を有しているといえる。

　無職世帯では，実収入は職員常勤の3分の1程度だが，実支出は労務者パートを2万円以上上回っており，消費性向は198.9に達している。支出構造では他の世帯との比較では「住居」と「被服及び履物」，「交通・通信」のうちの通信費で突出したウエイトの高さを示している。無職世帯というのは，母親が病気，けが，障害等にかかっていることが原因で就労できないか，失業中か，育児のために働きに出ることができない，離婚直後で職が見つからない，あるいは働いた経験がないので就労に踏み切れないなどのいずれかの理由で無職となっていると思われる。しかし，この無職世帯の消費性向の高さは，容易には説明がつかない。考えられるのは，離婚前の生活水準での生活が習慣化・固定化しており，水準を落とした生活を営むことが困難であることは容易に考えられる。さらに「交通・通信費」のウエイトの高さは，職を探すいわゆる就職活

動のための必要経費以外には考えにくい。

　全体的に消費性向をみると，無職が198.9とかけ離れて高くなっているが，次に高いのは労務者パートの115.1で，以下労務者常勤106.2となっており，100以下は唯一職員常勤のみである。このことは，職員常勤以外はすべて赤字家計であることを意味している。これと同時に，一般世帯と比べると，消費性向100以上の世帯では，支出費目のウエイトは社会的強制力の作用の結果としての意味合いが強くなっている。したがって，費目のウエイトの読み方は「社会的必要生活標準化」の作用の仕方の違いとして理解したほうがより正確ではないかと思われる。

　さらに消費構造を「生活基礎費用」と「生活周辺費用」に分けて就労形態別にみると，図6-4，図6-5のようになる。これらをみると，生活基礎費用の60％ラインが分岐となり，2つのグループに類型化することができる。すなわち生活基礎費用が60％以下の低いグループには労務者常勤（55.4％）と職員常勤（52.4％），60％以上の高いグループには無職（61.2％）と労務者パート（62.0％）が属する。一般的には，所得水準が低いほど生活基礎費用の占める割合は高くなるという傾向が認識されているが，それは母子世帯にも当てはまっている。

　いずれにしても，母親の就労形態別に捉えた場合，職員グループと労務者グループというよりは，常勤グループとパート・無職グループの間に大きな差異がみられる。水準ではなく構造的に，常勤グループは一般世帯により近くなっている。

母子世帯の消費生活構造上の問題点と課題

　以上，母子世帯の消費構造を検討してきた結果として得られたことを何点か指摘してまとめとする。

① 母子世帯となった原因のうち生別の占める割合が8割となった。
② 貧困世帯に共通の構造的特徴として，ウエイトが高い「住居」「食料」，ウエイトが低い「その他の消費支出」があげられる。また一般低所得層と比較した母子世帯固有の構造的特質として，ウエイトが高い「教育」「住居」，ウエイトが低い「その他の消費支出」が示される。
③ 子どもの成長とともに，親の子どもに対する関係は育児→子育て→教育

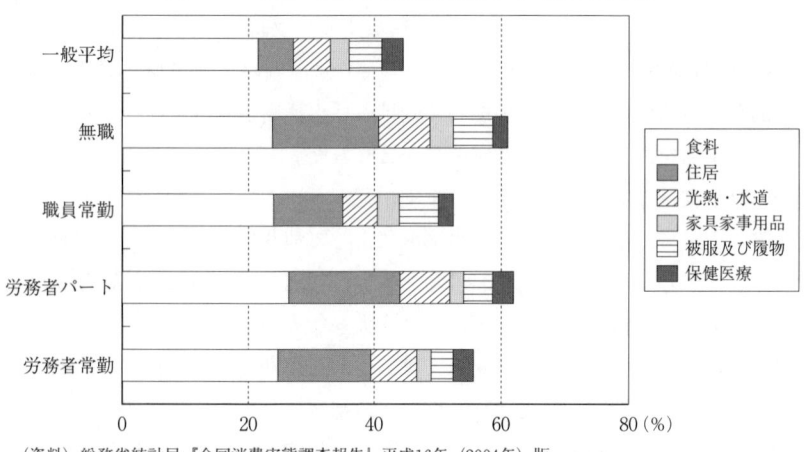

図6-4　母親の就労形態別消費構造（生活基礎費用）

凡例：食料／住居／光熱・水道／家具家事用品／被服及び履物／保健医療

（資料）総務省統計局『全国消費実態調査報告』平成16年（2004年）版。

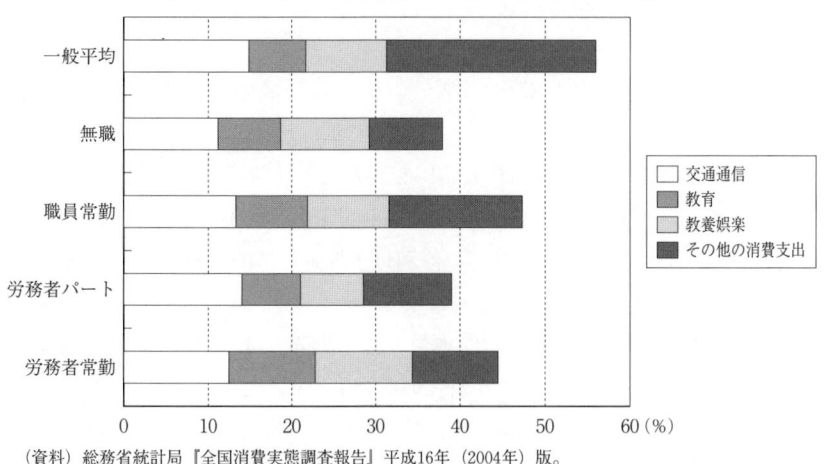

図6-5　母親の就労形態別消費構造（生活周辺費用）

凡例：交通通信／教育／教養娯楽／その他の消費支出

（資料）総務省統計局『全国消費実態調査報告』平成16年（2004年）版。

と変化し，同時に消費構造のなかでのウエイトは「保健医療」「被服及び履物」→「教養娯楽」→「教育」にシフトしていく傾向がみられる。

④　消費構造を母親の就労形態別で比較すると，基本的には常勤グループとパート・無職グループとの間で大きな差異が確認された。常勤グループのほうが構造的に，より一般世帯に近くなっている。

⑤　消費構造のなかに占める「生活基礎費用」の割合が60％以下のグループ

には常勤グループが属し，60％を超えるグループにはパート・無職グループが属している。後者のパート・無職グループは，衣食住を中心とした「生活基礎費用」にウエイトをおいており，前者の常勤グループは，現代的な「生活標準化」の作用を強く受ける「生活周辺費用」にウエイトをおいた生活を送っていることが明らかとなった。

同じ母子世帯のなかでも，第一に生別か死別かによって，第二に子どもの成長段階によって，第三に母親の就労形態によって消費生活構造は大きく異なっていることがわかった。生活における矛盾は，死別より生別に，幼児と高校生を抱えた世帯に，常勤よりパートに，より大きなものとして現れている。

母子世帯全体に共通した問題としては，住宅と教育があげられる。住宅と教育サービス（学校教育だけではなく塾などの補習教育も含む）に関しては，現物給付が政策的には有効であろう。このような政策手段を講じなければ，青木がいう母子世帯における「貧困の世代的再生産」[3]を避けることはできないであろう。

第2節　ワンペアレント・ファミリーの経済生活の水準と構造

本節は，埋橋孝文（現同志社大学）を委員長とする家計経済研究所のプロジェクトチーム（筆者も一員）によって1996年10月から1997年3月に実施された「ワンペアレント・ファミリー（離別母子世帯）に関する6カ国調査」（以下「ワンペアレント調査」とする）によって得られたインタビュー結果と数値的データにもとづいている。「ワンペアレント調査」は，第一に，離別母子ワンペアレント・ファミリーのおかれている経済的立場を，その家計の営みにまで掘り下げて明らかにする。第二に，結婚期間中の家計内不平等の実態，及び離別による母子の生活水準の変化を明らかにする。第三に，離婚前の生活と離婚に至るプロセス，離婚後の生活との相互の関係を，生活意識や家族規範に留意しながら動態的に明らかにする，という3つのことを目的に実施された。これを用いて日本の離別母子世帯の経済生活の実態と現代的特徴を明らかにすること，また「ワンペアレント調査」対象世帯が全国的統計調査（「家計調査」（以下「家計調」とする）「全国消費実態調査」（以下「全消」とする）等）と比較してどのような位置にあるかを確認することが，本節の目的である。

この目的に沿って本節では，第一に全国調査との所得分布等を比較することによって，「ワンペアレント調査」対象母子世帯の位置を確定し，第二に「ワンペアレント調査」対象母子世帯の類型化をおこない，その類型別の母子世帯の特徴を明らかにする。ここでは，一般母子世帯と母子寮世帯との比較，また単独世帯と同居世帯の比較を中心に検討を進め，母子寮世帯及び同居世帯の特質を明らかにしたいと考える。なぜならば，とりわけ国際比較をおこなううえでは，この母子世帯の2つの類型は，他の国にはあまりみられない最も日本的な特質を有しており，その意味で比較上，有効性が高く重要だと考えられるからである。

「ワンペアレント調査」の調査対象

この「ワンペアレント調査」の調査対象は，18歳以下の子どもを持つ離別母子世帯（事実婚で別れた夫婦を含む）で，離婚後の経過年数が15年以下の者。回答者数は50名，有効回答者数は44名（無効の内訳，死別2名，未婚1名，信頼性に疑問あり3名）。調査地域は，大都市圏（東京と大阪ならびにその周辺地域，千葉・神戸を含む）。サンプリングは，母子関係団体と母子寮に調査の趣旨を説明して協力を得た。その際，対象者の就労形態（常勤・パート・無職）ごとにみた子どもの年齢が0～5歳，6～12歳，13歳以上に等しく分布するように依頼した。調査期間は，1996年10月20日から1997年3月1日。調査方法は「離別ワンペアレント・ファミリーに関する6カ国国際比較研究会」の委員によるインタビュー調査である。

この「ワンペアレント調査」の性格は，質的調査であり，統計的調査とは異なっている。しかし，回答のあった44ケースが，数量的な全国調査と比較してどのような位置にあるかを確認しておくことは，必要であると考えられる。

したがって，ここでは第一に，1996年の「家計調」の一般勤労者世帯，母子世帯と，「ワンペアレント調査」の一般母子世帯，母子寮世帯の家計データを比較し，第二に，所得分布については，1994年の「全消」のデータとの比較をおこなう。これにより，「ワンペアレント調査」の対象母子世帯の統計的な位置は，おおよそ確定されるであろう。

図6-6 母子世帯所得分布比較

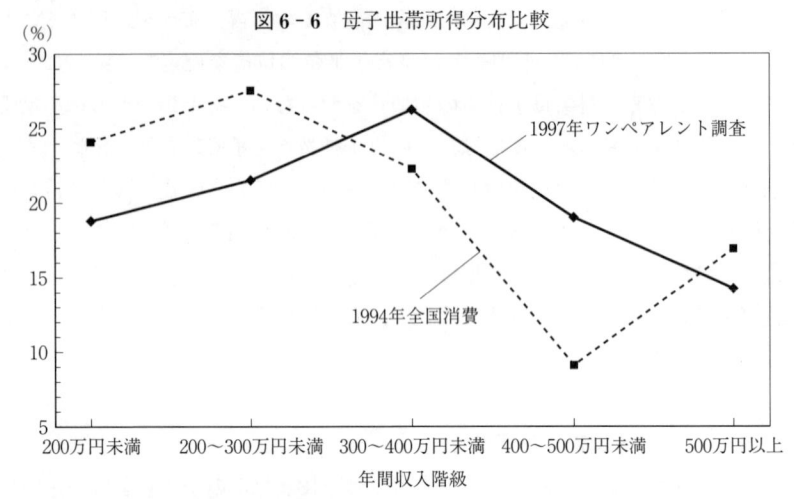

（資料）総務省統計局『全国消費実態調査報告』平成6年（1994年）版。家計経済研究所「ワンペアレント調査」1997年。

「全国消費実態調査」と「ワンペアレント調査」の所得分布比較

　図6-6では，「ワンペアレント調査」の所得分布が300～400万円未満を頂点としたきれいな山型の正規分布に近い形状をなしているのに比べ，「全消」の分布は，低所得層に偏りがみられる。200～300万円未満を頂点とし，400～500万円未満を低点とした変形V字型分布となっている。厚生省の1993年度『全国母子世帯等調査結果の概要』の年収平均値では215万円となっている。すなわち全国レベルの調査では，200～300万円未満の世帯が最も多くなっているのである。この違いは，調査対象範囲の基本的違い（「全消」では①母子寮世帯を含んでいない，②死別母子世帯を含んでいる，③未婚の母子世帯を含んでいる）と，「ワンペアレント調査」のサンプリングが東京を中心とする首都圏や大阪を中心とした，いわゆる大都市に限定しておこなわれたことと，調査実施年度が「全消」1994年，「ワンペアレント調査」1995～1996年と1年から2年のずれがあることにより，若干所得が高い層にシフトしていることからもたらされたと考えられる。しかし，相対的に評価すると，今回の調査の所得分布状況には，全国調査との極端な違いは認められず，むしろ400～500万円未満層を除いては，近似的分布を示しているといえる。

「家計調査」と「ワンペアレント調査」の家計収支比較

ここでは，1996年度「家計調」の2人以上の勤労世帯（1996年一般世帯）と母親と20歳未満の子どもの世帯（1996年母子世帯），今回調査の同居10世帯を含む単独世帯を中心とした一般母子世帯（以下，「一般母子世帯」とする）と母子寮に入居している母子寮世帯（以下，「母子寮世帯」とする）の比較を表6-10にもとづいておこなう。

先の所得分布とは逆に「ワンペアレント調査」のほうが「家計調」より収入・支出ともに金額は低く出ている。「家計調」では，収支ともに年間トータルの1カ月の平均金額を算出している。したがって収入にはボーナスが含まれている。支出でも，1年間のある時点で車等の高額な耐久消費財を購入すれば，それも含めて平均されることになる。しかし，「ワンペアレント調査」は，インタビューをした月の前月の収支を調査しており，必然的にボーナスや高額な耐久消費財購入は含まれない確率が高いので，結果として相対的に低い値となっている。

① 一般勤労者世帯と母子世帯の比較――母子世帯の特徴（「家計調」）

母子世帯の生活構造は，一方で，その収入が低いという点で一般的な低所得層＝貧困層と共有する性格を有しているが，他方では，それらの貧困層とは区別される母子世帯固有の特質を持っている。

貧困層と共有する性格とは，一般世帯と比べて，生活必需性の高い生活基礎費用（食料，住居，水光熱，被服及び履物，家具・家事用品，保健医療）のウエイトが高くなり，その他の生活周辺費用（教育，交通・通信，教養娯楽，その他の消費支出）のウエイトが低くなる傾向のことを指す。このなかでもとりわけ食料費，住居費，その他の消費支出に顕著にその傾向が現れていた。

② 1996年母子世帯（「家計調」）と一般母子世帯（「ワンペアレント調査」）との比較

表6-10の1996年母子世帯（以下〈家計調〉とする）と「ワンペアレント調査」の一般母子世帯の収入構造は，勤め先収入で大きな違いがみられる。〈家計調〉と一般母子世帯の収入水準は，30万8606円と29万8255円でそれほど大きな開きはなく，ほぼ同じ水準にあるとみることができる。しかし，収入構造に関しては，勤め先収入で〈家計調〉84.8％，一般母子世帯61.3％と23.5ポイントも一般母子世帯が低くなっている。逆に副収入で5.4ポイント，社会保障給

第Ⅱ部　生活経済からみる福祉

表6-10　「家計調査」と「ワンペアレント調査」との比較（1996年）（単位：円）

	家計調査一般世帯	%	家計調査母子世帯	%	ワンペアレント一般母子世帯	%	ワンペアレント母子寮世帯	%
1カ月の収入								
勤め先収入	543,607	93.8	261,655	84.8	182,884	61.3	158,667	70.7
副業収入	4,859	0.8	2,514	0.8	18,428	6.2	1,333	0.6
親からの仕送り	569	0.1	0	0.0	6,000	2.0	0	0.0
社会保障給付	17,740	3.1	26,125	8.5	47,472	15.9	59,152	26.4
養育費		0.0	11,345	3.7	32,867	11.0	4,667	2.1
クレジット・ローンの借入金		0.0		0.0	6,400	2.1	667	0.3
その他	12,605	2.2	6,967	2.3	4,204	1.4	0	0.0
1カ月の収入合計	579,401	100.0	308,606	100.0	298,255	100.0	224,485	100.0
1カ月の実支出	442,679	100.0	267,224	100.0	232,251	100.0	149,567	100.0
1カ月の消費支出	351,755	79.5	229,210	85.8	207,871	89.5	131,640	88.0
食料費	78,131	22.2	52,232	22.8	62,790	30.2	53,667	40.8
酒・たばこ		0.0		0.0	2,784	1.3	587	0.4
住居費	24,679	7.0	24,318	10.6	37,240	17.9	3,570	2.7
水光熱費	19,971	5.7	14,418	6.3	18,288	8.8	8,733	6.6
家政婦・ベビーシッター代		0.0		0.0	640	0.3	0	0.0
教育費	18,611	5.3	18,657	8.1	25,020	12.0	4,560	3.5
保健衛生費	9,858	2.8	4,643	2.0	1,120	0.5	2,200	1.7
交通通信費	40,611	11.5	27,007	11.8	12,038	5.8	6,400	4.9
被服及び履物	20,438	5.8	15,061	6.6	9,040	4.3	8,800	6.7
家具家事用品費	12,811	3.6	8,669	3.8	6,280	3.0	3,800	2.9
教養娯楽費	33,004	9.4	24,777	10.8	11,079	5.3	19,510	14.8
その他の消費支出	92,939	26.4	39,351	17.2	21,551	10.4	19,813	15.1
1カ月の非消費支出	90,924	20.5	38,013	14.2	24,380	10.5	17,927	12.0
所得税・住民税	45,825	10.4	16,619	6.2	3,560	1.5	3,887	2.6
社会保険料	45,099	10.2	21,394	8.0	20,820	9.0	14,040	9.4
（1カ月の実支出以外の支出）	(150,588)	34.0	(57,553)	21.5	(66,046)	28.4	(62,420)	41.7
（貯金）	(48,460)	10.9	(13,804)	5.2	(28,436)	12.2	(35,947)	24.0
（保険掛け金）	(44,703)	10.1	(22,048)	8.3	(25,851)	11.1	(14,340)	9.6
（借金返済）	(57,425)	13.0	(21,701)	8.1	(11,760)	5.1	(12,133)	8.1
1カ月の支出合計					298,297	100.0	211,987	100.0
1カ月の収支決算					−4.3	−0.0	12,498	5.9

（資料）総務省統計局『家計調査年報』平成8年（1996年）版。家計経済研究所「ワンペアレント調査」1996年。

付で7.4ポイント，養育費で7.3ポイントと，一般母子世帯が高くなっている。

これは，〈家計調〉の対象世帯の多くが一般母子世帯より相対的に収入の高い職場に勤務しており，勤務先の収入だけで一定の水準を確保していると考えられる。したがって副業や親からの仕送り養育費に依存する率が低くなっているといえる。また社会保障給付（児童扶養手当，生活保護等）も，受給していない世帯の割合が一般母子世帯より高いと想定される。

支出に関しては，実支出の水準は，一般母子世帯は〈家計調〉の86.9％と約13ポイント低くなっている。消費水準も1割ほど一般母子世帯が低くなっている。その低い分だけ，逆に一般母子世帯のほうが貯金，保険掛け金の合計で1割程度〈家計調〉を上回っている。このことは，一般母子世帯が，消費支出を低く抑えてでも将来の不安に備える貯蓄を優先するというライフスタイルを選択していることを示している。しかし，最初に断っておいたように，〈家計調〉は年間平均の値であり，一般母子世帯は実際に調査した1カ月間だけの実数値である。このことを考慮すると，この表に現れている両者の消費支出の差はかなり縮まると思われるが，貯蓄の金額は増加するが分母である実支出も大きくなるので，結果としてはウエイトに大きな変化はないであろうと思われる。要するに〈家計調〉と同じように一般母子世帯も処理すれば構造的枠組みは，限りなく〈家計調〉に近づくということである。

次に枠組みの内容＝消費構造について検討する。一般母子世帯と〈家計調〉の消費費目別ウエイトで大きな差があったのは，食料費＋7.4，住居費＋7.3，教育費＋3.9，その他の消費支出－6.8，交通・通信費－6.0，教養娯楽費－5.5，被服及び履物－2.3ポイントとなっている。

先にも述べたように，「ワンペアレント調査」のサンプルは東京，大阪を中心とする大都市圏に限定されている。したがって大都市の生活経済上の環境要因が強く作用することになる。食料費は物価の高さ，住居費は家賃の高さと持ち家率の低さ（一般母子世帯の本人の持ち家率は4％，親・親戚の持ち家で家賃を支払っていない世帯の率は16％），教育費は大都市圏での競争の激しさを反映したものとなっている。また交通通信費も大都市では車の駐車場代や維持費が高くつくので，ほとんどの世帯で車を保有していない結果，大幅なマイナスとなっていると考えられる。

食料費や住居費を中心とした生活基礎費用にお金がかかるために，その超過

分をその他の消費支出や教養娯楽費等を圧縮することで調整・バランスをとっているのである。これが〈家計調〉と比較した一般母子世帯の特徴である。

「ワンペアレント調査」の対象母子世帯の類型化

ここで類型化の問題を取り扱うのは，同居の有無，住居の所有形態が母子世帯の経済生活に与える影響がきわめて大きいからであり，また親族との諸関係のあり方が，経済的関係と密接に関係しあいながら相互の生活を形成している点に注目しているからである。

一口に母子世帯といっても多様な形態で存在している。その存在形態は基本的には3つに分類することができる。それは，第一に単独世帯（A型），第二に親もしくは親族との同居世帯（B型)，第三に母子寮世帯（C型）である。単独世帯とは，離婚後母親と20歳未満の子だけで構成されている世帯のことを指す。母子寮世帯は，緊急避難的性格が強く，一時的な形態であり，いずれは母子寮から出て同居世帯あるいは単独世帯として自立した世帯を形成することになる。単独世帯のなかでも，離婚後同居世帯の形態をとっていたものが単独世帯になったケースや，同居と単独を繰り返しながら単独世帯に至ったケースや，母子寮世帯が単独世帯になったケース等が考えられる。また同居世帯のなかにも離婚後単独世帯を経て同居に至ったケースや，母子寮世帯を経て同居に至ったケース等が考えられる。

またとりわけ同居世帯は，同居する相手との経済的関係や精神的関係のあり方によって，さらに3つに分類することができる。それは第一に親依存型（B1)，第二に親扶養型（B2)，第三に対等相互扶助型（B3）である。親依存型とは，経済的な意味で住居費や食料費の援助を受けている，あるいは子どもの世話，例えば保育園や幼稚園の送り迎えや二次保育的なケアを親に依存しているケースがこれに当たる。親扶養型は，親依存型とは逆に母子世帯が高齢の親の経済的精神的面倒をみるタイプである。特に親が要介護状態にある場合に親の介護を引き受けるケースがあるが，これもこのタイプに当たる。対等相互扶助型とは，母子世帯と親あるいは親族とが経済的にも精神的にも対等平等な相互に自立した関係にあり，相互の困難性，弱点を補完しあいながら世帯を運営しているケースである。

母子寮世帯は，離婚後あるいは離婚が成立困難な離別（別居）後に入寮する

図6-7 対象母子世帯の類型化

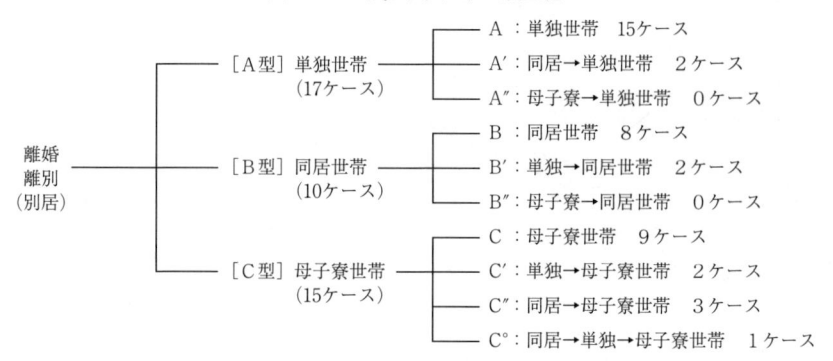

```
                              ┌─ A ：単独世帯    15ケース
           ┌─[A型]単独世帯 ──┼─ A'：同居→単独世帯  2ケース
           │   (17ケース)     └─ A"：母子寮→単独世帯 0ケース
           │
           │                  ┌─ B ：同居世帯    8ケース
離婚     ──┼─[B型]同居世帯 ──┼─ B'：単独→同居世帯  2ケース
離別       │   (10ケース)     └─ B"：母子寮→同居世帯 0ケース
(別居)     │
           │                  ┌─ C ：母子寮世帯   9ケース
           └─[C型]母子寮世帯 ┤  C'：単独→母子寮世帯 2ケース
               (15ケース)     │  C"：同居→母子寮世帯 3ケース
                              └─ C°：同居→単独→母子寮世帯 1ケース
```

　　　同居世帯3類型　B1：親依存型（経済的依存型・子ども養育依存型）　6ケース
　　　　　　　　　　B2：親扶養型（経済的扶養型・介護の扶養型）　　　1ケース
　　　　　　　　　　B3：対等相互扶助型（協力援助型・相互自立型）　　3ケース

(注) B1のうちの2ケース，B2の1ケース，B3のうちの1ケースは，離婚以前から自分の親と同居をしていて離婚後もそのまま親と同居を続けている世帯である。したがって離婚を契機に実家に子どもを連れて戻っていくというパターンとは異なっている。とりわけ，親依存型のB1グループの2ケースは，グループ内のほかの世帯とは区別する必要がある。これと同じことがB2グループとB3グループの各1ケースについてもいえる。すなわち同居世帯10ケースのうち4ケースが離婚以前から親と同居して，離婚後も継続して同居の形態をとっている世帯である。
(出所) 馬場康彦「第2章 ワンペアレント・ファミリーの経済生活の水準と構造」家計経済研究所編『ワンペアレント・ファミリーに関する6カ国調査』大蔵省印刷局，1999年，33頁。

ケースもあるが，夫の暴力から身を隠したり，経済的貧困からの脱出という意味での緊急性が高い場合が多い。しかし実際には，緊急性が高くてもその日から入寮できるケースは少なく，空き待ち待機期間がある程度必要で，その間に実家へ戻ったり，知人の家に身を寄せたり，婦人相談所あるいは緊急避難室で寝泊りするケースもある。

母子寮世帯の場合は，その多くが夫との関係，親との関係，経済問題（債務関係）等が複雑な場合が多く，母子寮入寮に至る経緯も多様である。これらのことも「ワンペアレント調査」で確認された重要な点である。以上の類型化を図に表すと図6-7のようになる。

一般母子世帯と母子寮世帯の比較

ここでは「ワンペアレント調査」の一般母子世帯と母子寮世帯を比較することによって，とりわけ母子寮世帯の特質を明確にする。

①　収入の分布，水準，構造

第Ⅱ部　生活経済からみる福祉

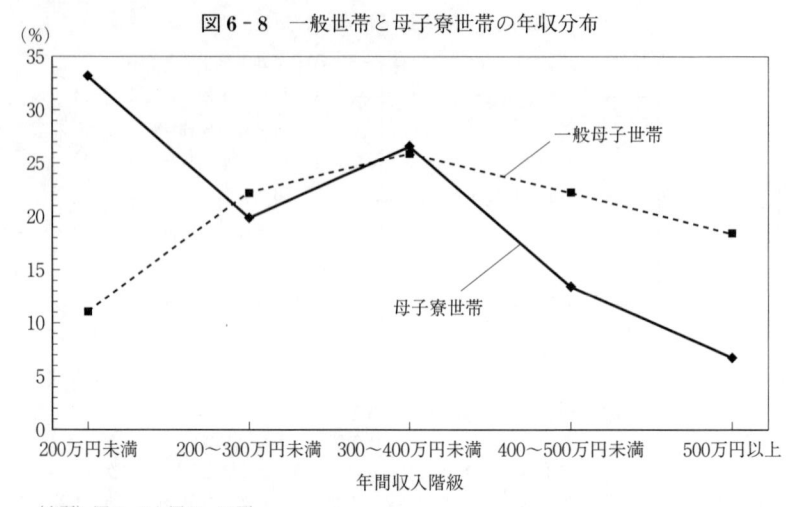

図6-8　一般世帯と母子寮世帯の年収分布

（出所）図6-7と同じ、34頁。

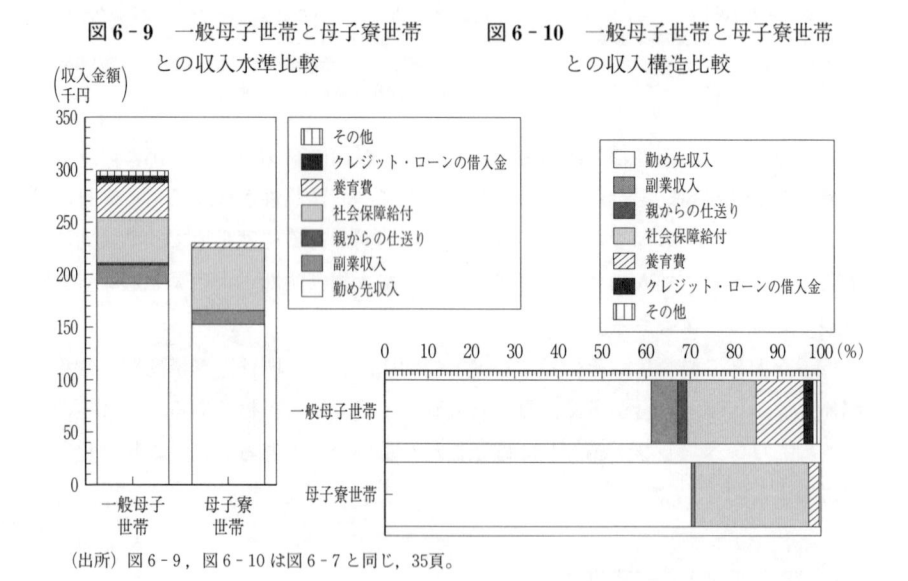

図6-9　一般母子世帯と母子寮世帯との収入水準比較

図6-10　一般母子世帯と母子寮世帯との収入構造比較

（出所）図6-9，図6-10は図6-7と同じ、35頁。

図6-8から一般母子世帯と母子寮世帯の年収分布を捉えると、一般母子世帯は300～400万円を頂点とする山型となっているが、若干高い層に偏りがみられる。これに対して母子寮世帯は200万円未満が最も多くなっており、次に300～400万円の分布が高くなっている2つの頂点を持つ山型を形成しており、明らかに低い収入層への偏りがみられる。

図6-9から、1カ月の収入について、母子寮世帯は22万4485円で一般母子世帯の29万8255円の75.2%しかなく、相対的に低い水準にある。また、構造的違いをみると、母子寮世帯の場合は、収入の柱が勤め先収入70.7%と社会保障給付26.4%と2本であるのに対して、一般母子世帯は勤め先収入61.3%、社会保障給付15.9%、養育費11.0%の3本を副業収入6.2%が補完しているという構造になっている。

両者の大きな違いは養育費と副業収入である。一般母子世帯のなかで養育費を受けているのは、27ケース中11ケースあり、当該平均金額（月額養育費）10万1970円と非常に高くなっている。これは10万円以上の2ケース（40万円、30万円）が含まれているためであり、これ以外のケースでは約2万～7万円のレベルとなっている。厚生省『母子世帯等調査結果の概要』（1993年版）の養育費の受給状況で、現在も受けている世帯14.9%、受けたことがある世帯16.4%であったのと比べると、「ワンペアレント調査」の現在受給率40.7%はかなり高いといえる。[5]

また副業収入を得ている世帯は、一般母子世帯のなかでは6ケース、母子寮世帯のなかでは1ケースである。当該世帯の平均では、一般母子世帯は7万6783円、母子寮世帯は2万円となっている。ある世帯では、本人の体が弱く、あまり働けないので機械の組立工をしながら生活保護を受給していた。しかし、生活保護を受給しているとクーラーが取り付けられない。子どもたちから「どうしてうちだけクーラーを取り付けられないのか？」と何度も問いかけられ、決意して生活保護受給を断り、3つの仕事を始めることにした。朝7時～11時まではビルの清掃、午後の1時半～8時半まではスーパーのなかの酒屋、9時から深夜の12時半までは回転寿司の洗い場、それを4年くらい続けたが身体を壊して1年位前に朝のビルの清掃だけ辞めて、今は酒屋と回転寿司に働きに行っている。1カ月に酒屋で20万円、回転寿司で6万円の収入で、「せめて1カ月分でもボーナスが出れば助かるんですけれど」と、本人はささやか過ぎる

図6-11　一般母子世帯と母子寮世帯
　　　　との支出水準比較

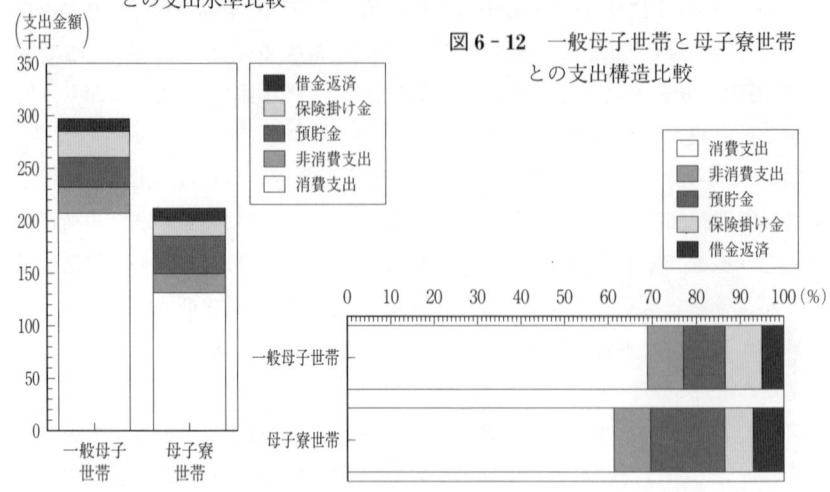

図6-12　一般母子世帯と母子寮世帯
　　　　との支出構造比較

（出所）図6-11，図6-12は図6-7と同じ，36～37頁。

ほど控えめな希望を語っていた。

　その他，月～金まで常勤で9時から5時，土日にアルバイトで9時から5時と結果的に年間ほとんど休みなく働いているケースもあった。

　以上のように副業をしているのは，もちろん本業での収入が低いため生活していけないのでやむを得ずしているのだが，将来の不安から貯蓄に回すためにしているケース（2ケース）もみられる。

　しかし，いくら本人が希望しても，親と同居しているか，子どもがある程度（小学生以上）大きくないと，副業は時間的に無理である。したがって比較的子どもの年齢の低い母子寮世帯では，副業をすること自体難しく，結果として1ケースしか存在していない。

　② 支出水準と構造

　ここでいう支出とは，「家計調」の実支出＋実支出以外の支出ではない。すなわち生活実感に可能な限り近づけるために，1カ月の間に支出された金額において繰越金以外はすべて合計して支出と呼んでいる。概念的には，消費支出と非消費支出と貯金，保険掛け金，借金返済を合計したものである（理論上は誤りだが）。

　図6-10と図6-11をみると，母子寮世帯は支出合計が21万1987円，一般母

第6章　母子世帯の家計と福祉

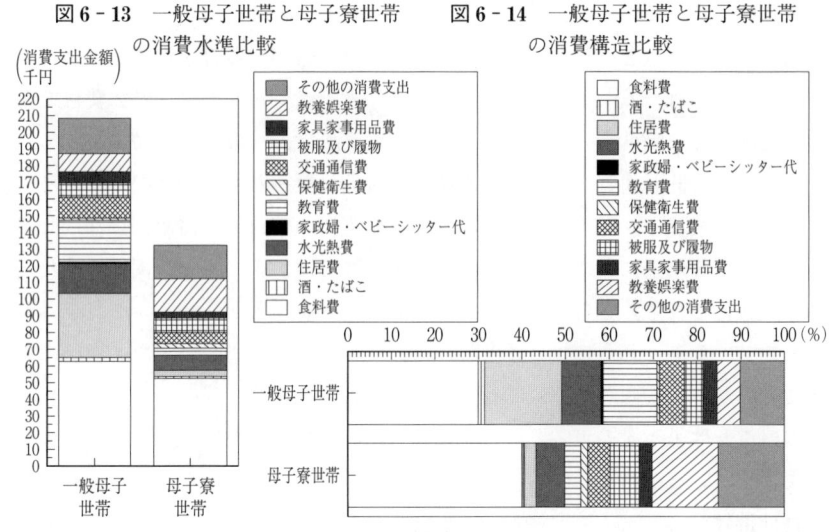

図6-13　一般母子世帯と母子寮世帯の消費水準比較

図6-14　一般母子世帯と母子寮世帯の消費構造比較

（出所）図6-13, 図6-14は図6-7と同じ、37～38頁。

子世帯が29万8297円となっており，母子寮世帯の支出水準は一般母子世帯の71.1％である。これは先の収入水準75.2％に規定されている。図6-12で構造をみると，両者の大きな違いは消費支出と預貯金にある。預貯金では母子寮世帯が17.0，一般世帯が9.5と8ポイント母子寮世帯が上回っている。消費支出では，一般世帯69.7，母子寮世帯62.1と7.6ポイント一般世帯が上回っている。これはすなわち，母子寮世帯が収入水準・支出水準ともに低いにもかかわらず，一日も早く自立して母子寮を出るための資金を蓄積するために，消費支出を可能な限り抑え込んで，その圧縮した分，少しでも多くの金額を預貯金にまわしていると読み取ることができる。母子寮世帯では，預貯金と保険掛け金の合計が支出合計全体の23.8％も占めており，借金返済も含めると約3割にも達している。これを実支出ベースで捉えると，なんと4割を超えることとなる。

③　消費支出の水準と構造

図6-10と図6-13で消費支出の水準を捉えると，母子寮世帯13万1640円，一般母子世帯20万7870円で，母子寮世帯は一般母子世帯の63.3％の消費水準である。内容的にみると，母子寮世帯は一般母子世帯の住居費では10分の1，水光熱費2分の1，教育費6分の1，交通通信費2分の1，家具家事用品費2分

201

の1と低くなっているが、教養娯楽費だけは約2倍と高くなっている。

　図6-14で構造をみると、ウエイトで母子寮世帯が一般母子世帯を顕著に上回っているのは、食料費10.6ポイント、教養娯楽費9.5ポイントの2費目である。逆に、母子寮世帯のエンゲル係数のこの高さは、一般母子世帯の63.3％に留まっている低い消費水準＝生活水準を直接的に反映したものとなっている。また教養娯楽費は、あるケースでは月の消費支出の42.1％を占め、金額にして8万円を教養娯楽に費やしている。このケースでは、子どもを遊園地に連れて行き、旅行に行き、さらにクリスマスプレゼントを購入している。これ以外のケースで多くみられたのは、子どもにスイミングスクールや習字など習い事をさせていたり、映画等に連れて行っていることである。

　このことは子どもの年齢と子どもの教育上の「生活の標準化」の作用が大きく影響していると考えられる。一般母子世帯の子どもの平均年齢は12.7歳、母子寮世帯は7.0歳である。すなわち母子寮世帯では、大半の子どもが就学前あるいは小学校低年齢の児童であり、この時期には教育費はかからないがその分教養娯楽費という形での養育費がかかってくる。また周りの子どもがスイミングスクール等の習い事に通っている場合は、自分の子どもだけ通わせないわけにはいかない。この自分の子どもに対する「人並み志向」＝「生活標準化」の作用が教養娯楽費に強く作用しているのである。子どもが小学校高学年以上になってくると、この「生活標準化」の作用は、今度は塾に通わせたり学習教材を購入したりという教育費に影響を与えることになる。したがって平均年齢の高い一般母子世帯において、教育費が母子寮世帯より8.6ポイントも上回っているのである。自分の身を削っても、せめて自分の子どもだけは人並みの生活をという母親の意識の一端を垣間みる思いである。住居費に関しては、母子寮はほとんど無料に近いため－15.2ポイントという大きなウエイト差となっている。

　しかし、どちらにしてもこの母子寮世帯の消費支出に占める教養娯楽費のウエイトの高さは、以前の貧困世帯、母子寮世帯からはとうてい考えられないことであり、一つの現代的特徴を示しているといえる。

単独母子世帯と同居母子世帯の比較

　これまで分析してきた一般母子世帯のなかで、ここでは親や親族と住まいを

図6-15 単独世帯と同居世帯の年収分布

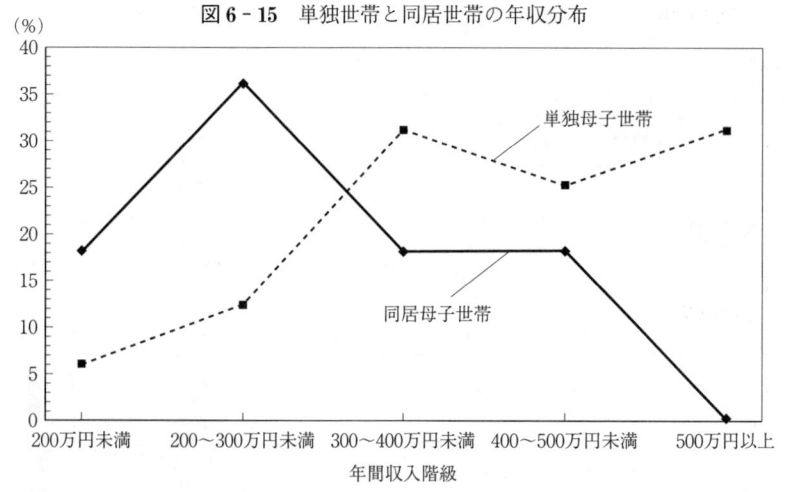

(出所) 図6-7と同じ, 39頁.

　実質的に同じにして生活を営んでいる母子世帯を同居母子世帯と呼び, それ以外のすなわち母親と子どもだけからなる母子世帯を単独母子世帯と呼ぶことにする。ここではとりわけ日本で多いとされている同居母子世帯の特質を探り出すことを中心に検討を進めていくことにする。

　欧米諸国に比べ, 日本ではなぜ母子世帯問題が顕在化しないかは, 一つには離婚率の低さと, もう一つは離婚後の親との同居が問題を潜在化させているという2つが大きな要因であると考えられる。したがって同居母子世帯の実態は, 欧米諸国との比較を試みる際には, きわめて重要な問題となってくる。

　① 収入の分布, 水準, 構造

　年収の平均を比較すると, 同居世帯303万8698円, 単独世帯427万6901円と120万円ほど同居世帯の方が低くなっている。

　図6-15で年収分布を比較すると, 単独母子世帯は年収の高い層により多く分布しているのに対して, 同居母子世帯は, 200～300万円未満を頂点として高い層にいけばいくほど分布は低くなっている。すなわち単独母子世帯は年収レベルが高い層に偏っており, 逆に同居母子世帯は低い層に偏っているといえる。このことは同居母子世帯が形成される過程において, 母子世帯の収入が低く, 十分な生活を営む経済的状況にないために実家に戻って親と同居するケースと, 離婚した時点で親との同居を決めており, 親に経済的に依存すれば生活はして

第Ⅱ部　生活経済からみる福祉

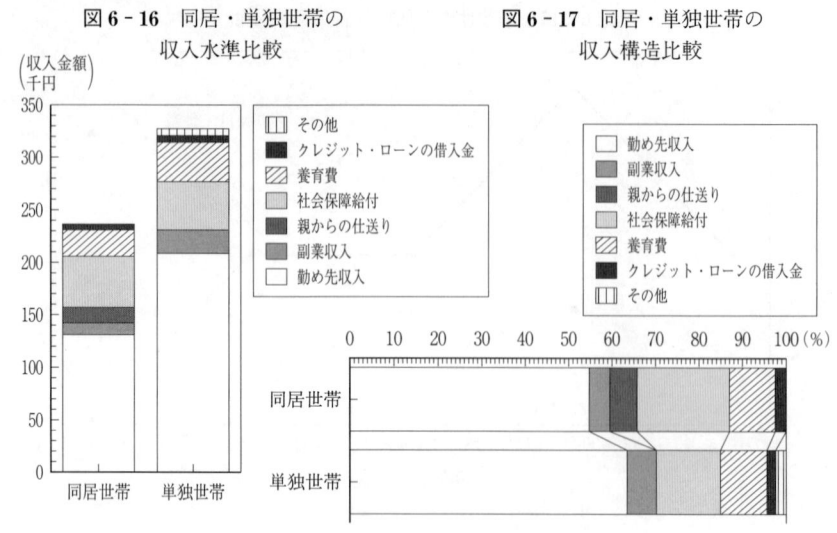

図6-16　同居・単独世帯の収入水準比較

図6-17　同居・単独世帯の収入構造比較

(出所)　図6-16, 図6-17は図6-7と同じ, 40頁。

いけるので，無理をして多くの収入を得る必要性がなく，結果的に母子世帯として低収入になってしまったケースとが重なり合った結果である。

　図6-16で1カ月の収入水準を捉えると，同居世帯23万6637円，単独世帯32万6312円と同居世帯は単独世帯の72.5％にとどまっているが，これは基本的には勤め先収入の差がそのまま全体の差になっているとみられる。

　図6-17でその構造をみると，同居世帯が勤め先収入 －8.9，副業収入 －2.0と合計で10.9ポイント単独世帯を下回っている。逆に親からの仕送り ＋6.3，社会保障給付 ＋6.6と合計で12.9ポイント単独世帯を上回っている。これは同居世帯が，基本的な就労所得が低いために外的資金＝親からの援助や社会保障給付に対する依存度が構造上高くなっていることを示している。

　②　支出水準と構造

　1カ月の支出水準の平均を比較すると同居世帯25万6176円，単独世帯31万5155円で，同居世帯の支出水準は単独世帯の81.3％となる。先の収入水準72.5％からすると10ポイント近くも両者の差が縮まったことになる。図6-18に示されているように，支出水準の合計の差額は，消費支出差額の6万円にほぼ等しいとみてよいだろう。同居世帯のこの消費支出の低さは，母子寮世帯のように家計のやりくり上の調整の結果として圧縮されたものではなく，家賃，

第 6 章　母子世帯の家計と福祉

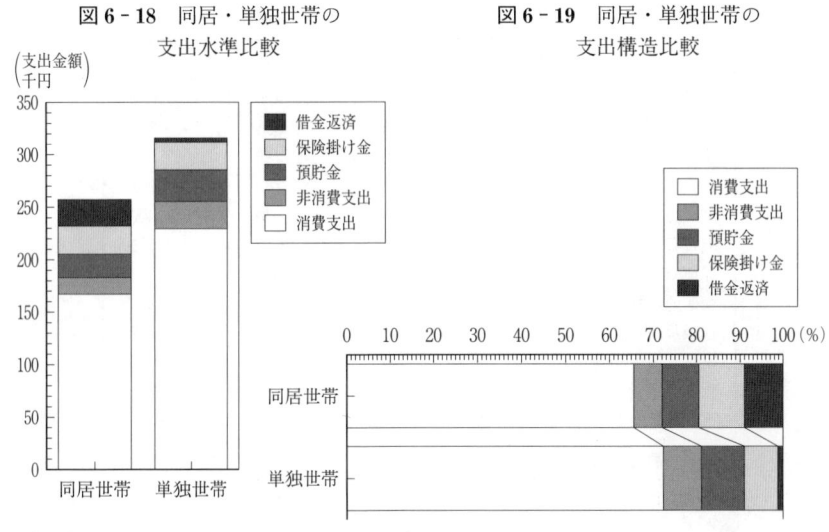

図 6-18　同居・単独世帯の
　　　　　支出水準比較

図 6-19　同居・単独世帯の
　　　　　支出構造比較

（出所）図 6-18，図 6-19 は図 6-7 と同じ，41 頁。

食料費，水光熱費等の親からの援助，あるいは依存関係によって，現実にはそれらを消費しているのだが支出しなくてもすんでいるという意味での低さである。したがって，消費そのものを切り詰めて生活水準を押し下げている母子寮世帯のそれとは，本質的に性格を異にするものである。

次に図 6-19 で支出構造をみることにする。ここでは同居世帯は単独世帯に対して消費支出－6.9，非消費支出－2.8，預貯金－1.1，保険掛け金＋2.5，借金返済＋8.2 となっており，消費支出と借金返済で両者の間に大きなウエイトの違いがみられる。消費支出に関しては水準のところで示したが，借金返済は同居世帯10ケースのうち 3 ケースで発生している。とりわけあるケースは 1 カ月で20万円返済をしているため，これが全体の平均値を高くしている。この20万円は，子どもが自動車を購入したローンの支払いを親が肩代わりしているものである。これ自体，以前では考えられなかった現代的な事象といえるかもしれない。

③　消費支出の水準と同居世帯の場合の親との経済的関係（同居類型）

先に，消費支出の水準と構成比で両者の大きな違いが確認された。ここでは，消費支出の内容の違いを金額ベースで捉えて検討していく。表 6-11 によると5000円以上の差がみられるのは，食料費－3 万2020円，住居費－1 万7238円，

表6-11 同居・単独世帯消費構造比較 (単位：円)

	同居世帯	単独世帯	同居－単独
食料費	40,786	72,806	－32,020*
酒・たばこ	2,760	3,094	－334
住居費	25,200	42,438	－17,238*
水光熱費	12,900	20,763	－7,863*
家政婦・ベビーシッター代	0	1,000	－1,000
教育費	17,960	28,619	－10,659
保健衛生費	2,000	625	1,375
交通通信費	12,460	11,210	1,250
被服及び履物	9,800	9,563	237
家具家事用品費	9,500	3,875	5,625
教養娯楽費	12,524	11,984	540
その他の消費支出	21,407	21,544	－137
消費支出合計	167,297	227,521	－60,224

(出所) 図6-7と同じ，42頁。

水光熱費－7863円，教育費－1万659円，家事家具用品費＋5625円である。このうち教育費に関しては，両世帯の子どもの平均年齢の差が反映されている。子どもの平均年齢は同居世帯9.8歳，単独世帯14.1歳である。また家事家具用品費ではあるケースで当月6万5000円相当の家電製品を購入しているため平均値が押し上げられているが，平常月に換算すると単独世帯と差がほとんどなくなる。このようにみていくと，実質的に差があるのは食料費，住居費，水光熱費の3費目となる。このことは，この3費目で親との経済的依存関係が顕著に現れていることを意味している。

これらの経済的依存関係を表6-12に示した。

同居母子世帯の3類型

先に示したように同居母子世帯は，親との経済的関係を軸に3つのタイプに類型化することができる。親に経済的に依存しているB1〈親依存型〉，逆に親を経済的に扶養しているB2〈親扶養型〉，経済的に相互に対等あるいは，独立しているB3〈対等相互扶助型〉。この3つの類型に，それぞれの同居世帯を分類する際にいくつかの基準を設定した。このなかで最も明確なのは，B2〈親扶養型〉で，親からの経済的援助は一切なく，親が無職で，しかも年金等の親自身の収入は共通の財布に拠出されることはなく，自分の小遣いとして支出し

第❻章　母子世帯の家計と福祉

表6-12　同居母子世帯の親との経済的関係
(単位：円)

調査票 No.	a	b	c	d	e	f	g	h	i	j
離婚後の居住形態	親の持ち家	親の持ち家	公営賃貸	親の持ち家	親の持ち家	伯母の持ち家	民間賃貸	公営賃貸	親の持ち家	民間賃貸
就労形態	常勤	無職	常勤	常勤	無職	常勤	常勤	常勤	パート・アルバイト	パート・アルバイト
食料費	10,500	70,000	60,000	59,360	50,000	0	50,000	65,000	40,000	3,000
酒・たばこ	0	2,000	0	7,000	0	0	6,600	3,000	1,500	7,500
住居費	0	0	0	0	0	0	85,000	57,000	0	0
水光熱費	10,000	0	10,000	0	15,000	0	10,000	20,000	0	4,000
家政婦・ベビーシッター代	0	0	0	0	0	0	0	0	0	0
教育費	21,300	0	16,000	3,000	95,000	7,000	21,300	0	4,000	12,000
保健衛生費	0	0	1,000	2,000	0	10,000	5,000	0	0	2,000
交通通信費	2,200	0	25,000	14,400	3,000	14,000	16,000	40,000	7,000	3,000
被服及び履物	10,000	5,000	8,000	5,000	5,000	0	10,000	20,000	10,000	25,000
家具家事用品費	0	10,000	70,000	0	5,000	0	5,000	5,000	0	0
教養娯楽費	0	5,000	30,000	10,240	6,000	8,000	5,000	5,000	16,000	40,000
その他の消費支出	10,000	23,000	10,000	10,000	20,000	13,000	77,571	15,000	15,500	20,000
親に対する支払い(生活費)	60,000			50,000		60,000				
支払い名目	家賃(不定期)			家賃		水光熱費				
親からの援助		100,000					95,000			
援助名目		生活費					家賃補助			
同居類型	B1	B1	B3	B3	B1	B1	B3	B2	B1	B1

(注) アミカケの部分は親が全部あるいは一部負担している費目である。
(出所) 図6-7と同じ，42頁。

ている場合がこれに当たる。

　問題は，B1とB3の区別である。第一に母子世帯の母親本人が就労していない無職の状態にある場合は，無条件でB1となる。第二に，親からの現金による援助が一定額定期的にある場合もB1となる。第三に，親の持ち家か，あるいは親が家賃を支払っている住居に無料で住んでいる場合，あるいは食料費の全額または大部分を親の援助で賄っている場合，これらのケースがB1の親依存型に属する。これに対してB3型は，基本的には親世帯とは区別される独立した家計を営み，賃貸住宅の場合は，住居費（家賃）を平等に拠出しあっている場合，親が家賃を負担している分，食料費その他の費用は母子世帯が親の面倒をみている場合，あるいは親の持ち家であっても毎月家賃分相当の金額を親に拠出し，他の家計部分は自立的に運営されている場合となる。

　以下は類型別の典型的なケースをまとめたものである。

類型別の典型的なケース

① 類型B1〈親依存型〉

このケースでは本人は無職で失業保険を受給している。したがって収入は失業保険給付と児童扶養手当だけである。それと毎月親から10万円生活費補助を受け取っている。住居は親の持ち家で家賃，水光熱費，電話代等はすべて無料か親の負担である。さらに親の扶養家族になっているので健康保険等も親にぶら下がっている。母親が亡くなっているので本人は同居家族のなかでは専業主婦的な役割を果たしている。

この事例は父親に，自分の子どもの父親役割を求めているという精神的な側面も含めて，全生活を親に依存しているという典型的なケースといえる。このように本人が無職で経済的にその大半を親に依存しているケースは，実際はそれほど多くはなく，むしろ本人は職業についており，5万円前後のお金を生活費（名目は家賃であったり食費，水光熱であったりするが）として親に渡し，住居をともにしているケースが日本では最も多いように思われる。それが親の経済状態や，本人の所得水準や，子どもの年齢等親子の関係のあり方によって，毎月定期的恒常的に親に支払われている場合と，不定期にしか支払われていない曖昧な場合とに分かれる。

② 類型B2〈親扶養型〉

これは親が健康上，年齢上またはその他の理由で経済的自立の基盤が脆弱である場合に多くみられるが，結婚生活を営んでいる時期から自分の親と同居していた場合に多くみられるケースである。例えば，母親が年金収入額も低く離婚以前から同居していたケースがある。年間収入は同居10ケースのなかでも最も高く約450万円となっている。本人は保険会社の外務員（営業）をやっており，給料が歩合制なので非常に不安定で，安定した職業への転職希望を持っている。このケース世帯は，母子世帯であることと，親の扶養＝介護という二重の福祉対象として存在している。

③ 類型B3〈対等相互扶助型〉

これは本人と親がそれぞれ自立した経済基盤を有しており，対等に共通の財布にそれぞれの財布から拠出して，住居をともにして独立した家計を運営している。あるいは相互の弱い部分を補完しあいながら生活を営んでいるタイプである。

例えば、あるケースでは、家賃18万円を母親が9万5000円、本人が8万5000円負担し、水光熱費やその他の共通費用部分も2分の1ずつ負担しており、ほぼ対等平等の負担関係となっている。母親も年金収入だけでは生活できないのでパート労働に従事している。離婚以前から母親と同居していたケースである。このケースでは、本人が病気をして長期間入院していたとき、子どもの世話を本人の母親がしていた。このように本人あるいは同居家族に何らかの困難が発生した場合、相互扶助をおこない、家族内福祉を機能させている。

以上3つの同居類型をみてきたが、経済的関係のあり方は、大きく異なっているものの、3類型とも何らかの形で家族共同体的相互扶助によって「生活標準」を維持し、自助努力によって福祉課題に取り組みながら生活を営んでいる。しかし、家族のあり方自体に核家族化、少子化が進むなかで、家族の自助努力や家族内福祉機能に期待できない要素が増加してきている。政府は、こうした家族の変化に対応した福祉施策を実施しなければならない。しかし、現実にはこれとは逆行して、ますます家族の自助努力、自己責任を強化する方向での政策、すなわち「受益者負担主義」を打ち出している。

また、同居世帯10ケースのなかで1つのケースを除くと、親や親族が家を所有しており、その親世帯と同居している場合は、ほとんどが同居類型B1〈親依存型〉に属している。すなわち経済的に親に依存している同居のスタイルをとっている。親が家を所有しておらず、民間賃貸または公的な賃貸住宅に同居している場合は、B2〈親扶養型〉かB3〈対等相互扶助型〉に属している。

親の住居が持ち家の場合の母子世帯の所得

また母子世帯の所得水準をみてみると、親の住居が持ち家の場合の同居の母子世帯の年収の平均は265万2667円、親の住居が持ち家ではない場合の同居母子世帯の平均年収は426万6326円となり、持ち家の同居母子世帯は、非持ち家の同居母子世帯の年収の62.6％と約6割の水準しかないことがわかる。

持ち家の同居母子世帯の所得水準が低いのは、2つの理由が考えられる。一つめは、親の住居が持ち家の場合は親の所得水準が相対的に高く、経済的に依存できる割合が高いので、母子世帯の所得水準が低くても生活していけること。二つめは、親の持ち家なので住居費は節約できるか、あるいは親に対して一定額の支払いを決めていても、いざとなれば支払いが免除あるいは延期される可

能性（柔軟性）があること。

　母子世帯にとって親が持ち家かどうかは選択不可能な事項である。しかし，就労形態や給与水準はある程度選択可能な事項である。したがって持ち家同居の場合は，ある程度の給与水準であれば無理をしなくても親との同居によって一定の生活水準は得られるが，非持ち家同居の場合は，職業選択の際に，ある一定のレベルの給与水準の確保が絶対条件となると考えられる。そのレベルは「ワンペアレント調査」の範囲内で判断すると400万円というラインが一つ設定されるであろう。

　しかし，現実的には，現在の女子の雇用状況をみる限り400万円ラインの突破はきわめて困難であるために，低い所得で「人並みの生活」を望む場合，親が持ち家であれば「同居」という形態を選択しなければならないのではないだろうか。しかも，子どもの年齢が就学前であれば，よけいにその選択動機は強いものとなる。なぜならば，保育園の送り迎えや，二次保育的な子どもの養育を親に依存できるからである。

　同居世帯のなかで，親が非持ち家世帯の母子世帯の所得水準が低い場合は，貧困が再生産される可能性が高くなるであろう。

　どちらにしても，「ワンペアレント調査」で得られた結果から，親の住居の所有形態が同居類型と母子世帯の所得水準を規定するということが明確になった。

母子世帯の現状の問題点と今後の課題

　以上検討してきたことのなかで明らかになったことをまとめてみる。

　第一に，全国調査と比べると「ワンペアレント調査」対象世帯は，大都市圏に限定されているので，所得分布では若干高い層に偏っているといえるが，それほど大きな違いは認められず，むしろ近似的分布を示している。

　第二に，母子世帯は，生活必需性の高い「生活基礎費用」のウエイトが高くなるという低所得層に共通の特質を有しながらも，「生活周辺費用」のうちの教育費が一般勤労者世帯よりもウエイトが高いという母子世帯固有の性格を有している。

　第三に，母子寮世帯の収入は一般母子世帯の収入の75.2％と低いが，貯蓄のウエイトは高くなっている。消費構造では，教養娯楽費で母子寮世帯が一般母

子世帯を実額で2倍，ウエイトで9.5ポイント上回っている。この費目に「生活の標準化」の作用が集中的に現れているといえる。

　第四に，同居母子世帯では，親の住居の所有形態が同居類型と所得水準を規定していることが明らかになった。

　第五に，収入の高低には関係のない，いわゆる現代的貧困の存在が母子寮世帯のケースのなかに確認された。母子寮世帯で最高の年間所得を得ている人のケースである。本人は看護学校を出てから13年間看護師としてまじめに勤務し，現在年齢が36歳で子どもは2人おり13歳と8歳である。看護師の給料は年収500万円，児童扶養手当60万円で合計560万円の年間所得がある。これだけの所得水準があれば何ら母子寮に入る必然性がないように思われる。しかし，現実には母子寮に入寮した時点で1カ月生活保護を受給している。何故か？

　じつは本人がパチンコ依存症で給料の大半はパチンコに消えており，それでも足りなくなり，複数の消費者金融から推定300万円以上の借金をしてしまい，いわゆる多重債務状態に陥り，その返済がいまだに続いているのである。したがって毎月の給料のうち15万円は借金返済に充てられ，ボーナスはすべて借金返済に消える生活を送っている。しかも子どもには食事を作らず，コンビニの弁当で済ませているという。ここには，年間所得の高さとは無関係の現代的貧困が存在している。イギリスのポール・アシュレイが指摘している所得の水準とは関係しない貧困，彼のいうマネープロブレムがこの事例に典型的に現れている。

　この世帯は，借金の金利も含めると返済額は毎月の収入を上回る。このようなマイナス所得の世帯にとって社会保障給付は，本来の目的，例えば子どもの教育費や生活費には使用されず，右から左へと金融機関，金融会社へと手渡されてしまい，借金返済の手段となってしまう。これを阻止して社会保障給付を本来的に機能させるためには，トータルな問題解決のシステムが必要となる。このためには第一に，法的に借金返済を一時停止すること，第二に，現実的な返済資金計画を作成し，毎月の家計管理指導サポートをおこなうこと，第三に，パチンコ依存症を治療する心のケアを遂行することが必要である。この3点セットのトータルなサポート・ケアシステムを作り上げない限り，母子寮のシステムも社会保障給付も有効に機能しないと思われる。この問題はこのケースのような場合だけでなく，他の要因で多重債務に陥っているケースすべてに当

てはまる問題でもある。

またこの事例は，われわれに福祉の問題は，同時に生活問題であり，福祉の対象者の個別的福祉問題＝現象だけにとらわれず，その対象者の人間としてのトータルな生活形成のなかで個別の福祉問題を解決していくようなシステム構築の必要性を教えているように思われる。このことがまさに，今後の福祉に求められているのではないだろうか。

今後の課題としては，今回の調査によって明らかにされた点と現行の福祉制度との関係を明確にし，そのなかで制度政策の問題点を抽出し，解決の方向を提起することが残されている。

注
(1) 畠中宗一「母子家庭の社会保障」『季刊社会保障研究』第28巻3号，1992年，270頁。
(2) ①厚生省「国民生活基礎調査」では「母子世帯とは20歳未満の子どものいる20～60歳の単身母子世帯」という定義である。②厚生省『社会福祉業務報告』では「生活保護を受給している母子世帯とは，18～60歳未満の女子と18歳未満の子どもで構成されている世帯」としている。③総務庁統計局『就業構造基本調査』では「母子世帯とは母親と18歳未満の子どもからなる世帯」としている。④総務庁統計局『国勢調査』では「母子世帯とは，死別又は離別の女性と未婚の20歳未満の子どもからなる世帯」としている。⑤東京都『東京都被保護世帯生活実態調査』では，「調査対象者は東京都に居住する生活保護を受けている世帯の内，配偶者のいない女子で現に20歳未満の児童を扶養している者の世帯」としている。⑥厚生省児童局『全国母子世帯等調査の結果の概要』では，「母子世帯とは，満20歳未満の子どもとその母親からなる世帯」としている。
(3) 「貧困の世代的再生産」に関しては青木紀編『現代日本の「見えない」貧困——生活保護受給母子世帯の現実』明石書店，2003年を参照。
(4) 費目の概念及び収支バランスに関して今回の調査と「家計調」との違いについて述べれば以下のとおりである。

　　第一に，「ワンペアレント調査」は日本だけの調査ではなく，日本以外の5カ国でも日本と同一の質問項目での共同調査を実施しており，各国の研究者との調整が必要であった。第二に，「家計調」ではみえにくい日常的な生活レベルのお金の出し入れ，すなわち，その月に，いくらお金が入ってきて，いくら出ていったのかが明確になることに重点をおいた。この2点で「家計調」とは異なることとなった。したがって，「ワンペアレント調査」は「家計調」のように収支バランスが厳密な

第6章 母子世帯の家計と福祉

意味で取れておらず，理論的整合性を有していない。とりわけ「実収支以外の収支」についてはみせかけではなく，実際の貨幣の流れに組み入れている点が「家計調」と大きく異なっている。

　消費項目に「酒・タバコ」「家政婦・ベビーシッター代」を追加したのは，イギリス，アメリカの家計調査の費目と調整した結果である。

　したがって，今回の調査と「家計調」を比較する際に「家計調」のデータを今回の調査の概念に合わせて加工している。とりわけ実支出以外の支出では，貯金は預貯金の純増額に置き換えている。保険掛け金はそのままであるが，借金返済は土地家屋借金返済と他の借金返済と分割払い購入借入入金返済と一括購入借入入金を合計したものとなっている。また実支出以外の支出の合計は，以上の3費目（貯金，保険掛け金，借金返済）の合計としている。これ以外の費目は，母子世帯にとってはほとんど発生しないので省略した。

(5) このケースは，毎月7万円の養育費を受給しているが，他の母子寮のケースでは，夫の暴力や経済的貧窮から逃れてきた世帯が多く，夫ととりあえず関係を絶ちたいと考えているため，養育費を請求する段階・状況にないケースが多くみられる。これは養育費支払いと子どもとの面接がセットになって考えられている場合が多いからで，夫との関係を絶つことを最優先に思っている妻からすれば，子どもを夫に会わせたくないので養育費は要らないという結論に立ち至ることになる。この問題を解決するには，スウェーデンやイギリスのように，国あるいは自治体等関係機関が夫から養育費を代理徴収することが考えられるが，これは母子寮世帯だけにとどまらず，一般母子世帯においても必要かつ有効な施策だと思われる。

　また，この場合は夫から離婚を申し出ており，離婚後自分の実家に戻っていたが，実家が狭いので独自の住居を探していたが適当なものが見つからず，母子寮に入居したというもので，緊急避難的要因は他のケースと比べると希薄であるといってもよい。したがって養育費受け取りに関しては何ら障害はないと思われる。母子寮世帯のなかでは特殊なケースといえる。

＊本章第2節は，家計経済研究所編『ワンペアレント・ファミリー（離別母子世帯）に関する6カ国調査』大蔵省印刷局1999年の筆者担当分「第Ⅰ部第2章　ワンペアレント・ファミリーの経済生活の水準と構造」に加筆，削除，修正を行ったものである。

参考文献

Ashley, P., *Money Problems of the Poor*, Heinemann, London, 1983
中田照子・杉本貴代栄・森田明美共著『日米のシングルマザーたち――生活と福祉のフェミニスト調査報告』ミネルヴァ書房，1991年。

城戸喜子「母子家庭と生活保護（1）」『季刊　社会保障研究』第21巻3号，1985年。
城戸喜子「女性の自立と社会的手当——母子世帯の場合を中心に」社会保障研究所編『女性と社会保障』東大出版会，1993年。
室住真麻子「ひとり親世帯の家計」『季刊　家計経済研究』第2号，1988年。
下夷美幸「離婚と子供養育費」『季刊　社会保障研究』第25巻2号，1989年。
下夷美幸「母子家庭への社会的援助——離婚後の児童扶養問題への対応」社会保障研究所編『女性と社会保障』東大出版会，1993年。
都村敦子「女性と社会保障」『女性のライフサイクル——所得保障の日米比較』東大出版会，1989年。
篠塚英子「母子世帯の貧困をめぐる問題」『日本経済研究』No. 22，1992年。
畠中宗一「母子家庭の社会保障」『季刊　社会保障研究』第28巻3号，1992年。
樋口美雄「教育を通じた世代間所得移転」『日本経済研究』No. 22，1992年。
武藤博道「日本における子育てコストと子供需要」『日本経済研究』No. 22，1992年。
石田好江「母子世帯の家計と所得保障」『国民生活研究』第34巻第2号，1994年。
庄谷怜子『現代の貧困の諸相と公的扶助——要保護層と被保護層』啓文社，1996年。
濱本知寿香「母子世帯の家計」『季刊　家計経済研究』通巻第35号，1997年。
家計経済研究所編『ワンペアレント・ファミリー（離別母子世帯）に関する六カ国調査』大蔵省印刷局，1999年。
岩田美香「離別母子家族と親族の援助——母親の学歴からみた階層性」『教育福祉研究』第7号，2001年。
鳥山まどか「母子世帯の家計に関する研究——動向と課題」『教育福祉研究』第8号，2002年。
鳥山まどか「母子世帯の家計と管理——子供の教育・進学の問題に関連して」『教育福祉研究』第9号，2003年。
青木紀編『現代日本の「見えない」貧困——生活保護受給母子世帯の現実』明石書店，2003年。
林千代編『女性福祉とは何か——その必要性と提言』ミネルヴァ書房，2004年。
丸山桂「母子世帯の消費構造と社会保障政策の課題」『成蹊大学経済学部論集』通巻第36巻1号，2005年。
杉本貴代栄「貧困とジェンダー——母子世帯施策の動向と新展開」『法律時報』78巻1号，2006年。

第7章
障害者世帯の家計と福祉

社会福祉基礎構造改革の流れのなかで，2003年に措置制度から支援費制度に移行し，2006年に障害者自立支援法が施行された。この章では，第一にその障害者世帯の現状を確認する。第二に障害者世帯の所得保障の現状のシステムを理解し，そこにおける問題点を探る。その際に障害者の雇用問題も同時に検討をする。第三に障害者世帯の家計収支の構造の特質を，一般世帯との比較から明らかにする。それと同時に，生活の自立に必要な家計管理プログラムの必要性について提起することを考えている。

第1節　障害者世帯の現状

この節では，障害者に関する各種の統計データを整理し，障害者の人数，原因別状況，障害者のニーズ等についてみていくことにする。まず表7‐1で障害者(児)の人口について把握する。身体障害者が351万人で最も多く，全体の53.6％を占めている。次に多いのが精神障害者で，258万人で39.4％，知的障害者(児)は45万人で7.0％となっており，障害者(児)の総数は655万人となっている。そのうち在宅の障害者が89.9％と施設の10.1％に比べると圧倒的に多くなっている。施設に入所かあるいは病院に入院している障害者のうち，精神障害者は34万人と全体の51.9％を占めて最も多くなっている。次に多いのは身体障害者の19万人で28.5％，そして知的障害者(児)が13万人で19.5％と最も少なくなっている。

障害児の実態
①　身体障害児の実態
2001（平成13）年の「身体障害者・児実態調査」（厚生労働省）によると，

第Ⅱ部　生活経済からみる福祉

表7-1　障害者(児)の人数と割合　　(単位：千人，%)

障 害 種 別	総 数	%	在 宅	%	施設(入院)	%
身体障害者(児)	3,517	53.6	3,327	56.4	190	28.5
身体障害児（18歳未満）	89	2.5	82	2.5	8	4.2
身体障害者（18歳以上）	3,427	97.4	3,245	97.5	182	95.8
知的障害者(児)	459	7.0	329	5.6	130	19.5
知的障害児（18歳未満）	102	22.2	94	28.6	9	6.9
知的障害者（18歳以上）	342	74.5	221	67.2	121	93.1
不　詳	14	3.1	14	4.2	—	—
精神障害者	2,584	39.4	2,239	38.0	345	51.9
総　計	6,560	100.0	5,895	89.9	665	10.1

(資料)　厚生労働省「身体障害者・児実態調査」2001年。
　　　「社会福祉施設等調査」2000，2001年。
　　　「知的障害児(者)基礎調査」2000年。
　　　「患者調査」2002年。

在宅の身体障害児は8万1900人（2001年）と推計されている。障害の種類は，最も多いのが「肢体不自由」4万7700人，58.2%，次に多いのが「聴覚・言語障害」1万5200人，18.5%，「内部障害」1万4200人，17.3%，「視覚障害」4800人，5.8%となっており「肢体不自由」が半数以上を占めている。また，障害の原因別状況は，事故2000人，2.4%，疾病1万2100人，14.8%，出生時の損傷1万4200人，17.3%，その他1万3,00人，16.7%，以上で半分で，残り半分は不明・不詳4万人，48.8%となっている。障害児の場合，出生時の損傷や疾病によるものが多くなっている。

在宅の身体障害児のニーズ（厚生労働省「身体障害者・児実態調査」2001年）をみると，(1)「手当てなどの経済的援助の充実」が35.9%，(2)「障害児が暮らしやすい住宅の整備」34.2%，(3)「医療費の負担軽減」29.7%（複数回答）の3つが最も大きなニーズを形成している。

②　知的障害児の実態

在宅の知的障害児は9万3600人（2001年）と推計されている。障害の程度別状況をみると，最重度19.1%，重度32.8%で2つあわせると51.9%と半数を超える。あとは中度19.1%，軽度19.5%，不詳9.6%となっている。重度が多いということがわかる。

在宅の知的障害児のニーズ（厚生労働省「身体障害者・児実態調査」2001年）については，福祉サービスと生活の場に関する2系統に分けて調査されて

いる。福祉サービスについては、①「障害者に対する周りの人の理解」57.2％、②「必要な時に施設を利用できる制度」49.7％、③「相談や指導」36.0％、生活の場に関するものでは、①「働く場所」42.4％、②「通所施設」39.0％、③「老後の生活」28.3％（重複回答）、と身体障害児のニーズが経済的な事柄が中心であったのに対して、知的障害児の場合は、周りの理解や働く場所を求めている点が大きく異なっている。

身体障害者の実態

次に身体障害者の障害の種類別構成と障害の原因別状況をみていくことにする（前出「身体障害者・児実態調査」による）。まず障害の種類別分布割合で最も多いのは、「肢体不自由」174万9000人、53.9％となっており、以下ウエイトの高い順に示すと、「内部障害」84万9000人26.2％、「聴覚・言語障害」34万6000人10.7％、「視覚障害」30万1000人9.3％となっている。

障害の原因別にみていくと、2001年では、疾病が最も多くて26.2％となっている。次に多いのが事故で17.0％、以下は加齢4.7％、出生時の損傷4.5％、その他10.8％、不明と不詳合わせて36.8％である。事故の割合は、身体障害児と比較すると、2.4％に対し17.0％と15ポイントも多い。なかでも労働災害は6.3％と最も大きな割合となっている。身体障害者の場合、身体障害児とは異なり事故の内容はほとんど資本主義社会のシステムが生み出した必然的な要因ばかりである。また疾病のなかでもアスベスト、スモン、水俣病、森永砒素ミルクなど企業がもたらした公害や、食品被害、血液製剤による感染症、原爆症等も社会が生み出した障害要因にほかならない。これらのことを考え合わせると、障害の原因がかなりの部分で社会的なものであることがわかる。「障害は社会が生み出す問題である」。真田も「個体の障害発生は生物学的な因果の系によるものであるが、この因果の系を作り出し作動させる条件・基盤として社会がある。ただし、ここでいう『社会』とは社会一般ではなく、社会がかかえている諸矛盾がさまざまな社会問題として具体化し、これらの社会問題が障害発生の条件・基盤である」(1)としているが、この視点はきわめて重要であると思われる。また、吉川は、「一見、「個」の問題に思える先天的な障害・遺伝的な障害というものも、人類（種としてのヒト）が、地球上で生きていくために環境との交互作用を繰り返してきた結果、生まれてきたものの一部であるという

ことができよう。種の保存の原理というものがあるが、ある一定の割合で生まれてくる『他とは違うもの』を排除しつづけていくと、その種そのものが滅びてしまうという理は、私たち人類にも当てはまるのではないだろうか」[2]と指摘している。この吉川が人類の再生産の視点にたち、生物学的な種の保存の原理から「障害」の存在意義を示したことは、非常に重要な意味を持っていると思われる。

身体障害者のニーズをみると、第1位には「年金や手当てなどの所得保障の充実」37.3％があげられている。第2位は「医療費の負担の軽減」31.5％、第3位は「ホームヘルパー、ショートステイ等在宅福祉サービスの充実」17.0％、4位は「障害者が暮らしやすい住宅の整備」16.3％と経済的ニーズが圧倒的に多くなっていることがわかる。

知的障害者の実態

2000年の知的障害者の総数は、厚生労働省「知的障害児(者)基礎調査」の調査結果によると34万2300人となっており、1995年の調査より4万人程度増加している。そのうち在宅は22万1200人で全体の64.6％を占めている。施設入所は12万1100人、35.4％となっている。これは、身体障害者の5.3％と比較するとかなりウエイトが高いといえる。また、障害の程度別では、重度が27.0％と最も高くなっているが、中度25.9％、軽度23.6％とほとんど同じ割合である。最重度は12.1％で不詳の11.4％とともに最も低くなっている。図7-1では、知的障害者の就労形態が示されている。最も多いのが作業所（通所施設を含む）50.5％で、半数を超えている。次は、正規社員19.6％が約2割を占め、以下は臨時雇用10.9％、家の手伝い7.5％、内職1.2％、その他6.4％、不詳3.9％となっている。コンピューターなどを利用した在宅でできる仕事も増えてきているので、それらを十分に活用して今後、正規社員の割合が増加することが望まれる。スウェーデンでは、職業訓練所に障害者の個々の障害に対応したコンピューターが整備されていた。日本でも技術的には可能であり、すぐにでも導入できると思われた。障害者の実状を考えるうえでは雇用問題はかなり重大な問題であるといえる。

知的障害者のニーズは福祉サービス系に関しては、周りの人の理解40.3％、必要な時に施設を利用できる36.6％、経済的援助27.7％の3つのウエイトが高

第 7 章　障害者世帯の家計と福祉

図7-1　知的障害者の就労形態

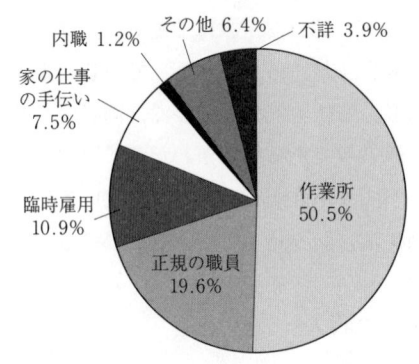

- 作業所 50.5%
- 正規の職員 19.6%
- 臨時雇用 10.9%
- 家の仕事の手伝い 7.5%
- 内職 1.2%
- その他 6.4%
- 不詳 3.9%

（資料）厚生労働省「知的障害児(者)基礎調査」2000年。

図7-2　精神疾患による入院患者の年齢構成

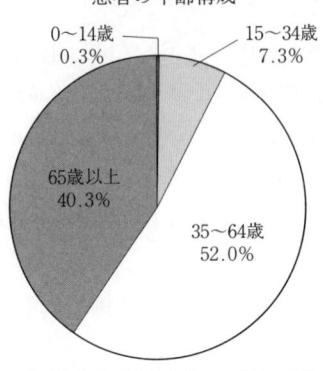

- 0〜14歳 0.3%
- 15〜34歳 7.3%
- 35〜64歳 52.0%
- 65歳以上 40.3%

（資料）厚生労働省「患者調査」2002年。

かった。生活の場に関しては，老後の生活38.8%，働く場所24.5%の2つのウエイトが高かった。身体障害者のニーズは経済的ニーズに集中していたが，それに比べ知的障害者は，周りの人の理解や老後の生活に対する不安を第一にあげている点で大きく異なっている。

精神障害者の実態

2002年の厚生労働省の「患者調査」によると，精神及び行動の障害を持った精神障害者は258万人と推計されている。そのうち病院に入院している障害者の数は34万人，社会復帰施設及びグループホーム利用者は1.2万人，在宅者数は224万人と推計されている。病院に入院している割合は13.1%となっていて，この入院の期間が年々長期化していることが問題となっている。

精神疾患で入院している患者の年齢構成をみると，0〜14歳が0.3%，15〜34歳が7.3%，35〜64歳が52.0%，65歳以上が40.3%となっており，35〜64歳の年齢階層が半数を超えており最も多かった（図7-2）。

精神障害者のニーズは，地域における総合的な相談窓口の必要性が最も高かった。

その他の障害者の実態

このほか障害には，難病患者の存在がある。「難病対策要綱」が策定された1972年には1.7万人だった患者数が，2004年には54.2万人まで増加している。

さらに重複障害者は2001年の調査では17.5万人と推計されている。重複のタイプで最も多いのが「肢体不自由と内部障害」29.1％, 次に「聴覚・言語障害と肢体不自由」28.6％,「視覚障害と肢体不自由」16.6％となっている。重複障害者の半数以上は1級（50.3％）であり, 2級も26.9％と多く, 両者合わせて77.2％も占めている。ほとんど重度の障害者であることがわかる。原因については, 疾病が32.6％, 事故が15.4％, 不明・不詳が33.2％となっている。

これらの障害者の実態をふまえ経済生活に踏み込んでいくことにする。

第2節　障害者世帯の収入・支出構造

ここでは一般世帯の家計の収入構造とは異なる障害者世帯の収入構造を, 所得保障のシステムと経済負担の軽減と家計の収支構造を中心に解明していくことにする。

障害者年金制度

日本の公的年金制度は, 国民年金, 厚生年金, 共済年金と大きく分類すると3種類の制度があるが, この共済年金には国家公務員共済組合, 地方公務員共済組合, 私立学校教職員共済, 農林漁業団体職員共済組合と4種類の共済年金が存在する。国民年金制度は, 国民すべてが対象であり, 年金の受給権が発生した障害者の場合, 障害基礎年金として支給されることになる。また厚生年金と共済年金は, 年金制度が2階建ての建物とすると, 1階部分に当たるのが国民年金で, その上に追加される2階部分として厚生年金や共済年金が積み上がっている構造になっている。その構造とモデル平均支給金額を示した図が図7-3である。

① 障害基礎年金

図7-3をみると, 年金のベースになっている部分が障害基礎年金であることがわかる。障害基礎年金は, 国民年金加入中（20歳から60歳まで）に初診日がある病気やけがによって障害者になったときに支給される年金のことである。20歳以前に初診日がある場合でも, 満20歳の時点でそれ以前と同じ障害があれば障害年金を受給できる。しかし, 20歳前障害にかかわる障害基礎年金は, 本人の保険料納付にもとづかない無拠出の年金給付であるため, 本人の所得にも

第 7 章　障害者世帯の家計と福祉

図 7-3　障害者年金制度モデル

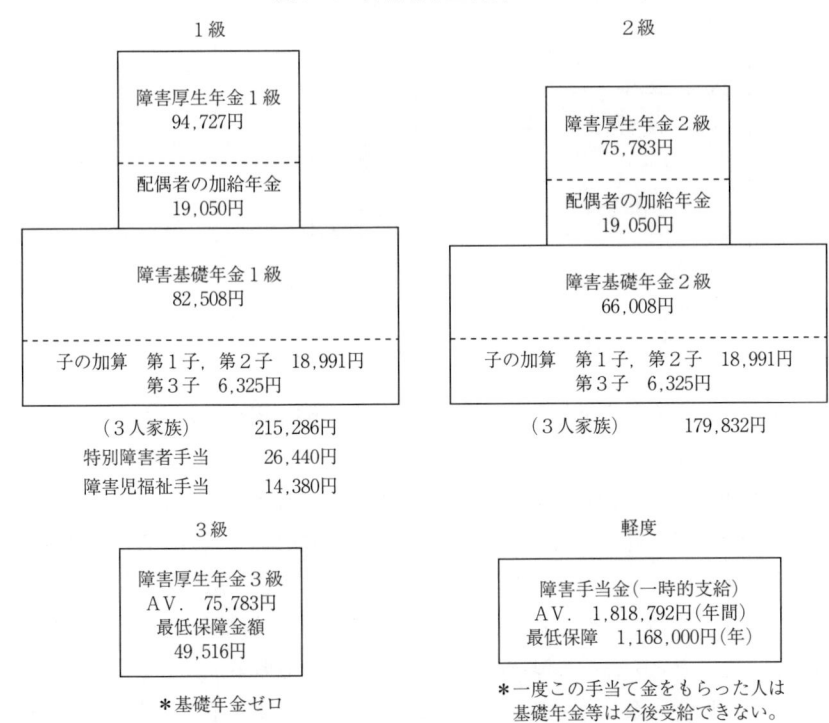

1級

障害厚生年金1級
94,727円

配偶者の加給年金
19,050円

障害基礎年金1級
82,508円

子の加算　第1子，第2子　18,991円
　　　　　第3子　6,325円

（3人家族）　215,286円
特別障害者手当　26,440円
障害児福祉手当　14,380円

2級

障害厚生年金2級
75,783円

配偶者の加給年金
19,050円

障害基礎年金2級
66,008円

子の加算　第1子，第2子　18,991円
　　　　　第3子　6,325円

（3人家族）　179,832円

3級

障害厚生年金3級
AV.　75,783円
最低保障金額
49,516円

＊基礎年金ゼロ

軽度

障害手当金（一時的支給）
AV.　1,818,792円（年間）
最低保障　1,168,000円（年）

＊一度この手当て金をもらった人は
基礎年金等は今後受給できない。

（資料）福祉士養成講座編集委員会編『障害者福祉論第5版』中央法規出版，2007年，237〜239頁。

とづく所得制限が設けられており，従来は一定の年収を超えると，年金が全額停止されることになっていたが，1994年の改正によって，障害者の就労意欲に配慮し，図7-4のように年収398.4万円（2人世帯）を超えても，年収500.1万円（2人世帯）以下の場合には年金額の2分の1相当額に限り停止とし，500.1万円を超える場合に全額支給停止とする2段階制とすることになった。

障害基礎年金は図7-3のとおり，障害の程度に応じて1級と2級がある。この程度に関しては国民年金法で定められており，1級のほうが重度である。年金額は2級が老齢基礎年金の金額と同じ月額6万6208円で，1級はこの金額の1.25倍の月額8万2758円である。また障害基礎年金の受給権を取得した当時，受給権者により生計を維持されている18歳到達年度の末日までにある子，または障害等級の1級もしくは2級の障害の状態にある20歳未満の子どもがある場合は，その子ども1人につき月額1万9050円を，2人の場合には2倍の月額3

第Ⅱ部　生活経済からみる福祉

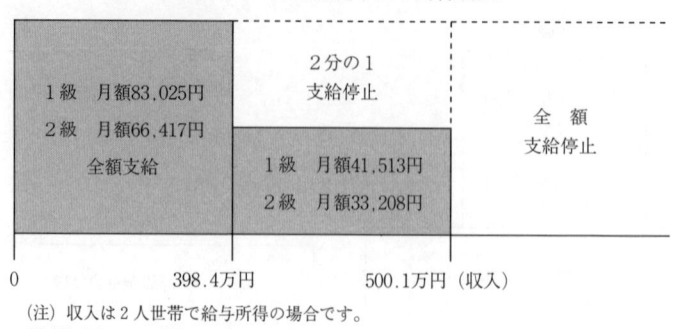

図7-4　障害基礎年金の所得制限

```
        1級  月額83,025円        2分の1
        2級  月額66,417円        支給停止
            全額支給                              全　額
                          1級  月額41,513円     支給停止
                          2級  月額33,208円

0              398.4万円         500.1万円（収入）
```

（注）収入は2人世帯で給与所得の場合です。
（資料）図7-3と同じ，240～241頁。

万8100円を，3人目以上から1人増すごとに月額6350円が加算される。

②　障害厚生年金

障害厚生年金は，企業で就労しており厚生年金に加入している人が，在職中の病気やけがで医師の診療を受けた日（初診日）において，その日から起算して1年6カ月を経過した日（障害認定日）に障害等級の1級から3級に該当したとき，また該当しなかった人が65歳に達する前日までに障害等級に該当し請求をおこなったとき，その障害の程度に応じて支給される。

この障害厚生年金は，1級，2級については障害基礎年金に加算して受給できる。また，障害厚生年金は障害基礎年金にはない3級とそれよりも軽度の障害である場合，一時的な手当てとして障害手当金に該当する障害程度も定めている。3級は障害厚生年金のみの支給である。また，障害手当金は一時的支給であり，金額的には最低保障が120万6400円となっており，2005年度の勤労者世帯の平均所得を用いると181万8792万円となる。この障害手当金は，一度もらうと二度と障害厚生年金が受給できなくなるので注意を要する。

障害手当金から3級への移行はありえないということである。しかし，3級から2級，2級から1級への移行は可能である。1級や2級の年金受給者に65歳未満の配偶者がある場合，配偶者加給年金を合わせて受給することができる。

③　障害共済年金

障害共済年金は，国家公務員共済組合，地方公務員共済組合，私立学校教職員共済，農林漁業団体職員共済組合に加入している人が，在職中に病気やけがで障害基礎年金に該当する障害者になった場合に支給される年金である。障害

共済年金は、障害厚生年金と同様、障害の程度が1級と2級の場合に障害基礎年金に上乗せして支給される年金である。また3級は、これも障害厚生年金同様、共済年金のみの支給となる。障害共済年金の場合、共済独自の職域年金部分の加算もある。

手当支給制度
① 特別障害者手当

1986年に年金制度が改正された際、障害基礎年金が創設され、同時に20歳以上で日常生活に常時特別の介護を必要とする在宅の重度障害者を対象とする特別障害者手当が創設された。

また20歳未満の重度の障害児に対しては、障害児童福祉手当が支給されることになった。また障害者特別手当は基礎年金との併給が可能である。金額は、図7-3に示してあるように特別障害者手当が月額2万6520円、障害児福祉手当が月額1万4430円となっている。またこれらの手当には障害基礎年金と同様の所得制限が設けられている。

② 特別児童扶養手当

特別児童扶養手当は、重度の障害の程度を有する20歳未満の障害児と同居し監護している養育者＝親に支給される手当である。支給金額は1級が月額5万900円、2級が3万3900円である。これについても所得制限が設けられている。

生活保護、他
① 生活保護

生活保護制度は、日本の公的扶助制度の中心となる制度であり、憲法第25条の生存権の保障を基礎に成立している生活保護法の運用によって実現される。生活保護法の目的は第1条に示されている。「この法律は、日本国憲法第25条に規定する理念に基き、国が生活に困窮するすべての国民に対し、その困窮の程度に応じ、必要な保護を行い、その最低限度の生活を保障するとともに、その自立を助長することを目的とする」としている。

生活保護法は、基本原理として「生存権保障の原理」「国家責任の原理」「最低生活保障の原理」「無差別平等の原理」「補足性の原理」を掲げている。保護の原則として「申請保護の原則」「基準および程度の原則」「必要即応の原則」

表7-2 重度障害者のいる世帯の最低生活保障水準 (単位:円)

区　　分	重度障害者25歳男と65歳女の2人世帯	重度障害者25歳男の単身世帯
級　地	1級地-1	1級地-1
生活扶助	126,110	84,990
障害者加算	26,850	26,850
重度障害者加算	14,380	14,430
重度障害者家族介護料	12,060	
重度障害者他人介護料		＊69,970＊
住宅扶助	13,000	13,000
合　　計	192,400	139,270 ＊209,240＊

(注) 2006年4月の水準。
　　＊＊の欄は重度障害者他人介護料が支給された場合
(資料) 福祉士養成講座編集委員会編『障害者福祉論第5版』中央法規出版，2007年，243頁。

「世帯単位の原則」という4つの原則をあげている。保護の種類は，「生活扶助」「教育扶助」「住宅扶助」「医療扶助」「介護扶助」「出産扶助」「生業扶助」「葬祭扶助」の8つがある。保護の基準は，1984年4月以降は，水準均衡方式をとっている。水準均衡方式とは，当該年度に予測される一般国民の消費水準の動向をふまえると同時に，前年度までの消費水準の向上に即して基準額を改定するものである。具体的には，政府経済見通しにおける当該年度の民間最終消費支出の伸び率を基礎にして，前年度までの一般国民の消費水準との調整をおこない改定率を決定する方法である。表7-2に重度障害者のいる世帯の最低生活保障水準が示されている。

② 優遇税制や割引などの優遇措置

障害者に対しては，その経済的負担を軽減する目的で各種の税制上の優遇措置がとられている。例えば所得税については，一般障害者の場合1人につき27万円，特別障害者の場合1人につき40万円が所得金額から控除される。住民税や相続税などについていくつか控除が認められている。また割引制度については，本人と介護者1人がJRの旅客運賃が50％割引となるほか，航空運賃や高速道路の料金の割引や，NHKの受信料全額免除などの優遇措置がとられている。

障害者年金制度の問題点

　これまでみてきた現行の障害者年金制度には，大きな問題点が存在している。第一に，社会保障制度としての障害者年金は，社会的ハンディキャップも含めて今ある社会的環境のなかで自立して「生活」できるかどうかを中心にして評価するのが本来の姿であるにもかかわらず，評価の中心が医学的レベルでの障害にとどまっていることである。これは介護保険における要介護度の判定基準にも同じことがいえる。あくまで「生活」する能力を判断の基準にしないと大きな誤りを犯すことになる。厚生労働省の判定基準プログラムを作成するチームが，医師を中心に組まれていることによる大きな弊害である。「生活学」や「福祉学」関連の専門家が入って，「医学」的な視点だけではなく「生活」の視点からも基準を設定する必要があると思われる。

　第二に，「基礎年金制度」が導入されて，構造的には公的年金の制度間は共通となったにもかかわらず，厚生年金と国民年金の間で，あるいは都道府県によって障害の認定が異なるなど，実際の運用面ではズレが存在していること。例をあげると，厚生年金では労働能力で障害の等級を判定するのに対して，国民年金では生活動作の医学的基準から等級を判定するというような差が確認される。この結果，国民年金では2級に判定されたのに厚生年金では3級にしか認定されないということが現実にかなり起きている。これは公平性の原則からいって大きな問題であるといえる。第三に，障害認定の基準，方法が外部からわかりにくく，どの程度の障害であれば年金が受給できるのか，その予測が困難であることなどの問題も存在する。

障害者世帯の家計構造を知る

　障害者世帯の家計の構造を知りうる統計調査は，今のところ存在していない。もちろん部分的には，各種の調査がおこなわれているが，家計調査のような家計簿記帳方式での調査にもとづく詳細な統計データは存在していない。そこで，ここでは東京都が実施している「障害者の生活実態調査」の平成10年版と平成15年版と，厚生労働省の「社会保障生計調査」平成15年版のデータをもとにしている。「社会保障生計調査」のほうは生活保護世帯を対象として調査がなされるもので，かならずしも「障害」世帯をそのまま世帯類型としては集計しておらず，「高齢者世帯」「母子世帯」「傷病・障害者世帯」「その他の世帯」とい

う4類型で集約されてしまっている。ここでいう「障害者世帯」とは，世帯主が障害者加算を受けているか，身体障害，知的障害等の心身上の障害のために働けない者である世帯をいう。また「疾病世帯」とは世帯主が入院しているか在宅患者加算を受けている世帯，または世帯主が傷病のため働けない者である世帯をいう。

　この3つのデータと一般世帯『家計調査年報』平成15年版の2人以上の勤労者世帯の平均値とを比較しながら現状をみていきたいと思う。

東京都調査（平成10年，15年）

　平成10 (1998) 年調査（以下「1998調査」とする）対象者数は身体障害者の6000人（回答者数3297人），知的障害者1700人（回答者数730人），精神障害者1000人（回答者数371人），合計8700人（回答者数4398人，回答率50.6％（二段階無作為抽出））。平成15 (2003) 年調査（以下「2003調査」とする）の対象者数は身体障害者4000人（回答者数2757人），知的障害者1200人（回答者数647人），精神障害者800人（回答者数529人），合計6000人（回答者数3933人，回答率66.1％（二段階無作為抽出））。

　図7-5で「1998調査」での障害者世帯の生活保護費を除いた年収が示されている。低所得階層に収入が極端に偏っているのがわかる。最も多いのが50〜100万円未満で19.4％と約2割が集中している。次に多いのが50万円未満で16.0％，3番目は100〜150万円未満で14.9％と，この最低所得階層3つの合計が50.3％となり，0〜150万円未満で全体の過半数を超えている。ちなみに1998（平成10）年の総務省「家計調査」では2人以上の勤労者世帯の実収入の平均は58.8万円である。障害者世帯の中央値は約150万円となっているので月収に換算すると月額12.5万円となる。障害者世帯の月収は一般世帯の21.2％の水準でしかないといえる。しかも，生活保護費を受給している世帯は全体の6.2％にしか過ぎず，9割以上の世帯は生活保護費を受給していないことになる。

　また，図7-6をみると「2003調査」ではより分布が低所得階層に偏っていることがわかる。収入なしが8.4％も存在していることが明確になった。「1998調査」と同じ尺度で捉えると，50万円未満は8.4％プラス11.9％で20.3％となり，「1998調査」の16.0％を4.3ポイント上回っている。また最も多かった50〜100万円未満は23.4％と，「1998調査」の19.4％を4ポイント上回っている。3

図7-5 障害者世帯の年間収入（平成10年）

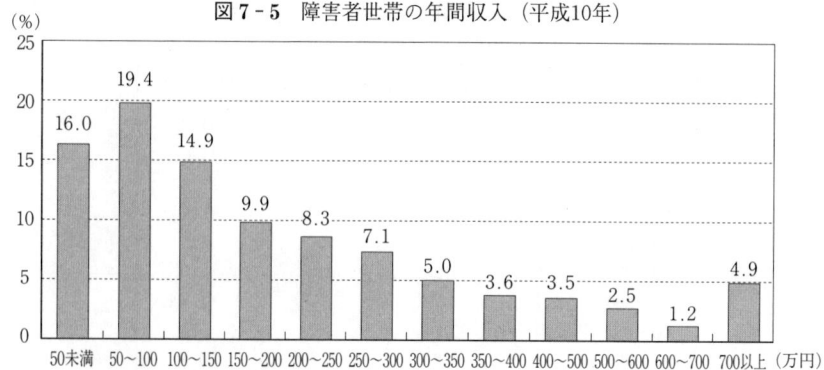

（％）
- 50未満: 16.0
- 50～100: 19.4
- 100～150: 14.9
- 150～200: 9.9
- 200～250: 8.3
- 250～300: 7.1
- 300～350: 5.0
- 350～400: 3.6
- 400～500: 3.5
- 500～600: 2.5
- 600～700: 1.2
- 700以上: 4.9 （万円）

（注）生活保護費を除く。
（資料）東京都「障害者の生活実態調査」1998年。

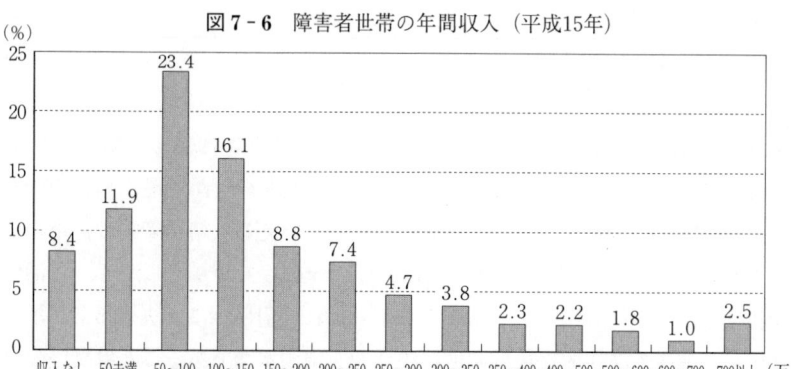

図7-6 障害者世帯の年間収入（平成15年）

（％）
- 収入なし: 8.4
- 50未満: 11.9
- 50～100: 23.4
- 100～150: 16.1
- 150～200: 8.8
- 200～250: 7.4
- 250～300: 4.7
- 300～350: 3.8
- 350～400: 2.3
- 400～500: 2.2
- 500～600: 1.8
- 600～700: 1.0
- 700以上: 2.5 （万円）

（注）生活保護費を除く。
（資料）東京都「障害者の生活実態調査」2003年。

番目の100～150万円未満では16.1％と、「1998調査」の14.9％を1.2ポイント上回っている。この3階級を合計すると59.8％となり、約6割が150万円未満に分布していることになる。これは「1998調査」と比較すると、150万円未満の階層が1割増加したことを示している。より低所得階層に分布が偏ってきた「2003調査」のデータをさらに詳細に障害の種類別に表7-3でみてみることにしよう。収入なしで最も多いのが精神障害者で24.2％となっている。50万円未満から150万円未満で最も多くなっているのが知的障害者で73.3％となっている。身体障害者も50～100万円未満に最も多く（20.2％）分布しているが、3者を比較すると、そのなかでは高所得に分布する割合が多いといえる。150万

表7-3 障害の種類別障害者世帯の年間収入
（平成15年） （単位：%）

	身体障害者	知的障害者	精神障害者
収入なし	5.8	6.3	24.2
50万円未満	11.0	14.2	14.0
50～100万円未満	20.2	32.8	28.2
100～150万円未満	14.5	26.3	12.3
150～200万円未満	9.6	8.7	4.5
200～250万円未満	9.2	4.3	2.1
250～300万円未満	6.3	0.5	1.5
300～350万円未満	5.3	0.2	0.8
350～400万円未満	3.2	0.0	0.4
400～500万円未満	3.0	0.2	0.4
500～600万円未満	2.5	0.0	0.4
600～700万円未満	1.4	0.2	0.2
700万円以上	3.4	0.0	0.8

（注）生活保護費を除く。
（資料）東京都「障害者の生活実態調査」2003年。

円未満への分布の割合を3者比較すると，知的障害者79.6％，精神障害者78.7％，身体障害者51.5％となっているが，収入なしのなかで最も高い割合を占める精神障害者世帯が経済的には最も厳しいといえる。精神障害者世帯の7割以上が150万円未満（生活保護基準以下）に分布しており，しかも，生活保護受給世帯が1割にも満たない状況である。これは明らかに憲法第25条が示す生存権＝「健康で文化的な最低限度の生活」を侵す水準であることは疑いのないところである。

厚生労働省調査（2003年）

厚生労働省の「社会保障生計調査」は，全国の被保護世帯を対象としており，全国を地域別に10ブロックに分け，各ブロックごとに都道府県1ないし2カ所を調査対象県として選定し，560世帯を抽出している。ただしこの調査結果の分類は「傷病・障害世帯」となっているので「障害世帯」のみを純粋に取り出すことはできない。総務省「家計調査」における「一般世帯」（以下「一般」とする）と「傷病・障害者世帯」（以下「障害」とする）の家計構造の比較をおこなっていくことにする。

世帯人員は，「一般」が3.49人に対し「障害」が2.43人と1.06人「一般」が

多くなっている。この世帯規模の影響を除去するために，後ほど一人当たりの金額水準に換算しなおして比較を試みることにする。

　実収入は，実額で「一般」52.4万円，「障害」18.8万円と33.6万円「障害」が低くなっている。収入構造は，「一般」の就労収入が94.1%とそのほとんどを占めているのに対して，「障害」の就労収入は14.6%に過ぎず，生活保護費プラス社会保障給付の合計が83.9%とその大半を占めているという違いがみられる。

　消費支出においては，金額的には，「一般」32.5万円，「障害」15.4万円と「障害」が17.1万円低くなっている。費目別の支出割合は①「食料」は「障害」が31.9%といわゆるエンゲル係数が「一般」より9.9ポイント高くなっている。それだけ生活水準が低いということである。ちなみにこの31.9%という水準は，日本の2人以上の勤労者世帯の1970年のエンゲル係数の水準である。

　全費目のなかで最も大きな違いを示したのがこの②「住居」である。「障害」19.0%，「一般」6.8%と，「障害」が12.2ポイントも高くなっている。これは「障害」の持ち家率が低いから，必然的に賃貸住宅に住むことになり，家賃を支払っている分，費用が多く出ることになる。これは障害者世帯に対する住宅支援政策の貧困さを物語るものであり，自立支援政策は，まず住宅から始めなければならない。

　次に差が大きいのは③「その他の消費支出」で，「一般」24.3%，「障害」13.8%と「障害」のほうが10.5ポイント低くなっている。この内容は主に「交際費」や「こづかい」がその大半を占めている。この2つの費用は家計のゆとりを表す指標としても使用される。したがって「障害」においては家計にゆとりがないことが示される。

　次に差が大きいのは④「交通・通信」である。6ポイント「一般」が高くなっている。この内容構成は6割が〈自動車等関係費〉で，3割が携帯を中心とする〈通信費〉であり，残り1割が〈交通費〉である。したがって，自動車を持っているかいないかでは大きく異なってくる。結果，「障害」は自動車を保有していない世帯が多いことがわかる。しかし，いろいろな意味において障害者世帯は一般世帯より車の真の必要性は高いように思われるが……。

　また⑤「教養娯楽」では，「障害」が実額8000円5.1%，「一般」が実額3.2万円9.9%で，旅行やレジャー，趣味や生活をエンジョイするための費用におい

て実額2.4万円4.8ポイント「障害」のほうが「一般」を下回っている。

⑥「教育」では、「一般」1.8万円、「障害」0.2万円と1.6万円の差がみられるが、塾や家庭教師などの補習教育費用の差がここに出ていると考えられる。これは青木が指摘しているように、世代間の貧困の再生産の問題に大きくかかわる問題である。すなわち公立義務教育の授業料の扶助だけでは、現実的には不公平な状況は変えられないと思われる。

⑦「光熱・水道」では、「障害」が3.6ポイント上回っている。基本料金は公的に決定されており、かつ、「生活の標準化」の作用で電化製品を中心とする主要耐久消費財の保有の標準化が進んでいるため、その使用料金としての公共料金は「一般」と同じ水準になる傾向にある。したがってウエイトは「障害」のほうが常に高くなる。

消費支出に関しては、第一に、「障害」は「住居」のウエイトが突出して高かった。第二に、「障害」のエンゲル係数の高さが生活水準の低さを示していた。第三に、「生活の標準化」の影響を受けて公共料金＝「光熱・水道」のウエイトが「一般」より高くなっていた。第四に、「障害」の家計のゆとりのなさを「その他の消費支出」のウエイトの低さが表現していた。

次に世帯人員の違いを考慮に入れて実額比較をおこなうことにする。両者の家計の数値を世帯人員で除した数値を「A一般世帯」と「B障害世帯」と示す。そしてB/A×100という「障害」の「一般」に対する金額指数が計算する。実収入をみると「障害」は「一般」の51.6の水準しかない。消費支出の水準は実収入よりは高い67.9となっている。100を超えている費目は第一に「住居」189.2、第二に「光熱・水道」106.2、第三に「家具・家事用品」103.1といずれも生活基礎費用の中核部分であり、いずれも「生活の標準化」の作用を大きく受けている費目であるといえる。極端に指数が低くなっているのは、「教育」18.6、「教養娯楽」35.3、「交通・通信」38.1、「その他の消費支出」38.8で、ここでも「教育」の低さは問題とならざるを得ない。

「一般」との比較でみてきた「障害」の問題点は、第一に、実収入の水準が一般世帯の半分しかない。第二に、「住居」のウエイトが高すぎる。第三に、エンゲル係数が高く生活にゆとりがない。第四に、「生活の標準化」の影響を受けて高くつく生活を強制されている。自宅で生活する時間が「一般」より長い、その分、必然的に「光熱・水道」は高くなる。

これまで比較してみてきたが，そもそも障害者世帯のほうが，いろいろな意味で一般世帯よりコストがかかる生活になる。住宅においては，バリアフリー化が求められるだろうし，トイレや廊下の幅は広く取らなければならないとか，浴槽はオーバーフロー方式にしたほうが安全だとか，車は車椅子のままで乗り込める福祉車両でなければ不便であるとか，在宅生活時間が長いため光熱・水道代はその分多くかかるとか，教育においても個別の家庭教師をつけたほうがよりよい場合が考えられる。そうすれば家庭教師代が多くかかることになる。ほんの一例をあげたに過ぎないが，これだけみても障害者世帯のほうが生活費用がかかることが容易に考えられる。こうしたことを考えると，障害者の一個の独立した個人としての生存権を考えた場合，現状はいかに低い水準にあり，問題が多いかが明らかになったと思われる。

成年後見制度と家計・財産管理問題

　障害者の場合，知的障害や精神障害の程度によっては家計の管理が困難である場合がある。その場合は成年後見制度によってサポートする仕組みが2000年4月からスタートしている。成年後見制度とは，判断能力が不十分なために，契約の締結等の法律行為における意思決定が難しい者（認知症高齢者・知的障害者・精神障害者等）について，その不十分な判断能力を補い，本人が損害を受けないようにし，本人の権利が守られるようにする制度である。高齢社会への対応及び知的障害者・精神障害者等の福祉の充実の観点から，自己決定の尊重，残存能力の活用，ノーマライゼーション等の新しい理念と従来の保護の理念との調和を旨として，各人の個別の状況に応じた柔軟かつ弾力的な利用しやすい制度を利用者に提供することを，その理念として掲げている。
　成年後見制度は法定後見制度と任意後見制度からなっている。任意後見制度は本人の判断能力が衰える前から利用できるが，法定後見制度は判断能力が衰えた後でないと利用できない。この法定後見制度は後見，保佐，補助の3つから成り立っている。
　① 後見
　　ほとんど判断できない者を対象とする。精神上の障害（知的障害・精神障害・認知症等）によって判断能力を欠く状況におかれている者を保護する。家庭裁判所は，本人のために成年後見人を選任し，その選任された後見人は，

本人の財産に関するすべての法律行為を本人に代わっておこなうことができる。また，成年後見人または本人は，本人が自らおこなった法律行為に関しては，日常行為に関するものを除いて取り消すことができる。

② 保佐

判断能力が著しく不十分な者を対象とする。精神上の障害（知的障害・精神障害・認知症等）によって判断能力が特に不十分な者を保護する。家庭裁判所は本人のために保佐人を選任し，保佐人に対して当事者が申し立てた特定の法律行為（例えば住宅の売買等）について代理権を与えることができる。保佐人は本人がおこなった法律行為を取り消すことができる。

③ 補助

判断能力が不十分な者を対象とする。ある程度の判断能力はあるが，高度な判断を必要とする契約取引行為の場合，支援を必要とする者のためにこの補助の制度が設けられている。補助人選任の手続きは，自己決定の尊重の立場から本人の同意が条件とされている。特定の法律行為について具体的に必要な範囲で保護や支援を受けるために，補助人に同意権や代理権が与えられる。

諸外国において近年，新しい理念にもとづいた成年後見人制度の動きがみられる。その理念は「ノーマライゼーション」「自己決定権の尊重」「身上監護の重視」という共通点を持つものになっている。また，「任意後見の重視」という視点も注目すべき考え方である。例えばイギリスの場合は，1986年に「持続的代理権授与法」という任意後見の制度を始めている。この法律は，本人の意思が十分にあるときに代理人に代理権を授与し，本人が意思能力が十分でなくなったときに代理人が本人の意思を尊重して支援するもので，自己決定権の尊重を基本とする画期的な制度であるといえる。不正な動機を持つ代理人に権限を乱用されないように，イギリスでは裁判所が代理人のチェックをおこなう仕組みを設けている。またこの制度は財産管理への適用に限定されているが，最近，医療や福祉などの身上配慮にまでその範囲を広げていこうという動きがある。

ドイツの場合

ドイツの場合は，1992年に「成年者世話法」という法定後見制度を創設して

いる。この制度は,「世話」＝「ケア」の概念を導入したという点で画期的な意味がある。ここでいう「世話」というのは財産管理と身上監護を統合したものであり,本来的な意味での福祉におけるケアマネジメントにほかならない。ケアマネジャーは本人にとって何が必要かを分析，評価して,必要なものをその人のためにコーディネートしパッケージして,見守っていくことである。また,この制度では「世話人支援センター」を設置し,そこで相談を受け付け,必要であれば後見裁判所が世話人（後見人）を選任するというシステムをとっている。親族が世話人になれない場合は,世話人協会に所属する有給及びボランティアの世話人が後見人に選任されるシステムであり,親族が世話人になったときは,同協会がさまざまなノウハウを提供し世話人を支援するといった手厚いシステムとなっている。このような組織が日本の中学校区に相当する地域ごとに一つの割合で設置されており,世話人協会は,法律家による支援を得ながらソーシャルワーカーがその担い手となっていることも重要なポイントとなっている。後見裁判所はまず任意後見を優先し,それができない場合に法定後見を活用している（補充性の原則）。また,本人の活動のすべてを後見の対象にするのではなく,必要な部分だけ世話人に委ねることとしている（必要性の原則）。施行後5年間に75万件の後見人の選任があり,毎年10％の割合で増加しているという。

　ドイツの例にみられるような世話人（後見人）の役割を,ソーシャルワーカーが担っている点はきわめて重要であると考えられる。もともとイギリスにおけるソーシャルワーカーの主要な任務は,貧困世帯に対して家計の管理の仕方を指導することにあった。その延長線で考えればドイツのそれはきわめて当然といえる。家計管理のしかたを指導するということは生活の仕方を指導するということであり,ソーシャルワーカーは,「生活技術」の専門家でなければならないということである。

　このイギリスやドイツの教訓を日本において役立てる必要が高まっている。そして,障害者が自立的に家計を管理していけるよう指導していくプログラムを作成し,それをソーシャルワーカーが指導していけるように,ソーシャルワーカーを家計管理の専門家として教育訓練する場が必要となっている。この視点が日本の福祉において欠落していたといわざるを得ない。あらゆる生活の基礎は「経済」であり,それが家庭のなかではお金の管理＝家計管理となるの

である。いくら「福祉の心」が豊かであっても，また「福祉の技術」が高まっても，「生活」はお金がなければ遂行できなくなるわけで，それは生活の基本的な事項であるが，まったくといっていいほど日本の福祉からは除外されてきた。これは日本の福祉に携わるものの多くが「生活」という視点を持ちえていないことになり，福祉の対象者に対する「ケア」のみに目を奪われてきた結果だといえる。本当の意味での「ケア」の概念には，家計管理も含まれるはずであると私は考えるのだが。

障害者自立支援法の問題点

　ここでは，障害者自立支援法とは何かについての解説のようなものは一切省くことにする。したがって，2006年4月から実施されているこの法律の運用上の問題点を指摘することのみにとどめる。第一に，施設利用料金の問題である。これまでは措置制度で所得階層ごとに利用料金が設定されており，一定の所得を下回る世帯に関しては利用料金は無料であった。しかし受益者負担主義のもと，契約にもとづく利用料金を一律に徴収されるようなシステムに変更になった。これに関しては，一部の自治体では本年度に限り，利用者に対して昨年度までの利用料金との差額を補助することを決定した。しかし，これとて2006年度限りであるから，翌年度からどのようになるか障害者世帯にとっては不安なところである。第二に，障害の等級の問題があげられる。これには2つの問題が内包されている。

　一つは，第2節で指摘したように，社会的ハンディキャップも含めて，今ある社会的環境のなかで自立して「生活」できるかどうかを中心にして評価するのが本来の姿であるにもかかわらず，評価の中心が医学的レベルでの障害にとどまっているために，これまでの障害の等級評価からすると全般的にかなり下がっているのが問題となっている。

　これは介護保険における要介護度の判定基準にも同じことがいえる。その結果として「認知症高齢者」の要介護度が不当に低くしか評価されずに大きな問題となった。介護をする家族にとって元気で動き回られること，徘徊されることがいかに負担か，重度で寝たきりのほうがそれに比べればいかに楽で費用も少なくすむかといった，生活の実態を何も知らずに厚生労働省は要介護度の判定プログラムを組んでいるとしかいいようがない。あくまで「生活」する能力

を判断の基準にしないと，大きな誤りを犯すことになるのである。厚生労働省の判定基準プログラムを作成するチームが医師を中心に組まれていることによる大きな弊害である。「医学」的な視点だけではなく「生活」の視点からも基準を設定する必要があると思われる。

　もう一つの問題は，利用者の利用限度額が下がってしまうという問題と，同時に，施設の経営が圧迫されるということである。利用者の障害の等級レベルが下がれば，当然それによって計算されていた施設への補助金の金額が大幅に減額されることになる。利用者が自己負担金＝利用料が重くて払えきれず施設利用をあきらめねばならなくなれば，施設にとってそれも大きな打撃となる。

　第三に，施設利用料の補助金が月割り計算から日割り計算になったことである。これによって施設は，泊まりこみの利用者にこれまでどおり土日休んで実家に帰られると，その分補助金が減額されることになるので，日曜日に家族のもとに帰らないよう説得している事態が生まれている。

　以上のような大きな問題を抱えた障害者自立支援法は，害こそあれ何も良い点はないのである。この問題については今後も検討を重ねていきたいと考えている。

注
(1)　真田是・加藤薗子「現代日本における障害発生の社会的背景」『科学と思想』No. 42，新日本出版社，1981年，194頁。
(2)　吉川かおり「第3章1節　障害理解における『構造的把握』の意義」植田章・岡村正幸・結城俊哉編著『障害者福祉原論』高菅出版，2001年，98頁。

参考文献
植田章他編著『障害者福祉論』高菅出版，2001年。
川上昌子編『公的扶助論』光生館，2002年。
福祉士養成講座編集委員会編『障害者福祉論』第5版，中央法規出版，2007年。
社会福祉の動向編集委員会編『社会福祉の動向2006』中央法規出版，2006年。
東京都「障害者の生活実態調査」1998年，2003年。
厚生労働省「社会保障生計調査」2003年。
厚生労働省「知的障害児(者)基礎調査」2000年。
厚生労働省「患者調査」2002年。
厚生労働省「被保護者全国一斉調査」2004年。

厚生労働省「身体障害児(者)実態調査」2001年。
総務省『家計調査年報』。
総務省統計局『全国消費実態調査報告』。

第8章
高齢者世帯の家計と福祉

　日本の高齢化は，世界に例をみない速度で進んでいる。65歳以上の高齢者が人口に占める割合は，2005年で20％に達した。2027年には30％に達するという国立社会保障・人口問題研究所の予測である。さらに75歳以上の後期高齢者が2018年で65歳以上高齢者の人口構成の半数を超えるという。2027年にはこの後期高齢者が高齢者人口の60％に達する。このことは，現在起きている高齢者世帯の生活問題がより深刻化していくだろうということを容易に推測させる。例えば赤字家計の問題，多重債務問題，生活保護問題や介護費用問題など多くの問題が浮かんでくる。ここでは，現時点での高齢者世帯が抱えている生活問題を明確にし，政策的に何が必要かを提示してみたい。
　とりわけ要介護の問題は，一般と区別される特殊な問題としてではなく，国民のすべてが直面する可能性のあるすぐれて普遍的な課題として存在している。したがって，この問題を検討する意味はますます重要になってきている。このような時代に高齢夫婦や高齢単身世帯はどのように行動し，家計や生活を管理運営しているのか。その結果として，家計の構造はどのような編成・調整・組み換えをおこなっているのか。「全国消費実態調査報告」と『家計調査年報』のデータにもとづいて，それらのことを明らかにすることがここでの課題である。その際，分析の対象としているのは，無職の世帯主65歳以上と配偶者60歳以上の夫婦のみの高齢者世帯と，無職の65歳以上の単身の高齢者世帯である。それらを分析していくなかで75歳以上の後期高齢者層の動向と問題点についても配慮していくつもりである。ここでも，とりわけ収入階級における低所得階層と高所得階層の「格差」に着目し，その実態に迫りたいと考えている。
　第1章でみてきたように，現代生活は「生活の社会化」に基礎をおく「社会的必要生活標準化」の法則が貫かれている。この法則が一般勤労者世帯に作用しているのと同様に，高齢者世帯にも貫かれていると考えられる。しかし，こ

の法則の作用の仕方は，適用される世帯類型に応じて異なっていると思われる。ここでは，「社会的必要生活標準化」の法則の作用の仕方を機軸にすえながら，高齢夫婦世帯や高齢単身世帯の家計の特質を検討し，それから逸脱したものとしての介護期の家計を捉え，その特質や問題点を明らかにしていきたいと考える。

第1節　高齢夫婦世帯の家計

　一般勤労者世帯の家計と高齢夫婦世帯の家計を比較することによって，高齢夫婦世帯の家計の特質を明らかにする。分析に入る前に，高齢者家計とは何かの問題を明確にしておかなければならない。それは「①就労からの引退・排除＝勤労収入の喪失・年金への依存という収入水準・構造の変化，②子どもの独立・離家＝就労していない老人だけの世帯，という二つの内容をもって出現している特定のある期間の高齢者の生活＝『老後生活』[1]」を営むための家計として定義づけられる。ここでは総務省の「全国消費実態調査報告」の規定に従って夫65歳以上，妻60歳以上の夫婦のみの無職の世帯の家計を高齢夫婦世帯の家計として分析を進めることにする。

所得水準と分布

　高齢夫婦世帯（以下「高齢夫婦」とする）の家計の特徴を導き出すために表8-1で2人以上の勤労者世帯（以下「一般」とする）の家計と比較することにする。「一般」と「高齢夫婦」の家計の実収入を比較すると，「高齢夫婦」は「一般」の36.0％にすぎない。世帯人員の差があるので一人当たりに換算して比較すると「一般」は14万2646円で「高齢夫婦」は9万344円となり，「高齢夫婦」は一般の63.3％の収入水準にあるといえる。これまでは「高齢夫婦」の年間収入しか表されず実収入が不明であったが，この2004（平成16）年の調査ではじめて明確になった。これをみると年間収入はかなりの誤差があり信用性に欠けるものであることがわかる。その意味では今回はじめて「高齢夫婦」の所得水準が正確に把握できたといえる。ここで水準の低さの問題はさることながら，赤字家計の問題は大きなものがある。なぜならばその赤字の大きさが，これまでにいかなる世帯類型においても経験のない56.3％，8万9576円という大

第８章　高齢者世帯の家計と福祉

表8-1　高齢夫婦世帯の家計と一般世帯との比較

(単位：円，人，歳，%)

	一般世帯	%	高齢夫婦	%
世帯人員（人）	3.52		2	
有業人員（人）	1.70		0	
世帯主の年齢（歳）	46.5		72.9	
持ち家率（%）	74.5		89.5	
年間収入（千円）	7,401		3,896	
実収入	502,114	100.0	180,688	100.0
社会保障給付	18,016	3.6	164,749	91.2
実支出	415,812	100.0	270,264	100.0
消費支出	339,212	81.6	248,665	92.0
食　料	73,742	21.7	59,935	24.1
外　食	13,839	4.1	6,308	2.5
住　居	19,393	5.7	19,212	7.7
家賃地代	12,784	3.8	4,404	1.8
光熱・水道	19,398	5.7	16,231	6.5
家具・家事用品	9,783	2.9	9,073	3.6
被服及び履物	14,648	4.3	9,095	3.7
保健医療	11,935	3.5	15,905	6.4
保健医療サービス	7,015	2.1	9,559	3.8
交通・通信	50,754	15.0	26,678	10.7
交　通	8,136	2.4	6,562	2.6
自動車等関係費	27,729	8.2	12,916	5.2
通　信	14,889	4.4	7,200	2.9
教　育	22,330	6.6	3	0.0
教養娯楽	32,472	9.6	31,121	12.5
教養娯楽サービス	17,663	5.2	19,132	7.7
その他の消費支出	84,756	25.0	61,412	24.7
こづかい	29,541	8.7	9,072	3.6
交際費	21,969	6.5	31,925	12.8
（再掲）交際関係費	62,657	18.5	64,819	26.1
非消費支出	76,600	18.4	21,599	8.0
直接税	29,475	7.1	4,749	1.8
社会保険料	46,971	11.3	16,785	6.2
可処分所得	425,514		159,089	
黒　字	86,302		−89,576	
黒字率		20.3		−56.3

（注）　一般世帯：2人以上の勤労者世帯。
　　　　高齢夫婦世帯：世帯主65歳以上，配偶者60歳以上の高齢者のみの無職の夫婦世帯。
（資料）　総務省統計局『全国消費実態調査報告』平成16年（2004年）版。

第Ⅱ部　生活経済からみる福祉

図8-1　高齢夫婦世帯の収入分布

(注)　一般世帯：2人以上の勤労者世帯。
　　　高齢夫婦世帯：世帯主65歳以上，配偶者60歳以上の高齢者のみの無職の夫婦世帯。
(資料)　表8-1と同じ。

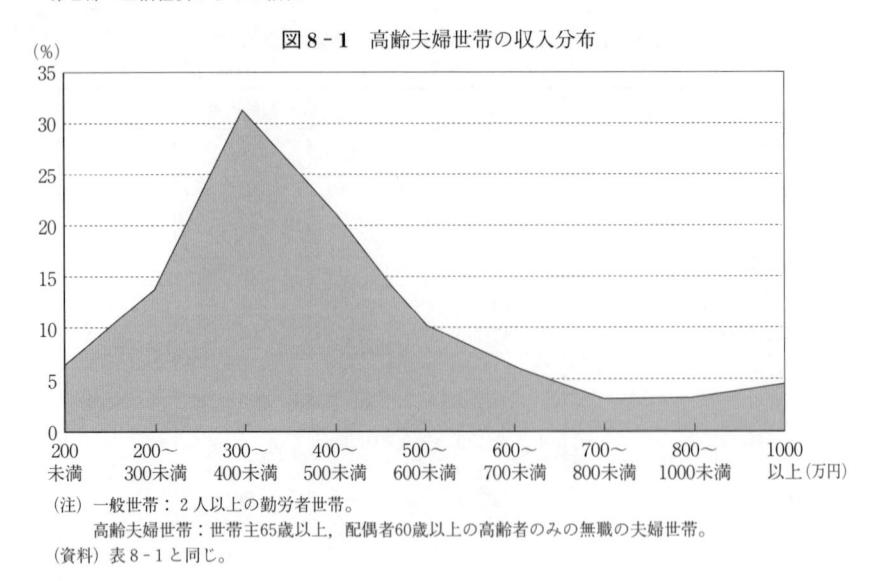

きなものであること。さらに，年金収入が実収入の91.2%を占めており，収入構造自体が硬直化していることがあげられる。

　生活をしていくうえで何らかの方法で赤字を補塡していかなければならないが，その方法は高齢夫婦世帯にとってはきわめて限定されている。高齢者の場合，勤労所得を得るために就労できる可能性はきわめて低い。また借金をするにもローンを組むこと自体，高齢のため困難である。残された道は貯蓄取り崩ししかない。したがって，多くの「高齢夫婦」は現役時代に蓄えた貯蓄を取り崩しながら日々の生活を何とか成り立たせているのである。とりわけ60代の赤字幅が大きいわけであるが，これは50代の現役時代の生活規模と水準を切り下げることができず，履歴効果にも似た抵抗現象が起きていることを示すものである。

　収入分布に関しては，図8-1に示されている。この図をみると年間収入500万円未満に72.6%が集中しており，400万円未満に51.4%と半数以上の世帯が分布している。しかし，1994年には500万円未満に83.3%，400万円未満に65.1%，200万〜400万円未満の階層に56.3%が集中して分布していた状態に比べると，ある程度改善されているといえる。これは，自営業や中小企業に勤めていて国民基礎年金のみしか受け取れない層の構成割合が低下し，厚生年金受

給層が増加したことと，受け取る年金額の絶対的増加の2つの要因が考えられる。改善したとはいえ低所得層に分布が偏っているという構図に変わりはない。また厚生労働省の2004（平成16）年の「被保護者全国一斉調査」によると，全国の生活保護世帯137万5926件のうち約半数の67万7666件が60歳以上の高齢者世帯である。現時点での高齢夫婦世帯（68歳，65歳）の生活保護基準額は月額12万19405円で，年額に換算すると146万3280円になる。今後も「高齢夫婦」の生活保護受給率は上昇する一方であると思われる。

消費構造の比較

表8-1で消費構造の比較をしていくことにする。消費構造に関しては，ウエイトにおいて最も大きな差が認められるのは「教育」である。「高齢夫婦」が6.6ポイント低くなっている。「高齢夫婦」には教育を受ける年代の子どもがいないので「教育」がゼロとなるのは当然のことである。次に大きな差が認められるのは「交通・通信」で4.3ポイント「一般」より低くなっている。内容的には自動車等関係費が3.2ポイント，その内訳は自動車購入費用で1.3ポイント，自動車維持費用で1.8ポイント低くなっており，これは高齢になって現役時代より車を運転する機会が減少したことと，反射神経が鈍くなって危険性が高くなり，高齢者自らが車の購入や運転を控えているということも考えられる。旅行に出かけるときは車ではなく，旅行会社のパック旅行で電車かバスの旅を選択しているケースが多くみられる。パック旅行の費用は，教養娯楽のなかの教養娯楽サービスのパック旅行に計上されている。通信費は1.5ポイント低くなっているが，これは携帯電話の使用料の差がそのまま出ていると思われる。もちろんインターネットの利用料金もそれに含まれていることはいうまでもない。

次に「教養娯楽」と「保健医療」が2.9ポイント「一般」を上回っている。「教養娯楽」に関しては，〈教養娯楽サービス〉すなわち地域の老人会や自治会への参加を中心とした費用，スポーツクラブの会費，自己啓発的な学習のための費用やパック旅行がこれに当たると考えられる。内訳をみるとウエイトとしてはパック旅行が最も大きな差となっている。また「保健医療」が「一般」より2.9ポイント高くなっており，1989年の4.9%と比較しても1.5ポイント高くなっているのは，高齢者の医療の自己負担が重くなってきていることの反映で

ある。2002年に高齢者の医療費の自己負担限度額が大幅に引き上げられている。外来でこれまでは「所得に関係なく月3200円」だったのが「夫婦で年収637万円以上の高所得世帯が月4万200円，一般世帯が月1万2000円，住民税非課税の低所得世帯が月8000円」に改悪されている。入院の場合は，一般世帯は月3万7200円から4万200円へと引き上げられる一方，高所得世帯は7万2300円，低所得世帯は2万4600円と1万2000円の2段階限度額となっている。この費用に関しては，政府の受益者負担主義が政策的に強行される可能性が高いので，今後さらに負担が増加する傾向にあると思われる。

　エンゲル係数では，「高齢夫婦」が2.4ポイント上回っている。この分，「高齢夫婦」の方が生活水準が低いと考えられる。しかし，最も大きな違いは，「その他の消費支出」のうちの〈こづかい〉と〈交際費〉である。〈こづかい〉は「一般」が8.7％に対して「高齢夫婦」は3.6％と5.1ポイント低くなっている。それとは正反対に〈交際費〉では6.4ポイント「一般」を上回っている。この〈こづかい〉の低さと〈交際費〉の高さが高齢者世帯の消費構造の特質を表しているのである。

　すなわち，自由裁量的な支出の代表としての〈こづかい〉が「一般」より5.1ポイント低くなっているのは，「高齢夫婦」のゆとりのなさを示しており，他方で〈交際費〉の6.3ポイントのウエイトの高さは，就業からの引退排除によって社会的諸関係の範囲を縮小させられた「高齢夫婦」が，自ら持つ諸関係，すなわち家族，親戚，友人，知人，地域での諸関係を維持するために，冠婚葬祭に必要な費用，孫や子どもへのこづかいを中心とした世間的おつきあいのための支出に多額の費用を費やしている結果だといえる。無職の「高齢夫婦」にとってこれらの諸関係を維持していくことは，生きていくうえでの「生命線」ともいえる重要なもので，これらの関係維持のための経費は，準固定的な必要経費として存在している。

　また「高齢夫婦」にとっての〈交際費〉は，単にその費目だけで孤立して存在しているのではない。それは，例えば冠婚葬祭の儀式に出席する場合や，歌舞伎や演劇を鑑賞する場合や，孫に会いに行く場合には，事前の連絡等で〈通信費〉が発生するし，その場所まで出かけるためには当然〈交通費〉が必要となる。地域の老人会やまたは個人的な友人と旅行に出かけるときは〈教養娯楽サービス費〉と〈交通費〉が必要となる。このように高齢世帯にとっては〈交

際費〕は現実的には〔(再掲) 交際関係費〕として存在している。その概念のなかには〈交際費〉〈交通費〉〈通信費〉〈教養娯楽サービス費〉が含まれている。この4つの費目を合計したものがいわゆる〔(再掲) 交際関係費〕となる。

　この〔(再掲) 交際関係費〕が「高齢夫婦」では26.1％となっており，「一般」の18.5％を7.6ポイント上回っている。なお，このウエイトは「食料」のウエイトを2ポイント上回っており，全支出費目のなかで最大のウエイトを占めている。すなわちこの〔(再掲) 交際関係費〕が「高齢夫婦」にとって支出における最優先費目として存在しているということがわかる。

　「高齢夫婦」の消費構造を表したものが図8-2である。さらに図8-2の背後にある数値的根拠となる社会的固定費に関する比較表が表8-2，準固定費として，家計が実際に支払わなければならない契約的金融関係費用が表8-3に示されている。図8-2をみると，「高齢夫婦」は「一般」より社会的固定費は10ポイント以上低くなっているが，「標準化費用」は「一般」と同じ高さで積み上げられ，さらに〔(再掲) 交際関係費〕が準固定費的な費用としてその上に積まれている。また要介護状態になればさらにその上に「介護費用」が必要になるが，その場合は〔(再掲) 交際関係費〕がなくなって，その代わりとして「介護費用」が登場してくるという関係にある。したがって〔(再掲) 交際関係費〕と「介護費用」はバーターの関係にあるといえる。

　表8-2をみると「高齢夫婦」のほうが社会的固定費のウエイトは36.7％と「一般」より13.2ポイント低くなっており，さらに準固定費的性格を有する実支出以外の支出の契約的金融関係費用に関しても，住宅ローンをすでに払い終わっている世帯が多いせいか，11.1ポイントも「高齢夫婦」の方がウエイトが低くなっている。

　無職の高齢夫婦世帯の家計の特徴を整理しておくことにする。第一に，所得水準の低位と大幅な赤字家計。第二に，最もウエイトの高い〔(再掲) 交際関係費〕。第三に，「生活標準化の作用」で下がらない「住居」の維持管理費，「光熱・水道」，「家具・家事用品」。第四に，高いエンゲル係数と切り詰められる「被服及び履物」。第五に，政府の受益者負担主義的政策によって自己負担分が増加の一途をたどる「保健医療」。以上5点に示される。

第Ⅱ部　生活経済からみる福祉

図8-2　「高齢夫婦世帯」の消費構造図

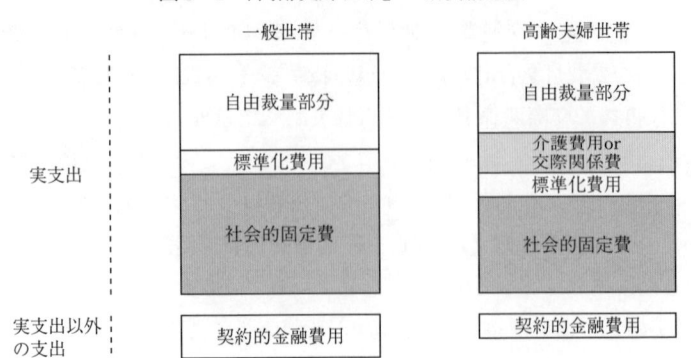

```
                一般世帯              高齢夫婦世帯
           ┌─────────────┐      ┌─────────────┐
           │             │      │             │
           │  自由裁量部分  │      │  自由裁量部分  │
           │             │      │             │
実支出      ├─────────────┤      ├─────────────┤
           │             │      │ 介護費用or   │
           │  標準化費用   │      │ 交際関係費   │
           ├─────────────┤      ├─────────────┤
           │             │      │  標準化費用   │
           │             │      ├─────────────┤
           │  社会的固定費  │      │             │
           │             │      │  社会的固定費  │
           │             │      │             │
           └─────────────┘      └─────────────┘

実支出以外   ┌─────────────┐      ┌─────────────┐
の支出      │ 契約的金融費用 │      │ 契約的金融費用 │
           └─────────────┘      └─────────────┘
```

表8-2　家計構造の変化（社会的固定費）(単位：円，%)

	一般世帯	高齢夫婦
実収入	522,629	230,858
実支出	411,606	266,298
学校給食	1,413	0
家賃地代	15,414	4,306
設備修繕維持費	6,550	12,022
光熱・水道	21,217	18,489
家事サービス	823	1,059
保健医療サービス	6,968	8,838
交　通	7,674	5,354
通　信	13,311	6,049
教育	18,416	3
教養娯楽サービス（月謝）	4,368	1,776
その他の諸雑費	11,869	10,471
他の交際費	5,357	2,115
仕送り金	9,072	1,169
非消費支出	82,957	26,181
社会的固定費（合計）	205,409	97,832
対実支出割合（％）	49.9	36.7

（注）平成17年，一般世帯とは2人以上の勤労者世帯・高齢夫婦とは世帯主65歳配偶者60歳以上の高齢者のみの無職世帯。
（資料）総務省統計局『家計調査年報』平成17年版。

第8章 高齢者世帯の家計と福祉

表8-3 家計構造（準固定費） (単位：円, %)

	一般世帯	高齢夫婦
実収入	522,629	230,858
実支出	411,606	266,298
実支出以外の支出	513,401	286,687
保険掛け金	34,849	18,859
土地家屋借入金返済	32,969	2,607
他の借入金返済	2,804	329
分割払い	6,995	2,136
一括払い購入借入金返済	18,330	8,505
準固定費（合計）	95,947	32,436
対実支出割合（％）	23.3	12.2

(注) 平成17年，2人以上の勤労者世帯・世帯主65歳配偶者60歳以上の高齢者のみの無職世帯。
(資料) 表8-2と同じ。

時系列比較

　表8-4は，無職の高齢夫婦世帯の1989年からの時系列収支表である。まず年間収入は，1989年は311万円だったが1994年から2004年までは390万円でほぼ横ばいとなっている。2004年の年間収入，実収入，実支出から各年度の実収入と実支出を推測すると表の（　）のなかのようになるが，そこから家計の赤字率を推計すると50〜60％となる。したがって2004年になって急激に赤字幅が拡大したのではなく1989年から50％以上の赤字の状態であったといえる。

　次に消費構造の変化をみていくことにする。「食料」のウエイトは26.6から24.1まで着実に低下している。通常エンゲル係数の低下は生活水準の上昇を意味するのだが，1999年から2004年では所得が低下しており，さらに「食料」の実額もそれ以上に低下している。ということは，所得の上昇によって「食料」のウエイトが低下するというパターンではなく，逆に，所得が低下したためにそれ以上の切り詰め削減を「食料」で調整することを実施しているのである。したがって生活水準の上昇とはいえずその逆の低下だということがいえる。

　「家具・家事用品」と「被服及び履物」は1989年から2004年まで同じようにウエイトが1〜2ポイント低下している。これも所得の低下に伴う家計の生活防衛行動にほかならない。これらは高齢者家計が所得の低下に対してとる調整行動＝削減・節約である。

　逆に上昇傾向にあるのは「保健医療」と「交通・通信」である。両者とも

第Ⅱ部　生活経済からみる福祉

表 8-4　時系列高齢夫婦世帯の家計　　（単位：円，歳，%）

	1989年	%	1994年	%	1999年	%	2004年	%
世帯主の年齢（歳）	72		71.8		72.3		72.9	
持ち家率（%）			89.1		88.3		89.5	
年間収入（千円）	3,118		3,822		3,938		3,896	
実収入	(143,428)		(175,812)		(181,148)		180,688	100.0
社会保障給付							164,749	91.2
実支出	(215,142)		(263,718)		(271,722)		270,264	
消費支出	198,676	100.0	237,604	100.0	244,697	100.0	248,665	100.0
食料	52,857	26.6	61,049	25.7	62,928	25.7	59,935	24.1
外食	4,627	2.3	854	0.4	6,567	2.7	6,308	2.5
住居	13,921	7.0	19,615	8.3	20,366	8.3	19,212	7.7
家賃地代	4,736	2.4	4,486	1.9	4,597	1.9	4,404	1.8
光熱・水道	11,444	5.8	14,684	6.2	16,095	6.6	16,231	6.5
家具・家事用品	9,475	4.8	10,365	4.4	10,215	4.2	9,073	3.6
被服及び履物	10,957	5.5	10,796	4.5	10,911	4.5	9,095	3.7
保健医療	9,680	4.9	12,333	5.2	12,971	5.3	15,905	6.4
保健医療サービス	5,298	2.7	7,237	3.0	7,465	3.1	9,559	3.8
交通・通信	17,422	8.8	21,227	8.9	22,159	9.1	26,678	10.7
交通	6,946	3.5	6,628	2.8	6,535	2.7	6,562	2.6
自動車等関係費	3,895	2.0	7,739	3.3	8,656	3.5	12,916	5.2
通信	6,581	3.3	6,859	2.9	6,968	2.8	7,200	2.9
教育	2	0.0	9	0.0	12	0.0	3	0.0
教養娯楽	22,503	11.3	27,900	11.7	30,790	12.6	31,121	12.5
教養娯楽サービス	13,716	6.9	17,091	7.2	18,829	7.7	19,132	7.7
その他の消費支出	50,416	25.4	59,628	25.1	58,251	23.8	61,412	24.7
こづかい	5,343	2.7	8,350	3.5	8,137	3.3	9,072	3.6
交際費	27,570	13.9	34,004	14.3	31,487	12.9	31,925	12.8
（再掲）交際関係費	54,813	27.6	64,582	27.2	63,819	26.1	64,819	26.1

（注）（　）内は，2004年の実収入・実支出対年次比から推計した数値である。
（資料）表 8-1 と同じ。

1989年から1999年までは緩やかな上昇カーブを描いているが，1999年から2004年は急激に上昇している。「保健医療」は医療サービスをうける割合の増加が背景として存在するのは確かだが，2004年の急激なウエイトの上昇は，政府の高齢者医療に対する受益者負担を政策的に強行した結果である。今後，高齢者医療費はますますその負担が重くなることは容易に予測される。また，「交通・通信」の1999年から2004年の 9.1 から 10.7 への 1.6 ポイントの急上昇は，〈自動車等関係費〉が 3.5 から 5.2 へ 1.7 ポイント上昇したからにほかならない。

これはライフスタイルの転換に起因するものと思われる。すなわち1999年までの高齢者夫婦世帯は生活のなかであまり車に依存していなかったが，2004年では，現役時代に車に依存してきた高齢夫婦世帯が参入してきたのでこのような結果になったと考えられる。今後マイカー世代といわれている団塊の世代が高齢夫婦の仲間入りをしてくると，ますますこの傾向が強まることが予測される。

年齢階級別比較表

表8-5で年齢階級別に収支をみることにする。「65～69歳」が実収入で最も低いにもかかわらず実支出は最も高くなっている。結果として黒字率は他の年齢階級に比べ最も低いマイナス84％となっている。すなわち84％という最も高い赤字率を示している。実収入が低いのは年金収入が低いためであり，支出が高いのは，現役時代の膨張したライフスタイルがすぐには縮小させられないからである。徐々に縮小傾向に向かっているものの，年齢階級別にみると「65～69歳」が約29万円と最も高く，「70～74歳」が約27万円，「75歳以上」が約25万円と約2万円ずつ低くなってきている。

消費支出の内容をみると，「住居」と〈交際費〉が年齢階級が上がるにしたがってウエイトが上昇している。「住居」は5.7％，8.0％，9.5％と上昇しているが，これは住居の築年数が多くなり修繕維持管理費に多くの費用を必要とするようになるからである。〈交際費〉のウエイトは変化しているが金額的には約3万円であまり変化がみられない。高齢世帯にとって〈交際費〉は固定費的なものとして，なくてはならない「必要経費」として存在しているといえる。

これらとは逆に，年齢階級が上がるにつれウエイトが低下している費目に「交通・通信」と「教養娯楽」と〈こづかい〉がある。「交通・通信」の低下の要因は明らかに〈自動車等関係費〉の低下によるものである。6.5％，5.7％，3.4％と急激に低下しているのは，車を使用するライフスタイルが若年階層ほど定着しているからにほかならない。「教養娯楽」は，13.5％，12.8％，11.3％と低下しているが，これは〈教養娯楽サービス〉の低下によるものである。教養娯楽サービスの中身は，自治会や老人会の行事やイベントへの参加費，スポーツクラブや各種スクールの会費，観劇のチケット代やパックツアー代などである。これらに参加する頻度や機会が年齢とともに減少しているということを示している。また〈こづかい〉のウエイトの減少は，家計の自由裁量度す

第Ⅱ部 生活経済からみる福祉

表8-5 高齢夫婦世帯の年齢階級別家計 （単位：円，歳，％）

	平均	%	65～69歳	%	70～74歳	%	75歳以上	%
世帯主の年齢（歳）	72.9		67.3		72.0		78.5	
持ち家率（％）	89.5		90		90.5		88.3	
年間収入（千円）	3,896		3,859		3,880		3,942	
実収入	180,688	100.0	169,209	100.0	185,003	100.0	186,470	100.0
社会保障給付	164,749	91.2	151,912	89.8	169,654	91.7	171,102	91.8
実支出	270,264	100.0	291,984	100.0	270,028	100.0	252,103	100.0
消費支出	248,665	92.0	268,851	92.1	248,565	92.1	231,650	91.9
食料	59,935	24.1	63,204	23.5	59,939	24.1	57,117	24.7
外食	6,308	2.5	7,450	2.8	6,197	2.5	5,446	2.4
住居	19,212	7.7	15,219	5.7	19,772	8.0	22,108	9.5
家賃地代	4,404	1.8	3,825	1.4	4,014	1.6	5,271	2.3
光熱・水道	16,231	6.5	16,397	6.1	16,313	6.6	16,010	6.9
家具・家事用品	9,073	3.6	10,348	3.8	8,339	3.4	8,690	3.8
被服及び履物	9,095	3.7	9,893	3.7	9,638	3.9	7,917	3.4
保健医療	15,905	6.4	17,253	6.4	14,822	6.0	15,775	6.8
保健医療サービス	9,559	3.8	11,261	4.2	8,809	3.5	8,826	3.8
交通・通信	26,678	10.7	32,643	12.1	27,413	11.0	20,928	9.0
交通	6,562	2.6	7,154	2.7	6,085	2.4	6,516	2.8
自動車等関係費	12,916	5.2	17,453	6.5	14,182	5.7	7,880	3.4
通信	7,200	2.9	8,036	3.0	7,146	2.9	6,533	2.8
教育	3	0.0	0	0.0	0	0.0	0	0.0
教養娯楽	31,121	12.5	36,272	13.5	31,808	12.8	26,092	11.3
教養娯楽サービス	19,132	7.7	22,997	8.6	20,130	8.1	14,898	6.4
その他の消費支出	61,412	24.7	67,620	25.2	60,522	24.3	57,008	24.6
こづかい	9,072	3.6	10,939	4.1	9,566	3.8	7,036	3.0
交際費	31,925	3.6	34,224	12.7	30,181	12.1	31,633	13.7
（再掲）交際関係費	64,819	12.8	72,411	26.9	63,542	25.6	59,580	25.7
非消費支出	21,599	24.0	23,133	7.9	21,463	7.9	20,453	8.1
直接税	4,749	8.0	5,344	1.8	4,562	1.7	4,427	1.8
社会保険料	16,785	1.8	17,713	6.1	16,817	6.2	15,988	6.3
可処分所得	159,089		146,076		163,540		166,017	
黒字	-89,576		-122,775		-85,025		-65,633	
黒字率		-56.3		-84.0		-52.0		-39.5

（資料）表8-1と同じ。

なわち余裕度の低下を意味している。

「65～69歳」が消費構造のなかで他の階級よりウエイトが高くなっているのは，「交通・通信」と「教養娯楽」と「その他の消費支出」であるが，そのなかの費用項目でみると〈自動車等関係費〉〈教養娯楽サービス〉〈こづかい〉〔(再掲) 交際関係費〕のウエイトが高くなっている。これらの費目の膨張が主因で消費支出が高くなっているのである。

貯蓄現在高階級別比較

表8-6では，高齢夫婦世帯の貯蓄現在高階級別の家計構造が示されている。「全国消費実態調査」の「高齢夫婦」のデータのなかには実収入が明示されている収入階級別の表が存在しない。唯一存在しているのがこの「貯蓄現在高階級別の収支表」なのである。とりわけ無職の「高齢夫婦」にとって，年金収入の高低よりは貯蓄金額などのストックのほうがフローより正確に格差を表しているといえる。したがって階層間格差を正確に測定するには収入階級五分位や十分位表より適切だと考えられる。したがってここでは高貯蓄階層と低貯蓄階層の収支の構造の相違性を明らかにすることが主たる目的となる。

収支の各項目と貯蓄高の高低との関係のあり方によって3つのタイプに類型化した。A型は貯蓄高が高ければ高いほど金額あるいはウエイトが高くなる正比例連動型である。B型は貯蓄高に左右されない無関連型である。C型はA型のまったく逆で，貯蓄高が高くなればなるほど金額あるいはウエイトが低くなる反比例連動型である。そのほかAB型は，最低貯蓄高階級と最高貯蓄高階級はA型でその他の階級はB型である複合タイプである。BC型は最低貯蓄高階級と最高貯蓄高階級はC型でその他の階級はB型である複合タイプである。

持ち家率は貯蓄高に連動しているA型となっている。年間収入，実収入，社会保障給付，実支出，消費支出は，いずれも貯蓄高が高くなればなるほど金額が上昇しているA型となっている。

支出費目のウエイトをみていくと，A型に属するのは，「教養娯楽」，〈教養娯楽サービス〉，「その他の消費支出」，〈こづかい〉，〈交際費〉，〔(再掲) 交際関係費〕となっている。B型に属するのは，「住居」「保健医療」「交通・通信」である。C型に属するのは，「食料」「光熱・水道」。AB型は，「被服及び履物」，〈自動車等関係費〉の2つである。BC型は，「家具・家事用品」となっ

第Ⅱ部　生活経済からみる福祉

表8-6　高齢者夫婦貯蓄現在高階級別家計

(単位：，円，歳，%)

	平均	%	150万未満	%	150～300万未満	%	300～450万未満	%	450～600万未満	%	600～750万未満	%	750～900万未満	%
世帯主の年齢 (歳)	72.9		72.6		72.9		73.1		72.9		72.6		72.4	
持ち家率 (％)	89.5		67.6		78.7		80.1		77.9		89.9		89.0	
年間収入 (千円)	3,896		2,815		3,178		3,069		3,493		3,365		3,383	
実収入	180,688	100.0	136,954	100.0	138,744	100.0	147,553	100.0	165,974	100.0	165,306	100.0	167,021	100.0
社会保障給付	164,749	91.2	123,915	90.5	127,614	92.0	136,909	92.8	154,042	92.8	154,913	93.7	155,423	93.1
実支出	270,264	100.0	185,917	100.0	211,704	100.0	196,906	100.0	238,425	100.0	231,289	100.0	244,753	100.0
消費支出	248,665	92.0	171,062	92.0	195,749	92.5	179,744	91.3	217,478	91.2	213,197	92.2	225,356	92.1
食　料　費	59,935	24.1	52,108	30.5	55,384	28.3	51,596	28.7	57,796	26.6	56,638	26.6	55,961	24.8
外　食	6,308	2.5	3,206	1.9	4,787	2.4	3,959	2.2	5,309	2.4	4,305	2.0	5,706	2.5
住　居	19,212	7.7	13,306	7.8	14,198	7.3	12,833	7.1	15,842	7.3	17,168	8.1	19,990	8.9
家賃地代	4,404	1.8	9,124	5.3	7,963	4.1	4,601	2.6	8,530	3.9	5,144	2.4	4,152	1.8
光熱・水道	16,231	6.5	15,771	9.2	16,470	8.4	15,742	8.8	15,865	7.3	16,038	7.5	16,269	7.2
家具・家事用品	9,073	3.6	7,564	4.4	7,256	3.7	7,626	4.2	7,983	3.7	7,351	3.4	8,144	3.6
被服及び履物	9,095	3.7	4,722	2.8	6,879	3.5	5,738	3.2	7,702	3.5	7,703	3.6	7,829	3.5
保健医療	15,905	6.4	10,658	6.2	12,614	6.4	11,707	6.5	14,729	6.8	13,944	6.5	14,688	6.5
保健医療サービス	9,559	3.8	6,612	3.9	7,774	4.0	7,018	3.9	8,881	4.1	8,839	4.1	9,759	4.3
交通・通信	26,678	10.7	15,330	9.0	18,959	9.7	17,778	9.9	24,523	11.3	21,774	10.2	24,175	10.7
自動車等関係費	6,562	2.6	3,903	2.3	3,526	1.8	3,857	2.1	5,976	2.7	4,468	2.1	5,237	2.3
通　信	12,916	5.2	5,947	3.5	9,468	4.8	8,116	4.5	11,588	5.3	10,991	5.2	12,483	5.5
教　育	7,200	2.9	5,479	3.2	5,966	3.0	5,806	3.2	6,959	3.2	6,315	3.0	6,455	2.9
教養娯楽	3	0.0	0	0.0	0	0.0	0	0.0	0	0.0	0	0.0	0	0.0
教養娯楽サービス	31,121	12.5	15,930	9.3	19,154	9.8	16,631	9.3	24,225	11.1	23,886	11.2	23,476	10.4
その他の消費支出	19,132	7.7	7,566	4.4	10,056	5.1	7,978	4.4	14,010	6.4	12,872	6.0	12,874	5.7
こづかい	61,412	24.7	35,675	20.9	44,834	22.9	40,093	22.3	48,814	22.4	48,695	22.8	54,824	24.3
交際費	9,072	3.6	4,082	2.4	5,594	2.9	4,503	2.5	6,330	2.9	6,096	2.9	7,837	3.5
(再掲) 交際関係費	31,925	12.8	18,139	10.6	24,806	12.7	21,291	11.8	16,138	7.4	25,888	12.1	26,256	11.7
	64,819	26.1	35,087	20.5	44,354	22.7	38,932	21.7	43,083	19.8	49,543	23.2	50,822	22.6
非消費支出	21,599	8.0	14,855	8.0	15,956	7.5	17,162	8.7	20,942	8.8	18,092	7.8	19,397	7.9
直接税	4,749	1.8	2,652	1.4	2,960	1.4	3,013	1.5	4,570	1.9	3,416	1.5	3,024	1.2
社会保険料	16,785	6.2	12,016	6.5	12,994	6.1	14,134	7.2	16,178	6.8	14,542	6.3	16,355	6.7
可処分所得	159,089		122,099		122,788		130,391		145,032		147,214		147,624	
黒　字	-89,576		-48,963		-72,960		-49,353		-72,451		-65,983		-77,732	
黒字率	-56.3		-40.1		-59.4		-37.9		-50.0		-44.8		-52.7	

第8章　高齢者世帯の家計と福祉

(表8-6つづき)

	900〜1200万未満	%	1200〜1500万未満	%	1500〜2000万未満	%	2000〜3000万未満	%	3000〜4000万未満	%	4000万以上	%
世帯主の年齢（歳）	72.8		73.2		72.9		72.6		72.7		73.1	
持ち家率（％）	90.8		92.6		94.4		95.3		95.6		95.8	
年間収入（千円）	3,717		3,665		3,912		4,090		4,542		5,082	
実収入	175,432	100.0	172,118	100.0	184,097	100.0	193,954	100.0	214,198	100.0	227,545	100.0
社会保障給付	160,919	91.7	163,019	94.7	171,097	92.9	176,277	90.9	192,544	89.9	199,311	87.6
実支出	259,438	100.0	251,152	100.0	275,509	100.0	297,240	100.0	326,979	100.0	345,928	100.0
消費支出	238,862	92.1	230,550	91.8	253,791	92.1	273,892	92.1	300,724	92.0	318,474	92.1
食料	60,049	25.1	58,353	25.3	62,928	24.8	60,704	22.2	64,476	21.4	67,500	21.2
外食	5,506	2.3	5,765	2.5	6,602	2.6	6,719	2.5	7,945	2.6	9,482	3.0
住居	17,709	7.4	19,533	8.5	17,219	6.8	23,532	8.6	25,384	8.4	22,590	7.1
家賃地代	4,188	1.8	4,129	1.8	3,265	1.3	2,667	1.0	2,728	0.9	2,095	0.7
光熱・水道	16,431	6.9	16,301	7.1	16,790	6.6	15,989	5.8	16,127	5.4	16,533	5.2
家具・家事用品	8,493	3.6	8,846	3.8	10,322	4.1	8,952	3.3	11,826	3.9	11,039	3.5
被服及び履物	8,363	3.5	7,982	3.5	9,075	3.6	9,368	3.4	11,740	3.9	13,857	4.4
保健医療	13,592	5.7	13,513	5.9	15,911	5.9	19,003	6.9	18,516	6.2	20,018	6.3
交通・通信	7,599	3.2	8,579	3.7	9,467	3.7	11,202	4.1	11,595	3.9	10,833	3.4
交通	25,306	10.6	21,595	9.4	27,433	10.8	30,341	11.1	31,695	10.5	36,796	11.6
自動車等関係費	4,938	2.1	5,873	2.5	7,416	2.9	7,449	2.7	9,277	3.1	9,362	2.9
通信	12,990	5.4	8,855	3.8	12,386	4.9	15,307	5.6	14,282	4.7	18,921	5.9
教育	7,378	3.1	6,867	3.0	7,631	3.0	7,585	2.8	8,137	2.7	8,513	2.7
	9	0.4	0	0.0	0	0.0	0	0.0	3	0.0	3	0.0
教養娯楽	27,198	11.4	27,171	11.8	33,339	13.1	35,534	13.0	41,032	13.6	47,907	15.0
教養娯楽サービス	14,721	6.2	15,808	6.9	19,989	7.9	22,200	8.1	27,686	9.2	33,382	10.5
その他の消費支出	61,711	25.8	57,255	24.8	60,775	23.9	70,465	25.7	79,926	26.6	82,229	25.8
こづかい	9,501	4.0	8,507	3.7	10,807	4.3	10,791	3.9	10,899	3.6	12,426	3.9
交際費	29,682	12.4	30,410	13.2	30,238	11.9	39,800	14.5	39,257	13.1	43,740	13.7
（再掲）交際関係費	56,719	23.7	58,958	25.6	65,274	25.7	77,034	28.1	84,357	28.1	94,997	29.8
非消費支出	20,576	8.2	20,602	8.2	21,718	7.9	23,347	7.9	26,255	8.0	27,454	7.9
直接税	3,918	1.5	4,043	1.6	4,468	1.6	4,906	1.7	6,339	1.9	7,414	2.1
社会保険料	16,556	6.4	16,439	6.5	17,241	6.3	18,420	6.2	19,895	6.1	19,950	5.8
可処分所得	154,856		151,516		162,379		170,607		187,943		200,091	
黒字	-84,006		-79,034		-91,412		-103,286		-112,781		-118,383	
黒字率	-54.2		-52.2		-56.3		-60.5		-60.0		-59.2	

(資料) 表8-1と同じ。

ている。

　黒字率に関しては，「150〜300万円未満」の階級が極端にマイナス幅が大きく，すなわち大きな赤字となっているのを除けば，ほぼA型に近く貯蓄高に連動して高くなっている。このことは家計の常識からみると考えられない正反対の結果なのであるが，一般世帯と高齢者世帯では家計の収支に対する考え方が根本的に異なる可能性がある。すなわち一般世帯では収支をプラスあるいはプラスマイナスゼロにするように家計は行動するが，高齢者世帯では収入の捉え方が一般とは異なり，年金収入プラス貯蓄取り崩し分の合計として捉えられていると思われる。

　持ち家率は低貯蓄階級ほど低くなっているが，この影響で「住居」の〈家賃地代〉は低貯蓄階級ほど高くなっている。しかし，「住居」の費目全体ではB型で全階級一定の高さで差がない。これはなぜなのか。これは，高貯蓄階級ほど住宅の修繕維持管理費に多くを費やしているからにほかならない。したがって現象としては階級間での違いがないようにみえる「住居」であるが，その内容は大きく異なっているのである。

　また「年間収入」「実収入」「実支出」「消費支出」は貯蓄高に連動して正比例の関係にあるのはきわめて当然のことといえる。しかし，消費構造をみてみると，低貯蓄階級ほどウエイトが高く負担が重くなっている費目は，「食料」「光熱・水道」プラス「家具・家事用品」である。これらの費目は生活基礎費用として生活するうえで必要不可欠なものであり，その費目のウエイトが高いということは構造上，自由裁量性が低いということがいえる。その他「保健医療」「交通・通信」「住居」以外はほとんど貯蓄階級の高さに正比例の関係にあるといえる。

第2節　高齢単身世帯の家計

　最近の統計をみてみると，単身世帯の全世帯に対する割合は増加の一途をたどっており，3割に限りなく近づいていることがわかる。なかでも65歳以上の高齢単身世帯は，1975年に約60万世帯であったのが2004年には約370万世帯と急増している。単身世帯の増加によりこれまでの核家族モデル型の社会システムの見直しが盛んに議論されるようになってきた。また高齢単身世帯の急増に

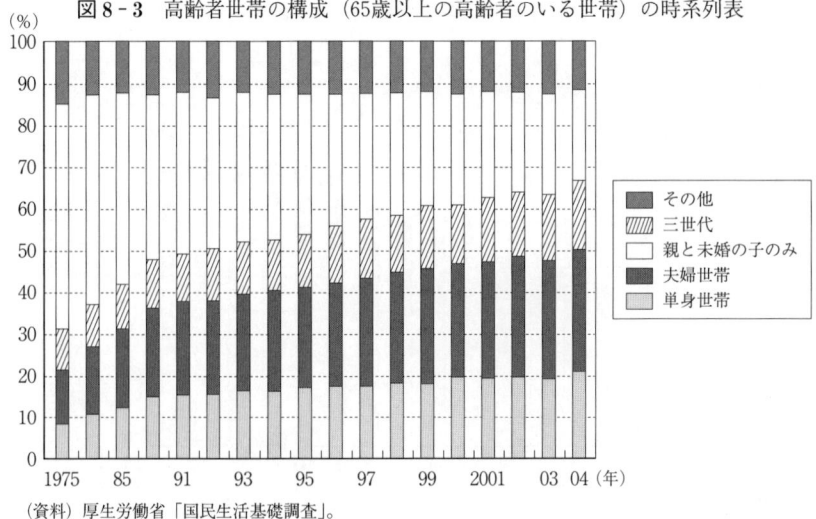

図 8-3　高齢者世帯の構成（65歳以上の高齢者のいる世帯）の時系列表

（資料）厚生労働省「国民生活基礎調査」。

より，これまで想定されていなかったことが起こる可能性が高くなり，高齢者人口の増加という単純な問題を超えた問題がそこには存在しているといえる。

例えば厚生労働省が推し進めている在宅介護システムにしても，配偶者や家族の介護労働を前提にしてシステムが組み立てられているが，それは単身高齢者世帯には適応できない。単身高齢者は現状では施設に入所する以外に道はないのである。しかし，そのための施設の数は大幅に不足している，等々の問題が出てくる。これは高齢者が要介護状態になった場合であるが，健康なときでも多くの問題がある。それは高齢単身世帯の8割が女性世帯であることと深く関係している。重要な問題は，所得格差が大きいことと，所得水準が低いということである。結果として家計収支が赤字となっており，生活は苦しいものとなっている。2004年の家計における赤字率は，1999年よりもさらに大幅に拡大してきている。このように，高齢者世帯のなかでも多くの問題を抱えている高齢単身世帯の実態を「全国消費実態調査」を用いて明らかにすることが本節の目的である。

高齢者世帯の構成と基本的な特徴

図8-3で65歳以上の高齢者のいる世帯の構成をみていくことにする。

65歳以上の者のいる世帯は，1975年には711万8000世帯で，これを世帯構造

図8-4 世帯構造別高齢者世帯数の推移（65歳以上のみ）

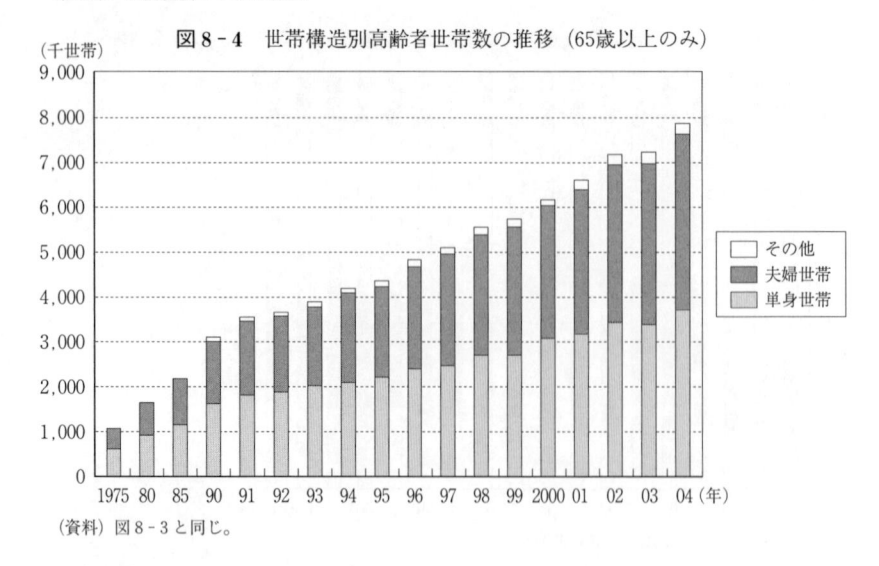

(資料) 図8-3と同じ。

別の構成割合でみると三世代世帯が54.4%と最も多く，以下夫婦のみの世帯13.1%，単身世帯8.6%と続いている。それが2004年には総数が75年の2倍以上の1786万4000世帯となり，夫婦のみの世帯が29.4%と最も大きな割合を占めるようになり，以下三世代世帯21.9%，単身世帯20.9%となっている。このように65歳以上の高齢者のいる世帯の構成割合は25年間で大きく変化し，三世代世帯が32.5ポイント低下し，それとは逆に夫婦のみの世帯が16.3ポイント，単身世帯が12.3ポイント上昇している。

図8-4で65歳以上の者のみの世帯数と構成割合をみていくことにする。

65歳以上の者のみの世帯数は，1975年には106万9000世帯で，単身世帯が61万1000世帯57.2%，夫婦のみの世帯は44万3000世帯41.4%だったのが，2004年には総数は約8倍に増加し790万世帯となり，その内訳は，単身世帯370万世帯47.4%，夫婦のみの世帯390万世帯49.5%となっている。65歳以上の高齢者のみの世帯が30年間で8倍に増加したことは，全世帯に対しても大きな影響を質量的に与えることとなる。日本の全世帯に占める高齢者のみの単身世帯の割合が大きくなればなるほど，高齢単身世帯の持つ特性が全体に影響を及ぼす可能性が高くなるといえる。高齢者世帯の基本的な特徴に関しては，第1節で述べてきたのでここでは繰り返さない。

以上のように，高齢者世帯の構成と家計構造の基本的な特徴をおさえたうえ

で，高齢者の単身世帯の性格について検討を進めることにする。

高齢者夫婦世帯と高齢単身世帯の比較

ここでは，高齢者世帯の基本的特徴を有している高齢夫婦世帯（以下「夫婦」とする）と高齢単身世帯（以下「単身」とする）を比較することによって，「単身」の特徴を明らかにすることにする。

表8-7の比較表をみると，持ち家率が「夫婦」89.5％に対して「単身」76.2％と13.3ポイント「単身」のほうが低くなっている。また，実収入において「単身」は「夫婦」の80.3％であり，実額で3万5652円，年間に換算して約43万円ほど低くなっている。所得分布は200万円未満に43.7％が集中しており，300万円以下に75％以上が分布しており700万円以上の世帯はゼロである。この持ち家率の低さと収入の低さが，「単身」家計の構造的な特徴を基本的に規定しているといえる。このことは，以下消費構造を検討することによっても明らかとなる。

消費支出の費目の検討に入る前に，実支出の大きさの比較をおこなうことにする。高齢者世帯以外の世帯類型では，実収入の高さが実支出の高さを規定する関係にある。すなわち家計の枠組みは実収入によって形づくられているのである。しかし，高齢者世帯においてはこれらのことが当てはまらない。むしろ実支出が家計の枠組みを形づくっており，前節で明らかにしたように，支出優先のスタイルをとっているといえる。

実支出を比較すると「単身」は16万6752円で「夫婦」は27万264円となっており，「単身」は「夫婦」より10万3512円低く，「夫婦」の61.7％のレベルにとどまっている。赤字に関しては「単身」が2万1716円で「夫婦」の8万9576円より6万7860円も少なくなっており，赤字率は「単身」16.1，「夫婦」56.3で40.2ポイント「夫婦」の方が大きくなっている。

消費費目において，「単身」と「夫婦」の間で最も大きな差がみられるのは，「食料」と「住居」である。「食料」では，「夫婦」が「単身」を3.1ポイント上回り，「住居」では，逆に「単身」が「夫婦」を6.0ポイント上回っている。通常，「食料」の消費支出に占める割合＝エンゲル係数が低いほうが生活水準が高いということになっているが，ここではそうではなくて，収入の絶対的な低位によってもたらされた食料構成比の低位なのである。すなわちエンゲル係数

表8-7 高齢単身と夫婦世帯の家計比較 (単位:円,歳,%)

	高齢単身	%	高齢夫婦	%
世帯主の年齢（歳）	72.6		72.9	
持ち家率（%）	76.2		89.5	
年間収入（千円）	2,173		3,896	
実収入	145,036	100.0	180,688	100.0
社会保障給付	133,573	92.1	164,749	91.2
実支出	166,752	100.0	270,264	100.0
消費支出	156,984	94.1	248,665	92.0
食料	32,988	21.0	59,935	24.1
外食	4,804	3.1	6,308	2.5
住居	21,440	13.7	19,212	7.7
家賃地代	9,032	5.8	4,404	1.8
光熱・水道	10,287	6.6	16,231	6.5
家具・家事用品	5,565	3.5	9,073	3.6
被服及び履物	6,661	4.2	9,095	3.7
保健医療	8,239	5.2	15,905	6.4
保健医療サービス	4,630	2.9	9,559	3.8
交通・通信	13,188	8.4	26,678	10.7
交通	4,100	2.6	6,562	2.6
自動車等関係費	3,629	2.3	12,916	5.2
通信	5,459	3.5	7,200	2.9
教育	0	0.0	3	0.0
教養娯楽	20,469	13.0	31,121	12.5
教養娯楽サービス	12,203	7.8	19,132	7.7
その他の消費支出	38,145	24.3	61,412	24.7
こづかい	22,703	0.0	9,072	3.6
交際費	44,465	14.5	31,925	12.8
（再掲）交際関係費		28.3	64,819	26.1
非消費支出	9,769	5.9	21,599	8.0
直接税	2,785	1.7	4,749	1.8
社会保険料	6,837	4.1	16,785	6.2
可処分所得	135,267		159,089	
黒字	−21,716		−89,576	
黒字率		−16.1		−56.3

(注) 単身世帯：60歳以上の無職の一人世帯,
　　 高齢夫婦世帯：世帯主65歳以上，配偶者60歳以上の高齢者のみの無職の夫婦世帯。
(資料) 表8-1と同じ。

の逆転が起こっているのである。なぜ「単身」は,「食料」をここまで圧縮しなければならなかったのか。それに対する回答は,「単身」の「住居」の高さに求められる。すなわち「単身」は「夫婦」に比べ持ち家率が13.3ポイントも低く,賃貸住宅に住んで家賃を支払っている世帯の割合が高くなっている。その結果,「住居」が膨張し,その膨張した分を「食料」で吸収しなければならなくなっているのである。以上が「単身」と「夫婦」とを比較した場合の基本的な特徴である。

これ以外に,「交通・通信」において「夫婦」が「単身」より2.3ポイント高くなっているのは,「単身」の自動車の保有率の低さが関係している。「単身」では女性が8割を占め,この世代の女性の運転免許の取得率は低く,そのうえ車を保有する経済的ゆとりがないことがあげられる。すなわちこのような所得水準では車を取得する費用と維持する費用を捻出するのが非常に困難だということがその理由と考えられる。また,〔(再掲)交際関係費〕では逆に「単身」が「夫婦」を2.2ポイント上回っている。これは「単身」の8割が女性であることと,一人であるがゆえに「夫婦」より他者とのつき合いを求める動機が多くなる傾向があるからとも考えられる。「夫婦」の場合は「夫婦」間のコミュニケーションでまかなえる部分がある程度存在するので動機は少なくなる。

一般単身と高齢単身との比較

ここでは,一般単身世帯(以下「一般」とする)と比較した場合の高齢単身世帯(以下「高齢」とする)の家計の構造的な特徴を明らかにしてみる。表8-8によると,世帯属性では,世帯主の年齢は「高齢」が72.6歳,「一般」が39.0歳で,33.6歳「一般」が若くなっている。持ち家率は,「高齢」が76.2%,「一般」が23.8%で,52.4ポイント「一般」が低くなっている。年間収入,実収入ともに,「高齢」は「一般」の半分以下の水準にとどまっている。

消費構造をみていくと,「食料」では「高齢」が「一般」より0.7ポイント低くなっており,実額で1万1000円ほど低い。これは「一般」の食事におけるライフスタイルが,外食に大きく依存したものになっていることによるものと思われる。その証拠に「一般」では〈外食〉が9.5%(「食料」のじつに43%以上,すなわち約半分)を占めており,一食にかかる費用が外食内食とも同額であると前提すると,一日おきに外食していることになる。「一般」におけるライフ

表8-8 高齢単身と一般単身家計比較　(単位：円, 歳, %)

	高齢単身	%	一般単身	%
世帯主の年齢（歳）	72.6		39.0	
持ち家率（%）	76.2		23.8	
年間収入（千円）	2,173		4,244	
実収入	145,036	100.0	310,112	100.0
社会保障給付	133,573	92.1	8,913	2.9
実支出	166,752	100.0	251,190	100.0
消費支出	156,984	94.1	204,219	81.3
食料	32,988	21.0	44,263	21.7
外食	4,804	3.1	19,352	9.5
住居	21,440	13.7	35,944	17.6
家賃地代	9,032	5.8	31,372	15.4
光熱・水道	10,287	6.6	8,032	3.9
家具・家事用品	5,565	3.5	4,126	2.0
被服及び履物	6,661	4.2	12,102	5.9
保健医療	8,239	5.2	4,662	2.3
保健医療サービス	4,630	2.9	2,288	1.1
交通・通信	13,188	8.4	32,111	15.7
交通	4,100	2.6	9,477	4.6
自動車等関係費	3,629	2.3	14,206	7.0
通信	5,459	3.5	8,428	4.1
教育	0	0.0	79	0.0
教養娯楽	20,469	13.0	26,835	13.1
教養娯楽サービス	12,203	7.8	14,735	7.2
その他の消費支出	38,145	24.3	36,065	17.7
こづかい		0.0	676	0.3
交際費	22,703	14.5	16,459	8.1
（再掲）交際関係費	44,465	28.3	49,099	24.0
非消費支出	9,769	5.9	46,970	18.7
直接税	2,785	1.7	18,988	7.6
社会保険料	6,837	4.1	27,838	11.1
可処分所得	135,267		263,142	
黒字	−21,716		58,922	
黒字率		−16.1		22.4

(注) 単身世帯：60歳以上の無職の一人世帯。
　　　一般単身：単身の勤労者世帯。
(資料) 表8-1と同じ。

スタイルを特徴的に表しているものといえる。

「住居」では「一般」が「高齢」を3.9ポイント上回っており、家賃地代では9.6ポイント上回っている。これは持ち家率の影響で、「一般」が「高齢」より52.4ポイントも持ち家率が低くなっていることによるものである。

また、「光熱・水道」では「高齢」が「一般」より2.7ポイントも高くなっているが、これは「高齢」のほうが「一般」より在宅時間が長いことによるものである。「家具・家事用品」についても同じことがいえる。すなわち「一般」は在宅時間が短いことと、外食中心のライフスタイルから、「家具・家事用品」のうちの消耗品関係の使用頻度は低く、必要性も低くなっていると考えられる。「交通・通信」では「一般」が15.7％、「高齢」が8.4％で、「一般」が7.3ポイント上回っている。これは、「一般」にとっては「通勤・交通」が必要となってくるがこれはわずか1.4ポイントに過ぎず、大きくは〈自動車等関係費〉が「高齢」2.3％、「一般」7％と、4.7ポイントも「一般」のほうが高くなっているためであると考えられる。これは「一般」が外中心、車中心のライフスタイルを選択しているためにこのような結果となっていると思われる。

これ以外では、その他の消費支出において「高齢」24.3％、「一般」17.7％と6.6ポイント「高齢」が上回っているが、これは、〈交際費〉で「高齢」14.5％、「一般」8.1％と6.4ポイント「高齢」が上回っていることによるものである。「単身」であろうが「夫婦」であろうが、この〈交際費〉及び〔(再掲)交際関係費〕の構成比の高さは、高齢者世帯の最も大きな特徴点の一つといえる。

「高齢」のもう一つの大きな特徴点は、赤字率が16.1％だということである。すなわちここでは「一般」の家計が22.4％の黒字になっており、黒字率は38.5ポイントも離れている。金額では「高齢」2万1716円の赤字、「一般」5万8922円の黒字で、8万円以上の差がある。じつは、これが「高齢」にとっては最も大きな問題なのである。

高齢単身家計の男女比較

60歳以上の単身高齢者世帯は、約2割が男性単身世帯(以下「男性」とする)で約8割が女性単身世帯(以下「女性」とする)という構成になっている。表8-9で男女別の高齢単身家計の比較表をみてみると、年齢では「男性」

第Ⅱ部 生活経済からみる福祉

表8-9 高齢単身性別家計比較　　(単位：円, 歳, %)

	男性単身	%	女性単身	%
世帯主の年齢（歳）	72.0		72.8	
持ち家率（%）	69.2		78.9	
年間収入（千円）	2,436		2,071	
実収入	164,934	100.0	137,299	100.0
社会保障給付	154,923	93.9	125,272	91.2
実支出	172,194	100.0	164,636	100.0
消費支出	158,312	91.9	156,467	95.0
食　料	37,029	23.4	31,417	20.1
外　食	8,511	5.4	3,363	2.1
住　居	23,558	14.9	20,616	13.2
家賃地代	11,862	7.5	7,932	5.1
光熱・水道	10,010	6.3	10,395	6.6
家具・家事用品	5,628	3.6	5,541	3.5
被服及び履物	4,133	2.6	7,644	4.9
保健医療	6,662	4.2	8,853	5.7
保健医療サービス	3,434	2.2	5,094	3.3
交通・通信	15,826	10.0	12,162	7.8
交　通	3,899	2.5	4,178	2.7
自動車等関係費	6,442	4.1	2,535	1.6
通　信	5,485	3.5	5,450	3.5
教　育	0	0.0	0	0.0
教養娯楽	24,093	15.2	19,060	12.2
教養娯楽サービス	15,265	9.6	11,013	7.0
その他の消費支出	31,373	19.8	40,778	26.1
交際費	20,208	12.8	23,673	15.1
(再掲) 交際関係費	44,857	28.3	44,314	28.3
非消費支出	13,881	8.1	8,169	3.0
直接税	3,650	2.1	2,449	0.9
社会保険料	9,748	5.7	5,705	2.1
可処分所得	151,053		129,130	
黒字	−7,260		−27,337	
黒字率		−4.8		−21.2

(資料) 表8-1と同じ。

が72歳,「女性」が72.8歳で, 0.8歳「女性」のほうが高くなっている。持ち家率は9.7ポイント「女性」のほうが高くなっている。年間収入では約40万円「男性」のほうが高くなっている。毎月の社会保障給付（年金等）の水準は「男性」が15万4923円,「女性」が12万5272円と,「男性」が2万9651円高くなっている。当然, 実収入はこの水準にひきつけられて「男性」が2万7635円高くなっている。

　黒字率に関しては,「男性」「女性」ともにマイナスとなって家計収支は赤字となっている。「女性」のほうが所得が「男性」より低いにもかかわらず, 消費支出はほぼ同じ水準となっている。その結果「男性」の赤字率が4.8％なのに対して「女性」の赤字率は21.2％と,「女性」のほうが16.4ポイント高くなっている。

　次に, 消費支出の内容について検討していくことにする。

　「食料」については「男性」が3.3ポイント高くなっているが, これは「男性」のほうが外食や出前, 給食, 弁当が多く, その分費用が高くかかっているためである。「住居」では持ち家率の水準に対応する結果となっていて, 持ち家率が低い「男性」が1.7ポイント上回っている。

　「教養娯楽」では,「男性」15.2％,「女性」12.2％と3ポイント「男性」が高くなっている。内容的にみても全般的に「男性」が上回っている。とりわけテレビ, ステレオやパソコンの電化製品の購入割合が高くなっていると思われる。インターネットの接続料金が「男性」420円「女性」192円となっており, インターネットの利用は「男性」のほうが2倍以上になっている。テレビ視聴時間の長さやインターネットの利用時間の長さから「男性」の在宅志向がうかがえる。

　「被服及び履物」に関しては,「男性」2.6％,「女性」4.9％で2.3ポイント「女性」が上回っているが, これは「男性」が「女性」に比べてファッションに対する興味関心が低いために, このような差が生じたと考えられる。〈自動車等関係費〉に関しては,「男性」4.1％「女性」1.6％と2.5ポイント「男性」が上回っているが, この世代の場合,「男性」のほうが「女性」より車の運転免許の取得率が圧倒的に高く, その結果「女性」は公共交通機関を利用し,「男性」は車を利用する機会が多くなっているためにこのような差が生じたといえる。

　消費支出のうちで最も大きな差がみられたのは「その他の消費支出」である。

「女性」26.1％，「男性」19.8％で6.3ポイント「女性」が上回っている。内容的には〈交際費〉の差が最も大きなものと認められる。〈交際費〉「女性」15.1％，「男性」12.8％と2.3ポイント「女性」が高くなっている。これは，高齢期の男女のライフスタイルの違いを最も表しているといえる。「女性」は，高齢期になっても家に引きこもることなく積極的に外部との関係をもち続ける者の割合が高いのに対して，「男性」は外部との関係をもつことには消極的で，家に引きこもる者の割合が比較的高いからだと思われる。このことは前述の「教養娯楽」のところで明らかになっている。

60歳以上の単身無職世帯の時系列比較

表8-10で1994，1999，2004年度の比較をすることにする。平均年齢は10年間で70.6歳から72.6歳と2歳上昇し，高齢化が進んでいることを示している。収入において収入の柱である社会保障給付＝年金のウエイトは最近の10年間で増加しているが，実収入と可処分所得が低下傾向にある。それとは逆に実支出，消費支出ともに増加がみられる。その結果，94年に家計の赤字が0.6％だったのが，99年には5.9％に，さらに2004年には16.1％にまで赤字幅が膨らむことになった。この不況下での家計の赤字幅の拡大は大きな問題である。

時系列で消費構造を構造的に捉えると，社会的固定費の大きさは1994に38.6％，2004に43.6％と10年間で5ポイント拡大している。

ここで一つの疑問が生じる。実収入が低下しているにもかかわらず，なぜ消費支出が拡大しているのかという疑問である。通常，家計運営に際しては，収入の膨張縮小に応じて支出を調整するということが一般的であった。しかし，高齢者の家計行動に関しては，一般的な調整行動がなされていない。先の高齢夫婦世帯の分析の際にも，所得が高くなればなるほど赤字の金額と割合が大きくなるという現象があった。すなわち高齢者世帯の場合は，一般の勤労者世帯と異なり，日々の生活管理をフローの枠内でおこなうのではなく，ストックをフロー化して家計を運営していくことが日常化しているのではないかと思われる。別の表現をすれば，日常的な年金収入では「標準的な生活」＝人並みの生活が送れないので，過去の蓄えである貯蓄を取り崩して不足分を補塡しながら生活を送っているといえる。

消費支出のなかでここ10年間，最も増加している費目は「住居」であり，

第8章 高齢者世帯の家計と福祉

表8-10 高齢単身世帯の家計の時系列比較　　　　（単位：円, 歳, %）

	1994年	%	1999年	%	2004年	%
世帯主の年齢（歳）	70.6		71.5		72.6	
持ち家率（%）	68.9		68.0		76.2	
年間収入（千円）	2,093		2,138		2,173	
実収入	153,753	100.0	153,490	100.0	145,036	100.0
社会保障給付	134,019	87.2	140,400	91.5	133,573	92.1
実支出	154,593		162,245		166,752	
消費支出	148,815	100.0	156,328	100.0	156,984	100.0
食　料	31,964	21.5	33,425	21.4	32,988	21.0
外　食	4,189	2.8	4,666	3.0	4,804	3.1
住　居	16,108	10.8	21,276	13.6	21,440	13.7
家賃地代	8,560	5.8	10,712	6.9	9,032	5.8
光熱・水道	9,183	6.2	10,118	6.5	10,287	6.6
家具・家事用品	7,323	4.9	7,925	5.1	5,565	3.5
被服及び履物	8,664	5.8	7,794	5.0	6,661	4.2
保健医療	7,103	4.8	5,662	3.6	8,239	5.2
交通・通信	11,740	7.9	12,250	7.8	13,188	8.4
交　通	4,672	3.1	4,395	2.8	4,100	2.6
自動車等関係費	1,694	1.1	2,468	1.6	3,629	2.3
通　信	5,374	3.6	5,387	3.4	5,459	3.5
教　育	0	0.0	0	0.0	0	0.0
教養娯楽	17,610	11.8	21,248	13.6	20,469	13.0
教養娯楽サービス	10,276	6.9	11,478	7.3	12,203	7.8
その他の消費支出	39,120	26.3	38,631	24.7	38,145	24.3
交際費	23,480	15.8	21,532	13.8	22,703	14.5
（再掲）交際関係費	43,802	29.4	42,792	27.4	44,465	28.3
可処分所得	140,000		147,574		135,267	
黒　字	-840		-8,755		-21,716	
黒字率		-0.6		-5.9		-16.1

（資料）表8-1と同じ。

2.9ポイント高くなっている。これは修繕費コストが高くなってきたからだと思われる。次に「教養娯楽」の1.2ポイントの上昇があげられる。これは高齢者が旅行などに出かける頻度が増加したのに加え，スポーツクラブやカルチャースクール等への入会者が増加したためと思われる。この点は高齢者が高齢期をどのように生きているかにかかわる非常に重要な内容を有しているといえる。逆に低下した費目のなかで1994年から1999年の間の低下が最も大きなものはその他の消費支出の〈交際費〉である。これは2ポイント低下している。

収入が減少するなかで生活防衛の一環として高齢者の「生命線」ともいえる〈交際費〉を縮小させていると考えられるが，2004年には若干持ち直している。「保健医療」が1.2ポイント低下しているが，これは2000年4月からスタートした介護保険制度導入に際しての待機効果によるところが大きいと考えられる。しかし，2002年の医療改革で高齢者の負担が増加したのに対応して，1999年から2004年には1.6ポイント上昇している。

年齢階級別高齢単身世帯の家計

表8‒11は，60歳以上の高齢単身無職世帯の家計の年齢階級別表である。ここで注目すべきは黒字率である。ここまでの分析では，60歳以上の高齢単身無職世帯の平均の黒字率は－16.1％であった。しかし，それを年齢階級別に捉えると，60～64歳で－58.2％と最も高く，あとは加齢とともに65～69歳－20.6％，70～74歳－18.0％，75歳以上－3.0％と低下している。いずれにせよ，この異常とも思われる60～64歳の60％近い赤字率は何を意味しているのであろうか。

高齢単身世帯は，いくつかの要因によって60歳以前の時点ですでに単身世帯となっている場合があると考えられる。第一に，結婚の経験がなく生涯独身である場合。第二に，60歳未満で配偶者と離婚している場合。第三に，60歳未満で配偶者と死別している場合である。いずれの場合も，60歳直前に配偶者を失くした女性単身世帯の場合は別として，とりわけ男性単身世帯と多くの女性単身世帯は，60歳以前には働いて収入を得ていたと考えられる。いずれの世帯も60歳以前の時期には，ある一定の所得水準を確保しており，60歳を迎え退職を余儀なくされて，勤労所得がなくなり，年金に依存する生活に移行していくわけである。

しかし，生活の感覚は以前働いていたときのままであり，所得水準が急激に下がったからといって，それにあわせて消費支出を急激に圧縮削減することはできないものと考えられる。これは中鉢正美が主張したアフターエフェクトと呼ばれる効果に類似している。しかし，人はいつまでも現状に抵抗しているわけにはいかず，いつかは所得水準に合わせて消費水準も低下させなければ生活が破綻してしまうことになる。この抵抗から適応の過程では，高齢者に想像を超える困難と負荷がかかることはいうまでもない。この過程で高齢者は，費目の圧縮・組替・調整をおこないながら，消費水準の削減・低下を実現させてい

第 8 章　高齢者世帯の家計と福祉

表 8 - 11　高齢単身世帯の家計の年齢階級別表　(単位：円, 歳, %)

	平均	%	60~64歳	%	65~69歳	%	70~74歳	%	75歳以上	%
世帯主の年齢(歳)	72.6		62.2		67.1		72.0		79.2	
持ち家率(%)	76.2		70.6		76.0		74.2		79.2	
年間収入(千円)	2,173		2,036		2,124		2,221		2,210	
実収入	145,036	100.0	120,625	100.0	144,206	100.0	147,475	100.0	151,116	100.0
社会保障給付	133,573	92.1	108,914	90.3	130,819	90.7	137,281	93.1	139,998	92.6
実支出	166,752	100.0	181,861	100.0	172,072	100.0	172,357	100.0	155,358	100.0
消費支出	156,984	94.1	166,436	91.5	163,021	94.7	162,998	94.6	146,570	94.3
食料	32,988	21.0	35,072	21.1	33,776	20.7	33,861	20.8	31,317	21.4
外食	4,804	3.1	5,273	3.2	5,507	3.4	5,277	3.2	3,933	2.7
住居	21,440	13.7	20,075	12.1	20,450	12.5	24,273	14.9	20,508	14.0
家賃地代	9,032	5.8	10,263	6.2	9,452	5.8	11,542	7.1	6,723	4.6
光熱・水道	10,287	6.6	10,985	6.6	10,198	6.3	10,432	6.4	10,035	6.8
家具・家事用品	5,565	3.5	5,387	3.2	5,539	3.4	4,893	3.0	6,088	4.2
被服及び履物	6,661	4.2	7,982	4.8	7,562	4.6	7,430	4.6	5,221	3.6
保健医療	8,239	5.2	12,336	7.4	7,485	4.6	6,905	4.2	8,369	5.7
保健医療サービス	4,630	2.9	7,769	4.7	4,104	2.5	3,521	2.2	4,755	3.2
交通・通信	13,188	8.4	19,022	11.4	15,820	9.7	12,299	7.5	10,514	7.2
交通	4,100	2.6	4,707	2.8	4,532	2.8	4,300	2.6	3,530	2.4
自動車等関係費	3,629	2.3	7,827	4.7	5,325	3.3	2,538	1.6	2,126	1.5
通信	5,459	3.5	6,488	3.9	5,963	3.7	5,461	3.4	4,858	3.3
教育	0	0.0	0	0.0	0	0.0	0	0.0	0	0.0
教養娯楽	20,469	13.0	18,246	11.0	23,349	14.3	21,277	13.1	18,893	12.9
教養娯楽サービス	12,203	7.8	10,220	6.1	14,747	9.0	12,767	7.8	10,918	7.4
その他の消費支出	38,145	24.3	37,332	22.4	38,841	23.8	41,628	25.5	35,624	24.3
交際費	31,925	20.3	18,735	11.3	23,626	14.5	24,592	15.1	22,061	15.1
(再掲)交際関係費	53,687	34.2	40,150	24.1	48,868	30.0	47,120	28.9	41,367	28.2
非消費支出	9,769	5.9	15,425	8.5	9,051	5.3	9,359	5.4	8,788	5.7
直接税	2,785	1.7	7,511	4.1	2,149	1.2	1,996	1.2	2,289	1.5
社会保険料	6,837	4.1	7,734	4.3	6,871	4.0	6,975	4.0	6,458	4.2
可処分所得	135,267		105,200		135,155		138,116		142,328	
黒字	-21,716		-61,236		-27,866		-24,882		-4,242	
黒字率		-16.1		-58.2		-20.6		-18.0		-3.0

(資料)　表 8 - 1 と同じ。

くのである。

　それでは単身世帯はどのような費目の費用を圧縮・削減し調整・組替えをおこなっているのであろうか。表8-11でそれをみていくことにしよう。なかでも「60～64歳」と「75歳以上」だけを取り上げて，消費支出の全体と各費目を金額的に比較し，どのような構造的な組替えがなされているのかを検討する。消費支出の水準は「60～64歳」が16万6436円，「75歳以上」が14万6570円で「60～64歳」が1万9866円高くなっている。ということは「75歳以上」が1万9866円消費支出を圧縮・削減していることになる。では，どの費目でどれくらい圧縮・削減を実施しているのかを次にみることにする。最も大きな圧縮・削減費目は，「交通・通信」で8508円4.2ポイントである。その主な内訳は，〈交通〉が1177円（0.4ポイント），〈自動車関係費〉が5701円（3.2ポイント），〈通信〉が1630円（0.6ポイント）となっている。第二番目に大きな圧縮・削減費目は「保健医療」で3967円（1.7ポイント）である。第三に大きな項目は「被服及び履物」で2761円である。

　赤字率が58％に達しているのは，消費支出の肥大化による部分と，他の要因としては，収入の水準の低さ，すなわち収入の柱である〈社会保障給付〉が低い水準にあることがあげられる。なぜこのような現象が起きるのか？　それは年金支給のスタート年齢が2段階に分かれているからである。正式には65歳から支給が開始されるのだが，請求すれば60歳からでも支給される。しかし，60歳支給の場合は，受け取る年金額が低くなる。したがって，多くの人は65歳まで待ってから年金の支給を受けるケースが多くなっている。その結果，「60～64歳」では，年金の支給を受けない世帯，すなわち所得ゼロの世帯が一定の割合で存在するために，平均値としての社会保障給付＝年金支給額が低くなっているのである。60歳で退職して，年金を受け取る65歳まで5年もの期間が存在する。これは収入の空白期間があるわけで，一つの大きな矛盾である。正規の年金支給開始年齢を60歳にするか，それとも企業の退職年齢を65歳まで延長するか，どちらかの政策を採らないと，高齢単身世帯の「60～64歳」の赤字率は今後もますます拡大することになるであろう。

女性単身世帯の年齢階級別家計
　高齢単身世帯の約8割を占める女性単身世帯について，年齢階級別にみてい

第8章 高齢者世帯の家計と福祉

表8-12 女性高齢単身世帯の年齢階級別家計

(単位:円、歳、%)

	30歳未満	%	30～39歳	%	40～49歳	%	50～59歳	%	60～64歳	%	65～69歳	%	70～74歳	%	75歳以上	%
世帯主の年齢(歳)	25.0		33.4		44.0		55.4		62.3		67.2		72.0		79.2	
持ち家率(%)	3.3		17.7		37.4		54.2		77.1		82.8		76.7		78.9	
年間収入(千円)	2,815		3,983		4,391		3,502		2,071		2,048		2,112		2,054	
実収入	228,054	100.0	287,689	100.0	323,772	100.0	252,749	100.0	115,745	100.0	144,644	100.0	140,199	100.0	137,043	100.0
社会保障給付	89	0.0	18	0.0	5,305	1.6	16,296	6.4	101,454	87.7	130,254	90.1	130,537	93.1	125,217	91.4
実支出	205,584	100.0	274,172	100.0	268,339	100.0	241,596	100.0	200,588	100.0	175,521	100.0	168,728	100.0	146,053	100.0
消費支出	173,432	84.4	227,934	83.1	212,231	79.1	204,423	84.6	183,372	91.4	168,020	95.7	161,302	95.6	139,431	95.5
食料	30,937	17.8	36,425	13.6	39,409	18.6	35,413	17.3	34,383	18.8	31,716	18.9	32,781	20.3	29,475	21.1
外食	13,354	7.7	12,050	5.3	14,142	6.7	7,053	3.5	4,543	2.5	3,658	2.2	3,926	2.4	2,480	1.8
住居	38,721	22.3	66,589	29.2	39,881	18.8	23,478	11.5	20,420	11.1	20,439	12.2	21,828	13.5	19,897	14.3
光熱・水道	38,587	22.2	47,079	20.7	36,211	17.1	16,539	8.1	7,585	4.1	6,516	3.9	10,170	6.3	7,191	5.2
家具・家事用品	7,143	4.1	8,542	3.7	9,084	4.3	9,861	4.8	11,546	6.3	10,509	6.3	10,563	6.5	9,901	7.1
被服及び履物	4,142	2.4	3,743	1.6	6,989	3.3	6,837	3.3	6,717	3.7	6,408	3.8	4,997	3.1	5,141	3.7
保健医療	22,553	13.0	20,202	8.9	12,985	6.1	15,510	7.6	10,557	5.8	8,941	5.3	8,543	5.3	5,506	3.9
保健医療サービス	4,502	2.6	4,755	2.1	8,285	3.9	5,847	2.9	14,554	7.9	8,428	5.0	7,067	4.4	8,824	6.3
交通・通信	2,488	1.4	1,807	0.8	4,043	1.9	2,946	1.4	9,919	5.4	4,638	2.8	3,540	2.2	5,155	3.7
交通	22,644	13.1	25,602	11.2	28,540	13.4	30,992	15.2	19,784	10.8	15,216	9.1	11,122	6.9	9,185	6.6
自動車等関係費	8,045	4.6	9,136	4.0	10,545	5.0	8,039	3.9	5,068	2.8	4,882	2.9	4,178	2.6	3,553	2.5
通信	5,952	3.4	7,173	3.1	8,759	4.1	15,817	7.7	7,498	4.1	4,164	2.5	1,616	1.0	966	0.7
教育	8,647	5.0	9,293	4.1	9,236	4.4	7,137	3.5	7,217	3.9	6,170	3.7	5,328	3.3	4,666	3.3
教養娯楽	649	0.4		0.0		0.0		0.0		0.0		0.0		0.0		0.0
その他の消費支出	18,036	10.4	25,130	11.0	24,315	11.5	25,330	12.4	20,865	11.4	22,880	13.6	19,496	12.1	16,178	11.6
(再掲)交際費	10,293	5.9	12,452	5.5	15,124	7.1	13,971	6.8	11,453	6.2	13,937	8.3	12,131	7.5	8,498	6.1
	24,106	13.9	36,947	16.2	42,743	20.1	51,154	25.0	44,547	24.3	43,483	25.9	44,904	27.8	35,326	25.3
	9,977	5.8	15,587	6.8	20,997	9.9	28,630	14.0	21,737	11.9	25,669	15.3	26,050	16.1	21,403	15.4
	36,962	21.3	46,468	20.4	55,882	26.3	57,777	28.3	45,475	24.8	50,658	30.1	47,687	29.6	38,120	27.3
非消費支出	32,152	18.5	46,238	16.9	56,109	20.9	37,173	15.4	17,216	8.6	7,501	4.3	7,426	4.4	6,622	4.5
直接税	10,954	6.3	17,990	6.6	24,353	9.1	13,672	5.7	9,546	4.8	2,086	1.2	1,420	0.8	1,465	1.0
社会保険料	20,997	12.1	28,214	10.3	31,691	11.8	23,441	9.7	7,670	3.8	5,414	3.1	5,958	3.5	5,151	3.5
可処分所得	195,902		241,451		267,663		215,576		98,529		137,143		132,773		130,421	
黒字	22,470	11.5	13,517	5.6	55,433	20.7	11,153	5.2	-84,843	-86.1	-30,877	-22.5	-28,529	-21.5	-9,010	-6.9
黒字率																

(資料) 表8-1と同じ。

第Ⅱ部 生活経済からみる福祉

図8-5 女性高齢単身世帯の年齢

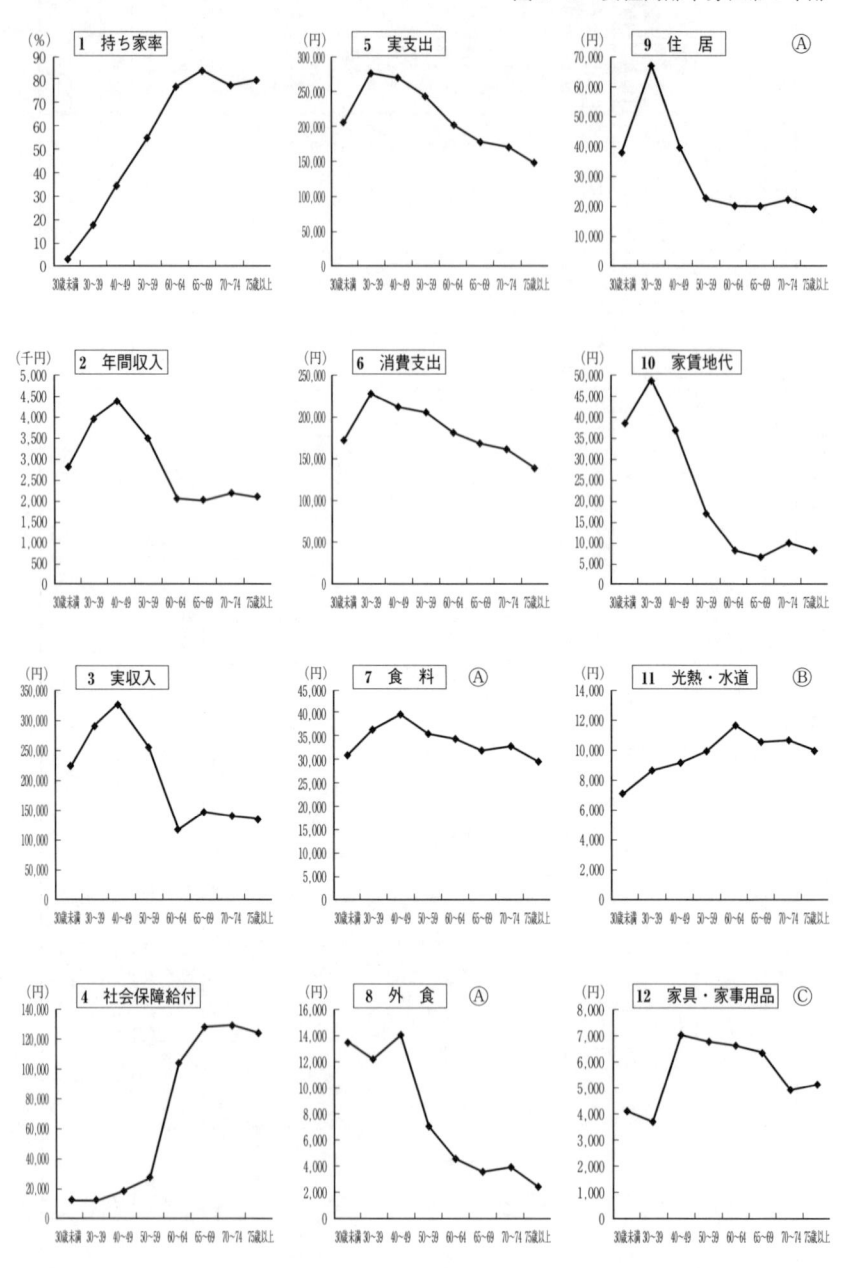

第 8 章　高齢者世帯の家計と福祉

階級別項目・費目別変化

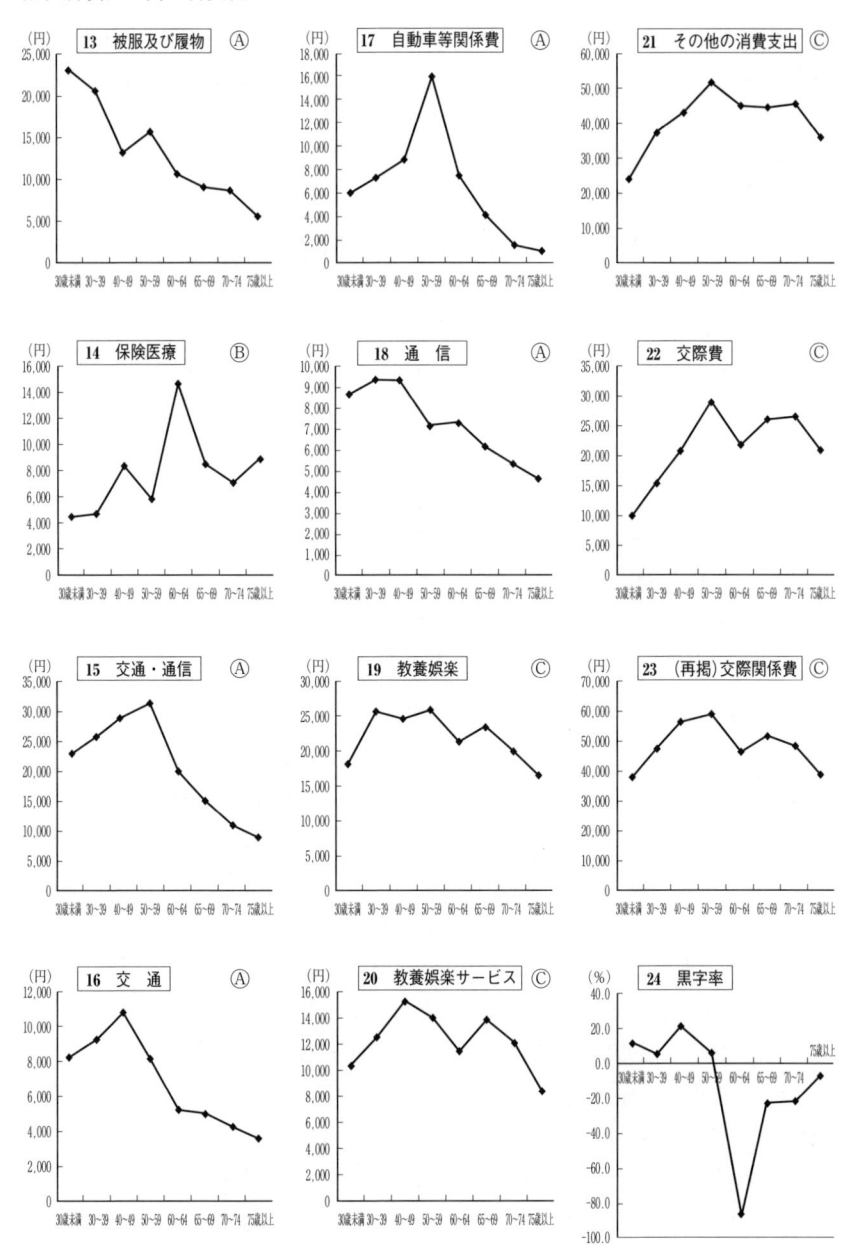

くことにする。表8-12において，30歳未満から59歳までの女性の単身世帯は，勤労者世帯である。60歳以上の高齢単身女性世帯は，無職世帯である。すなわちこの表では，単身の女性が結婚することなく生涯独身を貫いた場合のモデルで，20代から59歳までは労働をして勤労所得を得ているが，60歳で退職しその後は年金を主たる所得源として生計を立てていることを前提としている。

① 収入

ここでは，このような女性単身世帯の年齢階級ごとの家計の構造がどのように異なっているのか，項目・費目別のグラフ（図8-5-1から図8-5-24）をみていくことにする。収入に関しては，年間収入の（2）が基本で，実収入の（3）はほぼ同じ形になっている。それは30歳未満から30代，と上昇し，40代で最高の439万1000円に達し，その後低下して60〜64歳で207万1000円と半分以下になり，その後はほぼこの水準（200万円）で横ばいで推移している。支出に関しては，実支出（5）が基本で消費支出（6）はほぼこれに準じたものになっている。これによると，30歳未満の20万円から30代で27万円に達し，これがライフサイクル上最大の支出となる。これ以降，徐々に低下していき，75歳以上で14万円となり生涯を閉じるのである。所得は40代が最高であるが実支出は30代が最大となっている。

② 消費支出の3タイプ

「食料」（7）は，なだらかにではあるが実支出の形に類似している。それに比較して〈外食〉（8）は，40代がピークで約1万4000円であるが，これが50，60，70代と滑り台的に急降下しており，最終的には75歳以上で2500円まで下がることになる。「住居」（9）は，持ち家率（1）に反比例しているものだが，これも30代をピーク（6万6589円）として40代で急激に低下し，その後はほぼ横ばいという形になって60代から70代へはやはり低下しており，75歳以上で最低の1万9897円になる。このように実支出の型にグラフが類似しているのは，「食料」，「住居」，「被服及び履物」（13），「交通・通信」（15）である。

これとは逆に，加齢とともに費用が上昇している費目は，「光熱・水道」（11），「保健医療」（14）である。この両方のグループに属さない費目は，「家具・家事用品」（12），「教養娯楽」（19），「その他の消費支出」（21）である。それらのうちの〈教養娯楽サービス〉や〈交際費〉・〔交際関係費〕もほぼ同じ型をしている。その特徴は，「50〜59歳」を頂点とする山型となっているとい

うことである。すなわち，単身女性世帯の家計の消費支出の項目は3タイプに類型化することができるということである。Aタイプは，実支出の型に類似しており，加齢とともに費用が低下していく右肩下がりの費目である。Bタイプは，Aタイプの逆で加齢とともに費用が上昇していく右肩上がりの費目である。Cタイプは，「50～59歳」を頂点とする山型となる費目である。

③　Aタイプ（加齢とともに費用が低下する費目）

　Aタイプに属している費目は，「食料」〈外食〉「住居」「被服及び履物」「交通・通信」〈交通〉〈自動車等関係費〉〈通信〉である。「食料」が加齢とともに費用が低下しているのは，第一に〈外食〉の低下が大きな要因であることは間違いない。またエンゲル係数の逆転現象が生じているのも間違いがないところである。60歳以降，所得の低下圧力によって絶対的な節約を強いられることとなるのである。「住居」に関しては，持ち家率の加齢に伴う上昇によって「家賃地代」が低下しているのは疑う余地がないところであるが，その家賃自体がかなり低いレベルの賃貸住宅に入居している可能性が高い。すなわちここでも所得の低下圧力による家賃節約が生じている。

　「被服及び履物」に関しては，若い現役時代でも30代をピークにして加齢とともに低下している。30代は経済観念も低く貯蓄する意思も希薄で消費性向も100％に近くなっており，欲しい物は買うといった消費行動がみられるが，それ以降は徐々に節約して貯蓄するといった行動に変わってくる。とはいっても現役時代は通勤・出社のために必要最低限度のスーツ等は用意しなければならない。退職後はそれが必要なくなるために真っ先に節約の対象となる費目であるといえる。

　「交通・通信」に関しては，単身女性世帯の収入では，自動車を保有すること自体が経済的に困難といえる。車の場合，購入費用だけでは終わらず，税金＋保険料＋車検費用＋定期点検代＋修理代＋駐車場代＋ガソリン代＋オイル代＋etc.……と日常の維持メンテナンス費用がかかる。確かに便利ではあるが，経済的には家計をかなり圧迫する最大要因になりかねない。車を持たないということは，現状において最も大きな節約といえるかもしれない。以上のようにAタイプの費目に共通しているのは，「衣・食・住」という人間の生活にとって基本的な部分の費用であるということと，所得の低下圧力によって節約を強いられる費目であるという点である。

④　Bタイプ（加齢とともに費用が上昇していく費目）

Bタイプに属しているのは,「光熱・水道」「保健医療」である。この2つの費目は, 社会的共同消費手段とそのサービスの利用費用である。この2つの費目は, 公共料金としての体系に組み込まれており, 地方自治体の公共料金体系や政府の医療政策に直接的関係している費目である。「光熱・水道」は, 地方自治体によって基本料金が決められており,「保健医療」は, 自己負担分が政府の方針によってそのつど決められている。したがって生活者にとってはコントロールが非常に困難な費目として存在している。また「光熱・水道」は, 生活者の在宅時間にも密接な関係を有するものといえる。すなわち生活者のライフスタイルが「外」中心なのか「内」中心なのかで, 消費量, 購入量に大きな差が出てくる費目である。当然, 就労現役時代は費用が低く, 退職後に高くなるのである。「保健医療」は加齢により肉体的な故障箇所も増え, 身体の修繕・維持管理費も増加することになる。その結果, 2つの費目は, 右肩上がりのグラフになるのである。

⑤　Cタイプ（「50～59歳」を頂点とする山型費目）

Cタイプに属しているのは,「家具・家事用品」「教養娯楽」〈教養娯楽サービス〉「その他の消費支出」〈交際費〉〔(再掲) 交際関係費〕である。この6つの費目のグラフは,「50～59歳」を頂点とする山型を描いているのが特徴である。「家具・家事用品」は20歳から39歳まではかなり低く40歳代で急に上昇し, その後は安定して同じ高さにあるが, 70歳代になって下降していくことになる。これは持ち家率と大きな関係がある。持ち家率が低い39歳まではアパート暮らしで狭く, 家具や電化製品は満足に配備することができない。しかし, 40歳代以降になると, 家を持つことによりある程度の居住空間を確保でき, 耐久消費財を本格的に取り揃えることが可能になるため,「家具・家事用品」に対する費用が高くなっているのである。

「教養娯楽」は,「30歳未満」と「70歳以上」で低くなっている。「30歳未満」で低いのは,〈教養娯楽用耐久消費財〉と〈教養娯楽用品〉と〈教養娯楽サービス〉であり,〈教養娯楽サービス〉のうちではパック旅行とカルチャースクールやスポーツクラブ等の月謝が低くなっている。「70歳以上」では,〈教養娯楽用耐久消費財〉と〈教養娯楽サービス〉が低くなっている。両年齢階級とも, テレビや音響関係品目の購入や, パック旅行や月謝類を中心に低くなって

いる。若いころは仕事に忙しく，蓄えもそれほどなく余裕がないのを表しており，高齢では活動力が低下していくにしたがって低下がみられる。

その他の消費支出，なかでもその中心となっている〈交際費〉は，加齢とともに社会的諸関係の広がりとともに上昇していき「50〜59歳」で頂点となり，60歳以降は，就労期間とは異なる社会的諸関係の範囲の維持をはかるため，高いレベルで横ばいとなっている。これらCタイプの6費目が，平均消費性向のグラフ（黒字率グラフの逆転型）と類似の軌跡を描いているということは，赤字率に最も大きな影響を及ぼしているということができる。

なお，「教育」については，すべての年代を通して費用がゼロ，もしくはゼロに近いので，分析対象からは除外した。

⑥ 退職年を分岐とした費目の組替え

次に，60歳を退職年とすると，そこを分岐として退職前後5年間，すなわち年齢階級のなかでも「50〜59歳」「60〜64歳」に特に注目して，そこでどのような費目の組替えがなされているのかをみていくことにする。

実収入は「50〜59歳」が25万2749円，「60〜64歳」が11万5745円で「60〜64歳」が13万7004円少なくなっている。このように退職後の収入は半分以下の45％に落ち込んでいる。消費支出をみると，「50〜59歳」が20万4423円，「60〜64歳」が18万3372円と2万1051円の差しか確認されない。この消費支出の内容を詳細に検討することにする。「50〜59歳」から「60〜64歳」に移行する過程で消費支出の費目のうち増加しているものは，第一に「保健医療」8,707円，第二に「水道・光熱」1,685円，となっている。逆にマイナスとなっている費目は第一に「交通・通信」11,208円，第二に「その他の消費支出」6,607円，第三に「被服及び履物」4,953円，その他「教養娯楽」4,465円，「住居」3,058円となっている。

1999年において，実収入の水準は「50〜59歳」29万3871円，「60〜64歳」14万5247円となっており，「60〜64歳」の方が14万8624円低くなっている。しかし，消費支出の水準は逆に「50〜59歳」19万2892円，「60〜64歳」20万7064円と，「60〜64歳」の方が1万4172円上回っている。しかし，2004年になって事態は大きく変化している。すなわち両世代とも実収入水準は1999年から2004年にかけて大幅に落ち込み，「50〜59歳」は25万749円86％，「60〜64歳」は11万5745円79.7％，にまで低下している。実支出で「50〜59歳」の方が13万7004円

高く，消費支出でも同じく「50〜59歳」の方が2万1051円高くなっている。実収入の水準の低下は，黒字・黒字率に大きな影響を及ぼさざるを得ない。「50〜59歳」の黒字・黒字率は，1999年5万563円20.8％から2004年1万1153円5.2％に低下し，「60〜64歳」の赤字・赤字率は，1999年6万9609円50.6％から2004年8万4843円86.1％にまで膨張してしまった。今後，高齢単身女性世帯の割合は急増することが考えられるので，介護保険だけでなく生活保護の問題から捉えても深刻な事態であるといえる。

消費支出の増加分で最も大きかった「保健医療」は，「50〜59歳」2.9％，「60〜64歳」7.9％と5ポイントも増加している。2002年の医療費改正で高齢者医療費の自己負担分が大幅に上昇したためにこの結果となった。

「50〜59歳」から「60〜64歳」にかけてのマイナス分でその値が大きかったのは，「交通・通信」と「被服及び履物」と〈外食〉である。「被服及び履物」では，雇用労働者として働いていたときは通勤のためのスーツや靴代等の被服費が必要経費としてあったが，退職後は，それが必要でなくなり，その分の経費は縮小することになる。「食料」は，〈外食〉分が低下している。会社に勤務している場合は，昼食などは外食になりやすいし，残業で遅くなった場合もやはり〈外食〉に依存しやすくなるからであろう。「交通・通信」では通勤のための〈自動車等関係費〉が低下している。この3つの費目の縮小は，いずれも退職したことによる生活変化にもとづいて発生したものと考えられる。

「60〜64歳」というのは，単身の女性世帯にとってライフサイクル上特別な時期として位置づけられているのではないだろうか。労働収入から社会保障給付への転換，所得水準の激減とそれに伴う消費水準の低下への抵抗，所得水準の低下に伴う費目の組替え・圧縮等の調整作業の期間などとして。費目の組替えに関しては，とりわけ「その他の消費支出」〔（再掲）交際関係費〕，「保健医療」「交通・通信」の3つの費目において，拡大縮小の大きな変動をみることができる。

高齢単身世帯の貯蓄構造における格差

高齢者世帯の平均的な貯蓄構造は，一般世帯と比べて通貨性預貯金と生命保険が低く，逆に定期性預貯金と有価証券が高くなっている。しかし，貯蓄現在高階級別貯蓄内訳をみると，低貯蓄残高階級では，通貨性預貯金と生命保険の

第8章　高齢者世帯の家計と福祉

表8-13　高齢単身世帯の年齢階級別貯蓄構造
(単位：千円)

項　目	60～64歳	%	65～69歳	%	70～74歳	%	75歳以上	%	平　均	%
通貨性預貯金	2,511	15.7	2,602	16.4	2,410	14.7	2,781	19.1	2,609	16.8
定期性預貯金	7,910	49.5	8,051	50.8	8,625	52.8	7,809	53.6	8,096	52.2
生命保険など	3,175	19.9	2,773	17.5	2,851	17.4	1,475	10.1	2,337	15.1
有価証券	2,303	14.4	2,377	15.0	2,439	14.9	2,498	17.1	2,432	15.7
貯蓄現在高	15,972	100.0	15,852	100.0	16,340	100.0	14,581	100.0	15,504	100.0

(注)　60歳以上の高齢単身無職世帯。
(資料)　表8-1と同じ。

ウエイトが高くなっており，逆に高貯蓄残高階級では，有価証券のウエイトが際立って高くなっている。

　表8-13で高齢単身世帯の貯蓄構造をみてみると，基本的な特性は無職の高齢者夫婦世帯とほぼ同じである。しかし，ここでも高貯蓄残高階級と低貯蓄残高階級の貯蓄内訳と残高水準には，きわめて大きな違いや格差が存在すると思われるが，高齢単身世帯に関しては，データが存在しないので残念ながら分析はできない。だが，貯蓄内訳に関しては無職の高齢夫婦世帯と同じような特徴を有していることが推測される。さらに高齢者世帯の場合，「単身」であろうが「夫婦」であろうが階級間格差が大きく，低階級と高階級ではその特性がまったく異なっているので，単純に平均値でものをいうことは非常に危険性が高いといえる。

　年齢階級別貯蓄現在高の表で変動をみていくと，平均は1500万円前後で，ほぼ全年齢階級とも同じような水準で推移している。フローでの赤字金額からするとかなり低い水準だといわざるを得ない。なぜならば，赤字家計の補填のために毎月かなりの金額を貯蓄から取り崩しをおこなわなくては，家計そのものを運営していけなくなるからである。

　貯蓄内訳は，定期性預貯金が50％以上の比率で最もウエイトが高くなっている。通貨性預貯金は16％前後で2番目に高く，次に有価証券と生命保険はほぼ同じようなウエイト（15％前後）となっている。とりわけ加齢とともに定期性預貯金が増加傾向にあり，「60～64歳」49.5％から「75歳以上」53.6％と4.1ポイント上昇している。金額ベースでみると，「60～64歳」791万円，「65～69歳」805万円，「70～74歳」862万円，「75歳以上」で781万円とほとんど変化がみられない。これは，高齢単身世帯が60歳から74歳まではほとんど定期性預貯金を

崩さないで日常の生活のやりくりをしていることを意味している。この預貯金は，定期性預貯金を崩さなくても生活していけるという結果としてあるわけではなく，これだけは崩せないものとして，最後の砦的なものとして，精神安定剤的なものとしてあるということができる。

すなわち，高齢単身世帯にとって「フローの消費支出における生命線」が〔(再掲) 交際関係費〕であるならば，「ストックにおける生命線」は，「定期性預貯金」であるともいえる。いずれにしても，高齢単身世帯の生活を支えているのは，これまでに彼自身が築き上げてきた人間関係であり，わずかばかりの経済的な蓄えであるといえる。

高齢単身世帯の問題点

ここまで，「全国消費実態調査」平成16年 (2004年) のデータを用いて高齢単身世帯の生活構造の実態を検討してきた。その結果，1994年には60歳以上の無職の高齢単身世帯の家計収支の赤字率は0.6％だったが，1999年には5.9％，2004年には16.1％にまで拡大していることが明らかとなった。94年には男性高齢単身世帯は，黒字だったが，99年には男性世帯も赤字に転落して，04年には赤字率が4.8％となっている。さらに，実収入は低下し続けているが，逆に実支出は増加していることも明確になった。

赤字率を年齢階級別にみると，「60～64歳」58.2％，「65～69歳」20.6％，「70～74歳」18.0％，「75歳以上」3.0％となっている。ここ10年以上続いている経済不況によって，確実に高齢単身世帯の家計は赤字幅が拡大し，悪化の一途をたどっているといえる。このような情勢のなかで，高齢単身世帯が費目の圧縮・組替え・調整をおこなって消費水準の低下を実現している姿が浮かび上がってきた。その主な調整費目は①その他の消費支出（冠婚葬祭費用，交際費等），②被服及び履物，③家具・家事用品であった。

女性単身世帯においては，加齢とともに生活標準化の作用を受けてBタイプ費目の「光熱・水道」が上昇し，高齢者医療費の自己負担の増加によって「保健医療」も上昇する。そこで，Aタイプ費目の「食料」「住居」「被服及び履物」「交通・通信」という生活基礎費用においてかなりの削減・節約努力を実施し，消費水準の切り下げを実現しようとするのだが，Cタイプ費目の「家具・家事用品」「教養娯楽」「その他の消費支出」の膨張圧力によって，「60～

64歳」で86.1％の赤字率となってしまう。しかし，65歳以降ではAタイプとCタイプの費目の圧縮・削減・節約行為によって消費水準の切り下げを実現しているのである。

いずれにしても，高齢単身世帯のとりわけ「60～64歳」では大幅な赤字家計であることが明らかとなったわけで，高齢単身世帯の所得分布データが取れないため，高齢夫婦世帯のそれから推測すると，高齢単身世帯は少数の突出した高所得階層と多数の低所得階層という分布であると思われる。[2]したがって低所得階層では，赤字率50％をはるかに超えていると考えられる。さらに深刻なのは，「住宅統計調査報告」によれば，65歳以上の高齢単身世帯のうち約4割が，最低居住水準（4.5畳以上の部屋と1.5畳以上の専用台所と専用便所がある住居）以下の住居に住んでいるということが示されている。

日本の高齢者世帯の貧困は「単身化」と強い関連を持っている。[3]すなわち高齢者世帯のなかでも単身世帯の量的な増加が，高齢者世帯の貧困の増大に影響を与えている。それは高齢単身世帯の貧困を前提としており，さらに高齢単身世帯のなかでも女性世帯の貧困問題を前提としている。高齢者世帯の貧困問題は，高齢単身世帯の問題であり，さらには高齢女性単身世帯の問題であるということができる。したがって，単に高齢者夫婦世帯を標準モデルにして社会保障や福祉政策を議論することは，非常に危険性が高いといえる。なぜならば，標準モデルに適合する高齢者世帯は全体の3割以下にすぎないからである。岩田がいうように世帯類型，就業の有無，職業の差異，地域差，年齢階級差，男女差を含めたさまざまな階層差に注目し，「標準モデル」ではなく「階層モデル」を形成して政策議論を展開していくことが重要であると思われる。

第3節　高齢者在宅介護費用——介護保険導入前と導入後

ここで主に取り扱う調査は，家計経済研究所が実施した介護保険導入後の初めての本格的な高齢者夫婦世帯を対象にした介護費用調査である。ここでは介護保険導入以前におこなわれた同種の調査との比較を通じて，介護保険導入後，要介護者を抱える高齢者夫婦世帯は，在宅介護にどれくらいお金をかけているのか，また，福祉機器の保有や住宅改造に関してどれくらいの世帯がどれくらいお金をかけているのかを明らかにし，それが介護保険導入前とどのような違

いがあるのか，何がどのように変化しているのかを検討する。なお，他の調査との比較の必要上，本調査を「家計研調査（2002）」と呼ぶことにする。

比較の対象として取り上げた介護保険導入前のデータに関しては，介護費用調査としては，代表的な大規模調査3件を用いた。1.「全国調査（1993）」：この調査は「在宅介護調査」として1993年2月に実施された（馬場康彦・岩田正美・平野隆之）（報告書は「高齢者在宅介護費用の研究」長寿社会開発センター，1993年）もので，在宅で高齢者の介護をしている全国20市町の570世帯を対象としている。回収率96.6％，有効回答551世帯。1993年2月1日から28日までの1ヵ月間，日計式家計簿による介護費用調査を実施した。この調査の高齢者のみの夫婦世帯割合は全世帯の15.6％である。2.「東京都調査（1995）」3.「東京都調査（1998）」：この2つの調査は，「高齢者の生活費用等実態調査」として1994年9月，1997年9月に東京都生活文化局が実施した。家計簿調査ではなく，費用についてのアンケート調査である。介護費用に関する対象有効サンプル数はそれぞれ378と335。2段階無作為抽出（報告書は「高齢者のための在宅ケアサービスと介護費用等「高齢者の生活費用等実態調査」報告書」東京都，1995年，1998年）。

ここでの比較は在宅介護費用に限定されるため，家計簿調査分析対象世帯から入院・施設入所を除いた87ケースに対象を限定した。また福祉機器保有や住宅改造に関するサンプルは，基礎調査分析対象のうち入院・施設入所をのぞいた138ケースとした。

「家計研調査（2002）」は東京都の区部で実施されたために，その調査結果に関しては，東京都の地域的・制度的な特性に影響を受けている部分が大きいと考えられる。地域的な特性と高齢者のみの夫婦世帯という世帯属性，この2つのサンプルの差異を考慮に入れながら比較を進めることにする。

介護保険導入前とほぼ同じ水準の介護費用

在宅介護費用の平均的レベルを，介護保険導入前と後で比較してみることにする。表8-14によると，「全国調査（1993）」3万4146円，「東京都調査（1995）」3万7800円，「東京都調査（1998）」4万300円と，導入前の調査では3～4万円であった。導入後の「家計研調査（2002）」でも3万8928円とほぼ同じ水準となっている。しかも今回の調査には「全国調査」にはなかった費目

第 8 章 高齢者世帯の家計と福祉

表 8-14 介護費用の平均と構成の比較表　　　　（単位：円，%）

支出項目	家計研 2002	%	東京都 1998	%	東京都 1995	%	全国調 1993	%
ねまき・肌着類	1,632	4.2					3,520	10.3
シーツ・マット・カバー類	0	0.0					830	2.4
円座など床ずれ予防用品	159	0.4					496	1.5
布団・ベッド・マットレス	482	1.2					1,497	4.4
寝具・衣類関係小計	2,273	5.8	3,800	9.4	4,100	10.8	6,343	18.6
おむつ・パッド類	1,071	2.8					6,410	18.8
おむつカバー類	74	0.2					1,050	3.1
尿器・便器類	322	0.8					816	2.4
排泄介助関係小計	1,466	3.8	2,900	7.2	2,700	7.1	8,276	24.2
清拭・入浴用品	424	1.1					891	2.6
衛生雑貨類	1,047	2.7					1,922	5.6
車イスの購入・リース	254	0.7					0	0.0
その他の介護用品	1,679	4.3					534	1.6
その他の介護用品小計	3,405	8.7	1,400	3.5	3,200	8.5	3,347	9.8
病院診察薬剤自己負担分	4,415	11.3	9,800	24.3	9,300	24.6	2,060	6.0
売薬・器具類	3,270	8.4	4,600	11.4	3,600	9.5	2,870	8.4
通院交通費	2,259	5.8	5,500	13.6	2,800	7.4	1,107	3.2
医療関係小計	9,944	25.5	19,800	49.1	15,700	41.5	6,037	17.7
公的HP等							1,854	5.4
通所交通費							106	0.3
給食サービス							273	0.8
入浴サービス							391	1.1
民間HP家政婦							4,146	12.1
介護用品負担金							112	0.3
福祉等サービス小計 I			12,300	30.5	12,100	32.0	6,882	20.2
保険対象分	5,921	15.2						
保険外・全額負担分	1,921	4.9						
利用票以外のHP・家政婦料金	4,651	11.9						
その他の福祉等サービス購入費	2,280	5.9						
福祉等サービス小計 II	14,773	37.9		0.0		0.0		0.0
その他の介護費用	7,068	18.2					3,261	9.6
総合計	38,928	100.0	40,300	100.0	37,800	100.0	34,146	100.0

（資料）馬場康彦「第2章 在宅介護に個別世帯はいくらかけているか」岩田正美・平野隆之・馬場康彦『在宅介護の費用問題』中央法規出版，1996年。東京都『高齢者のための在宅ケアサービス介護費用』「高齢者の生活費用等実態調査」」1995，1998年。馬場康彦「第3章 在宅介護に個別世帯はいくらかけているのか」家計経済研究所編『介護保険導入後の介護費用と家計』国立印刷局，2003年。

図 8-6　介護費用の分布

(出所) 馬場康彦「第 3 章 在宅介護に個別世帯はいくらかけているのか」家計経済研究所編『介護保険導入後の介護費用と家計』国立印刷局, 2003年, 49頁。

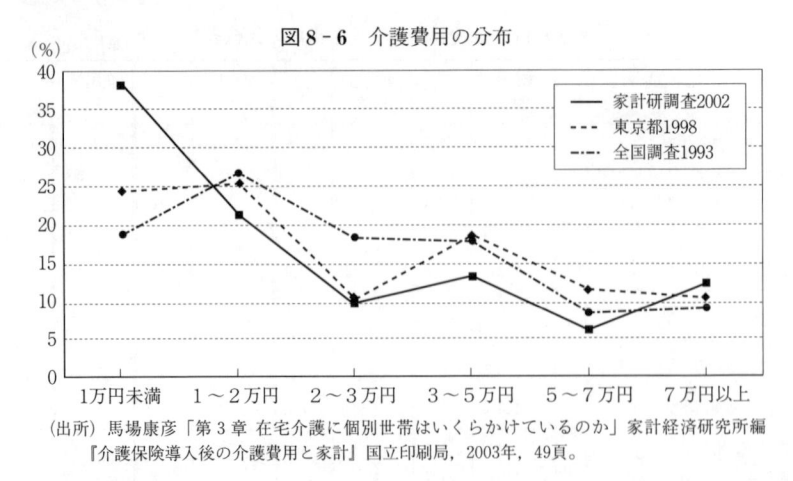

(福祉機器のレンタル・リース代や住宅改造費用) が含まれており, それらの金額が平均で約1500円になるので, それを考慮に入れた場合 3 万7428円となり,「東京都調査 (1995)」と金額的にはほぼ同じ水準となる。さらに今回の調査は, 高齢夫婦のみの世帯で配偶者が介護している場合が多い。「全国調査 (1993)」では, 一般世帯より高齢夫婦世帯のほうが費用は若干高めになる傾向にあった。介護者が配偶者の場合も, そうでない場合と比べると若干高めにでる傾向にあった。これらのことを総合してこれまでの調査と今回の調査を比較すると, 平均額としての数値は今回が高くなっているが, 在宅の介護費用は保険導入前に比べて必ずしも高くなっているとはいい難い。

次に, 介護費用の分布の状態を図 8-6 でみると, 導入前の「全国調査 (1993)」は, 1～2 万円 (26.5%) を中心に, 2～3 万円 (18.9%), 1 万円未満 (18.7%) と 3 万円未満の低い層に山があった。また「東京都調査 (1998)」では「全国調査 (1993)」以上に低い層に偏っており, 1 万円未満37.9%, 1～2 万円21.2%と 2 万円未満に約 6 割 (59.1%) が集中していた。それに比べ導入後の「家計研調査 (2002)」では, 1 万円未満 (24.1%) と 1～2 万円 (25.3%) と 3～5 万円 (18.4%) に山があり, ちょうど「全国調査 (1993)」と「東京都調査 (1998)」の中間に位置するといえる。

介護費用の平均的構成を表 8-14 で比較してみることにする。これに関しては, 導入前の「全国調査 (1993)」と「東京都調査 (1995) (1998)」でもすでに大きな違いがみられた。すなわち「全国調査 (1993)」では,「寝具・衣類関

係」「排泄介助関係」「その他の介護用品」「医療関係」「福祉等サービス」の各支出項目に同じ程度の費用が分散されていた。しかし，「東京都調査（1995）（1998）」では，「医療関係」と「福祉等サービス」のウエイトが突出して高くなっていた。「家計研調査（2002）」では，その「東京都調査」よりさらに「福祉等サービス」のウエイトが高まっている。

　「医療関係」と「福祉等サービス」のウエイトの変遷を「全国調査（1993）」「東京都調査（1995）」「東京都調査（1998）」「家計研調査（2002）」の順にみていくと，「医療関係」は17.7％→41.5％→49.1％→25.5％となり，「福祉等サービス」は20.2％（福祉サービス小計Ⅰ）→32.0％（Ⅰ）→30.5％（Ⅰ）→37.9％（福祉サービス小計Ⅱ）と推移している。金額でみると，「医療関係」は介護保険法の導入前後で，「全国調査」と比べると約4000円増えている。「福祉等サービス」では7000円水準から倍の1万4000円水準に増加しており大きな変化がみられる。

当該支出のある世帯の平均値──介護費用の構成の変化

　これまでは，ある項目の費用に関してまったく支出していない世帯も含んで平均値を算出していたが，その月にその項目について支出した世帯だけの平均値とその割合，すなわち当該割合を表8-15でみていくことにする。「家計研調査（2002）」で全世帯の半数以上が支出している項目は，①病院診察薬剤自己負担分74.7％，②保険対象分57.5％となっており，この2項目が導入後のフローにおける基礎的な介護費用項目を構成しているといえる。次に当該割合20％以上の項目は，①通院交通費48.3％，②売薬・器具類34.5％，③衛生雑貨類33.3％，④その他の介護費用31.0％，⑤その他の福祉等サービス購入費26.4％，⑥ねまき・肌着類24.1％。10％以上の項目は，①利用票以外のHP・家政婦料金16.1％，②清拭・入浴用品14.9％，②その他の介護用品14.9％，②おむつ・パッド類14.9％，⑤保険外・全額負担分11.5％。10％未満の項目には，シーツ・マット・カバー類，円座など床ずれ予防用品，布団・ベッド・マットレス，オムツカバー類，尿器・便器類，車イスの購入・リースがあげられる。

　導入前は，例えば「全国調査（1993）」では，多くの世帯に共通した支出項目（おむつ・パッド類，衛生雑貨類，ねまき・肌着類，などの介護用品費，そして病院の自己負担金等）を基礎として，そのうえに必要に応じて他の費用項

第Ⅱ部　生活経済からみる福祉

表 8-15　介護費用の当該割合と平均　　　（単位：円，％）

支 出 項 目	平均値	構成割合(%)	当該割合(%)	当該平均
ねまき・肌着類	1,632	4.2	24.1	6,761
シーツ・マット・カバー類	0	0.0	0.0	
円座など床ずれ予防用品	159	0.4	2.3	6,916
布団・ベッド・マットレス	482	1.2	3.4	13,983
寝具・衣類関係小計	2,273	5.8		
おむつ・パッド類	1,071	2.8	14.9	7,165
オムツカバー類	74	0.2	2.3	3,198
尿器・便器類	322	0.8	4.6	7,000
排泄介助関係小計	1,466	3.8		
清拭・入浴用品	424	1.1	14.9	2,841
衛生雑貨類	1,047	2.7	33.3	3,141
車イスの購入・リース	254	0.7	4.6	5,525
その他の介護用品	1,679	4.3	14.9	11,238
その他の介護用品小計	3,405	8.7		
病院診察薬剤自己負担分	4,415	11.3	74.7	5,910
売薬・器具類	3,270	8.4	34.5	9,482
通院交通費	2,259	5.8	48.3	4,679
医療関係小計	9,944	25.5		
保険対象分	5,921	15.2	57.5	10,302
保険外・全額負担分	1,921	4.9	11.5	16,713
利用票以外のHP・家政婦料金	4,651	11.9	16.1	28,900
その他の福祉等サービス購入費	2,280	5.9	26.4	8,625
福祉等サービス小計	14,773	37.9		
その他の介護費用	7,068	18.2	31.0	22,773
総　合　計	38,928	100.0		

（出所）図 8-6 と同じ，49頁。

目が付け加えられるというように構成されていた。具体的には，図 8-7 に示されているように当該割合50％以上のフローを中心とした基礎的介護費用の合計は 2 万2284円となり，その基礎的費用のうえに当該割合20％以上の清拭・入浴用品，売薬・器具類，通院交通費，その他の合計約 2 万8000円が上乗せされ，さらに当該割合10％以上の公的ホームヘルプサービス，入浴サービス等が約 5 万円付加される。そして最後に民間ホームヘルプサービス・家政婦料金を中心とした他の項目約11万円が乗るわけである。これらすべてを単純に合計すれば

第 8 章　高齢者世帯の家計と福祉

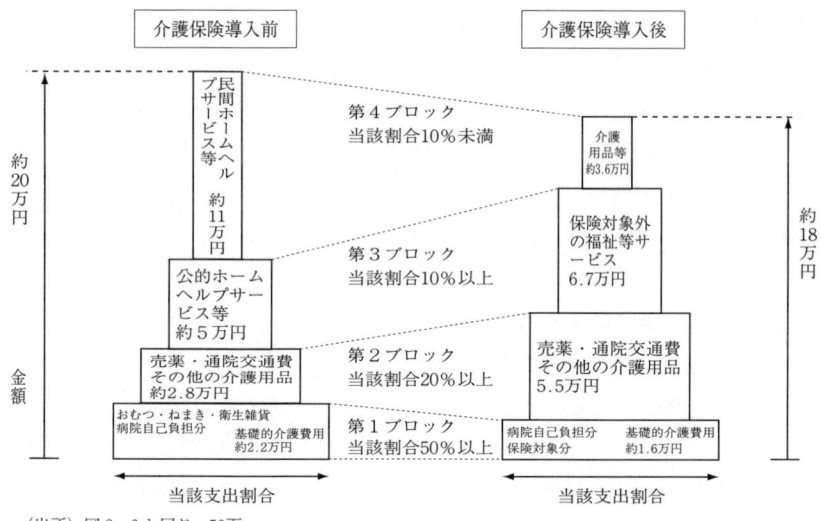

図 8-7　介護費用構成図

介護保険導入前

- 民間ホームヘルプサービス等　約11万円
- 第4ブロック　当該割合10%未満
- 公的ホームヘルプサービス等　約5万円
- 第3ブロック　当該割合10%以上
- 売薬・通院交通費その他の介護用品　約2.8万円
- 第2ブロック　当該割合20%以上
- おむつ・ねまき・衛生雑貨　病院自己負担分　基礎的介護費用　約2.2万円
- 第1ブロック　当該割合50%以上

約20万円

介護保険導入後

- 介護用品等　約3.6万円
- 保険対象外の福祉等サービス　6.7万円
- 売薬・通院交通費その他の介護用品　5.5万円
- 病院自己負担分　基礎的介護費用　保険対象分　約1.6万円

約18万円

当該支出割合

(出所) 図 8-6 と同じ、50頁。

約21万円となる。これが導入前の介護費用の構成であった。

これに対して、導入後の「家計研調査 (2002)」では、当該割合50％以上の病院診察薬剤自己負担分と保険対象分の2項目からなる基礎的介護費用部分は合計で約1万6000円となり、その基礎費用の上に、当該割合20％以上の医療関係費である売薬・器具類や通院交通費を中心とした項目で構成されており、その合計約5万5000円が上乗せされ、さらに当該割合10％以上の保険外・全額自己負担や利用票以外のホームヘルプサービスや家政婦料金などの福祉等サービス等を中心とした項目の合計約6万7000円が付加される。そして最後にシーツ、円座、マットレス、車イス等の介護用品等の合計約3万6000円が上乗せされる。以上を単純に合計すると17万4000円になり導入前より2万6000円ほど少なくなっている。これが導入後の介護費用の構成である。

導入前と後では、当該割合50％以上である第1ブロックの基礎的介護費用としてあった「おむつ・パッド類」「衛生雑貨類」「ねまき・肌着類」などの介護用品費が、導入後では「保険対象分のサービス費用」に転換している。当該割合20％以上である第2ブロックでは、導入前も後も「売薬・器具類」「通院交通費」「その他の費用」でほぼ共通しているのだが、金額的には2倍近くに膨らんでいる。当該割合10％以上の第3ブロックでは、導入前は公的ホームヘル

パー中心で約5万円だったが、導入後の中心は、保険対象外の自己負担分や利用票以外のホームヘルパー・家政婦料金等で約6.7万円となっている。当該割合10％未満の第4ブロックでは、導入前は、民間のホームヘルパー中心で11万円だったが、導入後は、シーツ、円座、布団、おむつカバー、尿器などの介護用品関係で約3.6万円となっている。要するに、全体的に介護費用の構成を捉えた場合、導入前は介護用品などのモノ中心であったが、導入後には保険対象分・対象外の福祉等サービス中心に構成が移行していることがわかる。

介護費用の大きさによる内容の違い

導入前の支出階層別の介護費用の使われ方の違いをみていくことにする。「全国調査（1993）」では、支出階層が低い層ではいずれも「排泄介助関係」と「医療関係」のウエイトが高くなっている。1万円未満の層では、「排泄介助関係」29.51％、「医療関係費」30.56％、1～2万円未満では「排泄介助関係」37.1％、「医療関係費」21.02％である。この2つは当該支出割合が高い費目であり、それが低い層の中心的支出項目になっている。その意味でこれらが介護費用の基礎的費目であることがあらためて確認される。支出階層が最も高い10万円以上の層をみると、「福祉等サービス」のウエイトが45.1％と最も高くなっているのがわかる。中間の支出階層では、各費目間のウエイトがほぼ同じ高さにあり、均衡的費用構造にあるといっていいだろう。「福祉等サービス」のウエイトに注目して、そのウエイトを支出階層別にみると、低い層では4～7％の低いレベルであるが、それが支出階層が上昇していくにしたがって13.01％、16.41％、45.1％というように増加している。つまり福祉等サービスを利用していても、低い支出額の層と高い支出額の層とがあり、これが介護費用の水準と関係しているといえる。この結果から、「福祉等サービス」（＝ヘルパー料金）に多く支出すればするほど介護費用の水準が高くなるという関係と、介護費用水準が高くなるにしたがって「福祉等サービス」のウエイトが高くなるという関係が成立していることが読み取れた。「東京都調査（1998）」でも、介護費用が7万円までの階層でその関係があることが確認されていた。

導入後の支出階層別介護費用を「家計研調査（2002）」でみていくことにする。「寝具・衣類関係」「排泄介助関係」「その他の介護用品」の比率が「全国調査（1993）」に比べるとかなり低いので、この3つを合計して「介護用品総

計」としてとらえ，その大きさをみていくと，1万円未満の階層では24.9%，1〜2万円では10.4%，2〜3万円では23.1%，3〜5万円では29%，5〜10万円では28.2%と，1〜2万円層を除くとほぼ同じような割合であるが，10万円以上になって3.2%に急落している。「医療関係費」では1万円未満層で56.6%と最も高くなっており，1〜2万円階層から5〜10万円階層まではほぼ横ばいとみていいだろう。しかし10万円以上の最高層では5.3%と激減している。これほど変化が激しくはないが，導入前の「全国調査」とこの医療費の動きは類似している。

「福祉等サービス」に注目して検討すると，1万円未満では12.6%とほとんど支出していない。金額的にも500円以下である。1〜2万円では46.1%とかなり大きな割合を占めているが，2万円から10万円までの階層では35〜28%という7%の幅のなかにあり同じような水準で推移している。それが10万円以上の階層では49.9%と全階層中最大の割合を占めることになる。内容をみると，保険対象分に関しては，支出階層が上昇していくに従って正の関係で増加している。1万円未満〜10万円未満までの階層ではほとんど支出が認められない「保険外・全額自己負担」と「利用票以外のホームヘルパー・家政婦料金」が，10万円以上の階層ではそれぞれ3万4766円，7万5140円と突出して高くなっている。つまり，介護費用は，保険対象分の費用に加え保険外自己負担や保険外サービスを利用するにつれて拡大していることがわかる。

導入前と後では，医療関係費と福祉等サービス費用のウエイトが質的に異なる高いレベルにあるといえる。とりわけ，サービス利用が急速に進んでいることがこの調査で確認される。

障害（要介護）の程度と介護費用

導入前の「全国調査（1993）」では，障害の重さと介護費用には正の関係がなく，重い層では費用は低くなっていた。B_2で最も費用が高くなっており，自立か寝たきりかの境目で最も費用を必要としている（図8-8）。この要因としていくつかのことが考えられるが，特に重度の場合は，在宅では「寝たきり」にしやすく，サービス利用と結びつきにくかったということがいえる。しかし，介護保険では，この制度が判断した障害の程度，すなわち要介護度が重い順に保険適用利用限度額の高さの基準を設け，障害の程度に従って介護費用

第Ⅱ部　生活経済からみる福祉

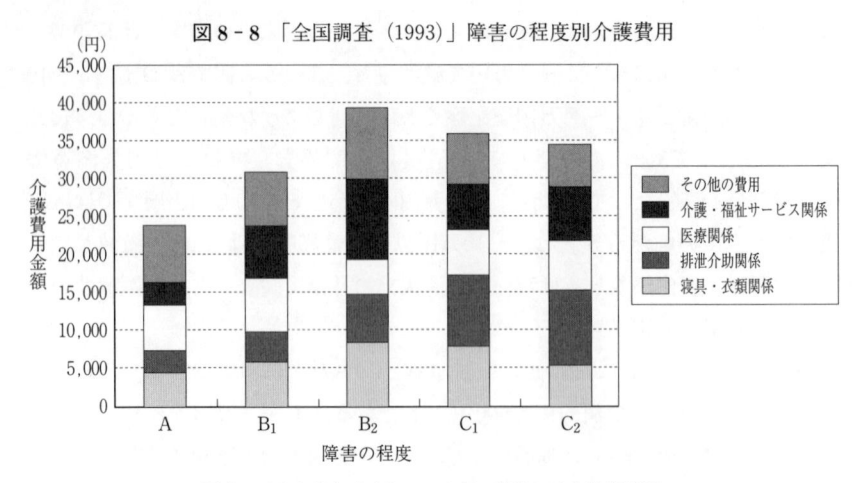

図8-8　「全国調査(1993)」障害の程度別介護費用

凡例：その他の費用／介護・福祉サービス関係／医療関係／排泄介助関係／寝具・衣類関係

A：屋内ではおおむね自立しているが，外出には介助が必要
B_1：ベッドでの生活が主で，食事・排泄はベッドから離れて行う
B_2：ベッドでの生活が主で，車椅子に移るのに介助が必要
C_1：排泄や食事に介助が必要であるが，自力で寝返りをうてる
C_2：自力で寝返りもうてない

(注)「その他の費用」の中に「その他の介護用品」が含まれている。
(出所) 馬場康彦「第2章 在宅介護に個別世帯はいくらかけているか」岩田正美・平野隆之・馬場康彦『在宅介護の費用問題』中央法規出版，1996年，27頁。

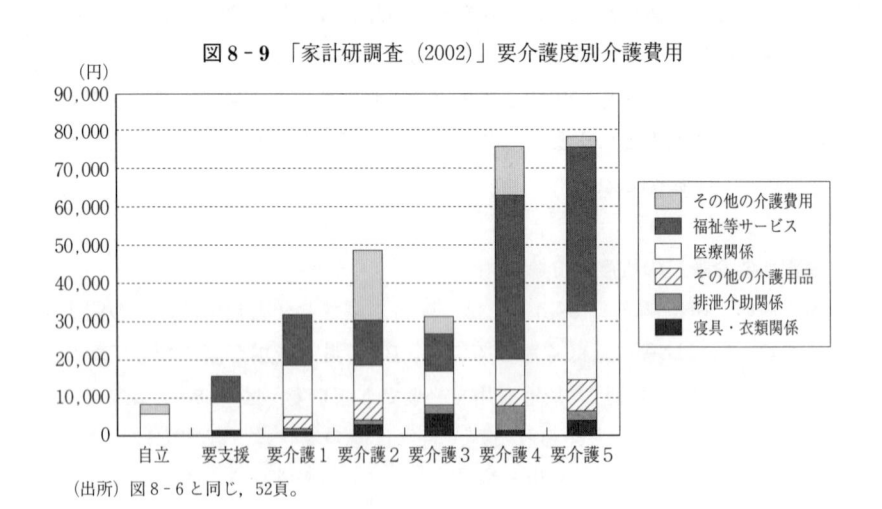

図8-9　「家計研調査(2002)」要介護度別介護費用

凡例：その他の介護費用／福祉等サービス／医療関係／その他の介護用品／排泄介助関係／寝具・衣類関係

横軸：自立　要支援　要介護1　要介護2　要介護3　要介護4　要介護5

(出所) 図8-6と同じ，52頁。

286

を上げていく方式をとった。この結果，現状はどのように変化したのか，それを図8-9でみていくことにする。自立で8000円，要支援1万5000円，要介護1で3万2000円，要介護2で4万8000円，要介護3で3万1000円，要介護4で7万6000円，要介護5で7万8000円と，要介護3を除けば要介護度が重くなるにつれて介護費用も上昇している。特に要介護度4と5では，要介護度3までの水準の2倍近い水準にまで達している。障害の判断の仕方に違いがあるが，導入前の調査とはまったく逆の結果となっている。介護保険の対象サービスは1割自己負担であるが，この調査の限りではほぼ制度の設計の通り負担額も上がっている。つまり，介護保険制度は家計の介護費用額全体に大きな影響を与えていることがあらためて確認される。制度が実態を変えてしまったといえる。

費用の内訳をみると，自立から要介護度1までは，医療関係が最もウエイトが高くなっているが（自立68.5％，要支援49.3％，要介護1　42.7％），要介護2からは福祉等サービスが高くなっている（要介護2　23.8％，要介護3　30.1％，要介護4　56.4％，要介護5　54.7％）。

制度が，やがて実態そのものをコントロールし，実態をその制度の枠組みに適応するものに作り変えていくものだといえる。

介護期間と介護費用

ここでは，介護期間と介護費用の関係についてみていくことにする。導入前の先行研究や調査において明らかにされているとおり，要介護状態発生から1年未満において最も大きい費用を必要とする。それは図8-10でも確認できる。この初期費用が最大となる理由は，要介護が発生した初期の時点では，公的なサービスがまだ利用できない場合や，その存在を認知していない場合があり，民間サービスへの依存度が必然的に高くなる。また介護を誰が担当するのか確定しておらず，さらに確定しても，担当者自身の就労や育児等の関係で猶予期間が必要となり，暫定的に民間サービスに依存するしか道がなく，結果として費用が大きくなる傾向にある。しかし現実的には，初期に購入が必要となる耐久消費財や住宅改造の費用はほとんど含まれていないので，実際にはもっと高くなると考えられる。

介護期間が初期を経過した1年以上から10年以内が通常安定期と呼ばれる期間であるが，この安定期に入ると介護費用も徐々に減少していくことになる。

第Ⅱ部　生活経済からみる福祉

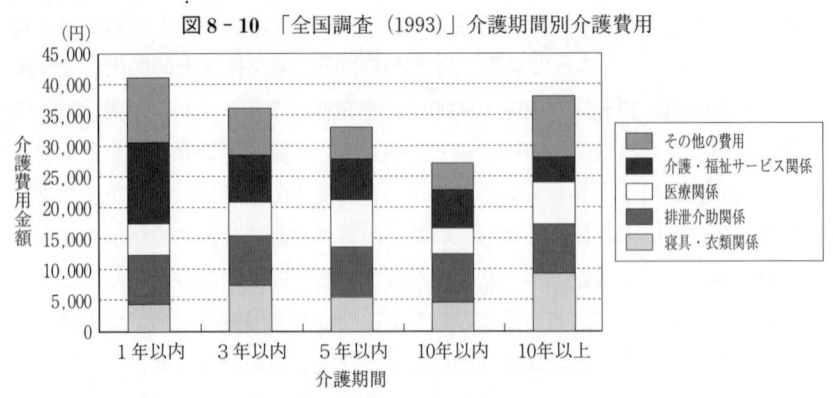

図8-10　「全国調査（1993）」介護期間別介護費用

凡例：
- その他の費用
- 介護・福祉サービス関係
- 医療関係
- 排泄介助関係
- 寝具・衣類関係

（注）「その他の費用」の中に「その他の介護用品」が含まれている。
（出所）図8-8と同じ，31頁。

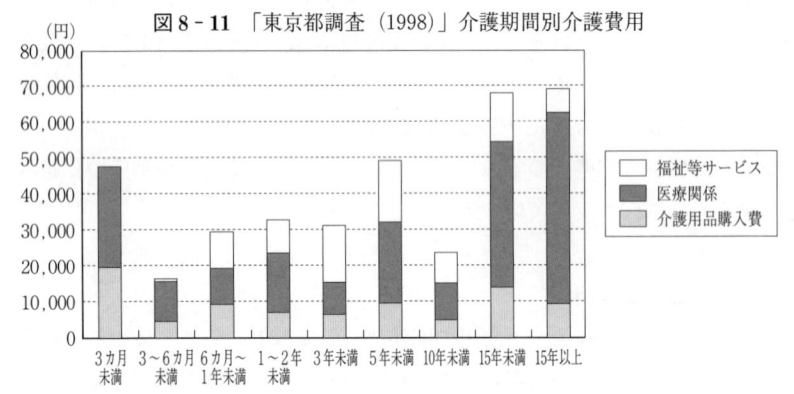

図8-11　「東京都調査（1998）」介護期間別介護費用

凡例：
- 福祉等サービス
- 医療関係
- 介護用品購入費

横軸：3カ月未満／3～6カ月未満／6カ月～1年未満／1～2年／3年未満／5年未満／10年未満／15年未満／15年以上

（資料）東京都『高齢者のための在宅ケアサービス介護費用等「高齢者の生活費用等実態調査」』1998年。

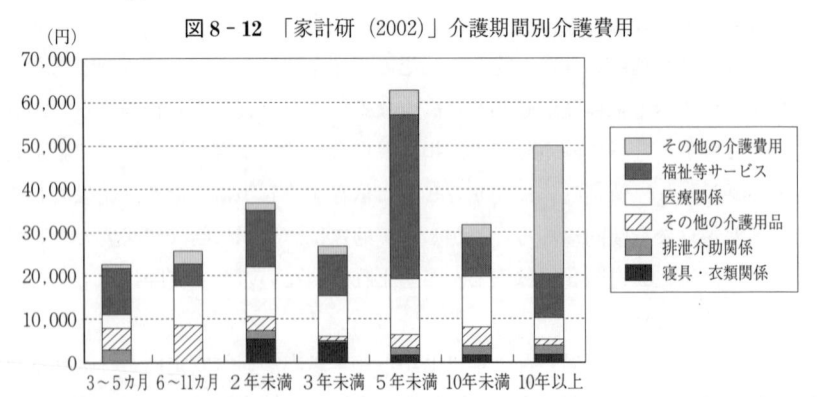

図8-12　「家計研（2002）」介護期間別介護費用

凡例：
- その他の介護費用
- 福祉等サービス
- 医療関係
- その他の介護用品
- 排泄介助関係
- 寝具・衣類関係

横軸：3～5カ月／6～11カ月／2年未満／3年未満／5年未満／10年未満／10年以上

（出所）図8-6と同じ，54頁。

この時期になると，初期にみられた不安定要因がしだいに除去され，その世帯における介護生活様式が確立・定着し，合理的に介護が営まれるようになってきたため費用も縮小されていったと考えられる。構造的には「排泄介助関係費」を軸とする固定的費用がそのウエイトを高め，変動的な費用である「福祉等サービス」が低下する傾向にあるといえる。

また，10年以上経過した時期に入ってからは費用が再度大きくなる。これは，寝具・福祉機器・介護用品等が10年以上を経過して買い替え需要が高まり，全体としての介護費用が大きくなるからである。すなわち初期のサービス依存型構造から，長期になると，機器・用品重視型の構造に転換していることを示している。

しかし，図8-11で「東京都調査（1998）」をみると，1年未満でもとりわけ3カ月未満と10年以上で費用が大きくなっているのだが，5年未満のところでも一度大きくなっている。これは買い替えのサイクルがこれまでの10年から短縮されて5年になったのか，介護のライフスタイルを見直す時期が5年になったのか，他の要因が作用しているのかは定かではない。注意を要するのは，「全国調査（1993）」では介護費用の大きさを規定していたのは「福祉等サービス」であったが，「東京都調査（1998）」では「医療関係費」がそれを規定しているといえる。しかも「福祉等サービス」は初期にはあまりウエイトを占めておらず，中盤でそのウエイトが高くなっている。

導入後を図8-12でみることにしよう。これによると，導入前とはまったく逆に初期費用が最も小さくなっている。その後，期間が長くなるにつれて費用は大きくなっており，5年未満で最も大きくなっている。そして10年未満で急落し，10年以上で再び拡大する傾向にある。

導入前は最大となっていた初期費用が，導入後には最低となっている。これは，初期費用に関して介護保険導入の効果がきわめて高く現れていることを示している。これはおそらくこれまで行政の介護サービスに関する情報などが十分に行き届いていなかったが，介護保険導入を契機にかなり多くの情報が得られるようになったことや，高い保険料を徴収されるようになって，行政のサービスを利用することに対して世帯が自覚的・積極的になったことなどが考えられる。この結果をみる限りでは，要介護状態の発生＝初期において，これまで対応の遅れが目立っていた行政のサービスが，導入を機にかなり迅速になった

といえるのではないだろうか。とりわけ cpu の判定システムを利用し要介護認定の最終判定期間を 2 カ月以内に短縮したことが効を奏しているといえる。

構造的には、初期の段階で「福祉等サービス」のウエイトが高くなっている。初期（3～5 カ月）と10年以上以外は「医療関係費」のウエイトは全期間を通して 1 万円前後で、一定の大きさを維持している。それに対して、2 年未満以降の介護費用の大きさの違いは「福祉等サービス」の大きさに規定されているといえる。5 年未満で「福祉等サービス」が 3 万7721円と他と比べて突出して大きくなっており、その大きさに規定されて介護費用の大きさも 6 万2769円と最大になっている。介護費用が 5 年未満で一度大きくなる傾向は、「東京都調査（1998）」においてもみられた傾向であるが、残念ながらこの要因が何であるかは、ここでは特定することはできない。

世帯収入と介護費用

概要でみたとおり、全体の世帯の介護利用の型と世帯収入には一定の関連がみられた。しかし、ここで在宅で介護している世帯の介護費用を平均的にみる限りでは、世帯収入と介護費用の大きさに必ずしも相関がみられない。先にも述べた通り、介護費用はむしろ障害程度と比例している。しかし、介護サービスの常時利用などを含む高い介護費用は高所得階層のみにみられた。

そのことについて介護保険導入前を図 8 - 13、図 8 - 14 でみていくことにする。図 8 - 13「全国調査（1993）」では、収入階級1000万円未満の各階層では、収入が低い階層ほど介護費用は高くなっている。これは、介護費用の大きさは介護に対するその世帯での優先順位、価値の置き方によって大きく左右されていると考えられる。世帯所得自体が小さくても、高齢者夫婦世帯などでは、その年金や蓄えからの引き出し分を 2 人の生活費と介護費用にすべて費やすことが可能であるが、逆に同居世帯では、所得が大きくても、住宅ローンや車のローンや教育費などの優先課題も大きいため、あまり介護費用に支出できないということが生じる。さらに介護者が配偶者である場合は、他のものが介護をする場合に比べて費用が高くなる傾向にあることが確認されていた。

また、1000万円以上2000万円未満の階層でも、費用は低所得階層に比べ高くない。しかし、2000万円以上の階層では突出して高くなっている。導入前の介護費用の問題はここにすべてが集約的に表れているといえる。すなわち本格的

図8-13 「全国調査(1993)」世帯年収別介護費用

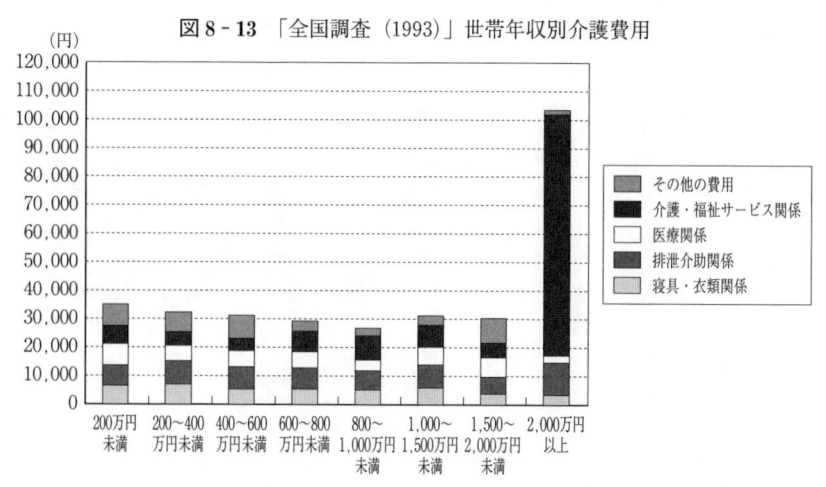

(注)「その他の費用」の中に「その他の介護用品」が含まれている。
(出所) 図8-8と同じ、33頁。

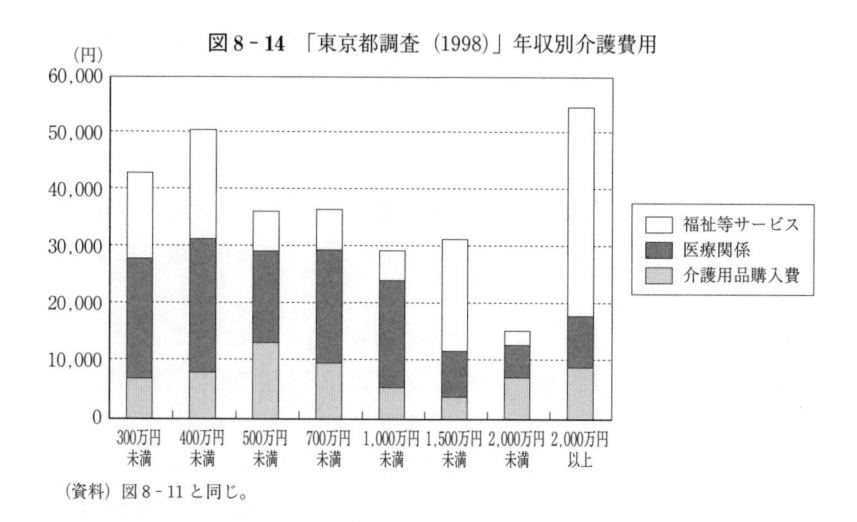

図8-14 「東京都調査(1998)」年収別介護費用

(資料) 図8-11と同じ。

に家族の介護労働負担を軽減するためには，夜間などにも対応する民間ヘルパー等のサービスを利用しなくてはならない。しかし，これらの費用は高い。すなわち導入前のこの調査が語っているのは，年収が2000万円を超えるような高所得階層でなければヘルパーのサービスを本格的に利用することが経済的に困難であったということである。

東京都の場合（図8-14）も同じような傾向を示している。年収400万円未満

第Ⅱ部　生活経済からみる福祉

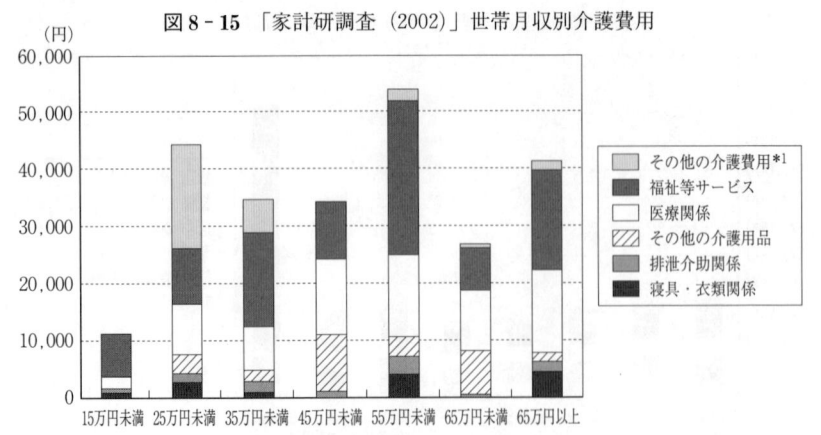

図8-15　「家計研調査（2002）」世帯月収別介護費用

凡例：
- その他の介護費用*1
- 福祉等サービス
- 医療関係
- その他の介護用品
- 排泄介助関係
- 寝具・衣類関係

（注）＊1 ただし，介護のための住宅改修費を除く。
（出所）図8-6と同じ，56頁。

の低所得層で介護費用が5万円を超えるほど高くなっている。そこから年収が高くなるにしたがって介護費用が低くなっていき，2000万円未満で最低の1万5700円まで下がっている。しかし，「全国調査（1993）」と同じように，2000万円以上になると5万4700円まで上がっており，その主要な構成内容は「福祉等サービス」であった。

以上の結果から，導入前には本格的なヘルパーサービスを中心とする「福祉等サービス」を利用するためには年収2000万円以上の高所得階層であることが必要であったといえる。

それが導入後，どのように変化したかを図8-15でみていくことにしよう。導入前と比較して最も大きな相違点は，月収15万円未満の最低所得階層で介護費用の大きさが約1万円と平均値の3万8928円より2万8000円も低くなっている点と，月収65万円以上の最高所得階層でも平均とほぼ同じ水準にあり決して高くないという点である。これは，介護保険導入により最低所得階層と最高所得階層の介護費用の負担が減少したことを意味している。しかし，ここで注意を要するのは，月収15万円未満層に借家層が多く存在していることである。とりわけ東京エリアでは，住宅が持ち家か借家かは非常に大きな問題となる。なぜならば借家の場合，家賃負担が他の地域に比べ非常に大きいからである。この調査対象サンプルの14ケースが借家である。この借家層の平均の介護費用は，1万1238円となっており，月収15万円未満階層の介護費用とほぼ同じ水準であ

図8-16 「家計研調査 (2002)」貯蓄残高別介護費用

凡例：
- その他の介護費用
- 福祉等サービス
- 医療関係
- その他の介護用品
- 排泄介助関係
- 寝具・衣類関係

横軸：0〜499、500〜999、1,000〜1,999、2,000〜2,999、3,000以上（万円）

（出所）図8-6と同じ，56頁。

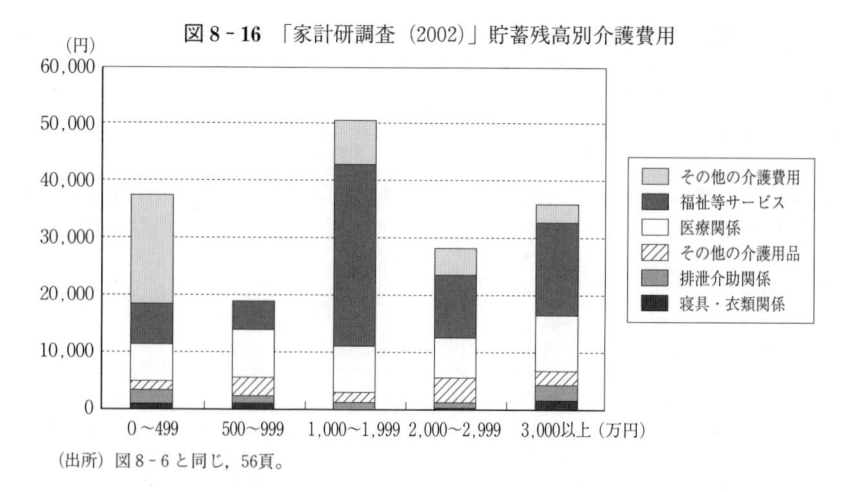

る。持ち家層の介護費用の平均は，4万4237円であった。したがって，月収15万円未満層の介護費用は，高所得階層と同じように負担が軽減したわけではなく，より多くのサービスを利用したくても，低所得と家賃負担の圧力により1万円しか介護費用にかけられないと理解する必要があるかもしれない。

　高齢者夫婦世帯の場合，フローの所得のみに依存してデータを読み取ると誤る危険性が高いので，ストックにも注目して貯蓄残高と介護費用のクロス表である図8-16も参考にしたいと考える。このストックの図は，月収15万円未満層以外は，ほぼ完全に先のフローの図にリンクしているといえる。500万円未満の低貯蓄階層でほぼ平均値と同じ3.8万円の水準にあり，1000万円未満で2万円以下となり，2000万円未満で最高点の5万円を超えるが，最高貯蓄階層の3000万円以上では500万円未満と同じ平均値水準にまで低下する。このストックの結果から，先のフローの結果の正確さが証明されたといえる。

　いずれにしても導入前と比べて導入後は，とりわけ介護サービスの常時利用などが多くみられた高所得階層の負担が，介護保険導入による1割自己負担等によってかなり軽減されたといえる。

サービス支出の有無別

　導入前と後でサービス支出の有無の世帯割合と介護費用の金額の相違をみてみることにする。ここでいうサービス支出とは，内容的には「民間ヘルパー，

表8-16 「全国調査(1993)」「家計研調査(2002)」介護・福祉等
サービス支出の有無別介護費用　　　　　　　　（単位：円）

介護費用項目	全国調査(1993)		家計研調査(2002)	
	サービス支出有	サービス支出無	サービス支出有	サービス支出無
寝具・衣類関係小計	6,590	6,208	2,597	1,554
排泄介助関係小計	8,618	8,089	2,075	113
その他の介護用品小計	2,865	3,609	3,590	2,993
医療関係費小計	6,664	5,695	10,916	7,783
福祉等サービス小計	19,483	0	21,420	0
その他の費用小計	3,065	3,369	8,912	2,969
総合計	47,285	26,970	49,510	15,412

（資料）馬場康彦「第2章 在宅介護に個別世帯はいくらかけているか」岩田正美・平野隆之・馬場康彦『在宅介護の費用問題』中央法規出版，1996年。馬場康彦「第3章 在宅介護に個別世帯はいくらかけているのか」家計経済研究所編『介護保険導入後の介護費用と家計』国立印刷局，2003年。

家政婦料金」と，「公的ホームヘルプサービス，デイサービス，ショートステイ等の自己負担」の2項目から主に構成されている。「全国調査(1993)」の場合，世帯割合は「サービス支出有」の世帯が35.3％，「サービス支出無」の世帯が64.7％となっており，「サービス支出無」の世帯が「サービス支出有」の世帯の約2倍に達していた。金額的な差異については表8-16でみられるように「福祉等サービス」分の約2万円，「サービス支出有」世帯のほうが上回っている。「東京都調査(1998)」では，世帯割合が「サービス支出有」が45.4％，「サービス支出無」が54.6％であり，やはり「サービス支出無」世帯が上回っていた。

導入後の世帯割合は，「サービス支出有」が72％，「サービス支出無」が28％となっており，導入前の「全国調査(1993)」の割合が逆転し，かつ「サービス支出有」の世帯が「サービス支出無」の世帯の2.6倍も占めているという結果になっている。金額的な差異を表8-16でみると，「サービス支出有」が「サービス支出無」を，「福祉等サービス」の2万円分を中心として，約3.4万円上回っている。これは，サービス利用が介護保険導入後，いかに進んだかを示すものといえる。

2001年の「国民生活基礎調査」によると，要介護世帯のうち，サービスを利用している世帯の割合が75.6％となっている。この数値は，「家計研調査(2002)」の72％に近いものとなっている。新聞各紙の報道論調は，「進まない

サービス利用」とあるが,「全国調査 (1993)」の35％水準からすれば,内容はともあれ,サービス利用そのものは画期的に進んだといってよいのではないかと思われる。

サービス利用形態別介護費用

ここでは介護保険導入前後の比較ではなく,サービスの利用形態によって介護費用の大きさにどのような違いがあるのかもみておこう (表8-17)。今回の調査対象者をそれぞれサービスの利用形態によって4つのタイプに分けた。第一,に介護保険の利用を中心にして在宅で介護している「介護保険利用在宅型」(50ケース),第二に,介護保険によるサービスを利用しないで家族のみで在宅で介護をしている「家族介護型」(34ケース),第三に,介護保険以外のサービス利用を中心に在宅で介護している「介護保険外サービス在宅型」(3ケース),第四に,在宅ではなく病院への入院や施設への入所を中心に介護をおこなっている「入院・施設入所型」(15ケース)。表8-17で4つのタイプの介護費用の高さをみると,「介護保険利用在宅型」は4万7772円で平均より1万円高くなっており,「福祉等サービス」が全体の4割を占めている。「家族介護型」は1万8925円で平均より2万円低くなり,「医療関係」が半分近くを占めている。「介護保険外サービス在宅型」は11万8222円と10万円を超え,ほとんどが保険以外のホームヘルパー・家政婦を利用している。そのウエイトは8割近くを占めている。分析対象外とした「入院・施設入所型」は15万9207円と平均の約4倍の高さになっており,当然医療関係費のウエイトが6割近くを占めている。

先の分析で,その費用からみると介護保険導入後サービス利用が平均的に拡大している点を指摘したが,ここでは逆に,なぜ保険料を支払っているにもかかわらず保険によるサービスを利用しない世帯が存在しているかが問題である。基礎調査ではこの点についてたずねているが,サービス利用を拒否あるいは我慢している理由として,第一に,経済的負担が大きい,第二に,本人が嫌がる・他人を家に入れたくない,第三に,ケアプランに組み込んでもらえない,となっている。ここで考えなければならないのは,1割の自己負担をどう捉えるかである。低所得層においては,サービスを利用したくても自己負担分が重いのでそれを我慢している現状があるとも考えられる。

表8-17 介護・サービス利用の型別介護費用　　（単位：円，％）

支出項目	介護保険利用在宅型 平均金額	%	家族介護型 平均金額	%	介護保険外サービス在宅型 平均金額	%	入院・施設入所型 平均金額	%
ねまき・肌着類	2,006	4.2	1,061	5.6	1,865	1.6	4,733	3.0
シーツ・マット・カバー類	0	0.0	0	0.0	0	0.0	140	0.1
円座など床ずれ予防用品	276	0.6	0	0.0	0	0.0	0	0.0
布団・ベッド・マットレス	0	0.0	1,234	6.5	0	0.0	140	0.1
寝具・衣類関係小計	2,282	4.8	2,295	12.1	1,865	1.6	5,013	3.1
おむつ・パッド類	1,666	3.5	90	0.5	2,256	1.9	1,219	0.8
オムツカバー類	36	0.1	0	0.0	1,540	1.3	0	0.0
尿器・便器類	320	0.7	0	0.0	4,000	3.4	0	0.0
排泄介助関係小計	2,022	4.2	90	0.5	7,796	6.6	1,219	0.8
清拭・入浴用品	635	1.3	152	0.8	0	0.0	546	0.3
衛生雑貨類	1,705	3.6	154	0.8	212	0.2	245	0.2
車イスの購入・リース	426	0.9	0	0.0	267	0.2	0	0.0
その他の介護用品	1,265	2.6	2,436	12.9	0	0.0	1,149	0.7
その他の介護用品小計	4,031	8.4	2,742	14.5	479	0.4	1,940	1.2
病院診察薬剤自己負担分	4,427	9.3	4,296	22.7	5,577	4.7	83,178	52.2
売薬・器具類	4,517	9.5	1,723	9.1	0	0.0	4,032	2.5
通院交通費	1,660	3.5	2,854	15.1	5,493	4.6	5,950	3.7
医療関係小計	10,604	22.2	8,873	46.9	11,070	9.4	93,160	58.5
保険対象分	9,940	20.8	0	0.0	6,044	5.1	2,770	1.7
保険外・全額負担分	3,343	7.0	0	0.0	0	0.0	6,093	3.8
利用票以外のHP・家政婦料金	3,283	6.9	513	2.7	74,333	62.9	1,531	1.0
その他の福祉等サービス購入費	2,228	4.7	1,507	8.0	11,902	10.1	35,824	22.5
福祉等サービス小計	18,794	39.3	2,020	10.7	92,279	78.1	46,218	29.0
その他の介護費用	10,039	21.0	2,905	15.4	4,733	4.0	11,657	7.3
総合計	47,772	100.0	18,925	100.0	118,222	100.0	159,207	100.0

（出所）図8-6と同じ，58頁。

また第二の，他人を家に入れたくないという発想は，日本人独特のものであると考えられる。その理由は，他人に私生活をさらけ出したくない。生活を見られるのが恥ずかしい。家事用品の編成・配列・順序を変えて欲しくない。自分の使い勝手の良さを維持したい。他人に生活行動上の命令・指示・指導をされたくない。そこには，過剰なプライド，羞恥心，自尊心等が現れてきている。第三の，ケアマネがケアプランに組み込まないのは，本当に必要がない場合と，そうでない場合が考えられる。また問題なのは，介護サービス会社が，利益にならないサービスは，プランから除外するということが行われていることである。企業である以上，利益追求は本質（本性）なのであるが，だからといって許される行為ではない。福祉企業は理念上も他の一般企業と区別されなければならない。これについても精査が必要な項目である。

介護・福祉機器（耐久消費財）の保有率と購入金額

前段では，介護にかかるお金の部分の主にフローに関するものを取り扱ってきた。ここでは，フローに現れなかったストックの問題，すなわち介護機器のなかでも比較的長期間使用する耐久消費財の保有率について主要なものを取り上げ，介護保険導入前と後ではどのように変化しているかをみていくことにする。基礎調査分析対象から入院入所を除いた138ケースを分析対象として取り上げている。

導入前は，表8-18と表8-19でみていくことにする。表8-18では保有率が高いものから順に，ギャッジベッド54.3％，ポータブルトイレ46.8％，車イス44.3％となっており，この3品目の購入金額を合計すると18万5608円となる。これにエアーマットと差し込み便器を加算すると24万5356円となる。表8-19で「東京都調査（1995）（1998）」をみると，「全国調査（1993）」よりはかなり保有率が低くなっているものの，やはり先の3種が比較的保有率が高くなっている。この3種類の器具を民間で購入した場合の合計金額は，（1995）で25万5200円，（1998）で24万700円となっている。すなわち導入前は，要介護者のいる世帯では，フローとしての介護費用3万〜4万円のほかに，ストックの介護・福祉機器に平均20万円前後をかけていたということになろうか。

それに対して導入後を表8-20でみていこう。保有率が高いものから順に，車イス36.2％，特殊ベッド28.3％，ポータブルトイレ17.4％，で導入前と品目

表8-18 「全国調査(1993)」介護・福祉器の保有率と購入金額 (単位：円, %)

	保有世帯割合(%)	平均購入額(円)		保有世帯割合(%)	平均購入額(円)
寝具関連			入浴関連		
ギャッジベッド	54.3	106,787	ポータブル浴槽	2.4	67,600
エアーマット	23.8	56,537	シャワーチェアー	8.5	52,615
移動関連			排泄関連		
車イス	44.3	59,356	ポータブルトイレ	46.8	19,465
リフター	0.9	583,333	差し込み便器	27.9	3,211

(注) 平均購入額は当該平均値である。
(出所) 図8-8と同じ、40頁。

表8-19 「東京都調査(1995)・(1998)」介護・福祉機器購入・給付費用 (単位：円, %)

福祉機器の種類	保有率(%) H10	区・市の給付金額(円) H7	区・市の給付金額(円) H10	民間購入金額(円) H7	民間購入金額(円) H10
寝具関連					
ベッド	22.2	20,600	11,000	164,100	149,700
エアーパッド	3.2	17,400	8,000	60,600	18,300
マットレス	6.7	700	200	30,800	80,400
移動関連					
車イス	27.6	9,400	4,200	66,900	68,000
介護用リフト	0.2	0	200,000	427,500	0
排泄関連					
ポータブルトイレ	12.6	6,100	7,100	24,200	23,000

(資料) 東京都『高齢者のための在宅ケアサービスと介護費用等「高齢者の生活費用等実態調査」』1995年, 1998年。

表8-20 「家計研調査(2002)」介護・福祉機器の保有率と購入金額 (単位：円, %)

福祉機器の項目	保有率(%)	2000年3月以前(%)	2000年4月以降(%)	平均購入額(円)
特殊ベッド	28.3	59	41	47,572
エアーマット	8	90.9	9.1	51,571
車イス・歩行器	36.2	73.5	26.5	46,827
移動用リフトのつり具	0.7	100		80,000
ポータブルトイレ	17.4	52.2	47.8	20,550
特殊尿器・差込便器	7.2	90	10	3,800
シャワーチェアー・入浴補助用具	15.2	66.7	33.3	16,529
非常ベル	2.9	50	50	3,667
火災・ガス警報器	12.3	69.2	30.8	8,443
エアコン	43.5	―	―	259,000
いす・ベッド	24.6	―	―	77,240
その他	5.8	33.3	66.7	95,686

(出所) 図8-6と同じ, 59頁。

は一致している。この保有率は，調査対象者が現在保有している割合であり，導入後の変化をみる場合，購入時点を2000年3月以前と4月以降に分けてみていく必要がある。購入金額についても同じことがいえる。ただし，本調査が実施された時点は2001年10月なので，導入後の期間は2000年4月から2001年9月までの約1年半の短期間だということが考慮されなければならない。

　保有率に関しては，車イスは保有率全体で36.2％，そのうち導入前購入が73.5％，導入後購入が26.5％で，約3割の世帯が導入後に車イスを購入している。特殊ベッドでは保有率全体で28.3％で，そのうち導入前59％，導入後41％で約4割が導入後の購入となっている。ポータブルトイレは保有率全体で17.4％で，導入前52.2％，導入後47.8％で約5割が導入後に購入している。当該平均購入金額に関しては，車イスが導入前5万6534円，導入後2万945円で導入前の約37％と半分以下になっている。特殊ベッドは導入前7万4250円，導入後3108円で導入前の4.2％と無料に近い状態になっている。ポータブルトイレは導入前1万4778円，導入後2万3363円で導入前の158％と約1.5倍になっており，保有率に関しては，導入前の調査に比べると保有世帯割合は低くなっている。しかし，今回の調査の保有世帯のなかでは，導入後に購入している世帯の割合は，1年半という短期間にもかかわらず3～5割も存在する。これは，導入効果によって購入が促進されたといってよいと思われるが，全体の保有率自体が低いので判断が難しいところである。しかし，購入金額に関しては，確実に負担軽減となっている。車イス，特殊ベッド，ポータブルトイレの介護機器3点セットの平均合計購入額は，導入前は「全国調査（1993）」では18万5608円，「東京都調査（1995）（1998）」ではそれぞれ25万5200円，24万700円，「家計研調査（2002）」では導入前14万5562円となっている。これに対して導入後は「家計研調査（2002）」導入後4万7416円となっており，導入前の約3割の水準となっている。この対象地域は，介護・福祉機器購入に対する補助制度などが導入前から比較的充実しており，したがって全国平均より導入前の購入金額も低くなっていた。それを考慮に入れても，同一エリア内において約3割で購入できるということは7割の負担軽減になっているということもできる。

　導入後は，フローとしての介護費用3～4万円に加えてストックとしての介護・福祉機器に平均約5万円かけていることになる。

　① 要介護度別介護・福祉機器保有率（障害の程度別）

導入前を，図8-17でみると，最も保有率の高いギャッジベッドと車イスとポータブルトイレの3品目をワンセットで考えると，B_2レベルで最も保有率が高くなっていた。これは障害の程度別介護費用の場合も同様の結果が得られていた。ただギャッジベッドだけを取り上げてみると最も重度のC_2レベルで保有率が最も高くなっているのは，C_2レベルがほぼ完全な寝たきり状態にあることに対応しているものといえる。

導入後を表8-21でみると，3点セットで考えた場合，ほぼ保有率は要介護度にリンクしており，要介護度が重くなるに従ってその率は高くなっているといえる。自立と要支援に関しては，保有率自体は10％前後で低いのだが，100％介護保険導入後に購入している。保有率は要介護度2から急に40％ラインを超えるほど高くなっている。要介護度2から5までを平均すると，導入後の保有率は35％前後となっている。介護費用と介護・福祉機器保有率の間にはきわめて高い相関関係がありそうであるが，これに関しては今後の課題としたい。

② 介護期間別介護・福祉機器保有率

導入前を図8-18でみると，介護期間が3カ月以内，6カ月以内，1年以内といういわゆる初期の段階でギャッジベッド・車イス・ポータブルトイレの3点セットの保有率が高くなっているのがわかる。これについて導入後を表8-22でみると，介護費用の場合と同じように5年未満で全体的な保有率が最も高くなっている。導入後の保有割合は介護期間が短ければ短いほど高くなっている。しかし，10年未満では，車イスとポータブルトイレについての導入後の購入がほとんどなかったのだが，10年以上になると，導入後に購入している世帯の割合が約3割程度ある。これに関しては，全国調査の時点で明らかになったように買換え需要が介護期間10年以上になると再度発生してくるのだと考えられる。

③ 所得別介護・福祉機器保有率

導入前は，ほとんど年間所得による保有率の格差は認められなかったのだが，導入後は，表8-23でみられるように，所得階層が高くなるに従って導入後に購入している割合が高くなっているのがわかる。保有率については25〜34万円で最も高くなっている。この点はフローの費用とは異なった傾向を示している。

第 8 章　高齢者世帯の家計と福祉

図 8-17　「全国調査（1993）」障害の程度別福祉機器保有率

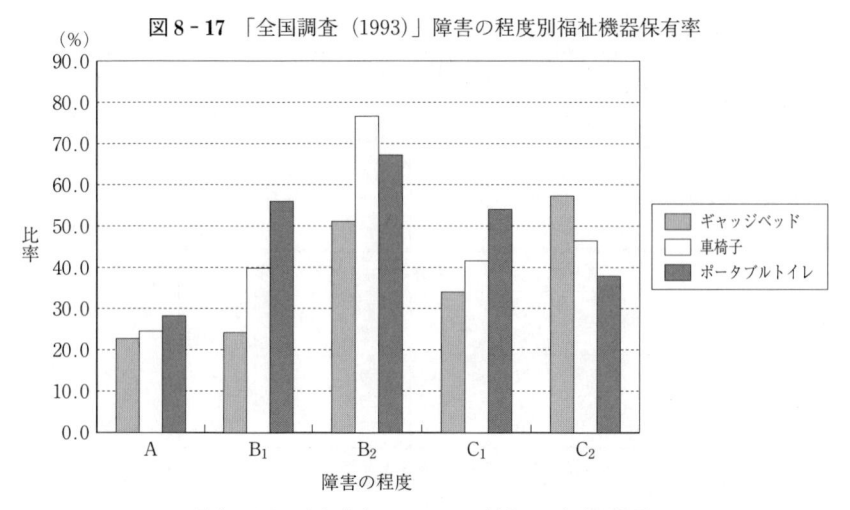

A：屋内ではおおむね自立しているが，外出には介助が必要
B_1：ベッドでの生活が主で，食事・排泄はベッドから離れて行う
B_2：ベッドでの生活が主で，車椅子に移るのに介助が必要
C_1：排泄や食事に介助が必要であるが，自力で寝返りをうてる
C_2：自力で寝返りもうてない

（出所）図 8-8 と同じ，42頁。

図 8-18　介護期間別福祉機器保有率

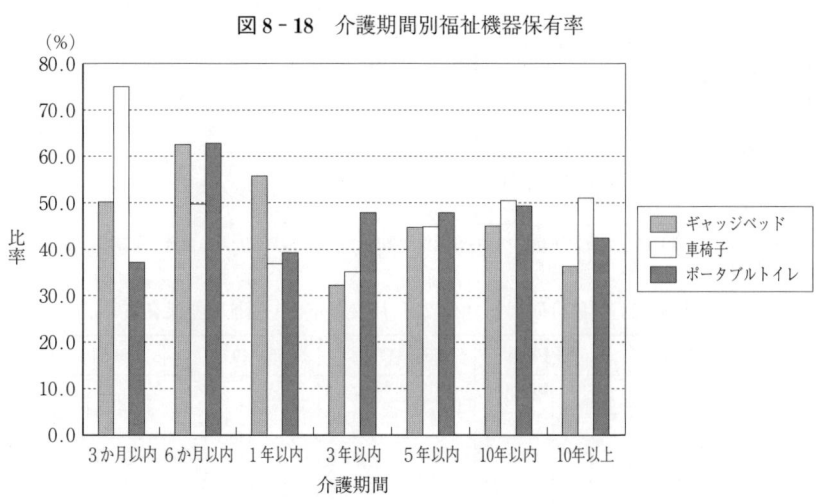

（出所）図 8-8 と同じ，42頁。

第Ⅱ部　生活経済からみる福祉

表8-21　「家計研調査（2002）」要介護度別介護・福祉機器保有率　(単位：％)

福祉機器項目	自立		要支援		要介護1		要介護2	
	保有率	2000年4月以降	保有率	2000年4月以降	保有率	2000年4月以降	保有率	2000年4月以降
特殊ベッド	0.0	0.0	12.5	100.0	9.7	33.3	41.7	26.7
車イス・歩行器	13.3	100.0	0.0	0.0	19.4	50.0	47.2	11.8
ポータブルトイレ	0.0	0.0	12.5	100.0	9.7	66.7	16.7	16.7

福祉機器項目	要介護3		要介護4		要介護5	
	保有率	2000年4月以降	保有率	2000年4月以降	保有率	2000年4月以降
特殊ベッド	22.7	80.0	33.3	50.0	78.6	36.4
車イス・歩行器	40.9	37.5	66.7	25.0	57.1	12.5
ポータブルトイレ	27.3	40.0	25.0	33.3	35.7	80.0

(注) 2000年4月以降の数値は保有者のうち介護保険制度導入後に取得した者の割合を示している。
(出所) 図8-6と同じ、60頁。

表8-22　「家計研調査（2002）」介護期間別介護・福祉機器保有率　(単位：％)

福祉機器項目	1年未満		3年未満		5年未満		10年未満	
	保有率	2000年4月以降	保有率	2000年4月以降	保有率	2000年4月以降	保有率	2000年4月以降
特殊ベッド	20.8	80.0	28.6	50.0	36.0	22.2	39.1	33.3
車イス・歩行器	25.0	83.3	28.6	18.2	48.0	25.0	43.5	0.0
ポータブルトイレ	8.3	100.0	14.3	80.0	32.0	37.5	13.0	0.0

福祉機器項目	10年以上	
	保有率	2000年4月以降
特殊ベッド	21.1	25.0
車イス・歩行器	47.4	22.2
ポータブルトイレ	26.3	40.0

(注) 2000年4月以降の数値は保有者のうち介護保険制度導入後に取得した者の割合を示している。
(出所) 図8-6と同じ、60頁。

表8-23　「家計研調査（2002）」月収別介護・福祉機器保有率　(単位：％)

福祉機器項目	25万円未満		25～34万円		35～49万円		50万円以上	
	保有率	2000年4月以降	保有率	2000年4月以降	保有率	2000年4月以降	保有率	2000年4月以降
特殊ベッド	21.7	40.0	34.5	20.0	20.0	50.0	28.0	42.9
車イス・歩行器	26.1	16.7	41.4	25.0	20.0	50.0	44.0	18.2
ポータブルトイレ	8.7	100.0	34.5	50.0	30.0	33.3	16.0	75.0

(注) 2000年4月以降の数値は保有者のうち介護保険制度導入後に取得した者の割合を示している。
(出所) 図8-6と同じ、61頁。

第8章 高齢者世帯の家計と福祉

表8-24 「全国調査（1993）」「東京調査（1995）（1998）」
住宅改造率と費用
(単位：％，円)

改造項目	改造率	「東京1998」	改造率	「東京1995」	改造率	「全国1993」
手すりの設置	70.8	91,400	60.2	88,200	16.7	32,000
段差の解消	23.1	103,500	25.1	316,300	5.6	154,000
トイレの改造	35.4	92,600	40.7	309,300	9.8	330,000
浴室の改造	43.8	202,200	39.8	597,500	8.9	582,000
専用部屋の増改築	16.2	810,000	16.1	1,328,400	8.5	1,173,000

(注) 費用は当該平均値である。
「全国調査1993」の改造率と費用は，調査時点からさかのぼって1年間の数値である。(調査対象9割近くが介護期間1年以上)。
(資料) 馬場康彦「第2章 在宅介護に個別世帯はいくらかけているか」岩田正美・平野隆之・馬場康彦『在宅介護の費用問題』中央法規出版，1996年。東京都『高齢者のための在宅ケアサービスと介護費用等「高齢者の生活費用等実態調査」』1995年，1998年。

表8-25 「全国調査（1993）」「家計研調査（2002）」
住宅改造世帯割合と費用
(単位：％，円)

住宅改造項目	改造率	1992年以前	1992年4月～2000年3月	2000年4月以降	平均費用
住宅の建て替え・引っ越し	9.4	7.7	69.2	23.1	25,848,333
浴室改造	31.2	9.3	51.2	39.5	255,522
玄関・階段・廊下などの改造	36.2	10.0	46.0	44.0	549,004
トイレ改造	31.2	16.3	48.8	34.9	112,533
居室改造（専用部屋改造）	10.1	0.0	64.3	35.7	261,429

(資料) 表8-16と同じ。

住宅改造率と費用

　介護・福祉機器の分析に引き続き，住宅の改造にかかわる費用と改造率について同じように基礎調査の138ケースから分析する。

　住宅の改造に関する実施率と費用について導入前を表8-24でみていくことにしよう。「全国調査（1993）」は1年間の数値であり限定的に捉える必要があるが，改造率のなかでは手すりの設置が16.7％と最も多くなっており，他の改造は1割前後となっている。期間の限定をしていない「東京都調査（1995）」では，全体の6～7割の世帯で手すりの設置が実施され，4割近い世帯でトイレの改造や浴室の改造がおこなわれている。3割近くの世帯で段差の解消がなされ，2割弱の世帯で専用部屋の増改築がおこなわれている。全国調査での住宅改造にかかる費用も当該平均を仮に合計してみると200万円近くかかっている。すべて実施しようとするとそれくらいの費用はかかるということである。

303

東京都調査では500万円を超えていた。

　導入後を表8-25でみていくと、住宅改造率は導入前に比べるとやや低くなっている。「家計研調査（2002）」で介護保険導入後に限定した場合、約1年半の対象期間となり、「全国調査（1993）」の対象期間1年間とほぼ同じになるので改造項目ごとに比較してみることにする。1. 浴室改造：導入前＝全国8.9％、導入後＝家計研12.3％、2. 段差の解消：導入前5.6％、導入後15.9％、3. トイレの改造：導入前9.8％、導入後10.9％、4. 専用部屋改造：導入前8.5％、導入後3.6％となっている。「家計研調査2002」のほうが「全国調査1993」より期間が半年長いのでそれを考慮するとしても、専用部屋改造以外では介護保険導入後のほうが改造率が高くなっている。とりわけ玄関・階段・廊下などの段差の解消などの改造に関しては、その差は顕著なものとなっている。次は費用についてみていく。1. 浴室改造：導入前＝全国58万2000円、導入後＝家計研20万7250円、2. 段差の解消：導入前15万4000円、導入後13万6675円、3. トイレの改造：導入前33万円、導入後5万764円、4. 専用部屋の改造：導入前117万3000円、導入後41万6667円となっており、すべての項目で介護保険導入後の方が費用は低くなっている。

障害の程度別住宅改造率

　図8-19で「全国調査（1993）」の特徴をみると、B_1レベルで最も改造率が高かったことがあげられる。表8-26で「家計研調査（2002）」をみると、Aレベルで比較的高くなっているが、B_1レベルから障害の程度が重くなるにつれて改造率も高くなり、最も重いC_2レベルで最大になっている。注意すべき相違点は、最も障害が重いC_2レベルでの改造率が「全国調査（1993）」では最も低かったが、「家計研調査（2002）」では最も高い割合を示している点である（図8-20）。これは福祉機器の保有率の場合にもいえることで、保有率は要介護度5の最も重度のレベルで最も保有率が高くなっていた。先に述べたように介護保険の障害等級判断の問題があるにせよ、この点が導入前と後での大きな相違点ではないだろうか。「家計研調査（2002）」で介護保険導入後に住宅改造をおこなった割合は、C_1レベルで最大になっている。いずれにしても、障害の程度が重い階層で福祉機器の保有率や住宅の改造率が高くなっていることが明らかになった。この点に関して、介護保険導入の影響が大きく作用して

第 8 章　高齢者世帯の家計と福祉

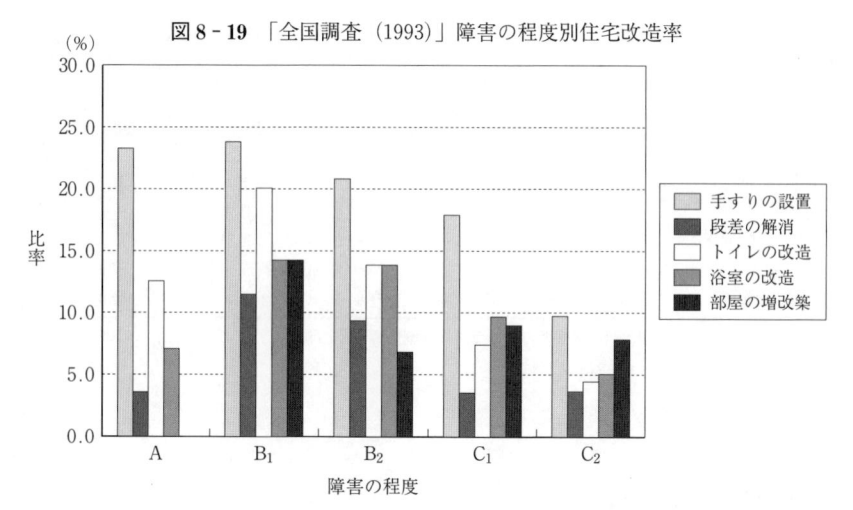

図 8 - 19　「全国調査（1993）」障害の程度別住宅改造率

凡例：
- 手すりの設置
- 段差の解消
- トイレの改造
- 浴室の改造
- 部屋の増改築

障害の程度

A：屋内ではおおむね自立しているが，外出には介助が必要
B_1：ベッドでの生活が主で，食事・排泄はベッドから離れて行う
B_2：ベッドでの生活が主で，車椅子に移るのに介助が必要
C_1：排泄や食事に介助が必要であるが，自力で寝返りをうてる
C_2：自力で寝返りもうてない

（出所）図 8 - 8 と同じ，45頁。

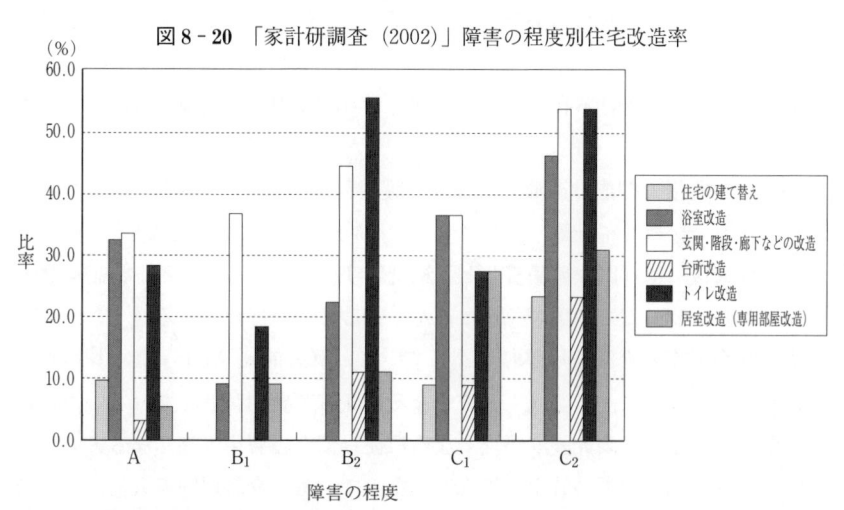

図 8 - 20　「家計研調査（2002）」障害の程度別住宅改造率

凡例：
- 住宅の建て替え
- 浴室改造
- 玄関・階段・廊下などの改造
- 台所改造
- トイレ改造
- 居室改造（専用部屋改造）

障害の程度

（資料）馬場康彦「第 3 章　在宅介護に個別世帯はいくらかけているのか」家計経済研究所編『介護保険導入後の介護費用と家計』国立印刷局，2003年。

表 8 - 26　「家計研調査（2002）」障害の程度別住宅改造率　　（単位：％）

住宅改造項目	A		B$_1$		B$_2$		C$_1$		C$_2$	
	改造率	2000年4月以降	改造率	2000年4月以降	改造率	2000年4月以降	改造率	2000年4月以降	改造率	2000年4月以降
住宅の建替え	9.7	22.2	0.0	0.0	0.0	0.0	9.1	100.0	23.1	0.0
浴室改造	32.3	40.0	9.1	0.0	22.2	0.0	36.4	100.0	46.2	16.7
玄関・階段・廊下など	33.3	48.4	36.4	75.0	44.4	25.0	36.4	50.0	53.8	14.3
トイレ改造	28.0	38.5	18.2	50.0	55.6	40.0	27.3	33.3	53.8	14.3
専用部屋増改築	5.4	40.0	9.1	100.0	11.1	0.0	27.3	33.3	30.8	25.0

（注）2000年4月以降の数値は保有者のうち介護保険制度導入後に取得した者の割合を示している。
（資料）表 8 - 25 と同じ。

いることは間違いのないところである。

介護保険の導入効果

　介護保険導入後に実施された「家計研調査（2002）」を中心に3大調査（「全国調査（1993）」「東京都調査（1995）」「東京都調査（1998）」）を比較対照し，検討をおこなってきた。介護保険が実施されてから1年半経過しておこなわれた調査であるが，介護保険が導入される前と，後ではどのような変化があったのか，いわば，政策効果を測るうえでは絶好のタイミングで実施された調査であると思われる。これらの調査を検討して明らかになったことを以下に示すことにする。

① 個別世帯における在宅介護費用は，3万8928円で導入前とほぼ同じ水準である。
② 介護費用の構成は，導入前は「介護用品」（＝モノ）中心の構成だったが，導入後は「福祉等サービス」（＝ソフト）中心に移行している。
③ 導入後には「医療関係費」と「福祉等サービス」のウエイトが高くなっており，サービス利用が急速に進んでいることが確認される。
④ 要介護度と介護費用がリンクしている。導入前は ADL の B$_2$ レベルで最高額となって，C$_1$，C$_2$ と重くなるに従って費用は低くなっていた。しかし導入後は，要介護度が重くなるに従って介護費用も高くなっている。
⑤ 介護期間の初期の費用が最も低くなっている。介護保険導入前にはこの初期費用が最も高くなっていたが，おそらく保険導入効果により低下したと思われる。

⑥　所得と介護費用の間の関係において，最低所得階層と最高所得階層で導入前後比較すると，介護費用が低くなっている。高所得階層は，サービス利用が多く導入前は費用が高かったが，導入後は費用負担が軽減されている。低所得層には借家層が多く，家賃負担の圧力で介護費用に多くをかけることができないといえる。

⑦　導入前は「サービス支出有」の世帯の割合は35.3％で，介護費用は「サービス支出無」の世帯に比べると2万円高かった。導入後は「サービス支出有」の世帯が72％で，介護費用は「サービス支出無」の世帯に比べると3.4万円高くなっている。ここでもサービス利用が拡大していることが確認される。

⑧　サービス利用形態によって「介護保険利用在宅型」「家族介護型」「介護保険外サービス利用在宅型」「入院・施設入所型」の4つの類型に分類することができる。このなかで介護保険のサービスをまったく利用しない世帯が3割以上あるが，その世帯に対する対処が今後の課題である。

⑨　福祉機器は導入後に購入している世帯の割合が3〜5割に及んでいる。さらに購入金額の自己負担分が導入前と比べて約3割近くにまで低下している。

⑩　住宅改造率は導入後のほうが導入前より高くなっており，改造費用は低下している。改造率は福祉機器保有率と同様に要介護度が重い層で最も高くなっている。これは介護保険導入効果といえる。

注
(1)　岩田正美『老後生活費』法律文化社，1989年，24頁。
(2)　駒村康平・渋谷孝人・浦田房良『年金と家計の経済分析』東洋経済新報社，2000年。
(3)　岩田正美「高齢者世帯の所得格差」『統計』49-5，日本統計協会，1998年。

＊本章第3節は家計経済研究所編『介護保険導入後の介護費用と家計』国立印刷局2003年の筆者担当分「第3章　在宅介護に個別世帯はいくらかけているのか——介護保険導入前と導入後」に，加筆，削除，修正をおこなったものである。

参考文献

馬場康彦『現代生活経済論』ミネルヴァ書房，1997年。

馬場康彦「高齢者世帯の生活費と社会保障」『季刊　家計経済研究』通巻49号，家計経済研究所，2001年。

馬場康彦「高齢単身世帯の生活構造と社会保障――赤字家計の実態」『季刊　家計経済研究』通巻55号，家計経済研究所，2002年。

岩田正美『老後生活費』法律文化社，1989年。

岩田正美「高齢者世帯の所得格差」『統計』49-5，日本統計協会，1998年。

駒村康平・渋谷孝人・浦田房良『年金と家計の経済分析』東洋経済新報社，2000年。

総務省『全国消費実態調査』。

総務省『家計調査年報』。

厚生労働省『国民生活基礎調査』。

岩田正美・平野隆之・馬場康彦『在宅介護の費用問題――介護にいくらかけているか』中央法規出版，1996年。

長寿社会開発センター編『高齢者在宅介護費用の研究』1993年。

東京都『高齢者のための在宅ケアサービスと介護費用等「高齢者の生活費用等実態調査」』1995年，1998年。

終　章
格差社会における生活問題と今後の課題

現代生活の特徴──「格差」「乖離」「排除」

　高度経済成長の過程で，生産力が上昇し，資本の集中＝生産手段の集中が進み，社会的共同消費手段の拡大と生活手段・サービスの商品化を軸に生活の社会化が進展し，その基礎上で「生活標準」が職業・所得の違いを突き破って形成されてきた。そして1974年に一定の「生活標準」なるものが確立したのである。1974年以降，一度設定された生活標準は，生産力の高さに規定された社会的欲望の高さにひきつけられて，そのレベルが上昇を続けている。その上昇が収入階級間「格差」が拡大する傾向のなかで引き起こされているのである。これが現代生活の第一の特徴である。
　現代生活の第二の特徴は，第一の特徴＝生活標準化が「必要からの乖離」＝「乖離」という矛盾を携えながら進行しているということである。
　資本間の市場競争の結果，商品は，傾向的に生活者の必要量を上回り，過剰に供給されるようになる。また，その競争の結果としての資本の集中過程で，小資本は大資本に飲み込まれていき，今まで存在していた生活者にとっては必要性が高い小資本の商品が市場から消え去り，それが大資本の画一化された商品に取って代わられるというような，消費財の供給量の過剰と種類の縮小が起こる。
　いいかえれば，生活者にとっての必要と生産者からの供給との質量的不一致の拡大と，生活者にとって消費財の選択性の低下という矛盾がもたらされることになるのである。一方では供給量の過剰，他方では選択性の低下，これが標準化が内包する基本矛盾である。
　また，生活者にとっての必要とは関係のない企業間の「新製品開発」競争，モデルチェンジ競争，CM競争によって，上記の基本矛盾は加速度的に拡大していくことになる。

すなわち，生産力の上昇につれて標準ラインが上昇すればするほど，供給される商品がその種類と量において，生活者にとっての「必要からの乖離」を引き起こし，その乖離の幅を拡大していくということになる。
　この「必要からの乖離」は，所得水準の上昇をその条件とする。また第三次産業が第二次産業に対し相対的ウエイトを高めているという産業構造の転換も，この「乖離」に大きな影響を及ぼしている。
　現代生活の第三の特徴として，「生活標準」からの「排除」があげられる。
　企業間の資本主義的競争の過程で，生活者の間にも「生活標準」＝「人並みの生活」を求めてある種の競争状態のようなものが生まれる。その競争の過程で競争に打ち勝ったものがモデル・規範として合理的に形成され，その「型」に適合する労働力・ライフスタイル等のみが「正」とされ，それに適合しない「規格外」の存在＝福祉の対象世帯，個人等々は「差別」「選別」「排除」されていくのである。この過程で排除された者は競争から脱落し，貧困層として沈殿化していく可能性が高くなるのである。ここに「合理性」「効率性」を絶対的価値とする資本主義的競争が貫徹するのである。
　「生活の標準化」の作用によって，所得の高低に関係なく一律にどの世帯にも同一の水準の生活＝ライフスタイルが社会的に強要される。ここで登場してくるのが「支出優先型家計」である。生活者はまず支出ありきで，収入と支出とのギャップを消費者信用や妻の就労で埋め合わせようとする家計行動をとることになる。前者は借金という重荷を背負うことになり，後者は世帯内のケアの力を低下させることになる。いずれにしても「生活の標準化」の作用が，福祉的課題に連なる重大な生活問題を引き起こしていることは確かである。

福祉の民営化による問題点

　これまでみてきたような資本主義的な市場競争原理を福祉に持ち込んだのが，福祉の基礎構造改革である。この改革において，社会福祉の全分野で市場原理を導入した民営化なるものが進行している。児童福祉における保育所の民営化。母子世帯の児童手当の廃止と母子寮の民営化。高齢者福祉における介護保険導入に伴う介護関連のサービス，施設の民営化。障害者福祉における障害者自立支援法による施設・サービスの民営化。
　福祉施設や福祉サービス提供主体は，措置制度のときは，政府の補助金が経

営の大きな柱であったので比較的経営は安定していた。しかし民営化になって，とにかく利益を上げなければ明日がない状態に追い込まれている。経営体である以上，利益優先になり，当初の目的であった質の高い福祉サービスの供給は，二の次になってしまうのである。そうしなければ経営体として，企業として維持できないからである。利益を上げるためには，総経費の半分以上を占めている人件費の合理化をおこなうしかない。一つには，正社員の人件費は固定費になるので，損益分岐点を下げて利益率を上昇させるためには固定費である人件費を流動費化させる必要がある。人件費を流動費化するということは，正社員をアルバイト，パート，派遣社員に移行させていくということである。もう一つは，正社員の労働強化によって，すなわち労働の質と量を強化することによって，給料はあまり変えず人件費を削減する方法がある。いずれの方法においても確実に労働の質の低下，すなわちサービスの質の低下は避けられない。

　あの世界の最先端を走っていた福祉国家イギリスが混迷を深めているのは，反福祉のサッチャー政権が徹底的な福祉の民営化を推し進め，その結果，イギリス福祉が壊滅的な打撃を受けたからである。例えば，あまりに労働が過酷で低賃金なため，介護サービスを担うヘルパー職からイギリス人が消え，英語をあまり話せない移民ばかりになった。結果として，研修もあまり受けていないヘルパーの提供するサービスの質は大きく低下し，政府は利用者からの厳しい批判にさらされることになった。このような貴重な歴史的教訓があるにもかかわらず，日本の政府はサッチャーを上回るさらに徹底的な反福祉の民営化の政策を推し進めようとしているのである。

　この民営化は，サービスを提供する側だけでなく，利用者に対しても大きな打撃を与えている。措置制度のときは年収によって利用料が細かく区分されており，低所得階層は無料に近い利用料で施設やサービスを利用することができていたが，受益者負担主義の下で同一サービス同一料金になり，低所得層にとっては大きな自己負担の増加となっている。

　グループホームを利用していた認知症高齢者に昨年10月から宿泊料と食費が加算徴収されるようになって，支払いができずにやむなく施設退去に追い込まれる利用者が増加している。利用者が少なくなれば，グループホーム自体の運営ができなくなり閉鎖に追い込まれている施設も少なくないといわれている。

　また介護保険導入後のわれわれの調査では，介護保険料を支払っていながら

サービスを一切利用していない世帯が3割以上もあった。サービスを利用していない第一の理由は経済的なものであった。いずれにしても低所得層にとって利用料はかなりの負担となっていることは確かで，その利用料が払えずにサービスが受けられないという事態が起きている。果たしてこれは誰のためのシステムなのか？

このように民営化された施設を経営している経営者にとっても，またその施設やサービスを利用する福祉の対象者・世帯にとってもメリットが存在しない，デメリットの多いこのシステムをこのまま存続させてよいものであろうか。特に利用者が利用料を支払えないために強制的に施設から退去させられる事態だけは避けなければならない。

政府の財負担軽減のためだけに以上のような民営化を推し進めていくことは，大きな問題であるといえる。

「生活形成力能」と「貧困」

第6章の第2節で母子世帯の典型的な例を紹介した。母親は看護師で年収500万円，年齢36歳，子どもは13歳と8歳の母子寮に入寮している母子世帯で，私が直接インタビューした対象者である。

その世帯は母子寮に入寮時点で1カ月生活保護を受けていた。実は彼女はパチンコ依存症で，消費者金融から多額の借金をしており，いわゆる多重債務状態に陥っていた。給料の大半は借金返済とパチンコに消えていた。母子寮の部屋には炊事や調理ができる台所があり，食事を作る生活時間は十分に取れるにもかかわらず，子どもに対しては食事を作らず，毎日お金を渡してコンビニの弁当を食べさせているとの話であった。ここに，まさに年収の高低には関係のない現代的貧困の存在が確認された。しかも，親子の関係もあまりうまくいっているようではなかった。これは，食事を作る時間があるにもかかわらず，母親がそれをしていないことに対する不満がかなり大きく関係しているように思われた。

この母親は労働して収入を得る能力はあるのだが，食事や洗濯掃除などの家事をする能力に欠けていた。日々の生活を維持し再生産していくためには「生活形成力能」が不可欠なのであるが，彼女の場合はその一部が欠落していた。

「貧困」の概念を構成する一つの内容として，「生活形成力能」を養成する

「権利」「機会」を剥奪され競争から「排除」された状態というのがあった。「生活形成力能」の内容は，まず第一に稼ぐ能力，第二に収入の範囲内で家計を管理する能力，すなわち予算を計画し，執行し管理統制する能力，第三に予算の範囲内での家事の遂行，第四に子どもの育児能力，第五に介護能力，第六に地域や親戚また家族との関係形成能力，第七に文化形成能力，第八に社会的なシステム受容能力などが考えられる。

これらの「生活形成力能」は，普遍的，一般的，歴史貫通的な基礎的な部分と，時代適応的，限定的，特殊的，文化的な応用部分とに分けられる。歴史貫通的な基礎的部分は，世代間の継承性が高く，階層性が継承される部分であるといえる。すなわち貧困層に生まれてその階層のなかで育った場合，これらの「生活形成力能」のいずれかが欠如している可能性が高いといえる。こうして貧困は「生活形成力能」の「剥奪」に始まり，「生活標準」達成競争からの「排除」が引き起こされ，標準からの脱落・崩壊に連なっていく。そして滑り落ちた「貧困」に深く沈殿化し，表出することなく隠蔽されて固定化されていくのである。

しかし，「生活形成力能」を養成するプログラムがあれば，「貧困」から脱出できる可能性が高まり，その機会を得ることができると考えられる。

格差拡大と社会的排除

図終-1は，1965年から2006年までの実収入ジニ係数の長期時系列表である。このデータは，家計調査年報の2人以上の勤労者世帯のものである。1965年に0.19998であったのが，1973年までは実収入ジニ係数が下降し，73年で最低値0.17918を記録して以降，実収入格差は上下動を繰り返しながら確実に拡大し，2006年に0.20879という1965年以降最大の格差指数を記録している。特にバブル崩壊以降は，格差の拡大が統計データ以上に生活実感として感じられるようになってきた。

1974年以降の格差拡大の要因としては，第一に，高所得階層の税制上の優遇があげられる。図終-2をみると，1986年15段階の累進課税で最高税率が70％であったのが，毎年のように累進性を弱めて最高税率も60％，50％と下がっていき，1999年からは4段階の累進課税で最高税率37％にまで下がっている。これでは，可処分所得のジニ係数（所得格差）は上昇する一方となる。これに消

図終-1　実収入ジニ係数長期時系列表

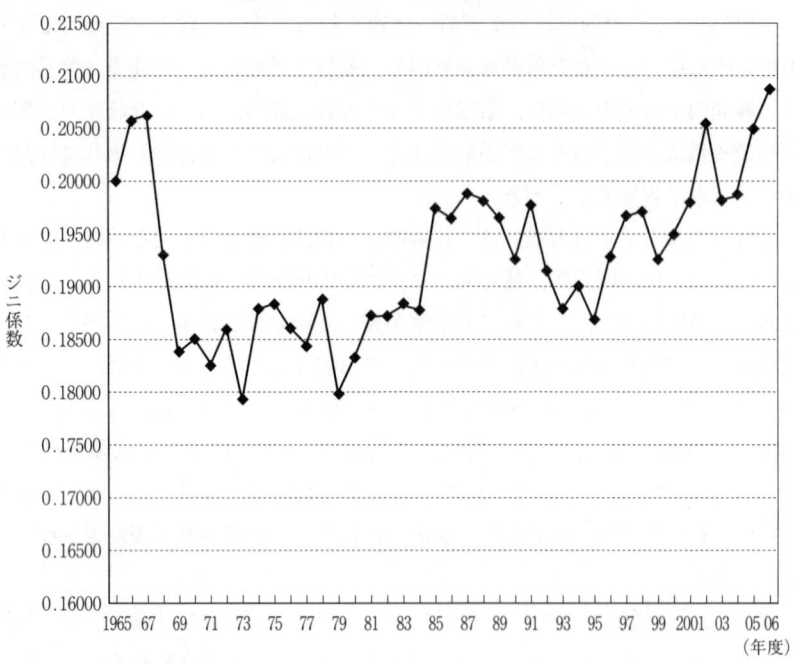

（資料）総務省統計局『家計調査年報』。

図終-2　所得税率の変遷

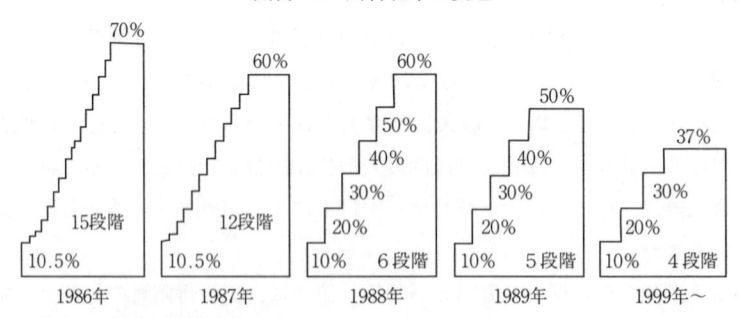

（注）1. 地方税が所得税に加わる。
　　　2. 1999年以降では、20％の所得税額の減税があった。
（出所）橘木俊昭『家計からみる日本経済』岩波書店，2004年，133頁。

費税を加算して，消費できる範囲で捉えれば，格差はさらに広がると考えられる。第二に，高齢単身世帯と若年単身世帯の増加があげられる。ちなみに単身世帯も含めた総世帯のうちの総勤労者世帯の2006年の実収入ジニ係数は0.23455を記録している。第三に，高所得階層になるにしたがって妻の有業率が高くなっていることがあげられる。逆に低所得階層になるにしたがって妻の有業率は直線的に低下している。2006年の実績で家計調査の収入十分位階級でみてみると，次のようになっている。第Ⅰ分位20.5％，第Ⅱ分位24.4％，第Ⅲ分位36.8％，第Ⅳ分位37.6％，第Ⅴ分位38.8％，第Ⅵ分位42.5％，第Ⅶ分位43.8％，第Ⅷ分位44.2％，第Ⅸ分位47.9％，第Ⅹ分位59.8％。さらに高所得階層の妻ほど学歴が高く，賃金の高い事務職についている割合が高くなっている。このことによって妻の収入も第Ⅰ分位1万2468円，第Ⅱ分位1万8036円，第Ⅲ分位2万8040円，第Ⅳ分位3万2711円，第Ⅴ分位3万7570円，第Ⅵ分位4万3032円，第Ⅶ分位4万6083円，第Ⅷ分位5万8536円，第Ⅸ分位7万3953円，第Ⅹ分位17万5905円となっており，低所得階層では週3日，1日2時間くらいのアルバイト賃金で，高所得階層では常勤正社員の月収という程度の格差がみられる。

　第四に，賞与の格差拡大があげられる。同じ2006年の家計調査の2人以上の勤労者世帯でみると，第Ⅰ分位年間13万5768円，第Ⅹ分位年間181万7520円と約13.4倍の開きがある。

　厚生労働省による所得再分配後のジニ係数も1972年0.314から2002年0.3814にまで上昇しており，確実に「格差」が拡大していることを示している。

　以上の収入水準の低下傾向と収入階級間の格差拡大の傾向のなかで，生活者は，消費支出において生活基礎費用としての「食料」「被服及び履物」「家具・家事用品」を大幅に削減し，さらに，〈こづかい〉〈交際費〉を圧縮して消費水準を切り下げ，消費の構造的組み替えと調整をおこなってしのいでいることが明らかとなった。

　ストックにおいても2000年以降低下し続けている。またストックにおける格差が拡大していることも明示されている。

　このような格差拡大のなかで，その矛盾を集中的に受けているのは生活保護世帯であり，失業世帯であり，生活保護予備軍世帯であり，母子世帯，障害者

世帯，要介護世帯，といった福祉の対象世帯である。たしかにお金のある世帯にとってはますます住みやすい社会になってきているが，お金のない世帯にとってはどんどん住みにくい，生きにくい社会となっている。そればかりか，お金を保有していなければ社会的に排除されて，福祉の施設やサービスすら受けることができなくなり，まさに「剥奪」の状態に陥ることになる。低所得階層を社会的諸関係のなかから排除しようとする包囲網のようなものがますます広範囲にしかれてきているように思われる。今，生活者にとって必要なものは，排除と剥奪の論理で造られた城壁ではなく，救済と共生と信頼の論理で創られた交流の泉である。

索　引

あ
相沢幸悦　99
相沢与一　13
青木紀　170, 190, 214
アシュレイ, P.　95
アフターエフェクト　264
阿部信也　99
天野正子　42
有沢広巳　51
育児能力　6
池本幸生　43
石田好江　170, 214
出石康子　42
伊藤セツ　42, 45
医療費改正　274
医療扶助　224
岩田正美　13, 17, 45, 95
岩田美香　170, 214
植田章　235
浦田房良　307
江口英一　13, 45
江夏健一　99
エンゲル係数　106, 230
エンゲルの法則　106, 181
大河内一男　ii, 42
オーバーローン　84
大山小夜　100
岡村正幸　235
小沢修司　43
親依存型　196, 206
親扶養型　196, 206
オンライン化　56, 58, 59

か
階級関係　124
介護期間　287

介護システム　3
介護生活様式　289
介護能力　6
介護費用　280, 300
介護・福祉機器保有率　300
介護扶助　224
介護保険外サービス在宅型　295
介護保険利用在宅型　295
改正出資法　82, 86
階層性の打破　18
階層的分析方法　ii
階層別分析　17
階層モデル　277
快適性　9
外部依存度　13
外部委託化　53
乖離　309
核家族　12
核家族化　169
格差　11, 41, 309
拡大再生産　iii, 4, 124
学歴主義的雇用システム　148
家計管理　3, 233
家計管理機能　72
家計管理者の自由裁量性　46
家計管理の社会化　53, 55
家計管理の長期化　73
家計管理の複雑化　73
家計管理様式　50
家計構造　iii, 45
家計構造の硬直化　73
家計構造の社会化　53
家計市場　56
家計調査　i
家計の管理運営の機能　53
家計の金融化　iii, 55, 74

317

家計の硬直化　13, 61
家計の財布　58
家計の社会化　49, 88
家計破綻　75
掛売り　57
掛買　63
籠山京　42
貸金業　78
貸金業規制二法（改正出資法，貸金業規制法）　82
貸金業規制法　82
貸出残高　62
過剰資本　57
過剰生産　57
過剰取立て　97
過剰融資　97
可処分所得　66
家族介護型　295
家族共同体的相互扶助　209
家族内福祉　209
家族の変容　169
片親世帯（one-parent family）（母子世帯）　16
価値　5
価値関係　71
価値基準　93
価値増殖　71
割賦方式　78
加藤薗子　235
家父長制　11
カプロビッツ，D.　95
貨幣から貨幣への流れ　58, 61, 62, 74
貨幣循環　3
貨幣と消費の分離　60, 61, 73, 74
貨幣と商品の分離　93
貨幣の循環運動　72
貨幣の流れ　58
貨幣の役割変化　55
可変資本　125
可変資本部分　4
借入金返済負担役割　73
川上昌子　167, 235

関係形成能力　6
間接金融方式優位　84
規格　ii, 8
規格外の存在　310
企業の集中・集積　8
技術開発　40
技術革新　40
基準および程度の原理　223
基準指標　30
基礎年金制度　225
城戸喜子　170, 214
機能　7
基本的枠組み　45
キャッシュカード　53
キャッシュディスペンサー　53
給与振込システム　53, 87
教育関係費　152
教育システム　3
教育の機会均等　148
教育扶助　224
供給量の過剰　309
共済組合　71
共済年金　220
強制的支出　52
競争　iii
共通の利益　20
共同体的相互扶助関係　71
共同的競争　v
供与残高　78
金融主導型構造不況　i
金融の効率化論　85
金融費用　47
勤労者世帯　103, 121
グレーゾーン　86
グローバル化　8
黒崎卓　43
黒字率　66
景気循環　125
経済的依存関係　206
経済的自立性　16
契約的金融関係費用　243

契約的金融費用　47, 49, 52
契約的支出等　61
契約的貯蓄　66
契約的貯蓄率　66
高金利　97
後見　231
交際関係費　274, 276
高所得階層　32, 121
厚生年金　220
構造的転換　50
高利貸　57
合理性　iii, 9
効率性　iii, 9
コールレート　84
国際間競争　8
国際決済銀行　72
国民金融公庫　84
国民年金　220
孤児および貧児　127
個人別化　41
個人別商品　19
個人別保有　38
小谷正守　42
国家責任の原理　223
固定性　68
固定費　311
固定費用化　52
子どもの就学状況　172
個別的福祉問題　212
個別の福祉問題　212
駒村康平　307
コミュニケーション能力　6
雇用システム　3

さ ─────────────

最高貯蓄階層　293
最低生活保障の原理　223
裁量的貯蓄　66
裁量的貯蓄率　66
搾取　124
佐藤仁　43

真田是　217, 235
差別　iii, 8, 310
サラ金　78
　──三悪　78
　──地獄　85
サラリーマン金融　85
産業予備軍　4, 125
三世代同居世帯　8
残存能力の活用　231
支援費制度　215
市街地信用組合　84
視覚障害　216
資金運用手段　55, 59, 73
資金繰り手段　74, 90
重川純子　122
自己決定権の尊重　232
自己決定の尊重　231
自己資本　72
自己資本比率　72
自己処理能力　12
自己破産　75, 93
自己破産者　ii
支出優先型家計　61
支出優先型家計段階　iii, 49, 50
市場拡大　18
市場規模　19
市場競争　309
市場競争原理　310
市場原理　22
市場の狭隘性　18
指数化　65, 112
自然的環境　3
持続的代理権授与法　232
肢体不自由　216
質屋　57
失業者　ii
失業者世帯　139
失業率　103
自動振替システム　54
ジニ係数　i, 30, 109
篠塚英子　170, 214

319

支配　124
支配搾取　5
渋谷孝人　307
死別母子世帯　169
資本主義経済　ii
資本主義的競争　iii, 9, 310
資本主義的生産様式　20
資本主義的蓄積　124
資本蓄積論　124
資本としての貨幣の役割＝性格　71
資本との関係　71
資本の価値構成　125
資本の技術的構成　4, 125
資本の集中　14, 309
資本の生産力　4
資本の蓄積過程　14
資本の有機的構成　4
下夷美幸　170, 214
社会階層　127
社会システム　3
社会的強制費用　46
社会的共同消費　13
社会的共同消費手段　3, 12, 20
社会的固定費　45, 46, 60, 61, 243
社会的固定費目　13
社会的生産力　22
社会的専門機関　53, 56, 71
社会的総和　17
社会的なシステム受容能力　6
社会的ハンディキャップ　225
社会的必要生活標準　ii, 17, 39
社会的必要生活標準化　iii
　　──の作用　49
　　──の法則　ii
社会的欲望　22, 309
社会福祉基礎構造改革　215
社会保障給付　211
若年階層　33
借家層　292
借金返済手段　74
社内融資制度　71

就業の有無　277
自由裁量権　61, 106
自由裁量支出　60, 61
自由裁量度　68
自由裁量部分　13, 45, 73
終身雇用　123
住宅改造率　303, 304
住宅扶助　224
収入階級間格差　i, 74, 122
収入階層要因　34
収入五分位階級　63
収入優先型家計　61
収入優先型家計段階　iii, 49, 50
就労形態　129
受益者負担主義　148, 209, 234, 311
受益者負担主義的政策　243
受救貧民　127
受救貧民層　5
受験競争　8
出産扶助　224
種の保存の原理　218
主要耐久消費財　21
種類の縮小　309
準固定費　48, 49, 61
準標準化財　40
止揚（アウフヘーベン）　16
障害基礎年金　220
障害共済年金　222
障害厚生年金　222
障害疾病者世帯　163
障害児童福祉手当　223
障害者自立支援法　215
使用価値　5, 124
上限金利　86
少子化　8
庄司洋子　42, 167
消費過程　ii, 3, 93
消費競争状態　20
消費局面　19
消費構造　243
消費財の選択　15

索　引

消費支出　59
消費者金融　iii, 51
消費者信用　iii, 8
　　——供与残高　62
　　——の利用　50, 61
消費手段　55, 73
消費水準　172
消費生活　3
消費生活過程　16
消費性向　271
消費単位の個人別化　19
消費と貨幣の分離　58, 59
情報の共有化　15
庄谷怜子　170, 214
剰余価値　124
初期費用　289
職業の差異　277
女性の就労　169
所得再分配　315
所得水準　i, 172
所得要因　32
庶民金融　78
自律的・主体的な共同関係　16
新規信用供与額　51, 78
身上監護の重視　232
新製品開発　20
申請保護の原則　223
身体障害者　215
信用金庫　84
杉村宏　42, 167
杉本貴代栄　170, 213, 214
鈴村興太郎　42
ストック　64, 73
生活価値観　187
生活基礎費用　106, 129, 195, 210
生活機能　11
生活競争　8
生活経済　i
生活経済学　ii, 3
生活形成力能　iv, 4, 6, 312
生活構造　17, 24

生活者　i, 8
生活周辺費用　108, 129, 193, 210
生活手段　11, 12
生活手段の商品化・サービス化　45
生活自立支援　163
生活水準　52, 230
生活する力能　6
生活設計　92
生活能力　7
生活の社会化　iii, 13
生活の標準化　21, 230
生活標準　8
生活標準競争　7
生活扶助　224
生活防衛行動　245
生活防衛的支出　52
生活保護　i, 163
　　——行政　10
　　——世帯　i, 163
　　——法　223
生活問題　ii, 77
生活様式　17, 31, 93
生業扶助　224
生産過程　3, 8, 93
生産関係　5, 71, 124
生産局面　18
生産手段　12
生産手段の集中　309
生産ライン　19
精神障害者　215
生存権　228
生存権保障の原理　223
成年後見制度　231
成年者世話法　232
生別母子世帯　169
世帯単位の原則　224
世帯類型　277
絶対的価値　9
絶対的剥奪　5, 11
絶対的貧困線　14
設備投資　84

321

ゼロ金利　103
セン，A.　5
前期的な商業資本　57
潜在的過剰人口　4, 126
潜在的失業者　135
潜在的失業者層　129
潜在的な生活能力　7
潜在能力　7
潜在能力集合　7
全体的分析方法　17
選択性の低下　309
選別　iii, 8, 310
専用部屋改造　304
相互銀行　84
相互扶助的な関係　16
葬祭扶助　224
総資産　72
相対的過剰人口　4, 125
相対的剥奪　6, 11, 14
措置制度　215
損益分岐点　311
村落共同体　11

た

第一次オンライン化　53
大家族　11, 12
待機効果　264
耐久消費財　9, 20
対抗関係　47, 60
第三次オンライン化　72
対等相互扶助型　196, 206
第二次オンライン化　54
大量生産＝大量消費　18, 22, 84
タウンゼント，P.　6, 14
ダグラス，P.　51
ダグラス・有沢の法則　50, 114
多就業化　50, 52, 61
多重債務　58, 93
多重債務世帯　ii
多重債務問題　77
橘木俊昭　43, 122

頼母子　77
男女差　277
単身世帯　8, 196
地域差　277
知的障害者（児）　215
聴覚・言語障害　216
調整行動　245
重複障害者　220
貯蓄取り崩し　50, 52, 61
賃金格差　160
陳腐化　25
妻の就業率　50
妻の労働力化　52
都村敦子　170, 214
定期性預貯金　276
定期預金担保貸付　78
抵抗作用　108
低所得階層　ii, 32, 121
停滞的過剰人口　4, 126
低貯蓄階層　293
手数料収入　56
同居世帯　196
投資手段　55, 59, 71, 73
特別児童扶養手当　223
特別障害者手当　223
富沢賢治　42
鳥山まどか　170, 214
問屋金融　84

な

内部障害　216
中田照子　213
中鉢正美　42
ナショナルミニマム　9
成瀬龍夫　42
西澤晃彦　43
2段階無作為抽出　278
日計式家計簿　278
日本型金融システム　97
入院・施設入所型　295
任意後見制度　231

任意後見の重視　232
人間の能力の全面発達　23, 24
年間収入十分位階級　105
年金システム　3
年功序列　123
年功序列型賃金体系　105
年齢階級差　277
年齢階層要因　34
年齢要因　32
農村過剰人口　4
能力型賃金体系　105
能力主義　148
ノーマライゼーション　231, 232
野上裕生　43

は
排除　ii, iii, 8, 309, 310
剝奪　7
畠中宗一　170, 212
花城梨枝子　96, 99
バブル経済　103
濱本知寿香　170, 214
林千代　170, 214
販売信用　51
BIS 規制　72
非割賦方式　78
樋口美雄　43, 214
非消費支出　46, 59
非正規雇用　135
必需安定財　30
必需低下財　40
必要からの乖離　20, 309
必要経費的支出　52
必要即応の原理　223
人並み志向　8
人並みの生活　9, 22
標準　ii, 8
　——の形成　25
　——の形成経路　25
　——の達成度　25
標準化財　40

標準化の視点　17
標準達成度　39
標準的生活　8, 9, 22
標準モデル　277
平野隆之　308
貧困　11, 312
貧困化論　124
貧困消滅神話　123
貧困の再生産　230
貧困の世代間再生産・拡大再生産　iii
貧困の世代間連鎖・再生産　148
貧困の世代的再生産　190
不安定就業層　4
普及率　9, 25
福祉機器保有率　300
福祉の対象世帯　310
福利厚生制度　71
負債年収比　65
負債保有高　65, 73
負債保有率　64, 73
藤村正之　42, 167
布施晶子　54
復活財　40
不変資本　125
不変資本部分　4
フロー　73
文化の形成能力　6
分配過程　3
平均消費性向　134
変動費用化　53
保育システム　3
法定後見制度　231
ホームバンキングシステム　87
保佐　231
母子世帯　163
補助　231
母子寮世帯　196
補足性の原理　223
保有率　25

ま

マーケティング 56
マクロ経済 103
松村祥子 42
マネープロブレム ii, 95
マルクス, K. 42, 127, 167
丸山桂 170, 214
宮崎礼子 42
宮本憲一 13
宮本みち子 42
無差別平等の原理 223
無尽 78
無尽会社 84
無担保貸付上限金利 86
武藤博道 214
室住真麻子 170, 214
メインバンク化 87
持ち家層 293
持ち家率 129, 172
モデルチェンジ 20
森田明美 213
森ますみ 45

や

矢島保男 99
山崎幸治 43
山田昌弘 43
山室慎二 43
やりくり家計 61
有機的関連性 14
結城俊哉 235
要介護費用 153

洋風化 31
予算計画 6
吉川かおり 217, 235

ら

ライフスタイル 93
ライフステージ 3
ラウントリー, B. S. 14
利益率 311
利殖手段 55, 59, 71, 73
リテールの戦略 87
リテール部門 87
利便性 9
流通局面 18
流動性 68
流動性貯蓄 69
流動的過剰人口 4, 126
流動費化 311
ルンペン 127
──プロレタリアート 127
零落者 127
労働過程 15, 93
労働能力者 127
労働の社会化 13
労働の生産力 5
労働無能力者 127
労働力 ii, 12
──の再生産過程 93
労働力獲得競争 8
労働力再生産論 ii
労働力商品 ii, 4, 8

〈著者紹介〉

馬場康彦（ばばやすひこ）

1952年　岐阜市に生まれる。
1979年　早稲田大学大学院商学研究科修士課程修了。
　　　　社会学博士。
現　在　明星大学人文学部人間社会学科教授。
専　攻　生活経済学，社会福祉。
著　書　『現代生活経済論』ミネルヴァ書房，1997年。
　　　　『生活構造の理論』（共著）放送大学教育振興会，1995年。
　　　　『在宅介護の費用問題』（共著）中央法規出版，1996年。
　　　　『現代女性の暮らしと働き方』（共著）大蔵省印刷局，1998年。
　　　　『新版現代の社会福祉』（共著）みらい，1998年。
　　　　『ワンペアレント・ファミリー（離別母子世帯）に関する6カ国調査』（共著）
　　　　　大蔵省印刷局，1999年。
　　　　『パネルデータからみた現代女性』（共著）東洋経済新報社，1999年。
　　　　『介護保険導入後の介護費用と家計』（共著）国立印刷局，2003年。
　　　　その他多数。

MINERVA福祉ライブラリー93
生活経済からみる福祉
──格差社会の実態に迫る──

2007年10月20日　初版第1刷発行　　　〈検印廃止〉

定価はカバーに
表示しています

著　者	馬　場　康　彦
発行者	杉　田　啓　三
印刷者	後　藤　俊　治

発行所　株式会社　ミネルヴァ書房
607-8494　京都市山科区日ノ岡堤谷町1
電話代表　(075)581-5191
振替口座　01020-0-8076

©馬場康彦，2007　　　冨山房インターナショナル・清水製本

ISBN 978-4-623-04972-1
Printed in Japan

● MINERVA 福祉ライブラリー・A5判美装カバー

少子高齢時代の都市住宅学
　広原盛明・岩崎信彦・髙田光雄編著

介護老人福祉施設の生活援助
　小笠原祐次編著

援助を深める事例研究の方法［第2版］
　岩間伸之著

子育て支援の現在
　垣内国光・櫻谷真理子編著

日本の住まい　変わる家族
　袖井孝子著

IT時代の介護ビジネス
　森本佳樹監修／介護IT研究会編

ロバート・A. ボールダー著
マネジドケアとは何か
　日本医療ソーシャルワーク研究会監修／住居広士監訳

介護財政の国際的展開
　舟場正富・齋藤香里著

社会福祉への招待
　岡本栄一・澤田清方編著

介護職の健康管理
　車谷典男・徳永力雄編著

医療・福祉の市場化と高齢者問題
　山路克文著

イギリスの社会福祉と政策研究
　平岡公一著

介護系NPOの最前線
　田中尚輝・浅川澄一・安立清史著

アメリカ　おきざりにされる高齢者福祉
　斎藤義彦著

社会福祉の思想と歴史
　朴　光駿著

少子化社会の家族と福祉
　袖井孝子著

精神障害者福祉の実践
　石神文子・遠塚谷冨美子・眞野元四郎編著

京都発　マイケアプランのすすめ
　小國英夫監修／マイケアプラン研究会編著

ソーシャルワークの技能
　岡本民夫・平塚良子編著

少子高齢社会のライフスタイルと住宅
　倉田　剛著

社会福祉普遍化への視座
　川村匡由著

女性福祉とは何か
　林　千代編著

英国年金生活者の暮らし方
　染谷俶子著

人間らしく生きる福祉学
　加藤直樹・峰島　厚・山本　隆編著

マニュエル・カステル／ペッカ・ヒマネン著
情報社会と福祉国家
　高橋睦子訳

マジェラー・キルキー著
雇用労働とケアのはざまで
　渡辺千壽子監訳

介護保険と21世紀型地域福祉
　山田　誠編著

社会保障と年金制度
　本沢一善著

新ケースワーク要論
　小野哲郎著

地域福祉計画の理論と実践
　島津　淳・鈴木眞理子編著

高齢者施設の未来を拓く
　原　慶子・大塩まゆみ編著

障害をもつ人たちの自立生活とケアマネジメント
　谷口明広著

くらしに活かす福祉の視点
　宮本義信編著

ブレア政権の医療福祉改革
　伊藤善典著

ミネルヴァ書房
http://www.minervashobo.co.jp/